高等院校研究生用书
TEXTBOOKS FOR GRADUATES

现代统计分析方法与应用（第四版）

何晓群　编著

中国人民大学出版社
·北京·

第四版前言

自 1998 年本书出版以来，承蒙数万读者的厚爱，许多高校都采用本书作为人文社科、经济管理类研究生教材。有许多教师和学生给予我热情的鼓励和中肯的批评，这都是读者对我及本书的无私关心和奉献。在此我谨表衷心感谢。

几年来，一种责任心总在督促我对本书作出修改，重新出版，以表达对读者的谢意。在中国人民大学出版社王伟娟女士的精心策划下，我在第三版的基础上进行了一些修改。

本次再版，我对本书做了如下修改：

1. 采用最新数据更换了一些例题。
2. 大部分例题都采用 SPSS（社会科学专用统计软件）或 SAS 进行分析。
3. 对第三版书中一些错误之处进行了修正，并且斟酌了书中的一些文字。
4. 由于多变量作图在许多基础统计学教材和软件中都已有描述，故本版删掉了多变量图示法。
5. 为方便读者，将本书所有例题和习题的数据都做成了电子文件，读者可在 www.ruc-6sigma.com 网站或中国人民大学出版社网站（www.crup.com.cn）的《现代统计分析方法与应用》数据文件夹下载。

本书总的参考教学课时为 54 学时。根据笔者的经验，学生掌握这些基本方法和技能并不困难。如有计算机配合，教学效果将会更好。选用本书的教师在讲授时可有一定的灵活性，根据专业的不同有选择地讲授本书内容。一般 2 学分的课程可只讲授前 6 章的内容。从第 7 章开始是多元统计分析的内容，可看成是高级统计分析方法。下面是本书建议讲授或阅读顺序图。

路线 1：对欲掌握基本统计分析方法者，27 学时可选讲第 1 章、第 2 章、第 4 章、第 5 章、第 6 章。

路线 2：对欲掌握较为高级统计分析方法者，27 学时可选讲第 7 章、第 8 章、第 9

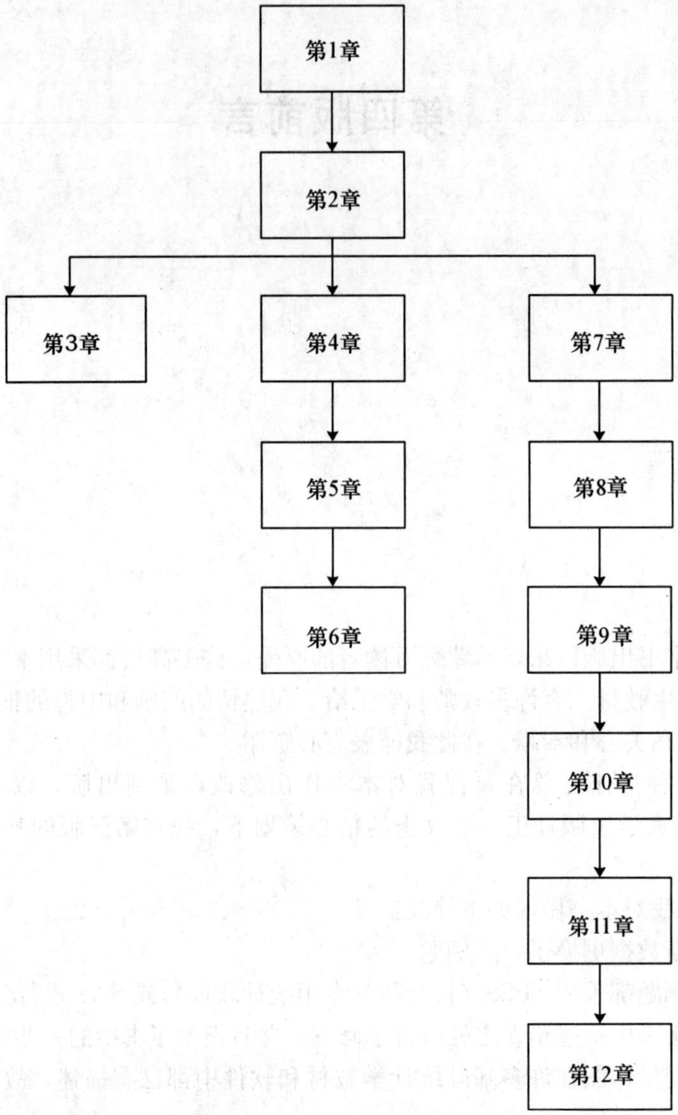

章、第 10 章、第 11 章、第 12 章。

第 3 章可根据需要任意选择在两条路线中讲授。

中国人民大学六西格玛质量管理研究中心
何晓群
2016 年 10 月

第一版前言

随着社会主义市场经济体制在中国的快速推进，许多非常复杂和重要的社会、经济问题急切地需要我们去研究，如金融风暴、通货膨胀、税务稽查、保险精算、环境保护、可持续发展、国际竞争、公众意向，传统的定性研究理论和方法已无法满足这些热点问题的研究需要。21世纪，深刻的社会变革、迅猛的经济发展，使我国的人文社会科学、财经管理类研究生面临严峻的挑战和难得的机遇。时代呼唤我们精通定量分析的研究方法，掌握定性与定量有机结合的研究技能。《现代统计分析方法与应用》一书正是适应这一需要，为非统计专业的人文社会科学、财经管理类硕士研究生学习现代统计分析方法而编著的。

统计方法与技术是现代社会、经济研究运用的基本方法。自1969年设立诺贝尔经济学奖以来，已有40多位学者获奖。这些获奖者大都精通现代统计方法，对统计方法的运用极为娴熟，在社会经济研究中取得了举世瞩目的成就。学习和运用统计方法已成为时代对我们的要求。

作者假定学生已具有线性代数、概率论与数理统计的基础知识，本着提高研究生量化分析能力的宗旨，在众多统计方法中，仅选择部分最实用的现代统计分析方法。在不失理论严密性的前提下，力求将问题的背景、方法的思想、具体的步骤、分析的技巧讲清楚。为重点突出方法的思想和应用，每种方法都尽可能结合中国社会、经济、管理方面的实际问题，以案例研究为导向，为非统计专业研究生进行量化分析起一定示范作用。

1996年，中国人民大学率先在非统计专业的人文社会科学、财经管理类研究生中开设“统计方法与技术”必修课，作者有幸给中国人民大学96级、97级硕士研究生和MBA主讲此课。在教学实践中，学生们给了我许多启发和鼓励，因为他们结合自己的专业，对统计方法的学习产生了浓厚的兴趣，看到了统计方法的用武之地，清楚哪些方法最有用；他们在学习的过程中也渴望拥有一本合适的教材。

本书的大部分内容都给非统计专业研究生讲授过，根据笔者的经验，如有计算机配合，学生掌握这些基本方法和技能并不困难。选用本书的教师可有一定的灵活性，根据不同专业有选择地讲授本书内容。本书参考教学课时为54学时。

本书也可作为经济统计专业现代统计分析方法课的教材。此书还可作为从事社会、经济、管理等研究和实际工作的同志进行量化研究的参考书。

本书在写作过程中，始终得到中国人民大学研究生教材工作委员会和林岗、袁卫两位副校长的关注。中国人民大学研究生院高培勇教授、统计系赵彦云教授，经济科学出版社高续增同志给予作者许多鼓励和支持。香港浸会大学数学系首席教授方开泰先生对本书的写作给予悉心指点。中国人民大学统计系兼职教授、中国科学院院士陈希孺教授，上海财经大学张尧庭教授对本书的具体内容提出过不少中肯建议。中国人民大学统计系博士孟生旺、刘勤、宋光辉、刘长标等为本书的部分案例做过一些验算。西安统计学院王国梁教授也曾给作者许多热情鼓励。在此，我谨向对本书出版给予支持的师长和朋友表示衷心的感谢。

由于本人学识有限，书中谬误之处在所难免，恳请读者批评指正。

何晓群

1998 年 5 月 1 日于中国人民大学静园

目　录

第1章

概　论

为使读者对现代统计学及其应用有较为系统的认识，本章将对统计学及其学科性质，统计学在现代社会、经济和管理等方面的应用给予扼要论述，并对统计分析方法与技术应用的步骤流程进行描述。

§1.1　为统计学正名

人文社会科学、财经管理类研究生在本科阶段大都学过“社会经济统计学原理”或“统计学”课程。“统计”一词对中国的普通老百姓来说也并不陌生。不少统计学者更是认为政府统计才是统计。1988年出版的《中国大百科全书》经济卷Ⅱ，把统计学定义为一门社会科学。《大英百科全书》认为统计学是一门收集数据、分析数据，并根据数据进行推断的艺术和科学。然而，究竟什么是统计学，统计学的学科性质是什么，我们将要学习的统计学理论和方法究竟是社会科学，还是自然科学，同样需要我们去认识和思考。

1990年以前，中国的高等统计教育，尤其是财经类的统计专业，基本上是苏联1954年统计工作会议决议的那种模式。这种统计理论体系被中国统计界的一些学者称为“马克思主义的无产阶级统计学”。至今有不少统计界学者仍持这种观点。统计学是否具有阶级性我们姑且不论，但苏联统计模式给中国统计界提供的示范作用以及对统计学在中国的发展所产生的影响是不容置疑的。

在中国，人们把统计学确立为社会科学及其经济学的一个子学科后，在科学概念上把社会经济统计学和数理统计学割裂开来，遗憾的是社会经济统计学把自己也限定在以简单描述为工具的政府统计圈子里。近半个世纪在中国作为显学的社会经济统计学对中国高度集中的政府计划经济起了一定作用，但无法否认的是这种学科模式也拉大了中国统计与世界统计水平之间的差距。

描述统计是对所收集的数据资料进行加工整理、综合概括，通过图示、列表和数对资料进行分析和描述。推断统计是在收集、整理观测样本数据的基础上，对有关总体作出推断，其特点是根据随机性的观测样本数据以及问题的条件和假定，对未知事物作出的以概率形式表述的推断。

一门学科从定性的描述进入定量的分析和计量，标志着这门学科达到了比较成熟的阶段。从描述统计学发展到推断统计学已成为统计学发展成熟的重要标志。不难想象，统计学如果只有描述理论和方法，肯定是发育不全的统计学。也正是由于推断统计的产生，才使人类的科学技术借助统计学理论取得了一个又一个重大成就。著名的基因论之所以不同于以往对遗传现象的描述，就在于它是根据两两具有不同性状的个体杂交实验所获得的大量数据，运用数理统计方法推导出来的，从而为进一步发展遗传理论奠定了基础。

改革开放对中国的统计学来说是挑战更是机遇。严峻的挑战和深刻的矛盾要求统计界必须坚持实事求是的科学态度。经过一大批统计学家的艰苦努力，我国统计界终于发生了质的变化和飞跃。1992 年 11 月，国家技术监督局正式批准统计学为一级学科，国家标准局颁布的学科分类标准已将统计学列为一级学科，1998 年教育部进行的本科专业调整也将统计学归为理学类一级学科。一级学科的地位表明统计学既不是数学的子学科，也不是经济学的子学科，统计学就是统计学。统计学一级学科的地位表明中国统计在与国际接轨的进程中迈出了重要一步。在国际惯例中根本就不存在社会经济统计学和数理统计学之分。统计学（statistics）是一门综合性很强的边缘学科，它不是数学，更不是经济学。统计学是研究客观事物数量关系和数量特征的方法论学科。既然是处理数据的方法论学科，因而哪个阶级都可以利用它，它是人类共同的财富。

统计学到底应该隶属于哪一个学科，中国统计学界今天还对这个不应争论的问题激烈地争论着，是理学，经济学，还是管理学？无论怎样，笔者认为总比放在经济学里要合理得多。

需要注意的是，本书所介绍的统计学与过去的社会经济统计学相比有着很大的不同。这个差别不仅体现在内容的深度和广度上，更体现在处理问题的思想观点和方法上。在统计学的学习和应用中将充分体现从具体到一般的概念，再从一般概念回到具体事物上去的这种辩证观点和较为严格的逻辑推理。统计学给实际问题的应用带来新思维，应用给统计学增添活力。统计学的生命力就在于应用。对此问题有兴趣者可进一步阅读书末的参考文献［1］。

§1.2　市场呼唤真统计

统计学在中国被列为一级学科，这只是中国统计与国际接轨的第一步。由于统计界长期受苏联模式的禁锢，与中国其他人文社会科学一样，统计学面对市场经济已显露出日趋严重的危机。

中国目前仍处在新旧经济体制的变革时期，面对市场经济，任何学科都需要调整自己的位置，重新审视和制定自己的发展目标。市场经济的理论和实践对统计信息的需求急剧增加，对统计学理论和方法提出了更高的要求，苏联模式的统计学面对市场经济的需求已显得无能为力。现代市场经济的理论与时代的潮流使中国人文社会科学、财经管理类学者的弱点暴露无遗。中国几千年的优秀文化会给中国学者的思辨性思维以深厚的底蕴，但也留下了忽视形式逻辑的弊端。先秦诸子以来，我国学者的思辨性思维是较为发达的，但这些思辨性思维常常缺乏经验事实做基础，空泛的议论较多，实质性的内容较少，逻辑推理的思维方式淡化，更不追求严密的公理化体系，以至于我国人文社会科学、财经管理类学者面对现代社会经济的发展有力不从心之感。

在21世纪的进程中，如何摆脱困境、走向未来，置身于古老东方文化氛围之中的中国学者需要冷静反思。时代要求我们必须抛开偏见，克服由于文化背景的差异所产生的观念屏障，正确理解与批判地吸收建立在发达商品经济基础上的外来文化，加强数学方法、统计学方法的学习，提高我们定性分析与定量分析相结合的能力。这样，在新世纪的实践进程中，中国人才会大步赶上世界发达国家。现在我们在人文社会科学、财经管理类研究生中开设统计方法与技术的课程，就是向前迈进的一种有力举措。

哪里有数据，哪里就有统计。统计学是总结经验的学科。统计方法可以帮助我们获得利益，统计方法可以保护我们已获得的利益。统计数据中隐含着非常丰富的宝贵信息，如果用简单的描述统计方法，就只是对统计数据的粗加工，难以看到数据中隐含的规律性。要从杂乱无章的统计数据中发现事物质的规律性就像雾里看花，只有靠现代统计分析方法才能真切地看到其统计规律性。

人文社会科学、财经管理类的学者要跟上时代的步伐，就必须在研究事物质的规律性的同时，研究其量的规律性。任何现象都是质和量的统一，质是量的基础，而一定的量是质存在的必要条件。定性分析是定量分析的基础，定量分析则使定性分析更加准确可靠，使人们对质的规律性的认识更加深入全面。在马克思主义理论的指导下，在人文社会科学、财经管理类研究中融入量化分析，是学科本身进一步完善的表现。

当今中国不仅需要经济理论家，更需要高级经济管理人才。在世界经济贸易中，随着ISO 9000系列标准的形成和发展，质量体系认证在世界各国兴起，20世纪末一股ISO 9000热席卷全球，质量体系认证已经成为国际贸易中衡量供方质量保证能力和水平的标志。对统计技术在质量管理中的作用，最早提出全面质量管理理论的美国通用电气公司的质量管理部部长费根堡姆博士曾说："在全面质量管理活动中，无论何时、何地都会用到统计方法，但是统计方法只是全面质量管理的一个内容，它不等于全面质量管理。""统计方法所表达的观点，对全面质量管理的整个领域都有深刻影响。"ISO 9000系列标准的基本点是要求企业在生产过程中建立有效的质量保证体系，并对质量体系中相互关联、相互作用的若干要素进行有效的控制。在过程质量控制中，科学、有效的方法之一就是统计方法。因此，在ISO 9000系列标准的各个模式中以及质量管理和质量体系要素指南中，都要求在市场分析、产品设计、工序控制、性能评定、数据分析等方面广泛使用统计技术，其范围包括实验设计、方差分析、显著性检验、累计和控制图、抽样检验等技术。在今天的管理界被普遍认可的六西格玛管理更是统计学思想和方法的典型应用。

现代经济学一个很重要的标志就是模型技术的应用，而这里的模型技术更多的是指统计模型技术。诺贝尔经济学奖获得者萨缪尔森曾说，第二次世界大战以后的经济学是计量经济学的时代。计量经济学的模型技术就是以统计模型为基础的。自1969年设立诺贝尔经济学奖以来，已有近 80 位学者获奖，其中 2/3 以上获奖者是统计学家、计量经济学家、数学家。从大多数获奖者的经历和著作看，他们对统计方法的运用具有娴熟的技巧。瑞典皇家科学院爱立克·伦德伯教授在诺贝尔经济学奖的授奖仪式上精辟地指出："你们都是把经济学发展为数学和定量科学的先行者，你们借助于发展成熟的理论和统计分析来创造经济政策和经济规划的合理基础的贡献，涉及重大科学突破。"这足以说明统计量化分析研究已成为现代经济科学研究的重要手段。

在 21 世纪的进程中，中国的人文社会科学、财经管理类学者肩负着时代的重托。社会和谐发展，社会主义新农村建设，金融、投资风险，人口与社会保障，经济持续增长，环境保护问题等，都迫切地等待着我们去深入研究。这些问题的研究都将借助于统计方法与技术的应用而获得成功。

§1.3　统计分析方法及其应用概述

从高斯（C. F. Guass）描述天文观测的误差而引进正态分布，并使用最小二乘法作为一种估计方法至今，现代统计的发展已有 200 多年的历史。统计学在分析数据、探索数据规律性、研究现实问题中已形成许多各具特点的思想方法。除本科阶段我们学过的一些基本统计方法与技术外，本书主要介绍一些最实用的统计分析方法。

现代统计分析方法从研究问题的角度大致可划分为四大类：分类分析方法、结构简化方法、相关分析方法、预测决策方法。我们可将上述四类及其具体方法用树形图表示（见图 1—1）。

- 现代统计分析方法
  - 分类分析方法
    - 聚类分析
    - 判别分析
    - 定性资料分析
  - 结构简化方法
    - 回归选元方法
    - 聚类分析
    - 主成分分析
    - 因子分析
    - 对应分析
  - 相关分析方法
    - 定性资料分析
    - 回归分析
    - 典型相关分析
    - 主成分分析
    - 因子分析
    - 对应分析
  - 预测决策方法
    - 回归分析
    - 判别分析
    - 定性资料分析
    - 聚类分析

图 1—1

下面我们进一步对统计分析方法应用的步骤及其流程进行描述（见图 1—2）。

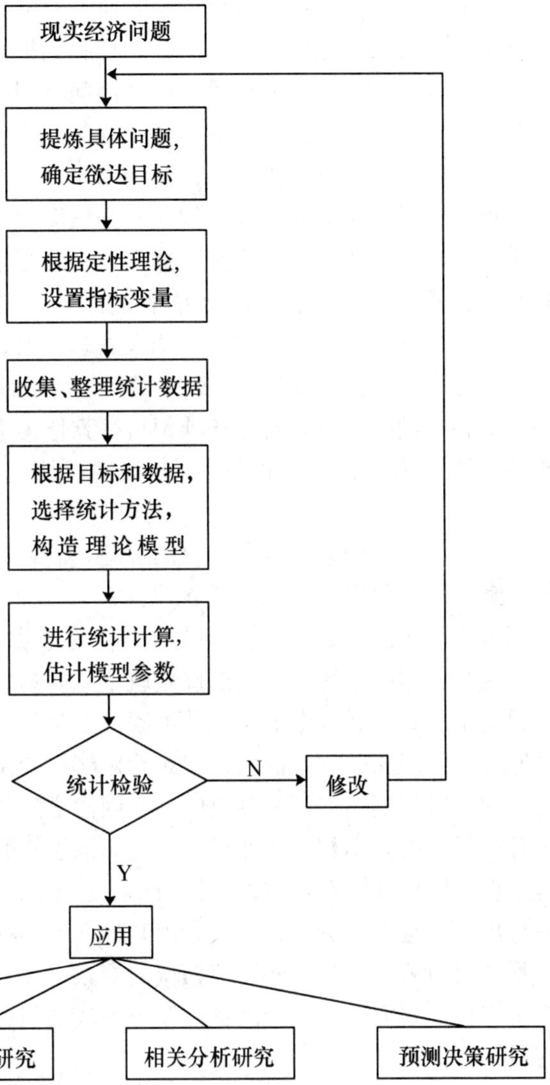

图1—2　统计分析方法应用步骤流程图

一、提炼具体问题，确定欲达目标

人文社会科学、财经管理等领域存在大量需要深入探讨的实际问题，它们往往表现为一个立体网络体系，变量之间的关系复杂多样。然而能力、知识和条件的局限使得我们不可能对它们的研究面面俱到，因此，在实际问题的研究中，集中精力抓主要矛盾、提炼问题、确定切实可行的目标，就成为首要步骤。

二、根据定性理论，设置指标变量

面对具体的实际问题，根据定性理论进行分析研究，设置指标变量是统计方法研究实际问题的重要一环。如回归分析方法主要是揭示事物间变量联系的因果关系，在研究某一经济问题时，我们必须根据具体经济问题的研究目的，利用经济学理论，从定性角度来确定这种经济问题中各因素之间的因果关系。当我们把某一经济变量作为“果”之后，更重要的就是正确选择作为“因”的变量。在经济问题回归模型中，前者称为“内生变量”或“被解释变量”，后者称为“外生变量”或“解释变量”。变量的选择，关键在于能否正确把握所研究经济活动的经济学内涵，这就要求研究者对所研究的经济问题及其背景应有足够了解。例如，要研究中国通货膨胀问题，必须懂得一些金融理论。通常把全国零售物价总指数作为衡量通货膨胀的重要指标，那么，全国零售物价总指数作为被解释变量，影响全国零售物价指数的有关因素就作为解释变量。书末的参考文献［2］在研究中国通货膨胀问题时，曾把国民收入、居民存款、工农业总产值、国有单位固定资产投资、货币流通量、职工平均工资、社会商品零售总额等 18 个指标确定为解释变量。书末的参考文献［3］在研究中国储蓄波动机理时，曾把各项银行存款作为被解释变量，把货币发行量、全国零售物价指数、股票价格指数、银行利率、国债利率、居民收入等 16 个指标确定为解释变量。

对一个具体的经济问题，当研究目的确定之后，被解释变量很容易确定。被解释变量一般直接表达、刻画研究的目的，就像书末的参考文献［2］和［3］中根据研究的问题，直接将全国零售物价总指数和银行存款分别作为通货膨胀问题和储蓄问题的被解释变量。而对被解释变量有影响的解释变量的确定就不太容易。一是由于我们认识上的局限性，可能并不知道对被解释变量有重要影响的因素。二是为了模型参数估计的有效性，设置的解释变量之间应该是不相关的，而我们很难确定哪些变量是相关的，哪些是不相关的，因为在经济问题中很难找到影响同一结果的一些因素之间是独立的，这就看我们如何在多个变量中确定几个重要的且不相关的变量。三是应该引进我们从经济关系角度考虑非常重要的变量，但是在实际中并没有这样的统计数据。这一点，在建立经济模型时会经常遇到。这时，可以考虑用相近的变量代替，或者由其他几个指标复合成一个新的指标。

在选择变量时要注意与一些专门领域的专家合作。研究金融模型，要与金融专家和具体业务人员合作；研究粮食生产问题，要与农业部门的专家合作。这样做可以帮助我们确定模型变量。

另外，不要认为一个经济模型所涉及的解释变量越多越好。一个经济模型，如果把一些主要变量漏掉肯定会影响模型的应用效果，但如果鸡毛蒜皮一起进入模型也未必就好。引入的变量太多，就有可能选择一些与问题无关的变量，还可能由于一些变量的相关性很强，所反映的信息有较严重的重叠，就会出现共线性问题。变量太多时，计算工作量过大，计算误差累积也大，估计出的模型参数精度自然不高。

总之，指标变量的确定是一个非常重要的问题，是运用统计模型最基本的工作。这个工作一般一次并不能完全确定，通常要经过反复试算，最终找出最适合的一些变量。在计算机的帮助下，这已不再困难了。

三、收集、整理统计数据

统计模型的建立基于指标变量的样本统计数据。确定好指标变量之后，就要对这些变量收集、整理统计数据。数据的收集是建立经济问题统计模型的重要一环，是一项基础性工作，样本数据的质量如何对统计模型的应用水平有至关重要的影响。

常用的样本数据分为时间序列数据和横截面数据。

顾名思义，时间序列数据就是按时间顺序排列的统计数据。如新中国成立以来历年的工农业总产值、国民收入、发电量、钢产量、粮食产量等，每年都有一个对应的数据，那么到 2017 年，每种指标都有 68 个按时间顺序排列的数据，这些都是时间序列数据。研究宏观经济问题，有关的时间序列数据来自国家统计局或一些专业部委的统计年鉴。如果研究微观经济现象，如研究某企业的产值与能耗，那么数据就要在这个企业的计划统计部门获取。

对于收集到的时间序列资料要特别注意数据的可比性问题和数据的统计口径问题。如历年的国民收入数据，是不是按可比价格计算的。中国在改革开放前，几十年物价不变，而从 20 世纪 80 年代初开始，物价变动很频繁，那么你所获得的数据是否具有可比性就需要认真考虑。在宏观经济研究中，国内生产总值（GDP）与国民生产总值（GNP）二者在内容上是一致的，但在计算口径上不同。国民生产总值按国民原则计算，反映一国常住居民当期国内外所从事的生产活动；国内生产总值则以国土为计算原则，反映一国国土范围内所发生的生产活动。对于没有可比性和统计口径计算不一致的统计数据要进行认真调整，这个调整过程就是数据整理的一种过程。

时间序列数据容易产生模型中随机误差项的序列相关，这是因为许多经济变量的前后期之间总是关联的。如在建立需求模型时，人们的消费习惯、商品短缺程度等具有一定的延续性，它们对相当一段时间的需求量有影响，这样就产生随机误差项的序列相关。对于具有随机误差项序列相关的情况，要通过对数据的某种计算整理来消除序列相关性，最常用的处理方法是差分方法。我们将在后面的章节中详细介绍。

横截面数据就是在同一时间截面上的统计数据。如同一年在不同的地块上做的施肥量与小麦产量实验的统计数据就是截面数据。再如某一年的全国人口普查数据、工业普查数据，同一年份全国 35 个大中城市物价指数等都是截面数据。用截面数据作样本时，容易产生异方差性。这是因为一个统计模型往往涉及众多解释变量，如果其中某一因素或一些因素随着解释变量观测值的变化而对被解释变量产生不同影响，就产生异方差性。如在研究城镇居民收入与购买消费品的关系时，用 x_i 表示第 i 户的收入量，y_i 表示第 i 户的购买量，购买量回归模型为：

$$y_i=\beta_0+\beta_1 x_i+u_i$$

在此模型中随机项 u_i 就具有不同的方差。因为在购买行为中，低收入家庭购买差异比较小，大都购买生活必需品；高收入家庭购买行为差异就很大，高档消费品很多，选择余地很大，这样二者之间购买物品所花费用差异就较大。因而，用随机获取的样本数据建立回归模型，它的随机项 u_i 就具有异方差。

对于具有异方差性的建模问题，数据整理就要注意消除异方差性，这常与模型参数估计方法结合起来考虑。我们将在后面的章节中详细介绍。

不论是时间序列数据还是横截面数据的收集，样本容量的多少一般要与设置的解释变量数目相配套。通常为了使模型的参数估计更有效，要求样本容量 n 大于解释变量个数

p。样本容量的个数小于解释变量数目时，普通最小二乘估计方法失效。n 与 p 到底应该有怎样的比例？英国的统计学家肯德尔在他的《多元分析》中指出，样本容量 n 应是解释变量个数 p 的 10 倍。如果 p 较大时，按肯德尔的说法 n 就很大，这在许多经济问题中是办不到的，尤其是中国搞市场经济才有 20 多个年头，统计数据不全是普遍的。但由肯德尔的观点，我们看到样本容量应比解释变量个数大一些才好，这告诉我们在收集数据时应尽可能多收集一些样本数据。

在统计数据整理中，不仅把一些变量数据进行折算、差分，甚至把数据对数化、标准化等，有时还须注意剔除个别特别大或特别小的“野值”。在统计数据质量不高时，经常会碰到这种情况。当然，有时还须利用插值的方法把空缺的数据补齐。

四、根据目标和数据，选择统计方法，构造理论模型

当收集到所设置的变量的数据之后，就要确定适当的数学形式来描述这些变量之间的关系。绘制变量 y_i 与 $x_{ij}(i=1,2,\cdots,n;j=1,2,\cdots,p)$的样本散点图是选择数学模型形式的重要一环。一般我们把（y_i，x_{ij}）所对应的点在平面直角坐标系上画出来，看散点图的分布状况。如果 n 个样本点大致分布在一条直线的周围，我们可考虑用线性回归模型去拟合这条直线，也即选择线性统计模型。如果 n 个样本点大致分布在一条指数曲线的周围，就可选择指数形式的理论回归模型去描述它。

经济统计模型的建立，通常要依据经济理论和一些数理经济学结果。如数理经济学中已对投资函数、生产函数、需求函数、消费函数给出了严格的定义，并分别用公式把它们表示出来。借用这些理论，我们给它们的公式中加上随机误差项，就可把问题转化为用随机数学工具处理的统计模型。如数理经济学中最有名的 C-D 生产函数是 20 世纪 30 年代初美国经济学家柯布（C. W. Cobb）和道格拉斯（P. H. Douglas）根据历史统计数据建立的。在有两种投入时，资本 K 和劳动 L 与产出的关系被确切表达为：

$$y=AK^{\alpha}L^{\beta}$$

式中，α，β 分别为 K 和 L 对产出 y 的弹性。C-D 生产函数指出了厂商行为的一种模式，在函数中变量之间的关系是准确实现的。但是由计量经济学的观点，变量之间的关系并不符合数理经济学所拟定的模式，而是有随机偏差的。因而给 C-D 生产函数增加一个随机项 U，将变量之间的关系描述为一个随机模型，然后用随机数学方法加以研究，得出非确定的概率性结论，这更能反映出经济问题的特点。随机模型为：

$$y=AK^{\alpha}L^{\beta}U \tag{1.1}$$

或

$$\ln y=\ln A+\alpha\ln K+\beta\ln L+\ln U \tag{1.2}$$

模型（1.1）是一个非线性的回归模型形式；模型（1.2）是一个对数线性回归模型的形式。我们在研究工业生产和农业生产问题时就可考虑用上述理论模型。

有时候，我们无法根据所获信息确定模型的形式，这时可以采用不同的形式进行计算机模拟，对于不同的模拟结果，选择较好的一个作为理论模型。

尽管模型中待估的未知参数要到参数估计、检验之后才能确定，但在很多情况下可以根据所研究的经济问题对未知参数所带的符号以及大小范围事先给予确定。如 C-D 生产

函数式（1.1）中的待估参数 A，α，β 都应为大于零的数；弹性系数 α，β 应该满足

$$0<\alpha<1,\quad 0<\beta<1$$

五、进行统计计算，估计模型参数

当选择适当的统计方法时，就要利用收集、整理的样本数据进行统计计算。基本的统计计算有均值、方差、相关矩阵、距离矩阵、特征根与特征向量等。聚类分析、主成分分析、因子分析、对应分析就会遇到这些统计计算。

统计模型的建立需要根据样本数据估计模型参数，如用最小二乘法去估计回归模型的未知参数。对于不满足模型基本假设的统计问题，人们还给出了改进的最小二乘估计，如岭估计、特征根估计、主成分估计等。模型参数的估计是统计分析方法应用的核心内容。

当变量和样本数据多时，统计计算的工作量很大，只有依靠计算机才能得到可靠、精确的计算结果。现在这方面的现成计算软件很多，如 EViews，MINITAB，SPSS，SAS 等都是统计分析计算的基本软件。

六、模型的检验与修改

当模型的未知参数估计出来后，可以说已初步建立了一个统计模型。我们建立统计模型的目的是应用它来研究经济问题，但如果马上就用这个模型去做预测、控制和分析，显然是不够慎重的。因为这个模型是否真正揭示了变量与变量之间的真实关系，只有通过对模型的检验才能决定。

对于统计模型的检验一般需要进行统计检验和模型经济意义的检验。

统计检验通常有对回归方程和回归系数的显著性检验，还有拟合优度的检验、随机误差项的序列相关检验、异方差性检验、解释变量的多重共线性检验等。

在经济问题回归模型中，往往还会出现回归模型通过一系列统计检验，可就是得不到合理的经济解释的现象。例如，国民收入与工农业总产值之间应该是正相关，回归模型中工农业总产值变量前的系数应该为正，但有时候由于样本容量的限制或数据质量的问题，估计出的系数可能是负的。如果这样，这个回归模型就没有意义，也就谈不上进一步应用了。可见回归方程经济意义的检验同样是非常重要的。

如果一个回归模型没有通过某种统计检验，或者通过了统计检验而没有合理的经济意义时，就需要对回归模型进行修改。模型的修改有时候要从设置变量是否合理开始，是不是某些重要的变量忘记考虑；变量间是否具有很强的依赖性；样本量是不是太少；理论模型是否合适。比如某个问题本应用曲线方程去拟合，而我们误用直线方程去拟合，当然通不过检验，这就需要重新构造理论模型。

模型的修改往往要经过几次，特别是建立一个实际经济问题的回归模型，要反复修正才能得到一个理想模型。

七、统计模型的应用

当一个经济问题的统计模型通过了各种统计检验，且模型具有合理的经济意义时，我们就可以运用这个模型进一步研究经济问题。

分类研究是把性质相近的社会、经济现象归类。通常用定性资料的分析、聚类分析、判别分析等方法对统计数据进行处理，利用所得结论、模型进行分类应用。

现代统计分析方法的另一重要应用是简化数据结构，即在所掌握的统计数据中找一个基本结构。这种基本结构使我们在研究问题时抓住主要矛盾，舍弃次要因素。

经济变量的因素分析是回归模型的一个重要应用。应用回归模型对经济变量之间的关系做出度量，从模型的回归系数可发现经济变量的结构关系，给出政策评价的一些量化依据。

既然回归模型能揭示经济变量间的因果关系，那么就可以考虑通过给定被解释变量值来控制解释变量值。比如我们把某年的通货膨胀指标定为全国零售物价指数增长5%以下，那么，从通货膨胀的回归模型可以确定货币的发行量、银行的存款利率等。这就是对经济变量的一种控制。

进行经济预测是回归模型的另一个重要应用。比如我国 2025 年的国民收入是多少，通过建立国民经济的宏观经济模型就可以做出预测。用回归模型进行经济预测在我国已有不少成功的例子。

在统计模型的运用中，我们还强调定性分析和定量分析的有机结合。这是因为统计方法只是从事物外在的数量上去研究问题，不涉及事物质的规定性。单纯的表面上的数量关系是否反映事物的本质，它的本质究竟如何，必须依靠专门学科的研究才能下定论。所以，在经济问题的研究中，我们不能仅凭样本数据估计的结果就不加分析地说长道短，必须把参数估计的结果和具体经济问题以及现实情况紧密结合，这样才能保证统计方法在经济问题研究中的正确运用。

思考与练习

1. 你认为统计学是方法论学科还是实质性学科？
2. 熟悉统计分析方法的应用步骤及流程。
3. 统计方法的应用为什么要与定性分析相结合？

第 2 章

统计学基础回顾

社会、经济和管理类的非统计专业研究生在本科阶段大都学过“统计学”或“社会经济统计学原理”课程，其中有些概念是学习本书非常重要的基础。为了更顺利地学习本书的内容，本章将对统计学中的一些基本概念和术语作一简要回顾。

§2.1 统计数据的整理与描述

统计学是研究数据的方法论学科，统计数据是统计学研究的主要内容。借助统计学方法研究任何实际问题，首先要做的工作就是收集数据，收集数据是一项很重要的基础工作。收集数据的一般方法是查阅各种统计年鉴和报表，再就是运用某种调查方法获取欲研究问题的有关数据。抽样调查获取数据的方式在我国方兴未艾。抽样调查的方法很多，专业性很强，我国已有不少抽样技术的专著。需要利用抽样方法获取数据的学者，还需很好地学习有关抽样技术的专著。对抽样方法及其应注意的问题有兴趣者可参阅书末的参考文献［5］和［6］。

一、总体与样本

在一个统计问题中，通常把所要调查研究的事物或现象的全体称为总体，而把组成总体的每个元素（成员）称为个体，一个总体中所含的个体的数量称为总体的容量。例如要研究某城市居民的家庭收入状况，那么这个城市所有家庭的收入状况就是我们研究的总体，而每个家庭的收入状况就是个体。

为了推断总体的某些特征，需要从总体中按一定的抽样技术抽取若干个体，将这一抽取过程称为抽样。所抽取的部分个体称为样本，样本中所含个体的数量称为样本容量。如在研究居民家庭收入时，随机抽取 1 000 户来进行调查，这 1 000 户就是一个样本，样本容量就是 1 000。

二、统计量

通过抽样或查统计年鉴得到的原始数据，一般是杂乱无章的，很难从中直接看出有价值的东西。因此，对获取的原始数据一般需要加以整理，以便把我们感兴趣的信息提取出来，并用简明醒目的方式加以表述。画原始数据的散点图、饼图、直方图等方法是直观表达数据的常见方式。统计学中最主要的提取信息方式就是对原始数据进行一定的运算，以算出某些代表性的数字，用以反映出数据某些方面的特征，这种数字称为统计量。用统计学语言表述就是：统计量是样本的函数，它不依赖于任何未知参数。

例如均值和方差就是最重要的常用统计量。

均值是对数据集中特征的描述，方差是对数据波动特征的描述。

设 x_1，x_2，…，x_n 是一组独立的随机样本，则样本均值为：

$$\bar{x}=\frac{1}{n}\sum_{i=1}^{n}x_i$$

样本方差为：

$$S^2=\frac{1}{n-1}\sum_{i=1}^{n}(x_i-\bar{x})^2$$

样本标准差为：

$$S=\sqrt{\frac{1}{n-1}\sum_{i=1}^{n}(x_i-\bar{x})^2}$$

例如有两组数据：(4,6,8,10,12)
(6,7,8,9,10)

它们的均值 $\bar{x}$ 都是 8，这说明两组数据都以 8 为中心。读者可计算它们的方差，第一组数据的方差比第二组的要大，说明第一组数据相对均值 8 来说比较分散，第二组数据相对均值 8 来说比较集中。这两组数据可以很直观地看出均值及方差的意义。

需要注意的是，方差带单位是没有意义的，只有标准差带上单位才有实际意义。

三、变异系数

如果两组数据的计量单位相同，且均值一样，可以利用标准差来比较两组数据的离散程度。但当两组数据的计量单位不同或均值不同时，就不能直接比较两组数据的标准差来分析两组数据的离散程度。由此引入变异系数 V：

$$V=\frac{S}{\bar{x}}$$

例如两组数据（4,5,6,7,8)与(40,50,60,70,80）的标准差分别是 1.58 和 15.8，如果仅从标准差来看显然第二组数据分散程度较大。但是由于两组数据的均值不同，分别为 6 和 60，单纯由标准差来判断数据的分散程度就不合适。实际上，当我们算出两组数据的变异系数时，得到 V 都是 0.26。比较而言，两组数据的分散程度就是相同的了。

四、偏度与峰度

偏度和峰度是描述统计数据分布偏斜程度的统计量。

偏度用偏度系数 V_1 来描述：

$$V_1 = \frac{\sum_{i=1}^{n}(x_i - \overline{x})^3}{S^3(n-1)}$$

式中，S 为样本标准差。

偏度系数 V_1 的意义可由图 2—1 表示出来。

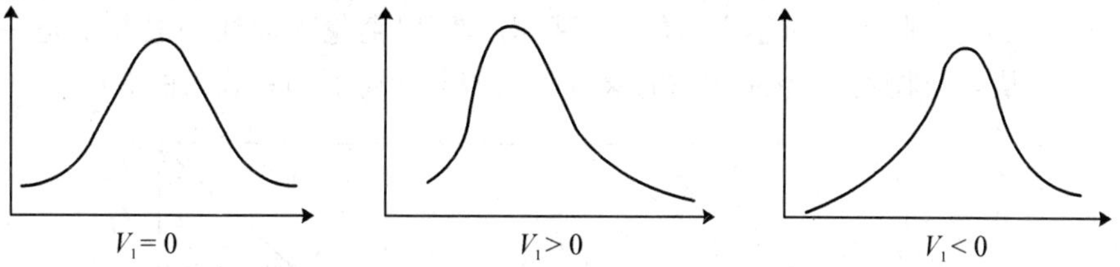

图 2—1

峰度用峰度系数 V_2 表示（见图 2—2）。

$$V_2 = \frac{\sum_{i=1}^{n}(x_i - \overline{x})^4}{S^4(n-1)}$$

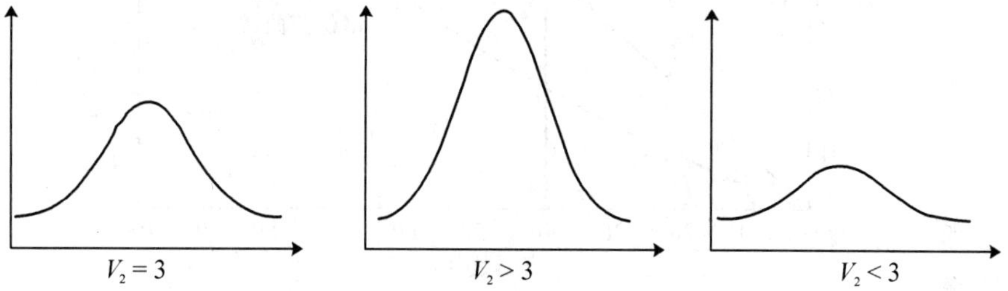

图 2—2

当峰度系数 $V_2=3$ 时，一般为标准正态分布。

五、累积频数分布

在社会经济调查中，经常得到的数据是频数。例如家庭月收入按等级划分时，我们就会得到每个等级的家庭数，常常将这些数据列在表中或画成直方图。

读者可依收入等级从低到高画出累积频数的直方图。表 2—1 是家庭收入累积频数分布表。

表 2—1　　家庭收入累积频数分布表

收入等级（元）	家庭数	
	频数	累积频数
5 000～6 000	800	800
6 001～7 000	700	1 500
7 001～8 000	500	2 000
8 001～9 000	300	2 300

在社会经济研究中，洛伦茨（Lorentz）曲线是累积频数的典型应用。如果按收入从低到高排列，各收入等级的家庭的累积数（百分比）为横坐标，与之相对应的收入的累积数（百分比）为纵坐标，所得到的曲线就是西方经济学中著名的洛伦茨曲线。在宏观经济的收入差距研究中，就可运用这一描述方法。

图 2—3 中对角线 OA 是均匀收入分布线。图中点 B 表明在数量上占全体 40%的家庭在收入上也占 40%。收入分布不大可能绝对平均，所以洛伦茨曲线一般并不是一条直线。图中点 C 表示从最低收入开始的 40%的家庭收入的合计还不到总收入的 20%。

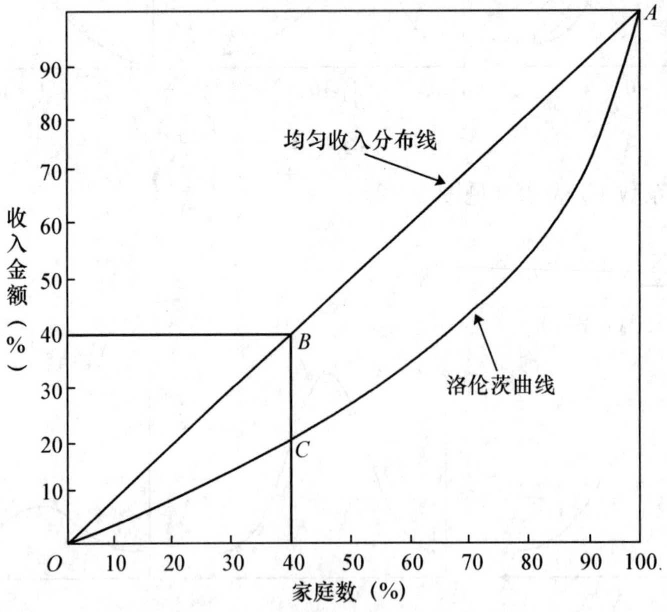

图 2—3

关于累积频数的百分比曲线可拓宽到衡量贫富差距的基尼(Gini)系数。基尼系数理论在中国当今的宏观经济研究中非常有用。

§2.2　几种重要的概率分布

一、正态分布

在经济研究和工商管理中，有许多随机变量的概率分布都可用正态分布来描述。例如一个城市居民的家庭收入、消费支出，某只股票月收益的百分比，某种商品的年销售等都可近似用正态分布来描述。在实际问题的研究中，可以通过该随机变量的抽样数据的频数直方图与正态概率分布的钟形曲线相比较，来判断该随机变量是否为正态随机变量。

正态随机变量 X 的概率密度函数的形式如下：

$$f(x)=\frac{1}{\sqrt{2\pi}\sigma}\mathrm{e}^{-\frac{(x-\mu)^2}{2\sigma^2}},\quad -\infty<x<\infty$$

式中，μ 为随机变量 X 的均值；σ^2 为随机变量 X 的方差。

通常对将均值为 μ，方差为 σ^2 的正态概率分布，记为 $N(\mu,\sigma^2)$。于是有正态随机变量 $X\sim N(\mu,\sigma^2)$。

一般来说，正态分布的密度曲线是以 μ 为中心，在 μ 的两侧呈对称的形状，曲线的形状像一个钟的剖面，故称为钟形曲线。σ 越大，密度曲线的峰度越小；σ 越小，密度曲线的峰度越大。无论参数 μ 和 σ 取何值，密度曲线下所覆盖的面积均等于 1。正态分布的密度曲线见图 2—4。

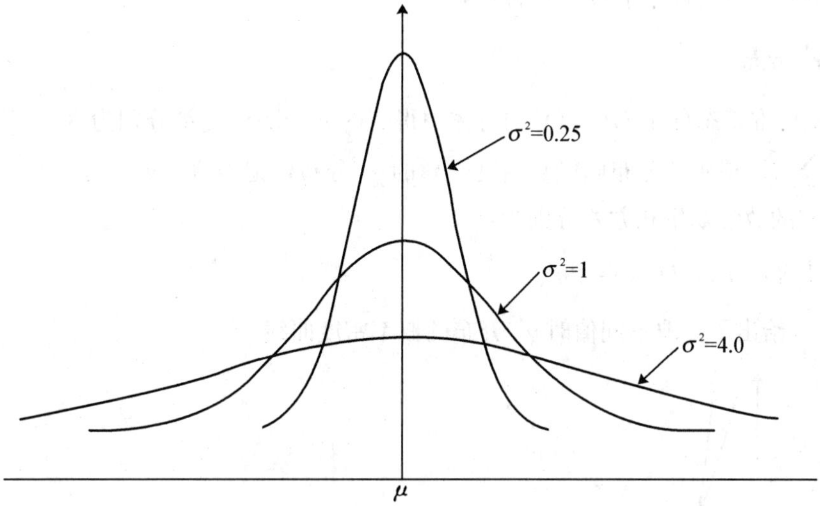

图 2—4

正态分布曲线下，位于 $\mu\pm\sigma$，$\mu\pm2\sigma$，$\mu\pm3\sigma$，$\mu\pm6\sigma$ 之间的面积分别约占总面积的 68.26%，95.45%，99.73%和 99.999 999 8%，如图 2—5 所示。由图可知，当随机变量 $X\sim N(\mu,\sigma)$时，X 的取值落在区间$(\mu-6\sigma,\mu+6\sigma)$外的概率仅为十亿分之二，是一个小概率事件。

在正态分布的概率密度中，当 $\mu=0$，$\sigma=1$ 时，我们称随机变量 X 遵从标准正态分布，记为 $X\sim N(0,1)$。

关于正态分布的理论已很完善，数学上也易于处理。此外，当一个经济问题的模型误差是由很多因素构成的时候，总体的分布与正态分布近似。所以，在计量经济学和一些经济问题的建模研究中常假定为正态分布。另外，当总体概率分布为正态分布时，作为从中抽出的样本，其统计量的抽样概率分布有 χ^2 分布、t 分布、F 分布等。因此，正态分布成

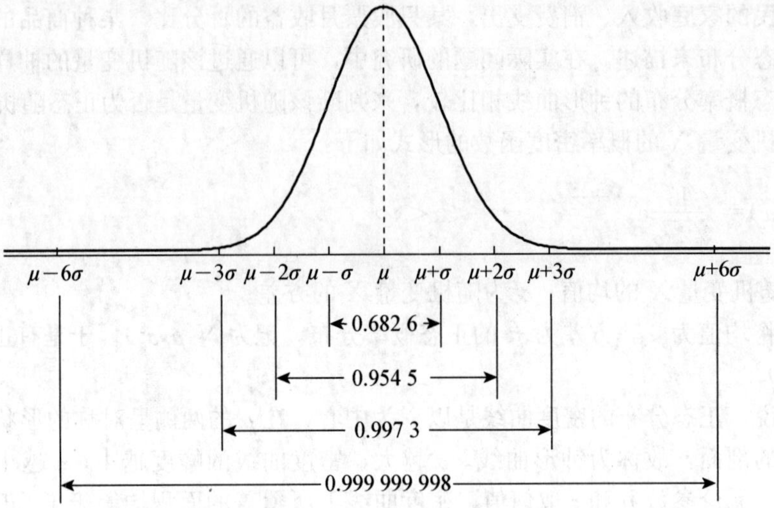

图 2—5

为计量经济学乃至统计学中最重要的概念。

二、χ^2 分布

如果从标准正态分布 $N(0,1)$ 的总体中得到的 n 个随机变量分别为 X_1，X_2，…，X_n 时，则由 $\sum X_i^2$ 得到的分布叫做自由度为 n 的 χ^2 分布，记为 $X \sim \chi^2(n)$。

χ^2 分布的数学期望和方差分别为：

$$E(X)=n, \quad D(X)=2n$$

图 2—6 给出了 n 取不同值时 χ^2 分布的概率密度曲线。

图 2—6

关于 χ^2 分布的加法定理。设 X_1，X_2，…，X_k 是相互独立的随机变量，且 $X_i\sim\chi^2(n_i)$ $(i=1,2,\cdots,k)$，则

$$\sum_{i=1}^{k} X_i \sim \chi^2(n_1+n_2+\cdots+n_k)$$

χ^2 分布与 $N(0,1)$ 分布之间有如下关系：
设 X_1，X_2，…，X_n 是相互独立的随机变量，并且 $X_i\sim N(0,1)(i=1,2,\cdots,n)$，则

$$\sum_{i=1}^{n} X_i^2 \sim \chi^2(n)$$

三、*t* 分布

设 $X\sim N(0,1)$，$Y\sim\chi^2(n)$，X 与 Y 相互独立，则随机变量

$$t=\frac{X}{\sqrt{Y/n}}$$

遵从自由度为 n 的 t 分布，记为 $t=\frac{X}{\sqrt{Y/n}}\sim t(n)$。

t 分布的数学期望和方差如下：

$$当\ n>2\ 时, E(t)=0, D(t)=\frac{n}{n-2}$$

t 分布的图形是对称的，见图 2—7。当 $n<30$ 时，t 分布的分散程度比标准正态分布大，密度函数曲线比较平缓，随着 n 的增大，t 分布逐渐逼近标准正态分布。当 $n\to\infty$ 时，t 分布渐近标准正态分布。

t 分布可用于方差未知时对有关均值的假设进行的检验。关于回归系数的显著性检验就用到 t 分布。

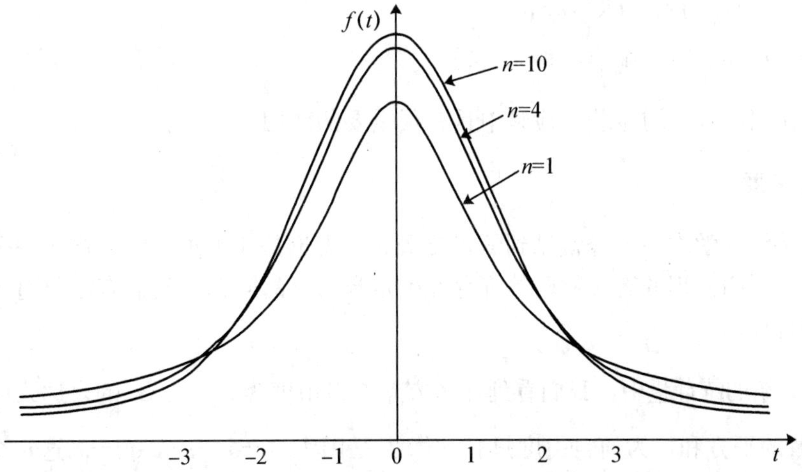

图 2—7

四、F 分布

设随机变量 $X \sim \chi^2(n_1)$，$Y \sim \chi^2(n_2)$，且 X 与 Y 相互独立，则称随机变量

$$F=\frac{X/n_1}{Y/n_2}$$

遵从自由度为 (n_1,n_2) 的 F 分布，记作 $F \sim F(n_1,n_2)$。

F 分布的形状为正偏态分布状，但随着 n_1，n_2 的增大，其概率密度曲线的偏斜度虽有所减缓却仍保持偏态分布，并不以正态分布为其极限分布形式，示意如图 2—8 所示。

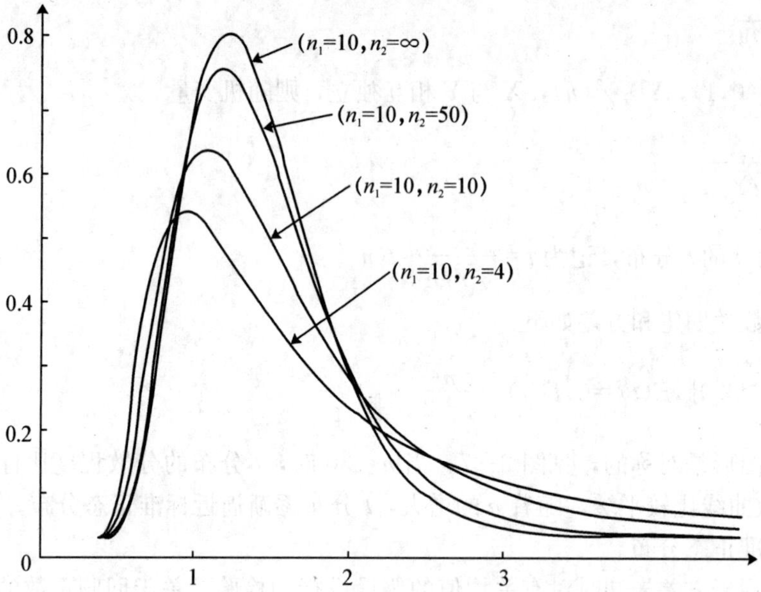

图 2—8

如果 $t \sim t(n)$，则 $t^2 \sim F(1,n)$；

如果 $F \sim F(n_1,n_2)$，则 $\frac{1}{F} \sim F(n_2,n_1)$。

F 分布在回归方程的显著性检验中具有很重要的作用。

五、自由度

自由度是统计学中一个经常见到的重要概念。无论是几种重要的抽样概率分布，还是常用统计量和回归方程的有关检验等都存在确定自由度的问题。我们有必要对自由度的概念再做一些解释。

在前面介绍的统计量中，我们看到样本方差的自由度为 $n-1$，S^2 的表达式中 $\sum_{i=1}^{n}(x_i-\bar{x})^2$ 为 n 个量的平方和，为何自由度只有 $n-1$？是因为 $x_1-\bar{x}$，…，$x_n-\bar{x}$ 这 n 个量并不能自由变化，而是受到一个约束，即 $\sum_{i=1}^{n}(x_i-\bar{x})=0$，这使它的自由度少了一个。在样本方

差 S^2 的公式中分母上是 $n-1$，就是因为当给定均值 $\bar{x}$ 时，x_1，x_2，…，x_n 这 n 个数据中，前 $n-1$ 个数据都可以自由取值，而第 n 个数据受全部数据的平均值 $\bar{x}$ 的制约，不能自由取值。第 n 个数据可由公式 $x_n = n\bar{x} - \sum_{i=1}^{n-1} x_i$ 求得。因此，S^2 的自由度是 $n-1$。所以，所谓自由度就是指可以自由取值的数据的个数，或者指不受任何约束、可以自由变动的变量的个数。

还可以对自由度这个概念赋予另一种解释，即一共有 n 个样本，有 n 个自由度。用 S^2 估计总体方差 σ^2，自由度本应为 n，但总体均值 μ 也未知，用 $\bar{x}$ 去估计之，用掉了一个自由度，故只剩下 $n-1$ 个自由度。参见书末的参考文献 [7]。

用矩阵秩的概念也可以解释自由度。自由度是对随机变量的二次型（可称为二次统计量）而言的，自由度就是二次型矩阵的秩。但用矩阵的秩来判断统计量的自由度比较困难，一般采用直观方法来做判断，即由线性代数知识可知，一个二次型的秩为它所含变量个数减去变量间独立线性约束条件的个数，从而可得到统计量的自由度。前面关于样本方差 S^2 的自由度，就是因为 $\sum_{i=1}^{n}(x_i-\bar{x})^2$ 含有 n 个变量，但 n 个变量有一个线性约束条件 $\sum_{i=1}^{n}(x_i-\bar{x})=0$，故 S^2 的自由度为 $n-1$。

在回归分析中，回归方程的显著性检验用到残差平方和。确定残差平方和的自由度，一般方法是，数据的个数 n 减去必须估计出的参数的个数就是自由度。例如 p 元线性回归方程的残差平方和的自由度就是 $n-p-1$，因为回归方程中有 $p+1$ 个待估参数。

§2.3　多元分布的基本概念

在研究社会、经济现象和许多实际问题时，经常遇到的是多指标的问题。例如，研究职工工资构成情况时，计时工资、基础工资与职务工资、各种奖金、各种津贴等都是同时需要考察的指标。又如，在研究公司的运营情况时，要涉及公司的资金流动能力、偿债能力、获利能力及竞争能力等财务指标。这些都是多指标研究的问题。显然，仅研究某个指标或是将这些指标割裂开来分别研究，都不能从整体上把握所研究问题的实质。一般地，假设我们所研究的问题涉及 p 个指标，n 次观测，这就得到 np 个数据，我们的目的就是对观测对象进行分组、分类，或分析这 p 个变量之间的相互关联程度，或找出内在规律等。下面简要介绍多变量统计分析中涉及的一些基本概念。

一、随机向量

我们所讨论的是多个变量的总体，所研究的数据是同时观测 p 个指标（即变量）又进行了 n 次观测得到的，我们把这 p 个指标表示为 X_1，X_2，…，X_p，常用向量

$$\boldsymbol{X}=(X_1,X_2,\cdots,X_p)'$$

表示对同一个个体观测的 p 个变量。若观测了 n 个个体，则可得到如表 2—2 所示的数据，

称每一个个体的 p 个变量为一个样品，而全体 n 个样品形成一个样本。

表 2—2

序号 \ 变量	X_1	X_2	…	X_p
1	x_{11}	x_{12}	…	x_{1p}
2	x_{21}	x_{22}	…	x_{2p}
⋮	⋮	⋮		⋮
n	x_{n1}	x_{n2}	…	x_{np}

横看表 2—2，记

$$\boldsymbol{X}_{(\alpha)}=(x_{\alpha1},x_{\alpha2},\cdots,x_{\alpha p})',\quad \alpha=1,2,\cdots,n$$

它表示第 α 个样品的观测值。竖看表 2—2，第 j 列的元素，记

$$\boldsymbol{X}_j=(x_{1j},x_{2j},\cdots,x_{nj})',\quad j=1,2,\cdots,p$$

表示对第 j 个变量 X_j 的 n 次观测数值。

因此，样本资料矩阵可用矩阵语言表示为：

$$\boldsymbol{X}=\begin{bmatrix} x_{11} & x_{12} & \cdots & x_{1p} \\ x_{21} & x_{22} & \cdots & x_{2p} \\ \vdots & \vdots & & \vdots \\ x_{n1} & x_{n2} & \cdots & x_{np} \end{bmatrix}=(x_1,x_2,\cdots,x_p)=\begin{bmatrix} x'_{(1)} \\ x'_{(2)} \\ \vdots \\ x'_{(n)} \end{bmatrix}$$

若无特别说明，本书所称向量均指列向量。

定义 2.1 设 X_1，X_2，…，X_p 为 p 个随机变量，由它们组成的向量 $\boldsymbol{X}=(X_1,\ X_2,\ \cdots,\ X_p)'$ 称作随机向量。

二、分布函数与密度函数

描述随机变量的最基本工具是分布函数，类似地描述随机向量的最基本工具还是分布函数。

定义 2.2 设 $\boldsymbol{X}=(X_1,X_2,\cdots,X_p)'$ 是一随机向量，它的多元分布函数是

$$F(\boldsymbol{x})=F(x_1,x_2,\cdots,x_p)=P(X_1\leqslant x_1,\cdots,X_p\leqslant x_p)$$

式中，$\boldsymbol{x}=(x_1,x_2,\cdots,x_p)\in R^p$，并记成 $\boldsymbol{X}\sim F$。

多元分布函数的有关性质此处从略。可参考书末的参考文献［4］。

定义 2.3 设 $\boldsymbol{X}\sim F(\boldsymbol{x})=F(x_1,x_2,\cdots,x_p)$，若存在一个非负的函数 $f(\cdot)$，使得

$$F(\boldsymbol{x})=\int_{-\infty}^{x_1}\cdots\int_{-\infty}^{x_p}f(t_1,\cdots,t_p)\mathrm{d}t_1,\cdots,\mathrm{d}t_p \tag{2.1}$$

对一切 $\boldsymbol{x}\in R^p$ 成立，则称 $\boldsymbol{X}$(或 $F(\boldsymbol{x})$) 有分布密度 $f(\cdot)$，并称 $\boldsymbol{X}$ 为连续型随机向量。

一个 p 维变量的函数 $f(\cdot)$ 能作为 R^p 中某个随机向量的分布密度，当且仅当

（ⅰ）$f(\boldsymbol{x}) \geqslant \mathbf{0}$，　$\forall \boldsymbol{x} \in R^p$

（ⅱ）$\int_{R^p} f(\boldsymbol{x}) \mathrm{d}\boldsymbol{x} = 1$

【例 2.1】　若随机向量（X_1, X_2, X_3）有密度函数

$$f(x_1, x_2, x_3) = x_1^2 + 6x_3^2 + \frac{1}{3}x_1 x_2$$

$$0 < x_1 < 1, \quad 0 < x_2 < 2, \quad 0 < x_3 < \frac{1}{2}$$

容易验证它符合分布密度函数的两个条件（ⅰ）和（ⅱ）。

最重要的连续型多元分布——多元正态分布将在§2.4 讨论。

三、多元变量的独立性

定义 2.4　两个随机向量 $\boldsymbol{X}$ 和 $\boldsymbol{Y}$ 称为是相互独立的，若

$$P(\boldsymbol{X} \leqslant \boldsymbol{x}, \boldsymbol{Y} \leqslant \boldsymbol{y}) = P(\boldsymbol{X} \leqslant \boldsymbol{x}) P(\boldsymbol{Y} \leqslant \boldsymbol{y}) \tag{2.2}$$

对一切 $\boldsymbol{x}$，$\boldsymbol{y}$ 成立。若 $F(\boldsymbol{x}, \boldsymbol{y})$ 为 $(\boldsymbol{X}, \boldsymbol{Y})$ 的联合分布函数；$G(\boldsymbol{x})$ 和 $H(\boldsymbol{y})$ 分别为 $\boldsymbol{X}$ 和 $\boldsymbol{Y}$ 的分布函数，则 $\boldsymbol{X}$ 与 $\boldsymbol{Y}$ 独立当且仅当

$$F(\boldsymbol{x}, \boldsymbol{y}) = G(\boldsymbol{x}) H(\boldsymbol{y})$$

若 $(\boldsymbol{X}, \boldsymbol{Y})$ 有密度 $f(\boldsymbol{x}, \boldsymbol{y})$，用 $g(\boldsymbol{x})$ 和 $h(\boldsymbol{y})$ 分别表示 $\boldsymbol{X}$ 和 $\boldsymbol{Y}$ 的分布密度，则 $\boldsymbol{X}$ 和 $\boldsymbol{Y}$ 独立当且仅当

$$f(\boldsymbol{x}, \boldsymbol{y}) = g(\boldsymbol{x}) h(\boldsymbol{y})$$

注意在上述定义中，$\boldsymbol{X}$ 和 $\boldsymbol{Y}$ 的维数一般是不同的。

类似地，若它们的联合分布等于各自分布的乘积，称 p 个随机向量 $\boldsymbol{X}_1$，$\boldsymbol{X}_2$，…，$\boldsymbol{X}_p$ 相互独立。由 $\boldsymbol{X}_1$，$\boldsymbol{X}_2$，…，$\boldsymbol{X}_p$ 相互独立可以推知任何 $\boldsymbol{X}_i$ 与 $\boldsymbol{X}_j (i \neq j)$ 独立，但是，若已知任何 $\boldsymbol{X}_i$ 与 $\boldsymbol{X}_j (i \neq j)$ 独立，并不能推出 $\boldsymbol{X}_1$，$\boldsymbol{X}_2$，…，$\boldsymbol{X}_p$ 相互独立。

四、随机向量的数字特征

1. 随机向量 $\boldsymbol{X}$ 的均值

设 $\boldsymbol{X} = (X_1, X_2, \cdots, X_p)$ 有 p 个分量。若 $E(X_i) = \mu_i (i = 1, 2, \cdots, p)$ 存在，我们定义随机向量 $\boldsymbol{X}$ 的均值为：

$$E(\boldsymbol{X}) = \begin{bmatrix} E(X_1) \\ E(X_2) \\ \vdots \\ E(X_p) \end{bmatrix} = \begin{bmatrix} \mu_1 \\ \mu_2 \\ \vdots \\ \mu_p \end{bmatrix} = \boldsymbol{\mu}$$

$\boldsymbol{\mu}$ 是一个 p 维向量，称为均值向量。

当 $\boldsymbol{A}$，$\boldsymbol{B}$ 为常数矩阵时，由定义可立即推出如下性质：

（1）$E(\boldsymbol{AX}) = \boldsymbol{A}E(\boldsymbol{X})$

（2）$E(\boldsymbol{AXB})=\boldsymbol{A}E(\boldsymbol{X})\boldsymbol{B}$

2. 随机向量 $\boldsymbol{X}$ 自协方差矩阵

$$\boldsymbol{\Sigma}=\text{cov}(\boldsymbol{X},\boldsymbol{X})=E(\boldsymbol{X}-E\boldsymbol{X})(\boldsymbol{X}-E\boldsymbol{X})'=D(\boldsymbol{X})$$
$$=\begin{bmatrix} D(X_1) & \text{cov}(X_1,X_2) & \cdots & \text{cov}(X_1,X_p) \\ \text{cov}(X_2,X_1) & D(X_2) & \cdots & \text{cov}(X_2,X_p) \\ \vdots & \vdots & & \vdots \\ \text{cov}(X_p,X_1) & \text{cov}(X_p,X_2) & \cdots & D(X_p) \end{bmatrix}=(\sigma_{ij})$$

称它为 p 维随机向量 $\boldsymbol{X}$ 的协方差矩阵，简称为 $\boldsymbol{X}$ 的协差阵。

称 $|\text{cov}(\boldsymbol{X},\boldsymbol{X})|$ 为 $\boldsymbol{X}$ 的广义方差，它是协方差矩阵的行列式之值。

3. 随机向量 $\boldsymbol{X}$ 和 $\boldsymbol{Y}$ 的协方差矩阵

设 $\boldsymbol{X}=(X_1,X_2,\cdots,X_n)'$ 和 $\boldsymbol{Y}=(Y_1,Y_2,\cdots,Y_p)'$ 分别为 n 维和 p 维随机向量，它们之间的协方差矩阵定义为一个 $n\times p$ 矩阵，其元素是 $\text{cov}(X_i,Y_j)$，即

$$\text{cov}(\boldsymbol{X},\boldsymbol{Y})=(\text{cov}(X_i,Y_j)),\quad i=1,2,\cdots,n;j=1,2,\cdots,p$$

若 $\text{cov}(\boldsymbol{X},\boldsymbol{Y})=\boldsymbol{0}$，称 $\boldsymbol{X}$ 和 $\boldsymbol{Y}$ 是不相关的。

当 $\boldsymbol{A}$，$\boldsymbol{B}$ 为常数矩阵时，由定义可推出协方差矩阵有如下性质：

（1）$D(\boldsymbol{AX})=\boldsymbol{A}D(\boldsymbol{X})\boldsymbol{A}'=\boldsymbol{A\Sigma A}'$

（2）$\text{cov}(\boldsymbol{AX},\boldsymbol{BY})=\boldsymbol{A}\text{cov}(\boldsymbol{X},\boldsymbol{Y})\boldsymbol{B}'$

（3）设 $\boldsymbol{X}$ 为 n 维随机向量，期望和协方差存在，记 $\boldsymbol{\mu}=E(\boldsymbol{X})$，$\boldsymbol{\Sigma}=D(\boldsymbol{X})$，$\boldsymbol{A}$ 为 $n\times n$ 常数阵，则

$$E(\boldsymbol{X}'\boldsymbol{AX})=tr(\boldsymbol{A\Sigma})+\boldsymbol{\mu}'\boldsymbol{A\mu}$$

对于任何随机向量 $\boldsymbol{X}=(X_1,X_2,\cdots,X_p)'$ 来说，其协方差矩阵 $\boldsymbol{\Sigma}$ 都是对称阵，同时总是非负定（也称半正定）的。大多数情形下是正定的。

4. 随机向量 $\boldsymbol{X}$ 的相关矩阵

若随机向量 $\boldsymbol{X}=(X_1,X_2,\cdots,X_p)'$ 的协方差矩阵存在，且每个分量的方差大于零，则 $\boldsymbol{X}$ 的相关矩阵定义为：

$$\boldsymbol{R}=(\text{corr}(X_i,X_j))=(r_{ij})_{p\times p}$$
$$r_{ij}=\frac{\text{cov}(X_i,X_j)}{\sqrt{D(X_i)}\sqrt{D(X_j)}},\quad i,j=1,2,\cdots,p$$

r_{ij} 也称为分量 X_i 与 X_j 之间的（线性）相关系数。

对于两组不同的随机向量 $\boldsymbol{X}$ 及 $\boldsymbol{Y}$，它们之间的相关问题将在典型相关分析的章节中详细讨论。

在进行数据处理时，为了克服由于指标的量纲不同对统计分析结果带来的影响，往往在使用某种统计分析方法之前将每个指标“标准化”，即做如下变换：

$$X_j^*=\frac{X_j-E(X_j)}{(\text{var}X_j)^{1/2}},\quad j=1,2,\cdots,p$$

$$\boldsymbol{X}^* = (X_1^*, X_2^*, \cdots, X_p^*)$$

于是

$$E(\boldsymbol{X}^*) = \boldsymbol{0}, \quad D(\boldsymbol{X}^*) = \mathrm{corr}(\boldsymbol{X}) = \boldsymbol{R}$$

即标准化数据的协方差矩阵正好是原指标的相关矩阵。

$$\boldsymbol{R} = \frac{1}{n-1}\boldsymbol{X}^{*\prime}\boldsymbol{X}^*$$

§2.4 多元正态分布

多元正态分布是一元正态分布的推广。迄今为止，多元分析的主要理论都是建立在多元正态总体基础上的，多元正态分布是多元分析的基础。另一方面，许多实际问题的分布常是多元正态分布或近似正态分布，或虽本身不是正态分布，但它的样本均值近似于多元正态分布。

本节将介绍多元正态分布的定义，并简要给出它的基本性质。

一、多元正态分布的定义

在概率论中已经讲过，一元正态分布的密度函数为：

$$f(x) = \frac{1}{\sqrt{2\pi}\sigma} \mathrm{e}^{-\frac{(x-\mu)^2}{2\sigma^2}}, \quad \sigma > 0$$

上式可以改写成

$$f(x) = (2\pi)^{-1/2}\sigma^{-1}\exp\left[-\frac{1}{2}(x-\mu)'(\sigma^2)^{-1}(x-\mu)\right] \tag{2.3}$$

式中用 $(x-\mu)'$ 代表 $(x-\mu)$ 的转置。由于 x，μ 均为一维的数字，转置与否都相同，所以可以这样写。

当遵从一元正态分布的随机变量 X 的概率密度函数改写为式（2.3）时，我们就可以将其推广，给出多元正态分布的定义。

定义 2.5 若 p 元随机向量 $\boldsymbol{X} = (X_1, X_2, \cdots, X_p)'$ 的概率密度函数为：

$$f(x_1, x_2, \cdots, x_p) = \frac{1}{(2\pi)^{p/2}|\boldsymbol{\Sigma}|^{1/2}}\exp\left[-\frac{1}{2}(\boldsymbol{x}-\boldsymbol{\mu})'\boldsymbol{\Sigma}^{-1}(\boldsymbol{x}-\boldsymbol{\mu})\right]$$

$$(\boldsymbol{\Sigma} > \boldsymbol{0}) \tag{2.4}$$

则称 $\boldsymbol{X} = (X_1, X_2, \cdots, X_p)'$ 遵从 p 元正态分布，也称 $\boldsymbol{X}$ 为 p 元正态变量。记为

$$\boldsymbol{X} \sim N_p(\boldsymbol{\mu}, \boldsymbol{\Sigma})$$

$|\boldsymbol{\Sigma}|$ 为协方差矩阵 $\boldsymbol{\Sigma}$ 的行列式。

式（2.4）实际上是在 $|\boldsymbol{\Sigma}| \neq 0$ 时定义的，若 $|\boldsymbol{\Sigma}| = 0$，此时不存在通常意义上的密度，然而可以形式地给出一个表达式，使得有些问题可以利用这一形式对 $|\boldsymbol{\Sigma}| \neq 0$ 及 $|\boldsymbol{\Sigma}| = 0$

的情况给出一个统一的处理。

当 $p=2$ 时，可以得到二元正态分布的密度公式。

设 $\boldsymbol{X}=(X_1,X_2)'$遵从二元正态分布，则

$$\boldsymbol{\Sigma}=\begin{bmatrix}\sigma_{11} & \sigma_{12}\\ \sigma_{21} & \sigma_{22}\end{bmatrix}=\begin{bmatrix}\sigma_1^2 & \sigma_1\sigma_2 r\\ \sigma_2\sigma_1 r & \sigma_2^2\end{bmatrix},\quad r\neq\pm1$$

这里 σ_1^2，σ_2^2 分别是 X_1 与 X_2 的方差，r 是 X_1 与 X_2 的相关系数。此时

$$|\boldsymbol{\Sigma}|=\sigma_1^2\sigma_2^2(1-r^2)$$

$$\boldsymbol{\Sigma}^{-1}=\frac{1}{\sigma_1^2\sigma_2^2(1-r^2)}\begin{bmatrix}\sigma_2^2 & -\sigma_1\sigma_2 r\\ -\sigma_2\sigma_1 r & \sigma_1^2\end{bmatrix}$$

故 X_1 与 X_2 的密度函数为：

$$f(x_1,x_2)=\frac{1}{2\pi\sigma_1\sigma_2(1-r^2)^{1/2}}\exp\left\{-\frac{1}{2(1-r^2)}\left[\frac{(x_1-\mu_1)^2}{\sigma_1^2}-2r\frac{(x_1-\mu_1)(x_2-\mu_2)}{\sigma_1\sigma_2}+\frac{(x_2-\mu_2)^2}{\sigma_2^2}\right]\right\}$$

这与我们学过的概率统计中的结果是一致的。

若 $r=0$，那么 X_1与 X_2是独立的；若 $r>0$，则 X_1与 X_2趋于正相关；若 $r<0$，则 X_1 与 X_2趋于负相关。

定理 2.1 设 $\boldsymbol{X}\sim N_p(\boldsymbol{\mu},\boldsymbol{\Sigma})$，则

$$E(\boldsymbol{X})=\boldsymbol{\mu},\quad D(\boldsymbol{X})=\boldsymbol{\Sigma}$$

定理 2.1 将正态分布的参数 $\boldsymbol{\mu}$ 和 $\boldsymbol{\Sigma}$ 赋予了明确的统计意义。有关这个定理的证明可参见书末的参考文献［4］。

多元正态分布不止定义 2.5 一种形式，更广泛地可采用特征函数来定义，也可用一切线性组合均为正态的性质来定义，有关这些定义的方式参见书末的参考文献［4］。

二、多元正态分布的性质

1. 如果正态随机向量 $\boldsymbol{X}=(X_1,X_2,\cdots,X_p)'$的协方差矩阵 $\boldsymbol{\Sigma}$ 是对角阵，则 $\boldsymbol{X}$ 的各分量是相互独立的随机变量。证明参见书末的参考文献［4］。

2. 多元正态分布随机向量 $\boldsymbol{X}$ 的任何一个分量子集（多变量 $(X_1,X_2,\cdots,X_p)'$中的一部分变量构成的集合）的分布（称为 $\boldsymbol{X}$ 的边缘分布）仍然遵从正态分布。反之，若一个随机向量的任何边缘分布均为正态，并不能导出它是多元正态分布。

例如，设 $\boldsymbol{X}=(X_1,X_2)'$有分布密度

$$f(x_1,x_2)=\frac{1}{2\pi}\mathrm{e}^{-\frac{1}{2}(x_1^2+x_2^2)}\left[1+x_1x_2\mathrm{e}^{-\frac{1}{2}(x_1^2+x_2^2)}\right]$$

容易验证，$X_1\sim N(0,1)$，$X_2\sim N(0,1)$，但（X_1，X_2）显然不是正态分布。

3. 多元正态向量 $\boldsymbol{X}=(X_1,X_2,\cdots,X_p)'$的任意线性变换仍然遵从多元正态分布。

即设 $\boldsymbol{X}\sim N_p(\boldsymbol{\mu},\boldsymbol{\Sigma})$，而 m 维随机向量 $\boldsymbol{Z}_{m\times 1}=\boldsymbol{AX}+\boldsymbol{b}$，其中 $\boldsymbol{A}=(a_{ij})$ 是 $m\times p$ 阶的常数矩阵，$\boldsymbol{b}$ 是 m 维的常向量。则 m 维随机向量 $\boldsymbol{Z}$ 也是正态的，且 $\boldsymbol{Z}\sim N_m(\boldsymbol{A\mu}+\boldsymbol{b},\boldsymbol{A\Sigma A}')$。即 $\boldsymbol{Z}$ 遵从 m 元正态分布，其均值向量为 $\boldsymbol{A\mu}+\boldsymbol{b}$，协方差矩阵为 $\boldsymbol{A\Sigma A}'$。

三、条件分布和独立性

设 $\boldsymbol{X}\sim N_p(\boldsymbol{\mu},\boldsymbol{\Sigma})$，$p\geqslant 2$，将 $\boldsymbol{X}$，$\boldsymbol{\mu}$ 和 $\boldsymbol{\Sigma}$ 剖分如下：

$$\boldsymbol{X}=\begin{bmatrix}\boldsymbol{X}^{(1)}\\\boldsymbol{X}^{(2)}\end{bmatrix},\quad \boldsymbol{\mu}=\begin{bmatrix}\boldsymbol{\mu}^{(1)}\\\boldsymbol{\mu}^{(2)}\end{bmatrix},\quad \boldsymbol{\Sigma}=\begin{bmatrix}\boldsymbol{\Sigma}_{11}&\boldsymbol{\Sigma}_{12}\\\boldsymbol{\Sigma}_{21}&\boldsymbol{\Sigma}_{22}\end{bmatrix}\tag{2.5}$$

式中，$\boldsymbol{X}^{(1)}$，$\boldsymbol{\mu}^{(1)}$ 为 $q\times 1$，$\boldsymbol{\Sigma}_{11}$ 为 $q\times q$，我们希望求给定 $\boldsymbol{X}^{(2)}$ 时 $\boldsymbol{X}^{(1)}$ 的条件分布，即 $(\boldsymbol{X}^{(1)}|\boldsymbol{X}^{(2)})$ 的分布。下一个定理指出：正态分布的条件分布仍为正态分布。

定理 2.2　设 $\boldsymbol{X}\sim N_p(\boldsymbol{\mu},\boldsymbol{\Sigma})$，$\boldsymbol{\Sigma}>\boldsymbol{0}$，则 $(\boldsymbol{X}^{(1)}|\boldsymbol{X}^{(2)})\sim N_q(\boldsymbol{\mu}_{1\cdot 2},\boldsymbol{\Sigma}_{11\cdot 2})$，其中

$$\boldsymbol{\mu}_{1\cdot 2}=\boldsymbol{\mu}^{(1)}+\boldsymbol{\Sigma}_{12}\boldsymbol{\Sigma}_{22}^{-1}(\boldsymbol{X}^{(2)}-\boldsymbol{\mu}^{(2)})\tag{2.6}$$

$$\boldsymbol{\Sigma}_{11\cdot 2}=\boldsymbol{\Sigma}_{11}-\boldsymbol{\Sigma}_{12}\boldsymbol{\Sigma}_{22}^{-1}\boldsymbol{\Sigma}_{21}\tag{2.7}$$

证明参见书末的参考文献 [4]。

此定理告诉我们，$\boldsymbol{X}^{(1)}$ 的分布与 $(\boldsymbol{X}^{(1)}|\boldsymbol{X}^{(2)})$ 的分布均为正态，它们的协方差矩阵分别为 $\boldsymbol{\Sigma}_{11}$ 与 $\boldsymbol{\Sigma}_{11\cdot 2}=\boldsymbol{\Sigma}_{11}-\boldsymbol{\Sigma}_{12}\boldsymbol{\Sigma}_{22}^{-1}\boldsymbol{\Sigma}_{21}$，由于 $\boldsymbol{\Sigma}_{12}\boldsymbol{\Sigma}_{22}^{-1}\boldsymbol{\Sigma}_{21}\geqslant 0$，故 $\boldsymbol{\Sigma}_{11}\geqslant\boldsymbol{\Sigma}_{11\cdot 2}$，等号成立当且仅当 $\boldsymbol{\Sigma}_{12}=\boldsymbol{0}$。协方差矩阵是用来描述指标之间关系及散布程度的，$\boldsymbol{\Sigma}_{11}\geqslant\boldsymbol{\Sigma}_{11\cdot 2}$，说明已知 $\boldsymbol{X}^{(2)}$ 的条件下，$\boldsymbol{X}^{(1)}$ 散布的程度比不知道 $\boldsymbol{X}^{(2)}$ 的情况下缩小了，只有当 $\boldsymbol{\Sigma}_{12}=\boldsymbol{0}$ 时，两者相同。还可以证明，$\boldsymbol{\Sigma}_{12}=\boldsymbol{0}$，等价于 $\boldsymbol{X}^{(1)}$ 和 $\boldsymbol{X}^{(2)}$ 独立，这时，即使给出 $\boldsymbol{X}^{(2)}$，对 $\boldsymbol{X}^{(1)}$ 的分布也是没有影响的。

定理 2.3　设 $\boldsymbol{X}\sim N_p(\boldsymbol{\mu},\boldsymbol{\Sigma})$，$\boldsymbol{\Sigma}>\boldsymbol{0}$，将 $\boldsymbol{X}$，$\boldsymbol{\mu}$，$\boldsymbol{\Sigma}$ 剖分如下：

$$\boldsymbol{X}=\begin{bmatrix}\boldsymbol{X}^{(1)}\\\boldsymbol{X}^{(2)}\\\boldsymbol{X}^{(3)}\end{bmatrix}\begin{matrix}r\\s,\\t\end{matrix}\qquad \boldsymbol{\mu}=\begin{bmatrix}\boldsymbol{\mu}^{(1)}\\\boldsymbol{\mu}^{(2)}\\\boldsymbol{\mu}^{(3)}\end{bmatrix}\begin{matrix}r\\s\\t\end{matrix}$$

$$\boldsymbol{\Sigma}=\begin{bmatrix}\boldsymbol{\Sigma}_{11}&\boldsymbol{\Sigma}_{12}&\boldsymbol{\Sigma}_{13}\\\boldsymbol{\Sigma}_{21}&\boldsymbol{\Sigma}_{22}&\boldsymbol{\Sigma}_{23}\\\boldsymbol{\Sigma}_{31}&\boldsymbol{\Sigma}_{32}&\boldsymbol{\Sigma}_{33}\end{bmatrix}\begin{matrix}r\\s\\t\end{matrix}$$

则 $\boldsymbol{X}^{(1)}$ 有如下的条件均值和条件协方差矩阵的递推公式：

$$E(\boldsymbol{X}^{(1)}|\boldsymbol{X}^{(2)},\boldsymbol{X}^{(3)})=\boldsymbol{\mu}_{1\cdot 3}+\boldsymbol{\Sigma}_{12\cdot 3}\boldsymbol{\Sigma}_{22\cdot 3}^{-1}(\boldsymbol{X}^{(2)}-\boldsymbol{\mu}_{2\cdot 3})\tag{2.8}$$

$$D(\boldsymbol{X}^{(1)}|\boldsymbol{X}^{(2)},\boldsymbol{X}^{(3)})=\boldsymbol{\Sigma}_{11\cdot 3}-\boldsymbol{\Sigma}_{12\cdot 3}\boldsymbol{\Sigma}_{22\cdot 3}^{-1}\boldsymbol{\Sigma}_{21\cdot 3}\tag{2.9}$$

其中

$$\boldsymbol{\Sigma}_{ij\cdot k}=\boldsymbol{\Sigma}_{ij}-\boldsymbol{\Sigma}_{ik}\boldsymbol{\Sigma}_{kk}^{-1}\boldsymbol{\Sigma}_{kj},\quad i,j,k=1,2,3\tag{2.10}$$

$$\boldsymbol{\mu}_{i\cdot 3}=E(\boldsymbol{X}^{(i)}|\boldsymbol{X}^{(3)}),\quad i=1,2$$

证明参见书末的参考文献 [4]。

定理 2.2 和定理 2.3 在 20 世纪 70 年代中期为国家标准部门制定服装标准时有成功的

应用，见书末的参考文献［4］。在制定服装标准时需抽样进行人体测量，现从某年龄段女子测量出部分结果如下：

X_1：身高，X_2：胸围，X_3：腰围，X_4：上体长，X_5：臀围，已知它们遵从 $N_5(\boldsymbol{\mu},\boldsymbol{\Sigma})$，其中

$$\boldsymbol{\mu}=\begin{bmatrix}154.98\\83.39\\70.26\\61.32\\91.52\end{bmatrix},\qquad \boldsymbol{\Sigma}=\begin{bmatrix}29.66 & & & & \\ 6.51 & 30.53 & & & \\ 1.85 & 25.54 & 39.86 & & \\ 9.36 & 3.54 & 2.23 & 7.03 & \\ 10.34 & 19.53 & 20.70 & 5.21 & 27.36\end{bmatrix}$$

若取 $\boldsymbol{X}^{(1)}=(X_1,\ X_2,\ X_3)'$，$\boldsymbol{X}^{(2)}=(X_4)$，$\boldsymbol{X}^{(3)}=(X_5)$，则由式（2.6）和式（2.7）得

$$E\left[\begin{matrix}x_1\\x_2\\x_3\\x_4\end{matrix}\middle|\, x_5\right]=\begin{bmatrix}154.98\\83.39\\70.26\\61.32\end{bmatrix}+\begin{bmatrix}10.34\\19.53\\20.70\\5.21\end{bmatrix}(27.36)^{-1}(X_5-91.52)$$

$$=\begin{bmatrix}154.98+0.38(X_5-91.52)\\83.39+0.71(X_5-91.52)\\70.26+0.76(X_5-91.52)\\61.32+0.19(X_5-91.52)\end{bmatrix}$$

$$D\left[\begin{matrix}X_1\\X_2\\X_3\\X_4\end{matrix}\middle|\, x_5\right]=\begin{bmatrix}29.66 & 6.51 & 1.85 & 9.36\\ 6.51 & 30.53 & 25.54 & 3.54\\ 1.85 & 25.54 & 39.86 & 2.23\\ 9.36 & 3.54 & 2.23 & 7.03\end{bmatrix}$$

$$-\begin{bmatrix}10.34\\19.53\\20.70\\5.21\end{bmatrix}(27.36)^{-1}(10.34,19.53,20.70,5.21)$$

$$=\begin{bmatrix}25.76 & -0.86 & -5.97 & 7.39\\ -0.86 & 16.59 & 10.76 & -0.18\\ -5.97 & 10.76 & 24.19 & -1.72\\ 7.39 & -0.18 & -1.72 & 6.04\end{bmatrix}$$

再利用式（2.10）得

$$D\left[\begin{matrix}X_1\\X_2\\X_3\end{matrix}\middle|\,\begin{matrix}X_4\\ \\X_5\end{matrix}\right]=\begin{bmatrix}25.76 & -0.86 & -5.97\\ -0.86 & 16.59 & 10.76\\ -5.97 & 10.76 & 24.19\end{bmatrix}$$

$$-\begin{bmatrix}7.39\\-0.18\\-1.72\end{bmatrix}(6.04)^{-1}(7.39,-0.18,-1.72)$$

$$=\begin{bmatrix}16.72 & -0.64 & -3.87\\-0.64 & 16.58 & 10.71\\-3.87 & 10.71 & 23.71\end{bmatrix}$$

此时我们可看到

$$\mathrm{var}(X_1|X_4,X_5)=16.72<29.66=\mathrm{var}(X_1)$$
$$\mathrm{var}(X_2|X_4,X_5)=16.58<30.53=\mathrm{var}(X_2)$$
$$\mathrm{var}(X_3|X_4,X_5)=23.71<39.86=\mathrm{var}(X_3)$$

这说明，若已知一个人的上体长和臀围，则身高、胸围和腰围的条件方差比原来的方差大大缩小。

在定理 2.2 中，我们给出了对 $\boldsymbol{X}$，$\boldsymbol{\mu}$ 和 $\boldsymbol{\Sigma}$ 作形如式（2.5）剖分时条件协方差矩阵 $\boldsymbol{\Sigma}_{11\cdot 2}$ 的表达式及其与非条件协方差矩阵的关系，令 $\sigma_{ij\cdot q+1,\cdots,p}$ 表示 $\boldsymbol{\Sigma}_{11\cdot 2}$ 的元素，则可以定义偏相关系数的概念如下：

定义 2.6　当 $\boldsymbol{X}^{(2)}$ 给定时，X_i 与 X_j 的偏相关系数为：

$$r_{ij\cdot q+1,\cdots,p}=\frac{\sigma_{ij\cdot q+1,\cdots,p}}{(\sigma_{ii\cdot q+1,\cdots,p}\sigma_{jj\cdot q+1,\cdots,p})^{1/2}}$$

在上面制定服装标准的例子中，给定 X_4 和 X_5 的偏相关系数为：

$$r_{12\cdot 45}=\frac{-0.643}{\sqrt{16.717\times 16.582}}=-0.0386$$

$$r_{13\cdot 45}=\frac{-3.873}{\sqrt{16.717\times 23.707}}=-0.195$$

$$r_{23\cdot 45}=\frac{10.707}{\sqrt{16.582\times 23.707}}=0.540$$

定理 2.4　设 $\boldsymbol{X}\sim N_p(\boldsymbol{\mu},\boldsymbol{\Sigma})$，将 $\boldsymbol{X}$，$\boldsymbol{\mu}$，$\boldsymbol{\Sigma}$ 按同样方式剖分为：

$$\boldsymbol{X}=\begin{bmatrix}\boldsymbol{X}^{(1)}\\\vdots\\\boldsymbol{X}^{(k)}\end{bmatrix},\quad \boldsymbol{\mu}=\begin{bmatrix}\boldsymbol{\mu}^{(1)}\\\vdots\\\boldsymbol{\mu}^{(k)}\end{bmatrix},\quad \boldsymbol{\Sigma}=\begin{bmatrix}\boldsymbol{\Sigma}_{11} & \cdots & \boldsymbol{\Sigma}_{1k}\\\vdots & & \vdots\\\boldsymbol{\Sigma}_{k1} & \cdots & \boldsymbol{\Sigma}_{kk}\end{bmatrix}$$

式中，$\boldsymbol{X}^{(j)}:S_j\times 1$，$\boldsymbol{\mu}^{(j)}:S_j\times 1$，$\boldsymbol{\Sigma}_{jj}:S_j\times S_j$（$j=1,\cdots,k$），则 $\boldsymbol{X}^{(1)}$，…，$\boldsymbol{X}^{(k)}$ 相互独立当且仅当 $\boldsymbol{\Sigma}_{ij}=\boldsymbol{0}$，对一切 $i\neq j$。

证明参见书末的参考文献［4］。

因为 $\boldsymbol{\Sigma}_{12}=\mathrm{cov}(\boldsymbol{X}^{(1)},\boldsymbol{X}^{(2)})$，该定理同时指出对多元正态分布而言，“$\boldsymbol{X}^{(1)}$ 和 $\boldsymbol{X}^{(2)}$ 不相关”等价于“$\boldsymbol{X}^{(1)}$ 和 $\boldsymbol{X}^{(2)}$ 独立”。

利用 R 程序，便可计算相应的条件均值、条件协方差矩阵和偏相关系数（读者可在 www. ruc-6sigma. com 网站下载 R 程序）。

§2.5　参数估计

一、点估计

点估计是对真值 θ 以单一的数据 $\hat{\theta}$ 为估计值的方法。用单一的数据表示估计值，在经济问题的分析及预测中经常用到。

点估计问题就是要根据样本 X_1，X_2，…，X_n 构造一个统计量 $T(X_1, X_2, \cdots, X_n)$ 作为参数 θ 的估计（T 的维数与 θ 的维数相同），我们称 T 为 θ 的估计量。如果 x_1，x_2，…，x_n 是样本的一组观测值，代入统计量 T 就得到 T 的具体数值，这个数值常称为 θ 的估计值。

估计量 T 是样本 X_1，X_2，…，X_n 的函数，它不包含未知参数，也就是说 T 是一个作估计用的统计量。当我们获得样本观测值（x_1，x_2，…，x_n）后，就用 $T(x_1, x_2, \cdots, x_n)$ 作为未知参数 θ 的估计值。对于不同的样本观测值，所得的估计值是不同的。

具体的估计方法将在后边的章节结合实例介绍。

二、区间估计

因为仅依靠点估计难以评价待估参数估计值与其真值之间的接近程度，即无法通过点估计来度量估计值的可信程度，为此引进区间估计。

给出一个区间（置信区间）并预测真正的参数以一定的概率存在于这一区间的方法称为区间估计。这一区间能够覆盖真值的概率称为置信系数。置信区间用区间的端点 $\hat{\theta}_1$ 与 $\hat{\theta}_2$ 表示，$\hat{\theta}_1 < \hat{\theta}_2$。当给定常数 $\alpha(0<\alpha<1)$，若有

$$P(\hat{\theta}_1 \leqslant \theta \leqslant \hat{\theta}_2) = 1-\alpha$$

成立，则称 $\hat{\theta}_1$ 到 $\hat{\theta}_2$ 这一区间能够覆盖真值的概率为 $1-\alpha$。这样的区间（$\hat{\theta}_1$，$\hat{\theta}_2$）为待估参数 θ 的 $1-\alpha$ 置信区间，$1-\alpha$ 称为置信水平或置信系数，α 称为显著性水平，$\hat{\theta}_1$ 与 $\hat{\theta}_2$ 分别称为置信区间的下限和上限。

区间估计对于经济问题的预测特别重要。例如，人们预测 2015 年我国的经济增长速度在 7%～10%之间，这显然比说经济增长速度是 8.7%更令人信服。通常我们还以一定的概率保证参数真值落在某一区间。如某经济现象遵从正态分布时，给定 $\alpha=0.05$，则我们可以 95%的可靠度保证真值落在某一区间。

三、估计量的评价标准

(1) 无偏性。对于一个估计量，屡次变更数据反复求估计值时，估计值的平均值与真值相一致的性质叫无偏性。即

$$E(\hat{\theta})=\theta$$

说 $\hat{\theta}$ 是 θ 的无偏估计。

(2) 一致性。随着数据个数的增多，估计量从概率上接近真值的性质称为一致性。

(3) 均方误差。均方误差通常用 MSE（mean square error）表示。估计量的误差（偏离真值）的平方的均值叫均方误差，即

$$MSE(\hat{\theta})=E(\hat{\theta}-\theta)^2=\mathrm{var}(\hat{\theta})+[E(\hat{\theta})-\theta]^2$$

式中，第一项 $\mathrm{var}(\hat{\theta})$ 是估计量 $\hat{\theta}$ 的方差，表示 $\hat{\theta}$ 自身变异的程度；第二项 $[E(\hat{\theta})-\theta]^2$ 表示 $\hat{\theta}$ 这个估计量的系统偏差。如果 $\hat{\theta}$ 为 θ 的无偏估计，则第二项为 0，而这时有

$$MSE(\hat{\theta})=\mathrm{var}(\hat{\theta})$$

均方误差显示了估计误差的平均水平，误差越小越好。

(4) 有效性。设 $\hat{\theta}_1$，$\hat{\theta}_2$ 为待估参数 θ 的两个无偏估计量，若

$$\mathrm{var}(\hat{\theta}_1)<\mathrm{var}(\hat{\theta}_2)$$

则称 $\hat{\theta}_1$ 是较 $\hat{\theta}_2$ 更有效的估计量。

四、均值向量和协方差矩阵的估计

上节已经给出了多元正态分布的定义和有关的性质，在实际问题中，通常可以假定被研究的对象是多元正态分布，但分布中的参数 $\boldsymbol{\mu}$ 和 $\boldsymbol{\Sigma}$ 是未知的，一般的做法是通过样本来估计。

在一般情况下，如果样本资料阵为：

$$\boldsymbol{X}=\begin{bmatrix} x_{11} & x_{12} & \cdots & x_{1p} \\ x_{21} & x_{22} & \cdots & x_{2p} \\ \vdots & \vdots & & \vdots \\ x_{n1} & x_{n2} & \cdots & x_{np} \end{bmatrix}=(\boldsymbol{X}_1,\boldsymbol{X}_2,\cdots,\boldsymbol{X}_p)=\begin{bmatrix} \boldsymbol{X}'_{(1)} \\ \boldsymbol{X}'_{(2)} \\ \vdots \\ \boldsymbol{X}'_{(n)} \end{bmatrix}$$

设样品 $\boldsymbol{X}_{(1)}$，$\boldsymbol{X}_{(2)}$，…，$\boldsymbol{X}_{(n)}$ 相互独立，同遵从于 p 元正态分布 $N_p(\boldsymbol{\mu},\boldsymbol{\Sigma})$，而且 $n>p$，$\boldsymbol{\Sigma}>\boldsymbol{0}$，则总体参数均值 $\boldsymbol{\mu}$ 的估计量是

$$\hat{\boldsymbol{\mu}}=\bar{\boldsymbol{X}}=\frac{1}{n}\sum_{i=1}^{n}X_{(i)}=\frac{1}{n}\begin{bmatrix} \sum_{i=1}^{n}X_{i1} \\ \sum_{i=1}^{n}X_{i2} \\ \vdots \\ \sum_{i=1}^{n}X_{ip} \end{bmatrix}=\begin{bmatrix} \bar{X}_1 \\ \bar{X}_2 \\ \vdots \\ \bar{X}_p \end{bmatrix} \tag{2.11}$$

即均值向量 $\boldsymbol{\mu}$ 的估计量就是样本均值向量。这可由极大似然法推导出来。推导过程参见书末的参考文献［4］。显然，当样本资料选取的是 p 个指标的数据时，则 $\hat{\boldsymbol{\mu}}=\bar{\boldsymbol{X}}$ 当然也是 p 维向量。

总体参数协方差矩阵 $\boldsymbol{\Sigma}$ 的极大似然估计是

$$\hat{\boldsymbol{\Sigma}}_m=\frac{1}{n}\boldsymbol{S}=\frac{1}{n}\sum_{i=1}^{n}(\boldsymbol{X}_{(i)}-\bar{\boldsymbol{X}})(\boldsymbol{X}_{(i)}-\bar{\boldsymbol{X}})'$$

$$=\frac{1}{n}\begin{bmatrix}\sum_{i=1}^{n}(X_{i1}-\bar{X}_1)^2 & \cdots & \sum_{i=1}^{n}(X_{i1}-\bar{X}_1)(X_{ip}-\bar{X}_p)\\ & \sum_{i=1}^{n}(X_{i2}-\bar{X}_2)^2\cdots & \sum_{i=1}^{n}(X_{i2}-\bar{X}_2)(X_{ip}-\bar{X}_p)\\ & \vdots & \vdots\\ & & \sum_{i=1}^{n}(X_{ip}-\bar{X}_p)^2\end{bmatrix}$$

式中，$\boldsymbol{S}$ 是离差阵，它是每一个样品（向量）与样本均值（向量）的离差积形成的 n 个 $p\times p$ 阶对称阵的和。同一元相似，$\hat{\boldsymbol{\Sigma}}_m$ 不是 $\boldsymbol{\Sigma}$ 的无偏估计，为了得到无偏估计我们常用样本协方差矩阵 $\hat{\boldsymbol{\Sigma}}=\frac{1}{n-1}\boldsymbol{S}$ 作为总体协方差矩阵的估计。

可以证明，$\bar{\boldsymbol{X}}$ 是 $\boldsymbol{\mu}$ 的无偏估计，是极小极大估计，是强相合估计，$\bar{\boldsymbol{X}}$ 还是 $\boldsymbol{\mu}$ 的充分统计量；$\hat{\boldsymbol{\Sigma}}$ 是 $\boldsymbol{\Sigma}$ 的无偏估计，是强相合估计。关于估计量 $\bar{\boldsymbol{X}}$，$\hat{\boldsymbol{\Sigma}}$ 的统计性质的证明，有兴趣的读者可参见书末的参考文献［4］。

§2.6　假设检验

对总体的分布函数形式或分布中某些未知参数作出某种假设，然后抽取样本，构造适当的统计量，对假设的正确性进行判断的过程，称为假设检验。假设检验在统计模型的显著性检验中具有重要的意义，这里我们仅回顾一下对参数进行显著性假设检验的几个主要步骤。

一、假设检验的步骤及流程图

1. 对所检验的问题提出原假设和备择假设

对一个假设检验问题，我们一般要同时提出两个相互对立的假设，即原假设和备择假设。原假设又称为零假设，它是我们要检验的假设，用 H_0 表示。

例如要检验某种电子元件的平均寿命在 10 000 小时以上是否为真，原假设可表示为：

$$H_0:\bar{X}\geqslant 10\ 000$$

由图 2—9 左侧检验可看到，当检验统计量值落在 $-Z_\alpha$ 左侧，就拒绝原假设。由图 2—10 右侧检验可看到，当检验统计量值落在 Z_α 右侧，就拒绝原假设。

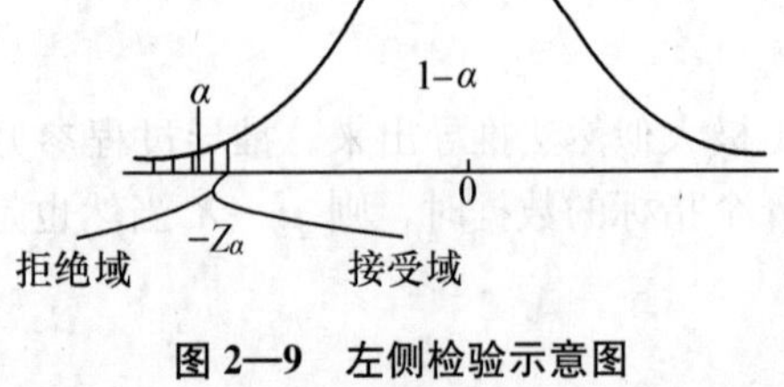

图 2—9　左侧检验示意图

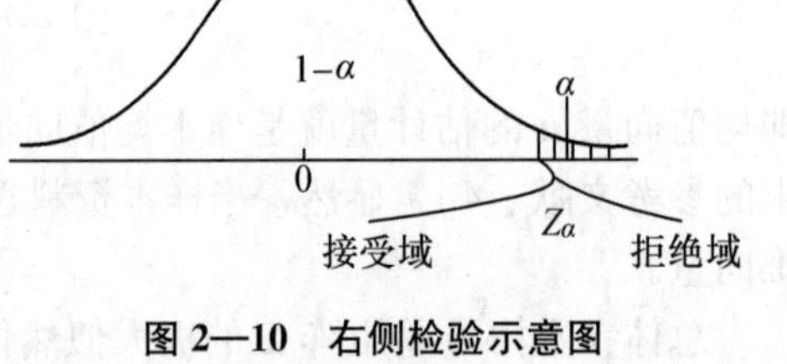

图 2—10　右侧检验示意图

备择假设是原假设的对立假设，是当原假设被否定时就生效的假设，用 H_1 表示。如上面原假设的对立假设表示为：

$$H_1: \bar{X} < 10\ 000$$

假设检验可以分为单侧检验与双侧检验。上面电子元件一例提出的假设某一参数 θ 大于等于某一数值 θ_0 或小于等于 θ_0 的假设检验问题，称为单侧检验。在单侧检验中提出的原假设和对立假设为：

$$H_0: \theta \geqslant \theta_0$$
$$H_1: \theta < \theta_0$$

或

$$H_0: \theta \leqslant \theta_0$$
$$H_1: \theta > \theta_0$$

如果我们提出的原假设是 θ 等于某一数值 θ_0，那么只要 $\theta > \theta_0$ 或 $\theta < \theta_0$ 二者之中有一个成立，就可以否定原假设，这种假设检验称为双侧检验（见图 2—11）。它提出的原假设和对立假设为：

$$H_0: \theta = \theta_0$$
$$H_1: \theta \neq \theta_0$$

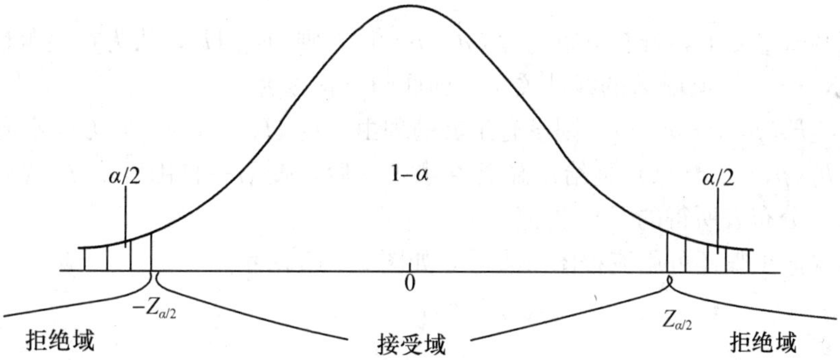

图 2—11　双侧检验示意图

2. 确定适当的检验统计量

用于假设检验的统计量称为检验统计量。在具体的检验问题中，我们可根据不同的问题选择构造不同的统计量。如在回归方程的显著性检验中，我们常选择 F 统计量；在回归系数的显著性检验中我们选择 t 统计量或 F 统计量。

3. 给定显著性水平

假设检验所依据的基本原理是小概率事件的发生推断原则。例如，某事件发生的概率 $p=0.000\ 1$。即它在大量重复实验中出现的可能性约为万分之一。这样的事件在一次实验中不大可能出现。如果在一次实验中它居然发生了，就有理由怀疑原来对该事件提出的假设。由于我们拒绝或接受原假设的决策是以样本资料为依据的，就存在着接受错误的假设或拒绝正确的假设的可能性。我们称在 H_0 为真时拒绝 H_0 为“弃真”错误（或 α 错误）；

称 H_0 为非真时不拒绝 H_0 为“取伪”错误（或 β 错误）。

表 2—3 是假设检验的四种可能结果。

表 2—3

检验结果		假设的状态	
		H_0 为真	H_0 为非真
决策	不拒绝 H_0	正确	β 错误
	拒绝 H_0	α 错误	正确

4. 计算检验统计量的值

当 H_0，H_1 已提出，检验统计量已选定，也已给定显著性水平 α 时，就要根据样本数据计算检验统计量的值。如在回归方程的显著性检验中就要根据样本数据计算 F 统计量的值。

5. 作出统计决策并加以解释

例如，在回归方程的显著性检验中，有假设

$$H_0: \beta_1=\beta_2=\cdots=\beta_p=0$$

有统计量

$$F=\frac{\mathrm{SSR}/p}{\mathrm{SSE}/(n-p-1)}\sim F(p,n-p-1)$$

在给定显著性水平 α 下，若有 $F>F_\alpha(p,n-p-1)$，则拒绝 H_0，认为在显著性水平 α 下，y 对 x_1，x_2，…，x_p 有显著的线性关系，即回归方程显著。

若有 $F\leqslant F_\alpha(p,n-p-1)$，则没有足够的理由否定 H_0，认为回归方程不显著。

其中，$F_\alpha(p,n-p-1)$ 是给定显著性水平 α 后，查第一自由度为 p、第二自由度为 $n-p-1$ 的 F 分布表所得的 F 临界值。

假设检验的步骤还可用流程图来表示，如图 2—12 所示。

二、*P* 值

人们在阅读一些专业文献，尤其是化学实验、医学报告、社会调查研究报告时，经常会见到一个被称作 P 值的量作为他们研究结果的一部分。国际通用的几种统计软件如 SPSS，SAS，MINITAB 等在某种计算的结果中也都有一个 P 值。P 值实际上是一个与统计假设检验相联系的概率。

1. P 值的意义

P 值就是在零假设成立的情况下，检验统计量的取值等于或超过所观察到的值的概率，从而 P 值即为否定 H_0 的最低显著性水平。P 值的大小依赖于三个条件：所用的检验统计量，检验统计量计算值的大小和备择假设是单边假设还是双边假设。我们常设定显著性水平为 0.05 或 0.01，当 P 值小于 0.05 或 0.01 时，就可以说在 0.05 或 0.01 的显著性水平下拒绝原假设，并且称检验为显著的或极显著的。通常当计算机输出结果有了 P 值后，一般不必去查相关的统计检验表，就可对检验零假设作出接受或拒绝的决策。

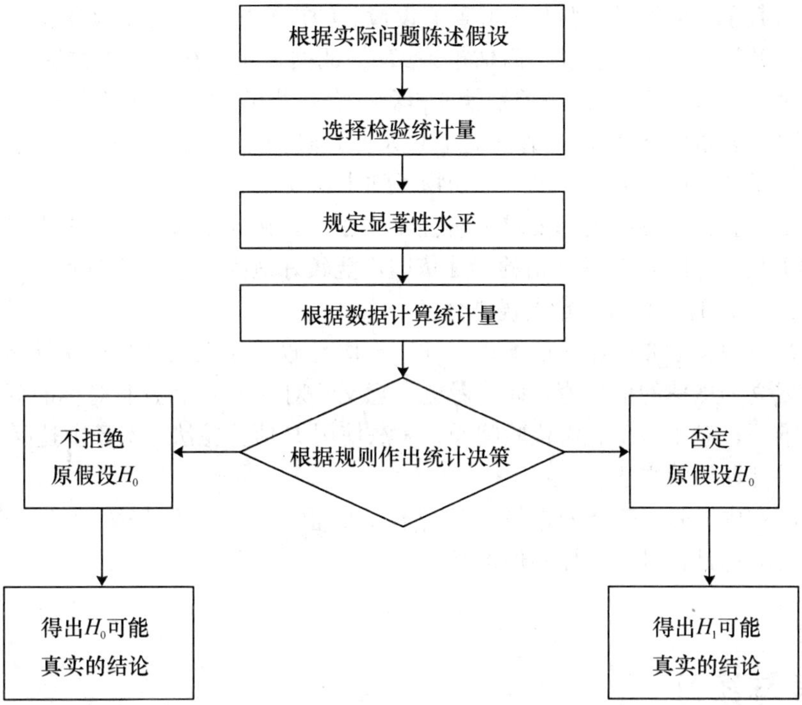

图 2—12　假设检验步骤流程图

2. 关于 P 值的争议

假设检验统计量为 $T(X)$（通常 $T(X)$ 的分布和参数无关），根据样本 x 可计算出 $T(x)$，则 P 值是在 H_0成立的条件下事件 $T(X)\geqslant T(x)$ 的概率，即 P 值$=P\{T(X)\geqslant T(x)|H_0$成立$\}$，它不等同于在样本数据给定的的情况下 H_0成立的概率。给定样本数据下 H_0成立的概率是贝叶斯检验中 H_0的后验概率，可用条件概率表达为 $P\{H_0$ 成立$|x\}=\alpha_0$，后验概率的计算需要假定参数的先验分布。

相对于 P 值，后验概率 α_0 更有意义。例如，某医学检查使得 99%的肝癌患者能够被正确诊断为阳性（生病），现某人的检查结果呈阳性，此时更受到关注的是该人被诊断为阳性的条件下实际上是肝癌患者的概率。不妨记事件 A 为“被检查者患有肝癌”，假设没有患肝癌的人其化验结果 99.9%呈阴性（无病），肝癌的发病率为 0.000 4。由贝叶斯公式计算可得：$P\{A|$诊断为阳性$\}=28.4\%$。其中，“诊断为阳性”相当于实际抽样结果，$P\{A|$诊断为阳性$\}$ 相当于 $P\{H_0$ 成立$|x\}$。此处后验概率为 28.4%，其值远小于 99%，说明 P 值和后验概率 α_0 的大小不一定协调一致。由此可知，P 值较小时，后验概率 α_0 不一定小，那么 P 值在假设检验中是否能真实地反映假设的真伪？P 值检验方法是存在争议的，尤其在医学等研究中颇受关注，主要在于利用 P 值检验极显著的实验在被多次重复时却不能成功。

早在 20 世纪 60 年代，林德利（Lindley）等指出：当样本量足够大时，α_0 可以趋于 1，而 P 值接近于 0，即利用 P 值检验和贝叶斯检验得到的结论相悖，被称作林德利悖论。该悖论引起了研究者的广泛关注，因为贝叶斯检验中后验概率的计算是需要先假定先验分布的，并且先验分布的不同会严重影响后验概率的大小，而先验分布的假定没有任何理论依据，这就引起了经典假设检验与贝叶斯假设检验的重要争议，至今两者观点仍未达成一致。但有一点共识：P 值一般过于高估拒绝 H_0 的证据，尤其在大样本情况下更容易出现显著差异，抽样结果与 H_0 的微小差别就能得到一个极小的 P 值。对于某些实验数据量通常较大的学科，若依旧选择 0.05 作为显著性水平，P 值检验可能就失去了意义。在这种情况下，某些学科会调整显著性水平，如物理学中就要求 $P<0.000\ 06\%$ 时才能被认为显著；临床医学和新药开发中也都要求显著性水平很小。由于显著性水平只是人为的设定，具有较大的主观性，因此使用 P 值检验法依旧不能较好地判定假设是否为真，此时贝叶斯检验方法较 P 值检验法具有一定的优越性。

另外，P 值检验法亦存在其他不足之处：P 值是假定原假设成立时关于数据的概率，而非原假设成立的概率的估计值，而后者更有意义；对于分布函数非对称的双侧检验，P 值的定义不唯一；对于多重假设检验问题，无法使用 P 值检验法。对于上述问题，我们可以考虑使用贝叶斯检验方法。

在实际应用中，除了需要根据情况选择合适的检验方法，得到统计学上有意义的结论，还应考虑结论是否具有实际的理论意义。

思考与练习

1. 设 x_1，x_2，…，x_n 是来自正态总体的一组随机样本，试判断下面的函数是否为统计量。

(1) $S^2=\dfrac{1}{n-1}\sum\limits_{i=1}^{n}(x_i-\bar{x})^2$

(2) $V_1=\dfrac{\sum\limits_{i=1}^{n}(x_i-\bar{x})^3}{S^3(n-1)}$

式中，S 为样本标准差。

2. 试述累积频率分布及其图形的意义及洛伦茨曲线的经济意义。

3. 试述数据标准化的意义。

4. 总结自由度概念的定义。

5. 进行区间估计的意义是什么？正确理解区间估计中的几个概念，如显著性水平、置信系数、区间大小和置信系数大小的意义。

6. 试述均方误差 $MSE(\hat{\theta})$ 的意义。

7. 熟练掌握假设检验步骤及流程。

8. 试述 P 值应用要注意的问题。

9. 如果正态随机向量 $\boldsymbol{X}=(x_1,x_2,\cdots,x_p)'$ 的协方差矩阵 $\boldsymbol{\Sigma}$ 是对角阵，证明 $\boldsymbol{X}$ 的分量是相互独立的随机变量。

第 3 章

定性数据的 χ^2 检验

随着市场经济在中国的深入发展，信息调查产业日益火爆。在市场调查及社会、经济和管理等领域的热点问题研究中，经常会碰到不可计量的定性指标变量。如顾客对某种商品的包装喜好、观众对电视节目的喜好、产品的合格与不合格等，这些变量因受多方面影响而呈现出多样性。对这些定性指标的基本分析方法是按照它的变动范围进行分类，调查机构依照某种设计方案发放问卷，从收回的问卷中可统计出各种属性的计数结果，如喜欢某种商品包装设计的人数，这种数据称为频数。由此可以计算出不同分类的频数分布，为深入分析这些定性资料奠定基础。本章的目的是提高定性资料的分析水平，主要介绍定性数据的列联表分析和 χ^2 检验在实际统计分析中的应用。

§ 3.1　多项分布与 χ^2 检验

一、问题的提出

统计学中通常要分析的数据大多是针对具有某一计量单位的计量数据，诸如重量、时间、长度、强度、钱数等。但市场调查中，需要分析的数据往往不是由计量值构成，而是由频数构成的。

例如，某市场研究部门为了研究顾客对目前市场上五种空调器的购买选择倾向，随机调查 200 个购买者，记录下各自购买的品牌，得到购买五种空调器的人数，根据调查结果来研究顾客购买是否有某种偏向；社会学家研究各阶层的收入状况，将人们按收入分为五个等级就产生与每个收入等级相对应的频数；证券公司希望调查顾客的投资倾向与职业之间的关系，从其顾客中随机选取 300 人进行调查，并记下他们的职业和投资的项目（股票、债券），从而可以得到一个二向分类的频数分布；某企业对研究某种产品推销方法的预期反应表示关心，如果这种推销方法的预期反应可以用三种方法中的某种方法进行分类，而且大量的预期反应受这种方法的支配，那么该项实验将会产生三种计数；某厂商为推销某种新产品，为电视广告准备了三种不同的画面内容，随机抽取 500 名观众，获得对这三种不同画面的喜欢人数，等等。以上这些都是我们获取的定性变量的频数数据。对这种频数数据规律的深入研究就是现实对我们提出的要求。

二、多项分布与 χ^2 检验

收集分类数据的目的是分析在各个类中数据的分布。例如，为了估计消费者中喜欢三种牙膏中每一种的比例，需要统计购买这三种品牌牙膏的顾客购买每一种的人数。在这里仅仅是根据牙膏的种类来分类，称为一维分类或一向分类。而顾客的投资倾向与职业的关系中，分类是按投资倾向和职业两个方向进行分类，称为二向分类或列联表。在本节，我们先分析一向分类。下面通过例子来介绍一向分类数据的分析。

【例 3.1】 某超市为了研究顾客对三种品牌矿泉水的喜好比例，以便为下一次进货提供决策，随机观察了 150 名购买者，并记录下他们所买的品牌，统计出购买三种品牌的人数，如表 3—1 所示。

表 3—1　　顾客购买喜好调查

品牌	甲	乙	丙
人数	61	53	36

这些数据是否说明顾客对这三种矿泉水的喜好确实存在差异？

解： 为了解决这个问题，需要知道这些分类的分布。由于该品牌有甲、乙、丙三类，所以，这个分布称为多项概率分布，简称多项分布。

多项分布是二项分布的推广，可以看成是多项实验得到的分布。多项实验有如下一些性质：

（1）多项实验由 n 个相同的实验组成。

（2）每个实验的结果落在 k 组的某一组中。

（3）某个实验的结果落在某一特定组，比如说组 i 中的概率为 $p_i(i=1,2,\cdots,k)$ 且在实验之间保持不变，且有 $\sum_{i=1}^{k} p_i = 1$ 。

（4）实验是独立的。

（5）实验者关心 n_1，n_2，…，n_k，这里 $n_i(i=1,2,\cdots,k)$ 等于实验结果落在组 i 中的数目。注意

$$n_1+n_2+\cdots+n_k=n$$

在多项实验中，当 $k=2$ 时，就得到二项实验。

在大多数实际情况中，k 个可能结果的概率 p_1，p_2，…，p_k 通常是未知的，我们的目的就是要对它们进行推断。

对例 3.1 来说，我们希望去检验顾客对这三种品牌的矿泉水的喜好是否确实存在差异，可以考虑检验零假设为对三种品牌的喜好没有差异，对立假设为对三种品牌的喜好确实有差异。如果令

p_1＝所有顾客中喜欢品牌甲的比例

p_2＝所有顾客中喜欢品牌乙的比例

p_3＝所有顾客中喜欢品牌丙的比例

则我们所要检验的假设为：

$$H_0: p_1=p_2=p_3=\frac{1}{3}$$

$$H_1\text{：至少有一个比例超过}\frac{1}{3}$$

假设三类的观察次数分别为 n_1，n_2 和 n_3，$\sum_{i=1}^{3} n_i = n$。如果 H_0 成立，则我们希望在样本中喜欢每一品牌的顾客差不多1/3的比例。或者说对 n 个顾客中喜欢第一种品牌的顾客的人数的期望值应为：

$$E(n_1)=np_1=\frac{1}{3}n=\frac{1}{3}\times 150=50$$

同理　$E(n_2)=E(n_3)=50$

于是对某一次抽样来说，n_i 与 $E(n_i)$ 的差距在 H_0 成立时应比较小；反之，如 n_i 与 $E(n_i)$的差距比较大，则有理由拒绝 H_0。为此考虑如下的检验统计量：

$$\begin{aligned}\chi^2&=\frac{[n_1-E(n_1)]^2}{E(n_1)}+\frac{[n_2-E(n_2)]^2}{E(n_2)}+\frac{[n_3-E(n_3)]^2}{E(n_3)}\\&=\frac{(n_1-50)^2}{50}+\frac{(n_2-50)^2}{50}+\frac{(n_3-50)^2}{50}\end{aligned}$$

如果 χ^2 值很大，则有理由拒绝 H_0，拒绝域为：

$$\{\chi^2>c\}$$

由假设检验的一般原理知，c 的值可由给定的显著性水平 α 确定，即 c 满足

$$P(\chi^2>c)=\alpha$$

为了解出 c，我们必须知道检验统计量 χ^2 的抽样分布。关于统计量 χ^2 的分布，英国统计学家卡尔·皮尔逊（Karl Pearson）于 1900 年得到下面的著名定理：

设总体中的每一个个体属于且只属于 A_1，A_2，…，A_k，k 个类之一。总体中属于 k 个类的比例为 p_1，p_2，…，p_k。现从总体中随机抽查 n 个，其中属于 A_i 类有 n_i 个（$i=1,2,\cdots,k$）。定义统计量

$$\chi^2=\sum_{i=1}^{k}\frac{[n_i-E(n_i)]^2}{E(n_i)}$$

则当 n 充分大时，χ^2 统计量遵从自由度为 $k-1$ 的 χ^2 分布。

一般要求 n 应较大，使得每一类中的期望值个数不少于 5。由皮尔逊定理知，当 n 充分大时，$\chi^2\sim\chi^2(k-1)$，从而

$c=\chi_{\alpha}^{2}(k-1)$

对例 3.1 来说，$k=3$，当 $\alpha=0.05$ 时，$\chi_{\alpha}^{2}(k-1)=\chi_{0.05}^{2}(2)=5.991$。

$$\chi^{2}=\frac{(61-50)^{2}}{50}+\frac{(53-50)^{2}}{50}+\frac{(36-50)^{2}}{50}=6.52$$

由于 $\chi^{2}=6.52>5.991$，因此拒绝零假设。即认为顾客对这三种品牌矿泉水的喜好确实存在差异。

利用统计分析软件可以大大简化计算过程，提高分析效率，在此我们利用 SPSS 对本例进行分析。首先将表 3—1 中的数据按要求录入，如表 3—2 所示。变量 brand 表示品牌，1，2 和 3 分别表示品牌甲、乙和丙；变量 freq 表示购买人数。

表 3—2

	brand	freq
1	1	61
2	2	53
3	3	36

然后，选择“Data”→“Weight Case”，打开 Weight Case 对话框。把“人数［freq］”放入 Frequency 栏中，单击“OK”。从“Analyze”→“Nonparametric Tests”→“Chi-Square”，打开 Chi-Square test 对话框，把“人数［freq］”选入 Test Variable List 栏中，单击“OK”，得到分析结果如表 3—3 所示。

表 3—3

Test Statistics

	人数
Chi-Square[a]	6.520
df	2
Asymp. Sig.	.038

a. 0 cells (.0%) have expected frequencies less than 5. The minimum expected cell frequency is 50.0.

从输出结果中可以看出，$\chi^{2}=6.520$，且 P 值（Sig.）为 0.038 小于 $\alpha=0.05$，检验结果与上述计算结果一致，故有充分的理由拒绝零假设，即认为顾客对三种品牌矿泉水的喜好确实是有差异的。

【例 3.2】 某企业为了研究新上市的某种产品在包装设计上顾客的偏好，用三种不同的包装设计陈列相同的产品，希望检验“购买者在包装设计的选择上没有偏爱”的假设，即希望检验

$$H_0: p_1=p_2=p_3=\frac{1}{3}$$

$$H_1: \text{至少有一个 } p_i \text{ 不等于} \frac{1}{3}$$

其中，p_i 为顾客选择包装设计 $i(i=1,2,3)$ 的概率。

假定包装产品为某种纯牛奶，并假定将这三种包装产品并排陈列在若干个超级市场内。在一天时间内观察到 120 位顾客购买了这种产品，其中 $n_1=32$ 人购买了第一种包装设计的纯牛奶，$n_2=45$ 人购买了第二种包装设计的纯牛奶，$n_3=43$ 人购买了第三种包装设计的纯牛奶。

如果 H_0 成立，则我们期望在顾客中喜欢每一种包装的顾客差不多为1/3的比例。或者说对每一包装设计而言，其期望频数均相同，即

$$E(n_i)=np_i=120\left(\frac{1}{3}\right)=40$$

$$\chi^2=\sum_{i=1}^{k}\frac{[n_i-E(n_i)]^2}{E(n_i)}=\sum_{i=1}^{k}\frac{(n_i-np_i)^2}{np_i}$$

$$=\frac{(32-40)^2}{40}+\frac{(45-40)^2}{40}+\frac{(43-40)^2}{40}=2.45$$

当 $k=3$，$\alpha=0.05$ 时，有

$$\chi_{\alpha}^2(k-1)=\chi_{0.05}^2(2)=5.991$$

由于 $\chi^2=2.45<\chi_{0.05}^2(2)=5.991$，因此不能拒绝零假设。

将本例数据按照与例 3.1 同样的要求录入 SPSS，并按相同步骤操作，得到输出结果如表 3—4 所示。

表 3—4

Test Statistics

	购买人数
Chi-Square[a]	2.450
df	2
Asymp. Sig.	.294

a. 0 cells (.0%) have expected frequencies less than 5. The minimum expected cell frequency is 40.0.

可知 $\chi^2=2.450$，$P=0.294>\alpha=0.05$，与上述计算结果相同，说明我们没有充分的证据表明几个超级市场的购买者偏爱某种包装设计。

§3.2　列联表分析

问卷调查中常常设计对某问题两个或多个不同的特征的分类。例如，房地产商考虑顾客选择房子设计的类型与职业的关系，所调查的每个顾客都有两个特性，一个是选择的房子类型，另一个是职业；广告公司调查城市和乡村的观众对电视广告的关注情况，每位被调查者都有两个特性，一个是来自城市还是乡村，另一个是对广告的态度。在这些例子中我们通常关心的是按照两个特性进行的分类的方法之间是否相互依赖，或者说是否相互独立。如房地产商关心的是顾客选择房子的类型是否与职业无关，或者说选择何种房子与职业独立。在观众对电视广告的关注情况的调查中，感兴趣的是每个观众对电视广告的关注

情况是否与他来自城市还是农村独立。类似这样的问题都可用表 3—5 来刻画，特性 A 有 c 类，特性 B 有 r 类，属于 A_j 和 B_i 的个体数目为 n_{ij}（$i=1,2,\cdots,r;j=1,2,\cdots,c$）。表 3—5 通常称为列联表（contingency table）。

表 3—5　　$r\times c$ 列联表

		特性 A						合计
		A_1	A_2	$\cdots$	A_j	$\cdots$	A_c	
特性B	B_1	n_{11}	n_{12}	$\cdots$	n_{1j}	$\cdots$	n_{1c}	$n_{1\cdot}$
	B_2	n_{21}	n_{22}	$\cdots$	n_{2j}	$\cdots$	n_{2c}	$n_{2\cdot}$
	$\vdots$	$\vdots$	$\vdots$		$\vdots$		$\vdots$	$\vdots$
	B_r	n_{r1}	n_{r2}	$\cdots$	n_{rj}	$\cdots$	n_{rc}	$n_{r\cdot}$
合计		$n_{\cdot 1}$	$n_{\cdot 2}$	$\cdots$	$n_{\cdot j}$	$\cdots$	$n_{\cdot c}$	n

类似地，对应表 3—5 的 $r\times c$ 列联表的多项概率分布见表 3—6，其中 p_{ij} 称为同时属于 B_i 和 A_j 类的概率（$i=1,2,\cdots,r;j=1,2,\cdots,c$），通常称为联合概率。在表 3—6 的最后一行中，相应的概率 $p_{\cdot j}$，为以特性 A 分类的一向多项概率分布，通常称为边际概率分布。同样，在表 3—6 的最后一列中，相应的概率 $p_{i\cdot}$（$i=1,2,\cdots,r$）也是边际概率。

表 3—6　　多项概率分布

		特性 A						合计
		A_1	A_2	$\cdots$	A_j	$\cdots$	A_c	
特性B	B_1	p_{11}	p_{12}	$\cdots$	p_{1j}	$\cdots$	p_{1c}	$p_{1\cdot}$
	B_2	p_{21}	p_{22}	$\cdots$	p_{2j}	$\cdots$	p_{2c}	$p_{2\cdot}$
	$\vdots$	$\vdots$	$\vdots$		$\vdots$		$\vdots$	$\vdots$
	B_r	p_{r1}	p_{r2}	$\cdots$	p_{rj}	$\cdots$	p_{rc}	$p_{r\cdot}$
合计		$p_{\cdot 1}$	$p_{\cdot 2}$	$\cdots$	$p_{\cdot j}$	$\cdots$	$p_{\cdot c}$	1

【例 3.3】　某高校对其旅游管理专业即将毕业的学生进行就业意向调查，其中学生按生源地分为农村和城市两类，得到的调查数据见表 3—7。请说明学生是否选择旅游行业就业与其生源地有无关联。（$\alpha=0.05$）

表 3—7　　就业意向调查表

生源地	是否选择旅游行业就业		合计
	是	否	
农村	25	13	38
城市	51	59	110
合计	76	72	148

资料来源：徐秀玉、张春霞：《高职旅游管理专业学生就业倾向分析》，载《职业教育研究》，2016（1），45～50 页。

解： 设不同生源地的学生就业意向选择的比例如表 3—8 所示。

表3—8　　就业意向比例调查表

生源地	是否选择旅游行业就业		合计
	是	否	
农村	p_{11}	p_{12}	$p_{1\cdot}$
城市	p_{21}	p_{22}	$p_{2\cdot}$
合计	$p_{\cdot 1}$	$p_{\cdot 2}$	1

为了回答学生是否选择旅游行业就业与其生源地有无关联的问题，考虑如下的假设检验问题：

H_0：是否选择旅游行业就业与生源地无关

H_1：是否选择旅游行业就业与生源地有关

如果 H_0 成立，说明学生就业选择意向与生源地独立。记：$A=\{$学生生源地为农村$\}$，$B=\{$学生选择旅游行业就业$\}$，则 $P(AB)=p_{11}$。如果 H_0 成立，则事件 A 与事件 B 相互独立，于是 $P(AB)=P(A)P(B)$，而 $P(A)=p_{1\cdot}$，$P(B)=p_{\cdot 1}$，从而 H_0 成立，必须有 $p_{11}=p_{1\cdot}\,p_{\cdot 1}$；同理有 $p_{12}=p_{1\cdot}\,p_{\cdot 2}$，$p_{21}=p_{2\cdot}\,p_{\cdot 1}$，$p_{22}=p_{2\cdot}\,p_{\cdot 2}$，故 H_0，H_1 可表达成

H_0：$p_{ij}=p_{i\cdot}\,p_{\cdot j}$，　$i=1,2;j=1,2$

H_1：上述等式至少有一个不成立

为了检验上述假设，须借助与一维多项分布检验类似的方法。

首先计算在零假设成立时每一类中的期望的人数。例如，$E(n_{11})=np_{11}$，当 H_0 成立时，$p_{11}=p_{1\cdot}\,p_{\cdot 1}$，从而 $E(n_{11})=np_{1\cdot}\,p_{\cdot 1}$。

由于 $p_{1\cdot}$ 和 $p_{\cdot 1}$ 未知，故用样本比例 $\hat{p}_{1\cdot}=\dfrac{n_{1\cdot}}{n}$，$\hat{p}_{\cdot 1}=\dfrac{n_{\cdot 1}}{n}$ 作其估计值，于是有

$$\hat{E}(n_{11})=n_{1\cdot}\,n_{\cdot 1}/n$$

同理，得

$$\hat{E}(n_{12})=n_{1\cdot}\,n_{\cdot 2}/n$$

$$\hat{E}(n_{21})=n_{2\cdot}\,n_{\cdot 1}/n$$

$$\hat{E}(n_{22})=n_{2\cdot}\,n_{\cdot 2}/n$$

根据样本观测数据，计算得到

$$\hat{E}(n_{11})=\frac{n_{1\cdot}\,n_{\cdot 1}}{n}=\frac{(25+13)(25+51)}{148}=19.5$$

$$\hat{E}(n_{12})=\frac{n_{1\cdot}\,n_{\cdot 2}}{n}=\frac{(25+13)(13+59)}{148}=18.5$$

$$\hat{E}(n_{21})=\frac{n_{2\cdot}\,n_{\cdot 1}}{n}=\frac{(51+59)(25+51)}{148}=56.5$$

$$\hat{E}(n_{22})=\frac{n_{2\cdot}n_{\cdot 2}}{n}=\frac{(51+59)(13+59)}{148}=53.5$$

每一类的观察频数与期望频数见表 3—9。

表 3—9　$\hat{E}(n_{ij})$ 的计算（括号中的数）

生源地	是否选择旅游行业就业	
	是	否
农村	25 (19.5)	13 (18.5)
城市	51 (56.5)	59 (53.5)

然后，根据前面分类数据的 χ^2 统计量来比较每一类的观察频数和估计的期望频数。

$$\chi^2=\frac{[n_{11}-\hat{E}(n_{11})]^2}{\hat{E}(n_{11})}+\frac{[n_{12}-\hat{E}(n_{12})]^2}{\hat{E}(n_{12})}+\cdots+\frac{[n_{22}-\hat{E}(n_{22})]^2}{\hat{E}(n_{22})}$$

$$=\sum_{i=1}^{2}\sum_{j=1}^{2}\frac{[n_{ij}-\hat{E}(n_{ij})]^2}{\hat{E}(n_{ij})}$$

将表 3—9 中的数据代入上式，得到

$$\chi^2=\frac{(25-19.5)^2}{19.5}+\frac{(13-18.5)^2}{18.5}+\frac{(51-56.5)^2}{56.5}+\frac{(59-53.5)^2}{53.5}=4.287\,2$$

如果 χ^2 统计量很大，则拒绝零假设。而 χ^2 统计量近似遵从自由度为 $(r-1)(c-1)$ 的 χ^2 分布，其中 r 和 c 分别为列联表中行数和列数。对于例 3.3，自由度为 $(2-1)(2-1)=1$，则 $\alpha=0.05$ 时，如果

$$\chi^2>\chi^2_\alpha[(r-1)(c-1)]=\chi^2_{0.05}(1)=3.841$$

则拒绝零假设。

对于此例，$\chi^2=4.287\,2>3.841$，故有充分理由拒绝零假设。

利用 SPSS 进行分析，将表 3—7 中的数据按要求录入，如表 3—10 所示。变量 place 表示生源地，1 代表农村，2 代表城市；变量 work 表示就业意向，1 代表选择旅游行业就业，2 代表不选择旅游行业就业；变量 freq 表示相应的学生数。

表 3—10

	place	work	freq
1	1	1	25
2	1	2	13
3	2	1	59
4	2	2	51

然后，选择“Data”→“Weight Case”，打开 Weight Case 对话框，把“学生数[freq]”放入 Frequency 栏中，单击“OK”。从“Analyze”→“Descriptive Statistics”→

“Crosstabs”，打开 Crosstabs 主对话框，将“生源地［place］”选入 Row(s) 栏；将“就业意向［work］”选入 Column(s) 栏。单击“Statistics”按钮，选择 Chi-Square 选项，按“Continue”返回主对话框。单击“Cells”按钮，选择 Observed，Expected，按“Continue”返回主对话框，并单击“OK”按钮，得到输出结果如表 3—11 所示。

表 3—11

生源地 * 就业意向 Crosstabulation

			就业意向		Total
			1	2	
生源地	1	Count	25	13	38
		Expected Count	19.5	18.5	38.0
	2	Count	51	59	110
		Expected Count	56.5	53.5	110.0
Total		Count	76	72	148
		Expected Count	76.0	72.0	148.0

Chi-Square Tests

	Value	df	Asymp. Sig. (2-sided)	Exact Sig. (2-sided)	Exact Sig. (1-sided)
Pearson Chi-Square	4.266[a]	1	.039		
Continuity Correction[b]	3.524	1	.060		
Likelihood Ratio	4.329	1	.037		
Fisher's Exact Test				.059	.030
Linear-by-Linear Association	4.237	1	.040		
N of Valid Cases	148				

a. 0 cells (.0%) have expected count less than 5. The minimum expected count is 18.49.

b. Computed only for a 2x2 table.

表 3—11 中的前一表中列出了每一类的观察频数和估计的期望频数，与表 3—9 结果一致。由后一表可以看出 $\chi^2=4.266$（在计算过程中有四舍五入的差异），$P=0.039<\alpha=0.05$，拒绝原假设，检验结果与上述计算结果一致，说明学生是否选择旅游行业就业与其生源地有关。

对形如表 3—5 的列联表的一般情形来说，有关结果如下：

H_0：两个分类是独立的

H_1：两个分类是不独立的

检验统计量为：

$$\chi^2=\sum_{i=1}^{r}\sum_{j=1}^{c}\frac{[n_{ij}-\hat{E}(n_{ij})]^2}{\hat{E}(n_{ij})}$$

其中　$\hat{E}(n_{ij})=\frac{n_{i\cdot}n_{\cdot j}}{n}$

拒绝域为：

$$\chi^2>\chi_\alpha^2[(r-1)(c-1)]$$

条件是只要 n 足够大，使每一类的期望频数等于或超过 5 即可。

【例 3.4】　某市商业系统为提高商业企业的服务质量，对本市的四个大商场进行调查，征求顾客意见，共收回有效问卷 443 份，每份问卷对某一商场按三种服务质量（优、中、差）评价，其结果用 3×4 列联表表示出来，见表 3—12。试分析四个商场的服务质量评价是否一样。

表 3—12

	商场				合计
	A	B	C	D	
优	81	46	49	67	243
中	38	33	39	26	136
差	25	7	20	12	64
合计	144	86	108	105	443

解： H_0：四个商场服务质量评价一样

H_1：四个商场服务质量评价不一样

首先，在 H_0 成立条件下可计算期望频数估计表，见表 3—13。

表 3—13

	A	B	C	D	合计
优	79	47.2	59.2	57.6	243
中	44.2	26.4	33.2	32.2	136
差	20.8	12.4	15.6	15.2	64
合计	144	86	108	105	443

由表 3—13 可看出所有 $\hat{E}(n_{ij})>5$，$n=443$，也算得上很大。

计算统计量：

$$\chi^2=\sum_{i=1}^{3}\sum_{j=1}^{4}\frac{[n_{ij}-\hat{E}(n_{ij})]^2}{\hat{E}(n_{ij})}\sim\chi^2(6)$$

给定 $\alpha=0.05$，查表得 $\chi_{0.05}^2(6)=12.59$。

计算 χ^2 统计量，得 $\chi^2=13.2$。

由于 $\chi^2=13.2>\chi_{0.05}^2(6)=12.59$，因此有理由拒绝零假设。

将表 3—12 的数据按照与例 3.3 同样的要求录入 SPSS，并按相同步骤操作，得到输出结果如表 3—14 所示。

表 3—14

服务质量评价 * 商场 Crosstabulation

			商场				Total
			A	B	C	D	
服务质量评价	优	Count	81	46	49	67	243
		Expected Count	79.0	47.2	59.2	57.6	243.0
	中	Count	38	33	39	26	136
		Expected Count	44.2	26.4	33.2	32.2	136.0
	差	Count	25	7	20	12	64
		Expected Count	20.8	12.4	15.6	15.2	64.0
Total		Count	144	86	108	105	443
		Expected Count	144.0	86.0	108.0	105.0	443.0

Chi-Square Tests

	Value	df	Asymp. Sig. (2-sided)
Pearson Chi-Square	13.259[a]	6	.039
Likelihood Ratio	13.591	6	.035
Linear-by-Linear Association	.503	1	.478
N of Valid Cases	443		

a. 0 cells (.0%) have expected count less than 5. The minimum expected count is 12.42.

表 3—14 中的前一表中列出了每一类估计的期望频数，与表 3—13 结果一致。由表 3—14 中的后一表可以看出 $\chi^2=13.259$（在计算过程中有四舍五入的差异），$P=0.039<\alpha=0.05$，检验结果与上述计算结果一致，故在 0.05 显著水平上否定 H_0，即认为四个商场的服务质量的评价是显著不一样的。

【例 3.5】　为研究农民文化程度与收入的关系，某部门对某地区的农户进行问卷调查，获得相应的调查数据如表 3—15 所示。试分析该地区农户的收入来源与文化程度是否有关。

表 3—15　　**文化程度与农户收入来源**

文化程度	收入来源		合计
	全部来自农业	有非农业收入	
小学	19 (16.2)	6 (8.8)	25
初中	39 (39.6)	22 (21.4)	61
高中及以上	3 (5.2)	5 (2.8)	8
合计	61	33	94

资料来源：王彦、李先玲、李忠斌：《文化程度、农村信息化与农户收入——基于湖北省利川市调研数据分析》，载《农业信息化》，2012 (6)，88～93 页。

表 3—15 中括号中的数是 $\hat{E}(n_{ij})$。

解：考虑假设：

H_0：农户收入来源与文化程度无关

H_1：农户收入来源与文化程度有关

根据表 3—15 中的数据计算 χ^2 统计量：

$$\chi^2=\sum_{i=1}^{3}\sum_{j=1}^{2}\frac{[n_{ij}-\hat{E}(n_{ij})]^2}{\hat{E}(n_{ij})}=4.061$$

拒绝域为：

$$\chi^2>\chi_\alpha^2[(r-1)(c-1)]=\chi_{0.05}^2(2)=5.991$$

由于 $\chi^2<\chi_{0.05}^2(2)$，故没有足够的证据拒绝零假设。

同例 3.3，将表 3—15 中的数据按要求录入 SPSS，并按相同步骤操作，得到输出结果如表 3—16 所示。

表 3—16

文化程度 * 收入来源 Crosstabulation

			收入来源 1	收入来源 2	Total
文化程度	1	Count	19	6	25
		Expected Count	16.2	8.8	25.0
	2	Count	39	22	61
		Expected Count	39.6	21.4	61.0
	3	Count	3	5	8
		Expected Count	5.2	2.8	8.0
Total		Count	61	33	94
		Expected Count	61.0	33.0	94.0

Chi-Square Tests

	Value	df	Asymp. Sig. (2-sided)
Pearson Chi-Square	4.013[a]	2	.134
Likelihood Ratio	3.941	2	.139
Linear-by-Linear Association	3.582	1	.058
N of Valid Cases	94		

a. 1 cells (16.7%) have expected count less than 5. The minimum expected count is 2.81.

表 3—16 中的前一表列出了每一类估计的期望频数，与表 3—15 括号中的结果一致。由表 3—16 中的后一表可看出 $\chi^2=4.013$，$P=0.134>\alpha=0.05$，没有足够的证据拒绝零假设，检验结果与上述计算结果一致，即在显著性水平 0.05 下该地区农户收入来源与文

化程度无关。

§3.3　一致性检验

在社会经济和管理问题的研究中，人们经常对探讨这样的命题感兴趣：若干个总体就某种特征的看法是否一致。比如说，若干组不同年龄的人对某种社会保障政策是否具有同样的态度；不同社会经济背景的顾客购买某种商品的理由是否不同；若干组不同年龄的人是否具有同样的看电视的偏好。

用假设检验来表述上述问题，即我们感兴趣的零假设是 H_0，就实验对象落入某种分类准则的若干类目或水平之中的比例而言，若干总体是一致的。可以利用一致性的 χ^2 检验法来检验这一零假设。具体做法是，从我们感兴趣的若干个总体中各抽一个随机样本，并确定每个样本中落在每一个感兴趣的类目中的实验对象数。这一样本数据可列成像表 3—5 那样的列联表。在表中，各个总体扮演一种分类准则的角色，而我们感兴趣的那种特征则扮演另一种分类准则的角色。在按这种方式收集的样本数据所构成的列联表中，我们借以指示不同总体的行或列都是固定的，因为样本容量是我们事先确定的。

一致性 χ^2 检验与独立性 χ^2 检验之间是有差别的，它们所用的抽样程序不同，推算预期频数时的根据不同，对结果的解释不同。完成一致性 χ^2 检验时的分析步骤与前面关于独立性 χ^2 检验的分析步骤相同。

在做独立性 χ^2 检验时，典型的抽样程序是从一个总体抽出一个样本，然后根据两种分类准则对样本实体进行交叉分类。在进行一致性检验时，我们先把两个或多个感兴趣的总体等同起来，并从每一个总体各抽选一个样本，然后将这些样本的实体放到一个感兴趣变量的各种不同类目中去。参见书末的参考文献 [5]。

在列联表分析中，推算预期频数的根据是 n 个独立事件协同出现的概率。对于一致性检验，推算预期频数的根据是建立在这样一个假定的基础上的：如果 n 个抽样总体是一致的，我们就能通过将 n 个适当的样本联合起来的方法，来求得某一给定总体的某个个体落在感兴趣变量的某一给定类目中的概率的最佳估计值。

例如，假定两个抽样总体是某企业的男职工和女职工，而感兴趣的变量则为对待管理的态度。假定这个变量有两个类目——对管理满意和对管理不满意。再假定在一个由 100 名男子组成的样本中，有 30 人对管理满意；而在由 110 名女子组成的另一个样本中，有 45 人满意。如果男职工和女职工如我们所假设的那样对待管理的态度是一致的，那么就我们感兴趣的变量而言，可以将两个样本联合起来，并把它们视作来自同一总体的一个样本。然后利用联合样本的信息，求出对管理感到满意的男子和女子的真正比例：$(30+45)/(100+110)=0.357\,1$。将这一比例数用于 100 名男子的样本，给出对管理满意的男子的期望频数为 $100\times0.357\,1=35.71$。将这一比例数用于 110 名女职工的样本，给出对管理满意的女职工的预期频数为 $110\times0.357\,1=39.28$。

【例 3.6】　一个广告公司想知道 n 组年龄不同的人所喜欢的电视节目是否不同。他们在不同年龄的三组人中各抽选了一个随机样本，并请样本中的每一个人回答在三类电视节目中他喜欢哪一类。调查结果见表 3—17，括号内是预期频数。

表 3—17　　按所喜欢的电视节目类型分类的三组人员样本

年龄小组总体	节目类型			合计
	A	B	C	
30 岁以下	120 (70)	30 (67.50)	50 (62.50)	200
30～45 岁	10 (35)	75 (33.75)	15 (31.25)	100
45 岁以上	10 (35)	30 (33.75)	60 (31.25)	100
合计	140	135	125	400

解：表 3—17 中的预期频数是运用一致性检验中的推理根据算出来的。如果就对节目的喜欢来说三个抽样总体是一致的，则在每一个年龄小组中，喜欢 A 类节目者的真正比例的最佳估计值应为 140/400＝0.35。对每一个样本合计数乘以 0.35，便得出每一年龄小组中喜欢 A 类节目者的预期频数。于是有 200×0.35＝70，100×0.35＝35，100×0.35＝35。表 3—17 中另外两列的预期频数可用类似的方法得出。

H_0：就所喜欢的电视节目类型而言三个年龄组是一致的

H_1：三个年龄组不一致

由表 3—12 的数据可以算出：

$$\chi^2=\frac{(120-70)^2}{70}+\frac{(10-35)^2}{35}+\cdots+\frac{(60-31.25)^2}{31.25}=180.495$$

当给定 $\alpha=0.05$ 时，有

$$\chi^2_{0.05}[(3-1)(3-1)]=\chi^2_{0.05}(4)=9.488$$

由于 $\chi^2=180.495>\chi^2_{0.05}(4)=9.488$，故我们拒绝零假设。

将表 3—17 中的数据按照与例 3.3 同样的要求录入 SPSS，并按相同步骤操作，得到输出结果如表 3—18 所示。

表 3—18

年龄小组 * 节目类型 Crosstabulation

			节目类型			Total
			A	B	C	
年龄小组	30 岁以下	Count	120	30	50	200
		Expected Count	70.0	67.5	62.5	200.0
	30～45 岁	Count	10	75	15	100
		Expected Count	35.0	33.8	31.3	100.0
	45 岁以上	Count	10	30	60	100
		Expected Count	35.0	33.8	31.3	100.0
Total		Count	140	135	125	400
		Expected Count	140.0	135.0	125.0	400.0

Chi-Square Tests

	Value	df	Asymp. Sig. (2-sided)
Pearson Chi-Square	180.495[a]	4	.000
Likelihood Ratio	177.248	4	.000
Linear-by-Linear Association	74.149	1	.000
N of Valid Cases	400		

a. 0 cells (.0%) have expected count less than 5. The minimum expected count is 31.25.

表 3—18 中的前一表列出了每一类估计的期望频数，与表 3—17 括号中的结果基本一致（同四舍五入略有差别）。由表 3—18 中的后一表可以看出 $\chi^2=180.495$，$P=0.000<\alpha=0.05$，因此有充分理由拒绝零假设，与上述计算结果一致，得出结论：就所喜欢的电视节目类型而言，各年龄组喜欢的电视节目类型是不一致的。

§3.4 拟合优度检验

用 χ^2 检验进行列联表分析是一个有力的工具，实际上，χ^2 检验也可用于总体的分布检验。

用 χ^2 检验进行总体的分布检验，关键是将总体的取值进行分类。如果总体只取有限个值，则取每一个值作为一类。如果总体取无限个离散值，则通过适当合并，变成只取有限个值的类。合并的原则是使合并类中的每一类的期望频数等于或超过 5，如果总体是一连续总体，则将总体的取值范围分成有限个类，分类的原则仍然是使每一类中的期望频数等于或超过 5。通过分类，将分布检验问题转变成分类数据的检验问题。下面通过例子，具体说明检验的步骤。

【例 3.7】 某宾馆为了研究每日注销的房间数所遵从的分布规律，管理人员观察在为期 300 天的时间内预订和注销房间的情况，他们将所观察到的注销结果列于表 3—19 中。这些数据是否同“每日注销的房间数遵从泊松分布”这一假设相容？设 $\alpha=0.05$。

表 3—19 **宾馆注销房间的数据**

注销房间数	0	1	2	3	4	5	6	7	8	9	10	11	12	13 及以上
观察到这一注销数的天数	3	9	21	38	46	54	49	34	20	16	6	3	1	0

解： 所要检验的假设为：

H_0：每日注销的房间数遵从泊松分布

H_1：每日注销的房间数不遵从泊松分布

由于泊松分布有一未知参数 λ，故首先根据样本给出 λ 的估计。由 λ 的意义知，λ 的点估计为：$\hat{\lambda}=\frac{1}{300}(0\times3+1\times9+2\times21+\cdots+13\times0)=5.2$，由于泊松分布为一取无限多个

值的离散分布，因此首先以每个数作为一类，而把 13 及以上作为一类。然后计算 χ^2 统计量的值，其计算过程如表 3—20 所示。

表 3—20 χ^2 检验的计算

项目数 i	观察频数 n_i	λ=5.2 时的泊松概率 $p_i=\frac{5.2^i}{i!}e^{-5.2}$	理论频数 $np_i(n=300)$	$\frac{(n_i-np_i)^2}{np_i}$
0	3 } 12	0.005 517	1.655 1 }	0.294 8
1	9	0.028 686	8.605 8	
2	21	0.074 584	22.375 2	0.084 5
3	38	0.129 278	38.783 4	0.015 8
4	46	0.168 063	50.418 9	0.387 3
5	54	0.174 785	52.435 5	0.046 7
6	49	0.151 48	45.444	0.278 3
7	34	0.112 529	33.758 7	0.001 7
8	20	0.073 143	21.942 9	0.172 0
9	16	0.042 261	12.678 3	0.870 3
10	6	0.021 975	6.592 5	0.053 2
11	3 }	0.010 389	3.116 7 }	
12	1 } 4	0.004 501	1.350 3	0.323 1
≥13	0 }	0.002 809	0.842 7 }	
总和	300	1.000 000	300	2.511 9

由于第 1 类的理论频数不到 5，故将第 1 类和第 2 类合并为一类。另外第 11，12，13 类的理论频数均不到 5，故将这三类合并成一类，从而总共分成 11 类。利用这些数据计算得

$$\chi^2=\sum_{i=1}^{k}\frac{(n_i-np_i)^2}{np_i}=2.511\,9$$

式中，$k=11$。由于全部数据首先用于 λ 的估计，故根据皮尔逊定理，此时 χ^2 统计量遵从 χ^2 分布，自由度为 $k-r-1=11-1-1=9$，其中 r 为待估参数的个数。

于是对于给定的 $\alpha=0.05$，查附表得

$$\chi^2_\alpha(k-r-1)=\chi^2_{0.05}(9)=16.919$$

而根据样本算出的 $\chi^2=2.511\,9<16.919$，故没有理由拒绝总体遵从泊松分布的假设。

在 SPSS 中，将表 3—20 合并后的项目数和观察频数输入数据表中，如表 3—21 所示，变量 Cancel 表示注销房间数，在此 1 和 11 分别代表合并后的两组数据；变量 Days 表示观察到的天数。

表 3—21

	Cancel	Days
1	1	12
2	2	21

续前表

	Cancel	Days
3	3	38
4	4	46
5	5	54
6	6	49
7	7	34
8	8	20
9	9	16
10	10	6
11	11	4

然后，选择“Data”→“Weight Case”，打开 Weight Case 对话框。把“天数 [Days]”放入 Frequency 栏中，单击“OK”。从“Analyze”→“Nonparametric Tests”→“Chi-Square”，打开 Chi-Square test 对话框，把“注销房间数 [Cancel]”选入 Test Variable List 栏中，在 Expected Values 栏中选择 Values 选项，并把表 3—20 中合并后的理论频数逐个输入它右边的输入框中，每输入一个值后按“Add”按钮，直到输完所有的理论频数为止，最后单击“OK”，得到分析结果如表 3—22 所示。

表 3—22

Frequencies

	注销房间数			
	Category	Observed N	Expected N	Residual
≤1	1	12	10.3	1.7
2	2	21	22.4	-1.4
3	3	38	38.8	-.8
4	4	46	50.4	-4.4
5	5	54	52.4	1.6
6	6	49	45.4	3.6
7	7	34	33.8	.2
8	8	20	21.9	-1.9
9	9	16	12.7	3.3
10	10	6	6.6	-.6
≥11	11	4	5.3	-1.3
Total		300		

Test Statistics

	注销房间数
Chi-Square[a]	2.522
Asymp. Sig.	.991

a. 0 cells (.0%) have expected frequencies less than 5. The minimum expected cell frequency is 5.3.

表 3—22 中的前一表显示的是观察频数和理论频数以及它们之间的差异，从后一表中可以看出，$\chi^2=2.522$ 与前述计算结果基本一致（在计算过程中因四舍五入有差异），$P=0.991>\alpha=0.05$，因此没有充分理由拒绝“每日注销的房间数遵从泊松分布”的零假设。

【例 3.8】 某超级市场的库存管理人员需掌握商品的库存规律，制定某商品的库存计划，为此该管理者统计了一年中每周需求量，如表 3—23 所示。

表 3—23

需求量（单位/周）	10～20	20～30	30～40	40～50	50～60	60～70	70～80	80～90	90～100
周数	2	1	6	8	17	12	5	0	1

试问每周需求量是否遵从正态分布（$\alpha=0.05$）？

解： 所考虑的假设为：

H_0：每周需求量遵从正态分布

H_1：每周需求量不遵从正态分布

由于正态分布的两个参数 μ 和 σ^2 未知，因此首先根据样本数据给出估计。由样本数据，得

$$\hat{\mu}=54,\quad \hat{\sigma}=15.4$$

故所要检验的假设中的正态分布为 $N(54, 15.4^2)$。

对于所要检验的假设为连续型分布时，首先将随机变量的取值范围分成若干个类区间，再统计出各类区间的观察频数。对本例来说，类区间已分好。

分好类之后，再用分类数据的 χ^2 检验来检验拟合优度。本例中的 χ^2 统计检验量的计算见表 3—24，其中落在类区间的概率是在正态曲线 $N(54, 15.4^2)$ 下的面积。由于前两类以及后两类的理论频数均小于 5，故合并到第 3 类和倒数第 3 类上，这样对于 χ^2 统计量来说 $k=5$，由于用样本数据估计了两个参数，故自由度减少 2，从而 χ^2 统计量的自由度为 $k-r-1=5-2-1=2$，于是 $\chi^2_\alpha(k-r-1)=\chi^2_{0.05}(2)=5.991$。

由于根据样本算出的 $\chi^2=2.6638<5.991$，故没有理由拒绝每周需求量遵从正态分布的假定。

表 3—24 **χ^2 检验的计算**

需求量	周数 n_i	落在类区间的概率 p_i	理论频数 np_i	$\frac{(n_i-np_i)^2}{np_i}$
10～20	2 }	0.013 6	0.71 }	
20～30	1 } 9	0.045 8	2.38 } 9.43	0.019 6
30～40	6 }	0.122 0	6.34 }	
40～50	8	0.216 0	11.23	0.929 0
50～60	17	0.254 3	13.22	1.080 8
60～70	12	0.199 1	10.35	0.263 0
70～80	5 }	0.103 7 }	5.39 }	
80～90	0 } 6	0.035 9 }	1.87 } 7.69	0.371 4
90～100	1 }	0.008 2 }	0.43 }	
总和	$n=52$		51.92	2.663 8

将表 3—24 中合并后的需求量和周数数据按照与例 3.7 同样的要求录入 SPSS，并按

相同步骤操作，得到输出结果如表 3—25 所示。

表 3—25

DEMAND

	Observed N	Expected N	Residual
10～40	9	9.4	-.4
40～50	8	11.2	-3.2
50～60	17	13.2	3.8
60～70	12	10.4	1.6
70～100	6	7.7	-1.7
Total	52		

Test Statistics

	需求量
Chi-Square[a]	2.660
Asymp. Sig.	.616

a. 0 cells (.0%) have expected frequencies less than 5. The minimum expected cell frequency is 7.7.

同样，表 3—25 中的前一表显示的是观察频数和理论频数以及它们之间的差异，从表 3—25 中的后一表可以看出，$\chi^2=2.660$ 与上述计算结果基本一致（在计算过程中同四舍五入有差异），$P=0.616>\alpha=0.05$，进一步验证了上述计算得出的结论。

在本章就要结束时，要特别强调的是，我国的市场调研公司、公众调查及咨询产业刚刚兴起，人们对抽样调查得到的数据利用还很不够，经常仅限于百分数的罗列，还存在许多值得注意的问题。有兴趣的读者可参阅书末的参考文献［6］，［7］，［8］。

思考与练习

1. 试谈多项分布和二项分布的联系与区别。

2. 什么是列联表？

3. 试说明 χ^2 检验中计算预期频数的推理根据。

4. 试说明独立性检验与一致性检验之间的差别。

5. 某超级市场的经理某一天内在该超级市场的 6 个收银台分别观察顾客人数，观察结果如表 3—26 所示。试问这些数据是否提供了充足的证据表明某些收银台胜过另一些收银台？设 $\alpha=0.05$。

表 3—26

收银台号	1	2	3	4	5	6
频数	84	110	146	152	61	47

6. 在进行一项市场调查时，得到了关于 375 个家庭的户主受教育水平和年收入的资料。表 3—27 是这些资料按两种标准进行交叉分类的结果。试以 0.05 的显著性水平检验关于收入与受教育水平彼此独立的零假设。

表 3—27

年收入（美元）	受教育水平					合计
	少于 8 年	8～12 年	高中毕业	大学肄业	大学毕业	
少于 3 000	10	7	3	4	1	25
3 000～4 999	14	10	7	4	2	37
5 000～7 499	9	25	13	18	3	68
7 500～9 999	7	9	38	44	6	104
10 000～14 999	3	8	14	18	62	105
15 000 或更多	2	3	8	10	13	36
合计	45	62	83	98	87	375

7. 在一项评价技术写作教育的研究中，一批企业提交了 110 份由这些企业中受过技术写作训练的职员所写的技术作品。这些企业还提供了 120 份未受过技术写作训练的职员所写的技术作品。评价小组对每一篇文章都给一个优、合格或不合格的评价，落在这三个类目中的每一组文章数列于表 3—28 中。这些数据是否提供了充分证据，说明这些样本来自不同的总体？设 $\alpha=0.05$。

表 3—28

受过训练	评价			合计
	优	合格	不合格	
是	48	39	23	110
否	12	36	72	120
合计	60	75	95	230

8. 表 3—29 所列的是组成一个样本的 115 只本年度股票在一年间其最高价值与最低价值之差的频数分布。试检验零假设：这些数据来自遵从正态分布的总体。设 $\alpha=0.05$。

表 3—29

价值差额	股票数	价值差额	股票数
0～4.999	3	25.000～29.999	10
5.000～9.999	27	30.000～34.999	4
10.000～14.999	35	35.000～39.999	1
15.000～19.999	25	40.000～44.999	2
20.000～24.999	8	合计	115

第 4 章

一元线性回归

一元线性回归是描述两个变量之间相关关系的最简单的回归模型。一元线性回归虽然简单，但通过一元线性回归模型的建立过程，我们可以了解现代统计分析及其回归分析方法的基本思想以及它在实际问题研究中的应用原理。本章将详细讨论一元线性回归的建模思想，最小二乘估计及其性质，回归方程的有关检验，预测和控制的理论及应用，等等。

§4.1　一元线性回归模型

一、一元线性回归模型的实际背景

在实际问题的研究中，经常需要研究某一现象与影响它的某一最主要因素的影响。例如，影响粮食产量的因素非常多，但在众多因素中，施肥量是一个最重要的因素，我们往往需要研究施肥量这一因素与粮食产量之间的关系；在消费问题的研究中，影响消费的因素很多，但我们可以只研究国民收入与消费额之间的关系，因为国民收入是影响消费的最主要因素；保险公司在研究火灾损失的规律时，把火灾发生地与最近的消防站的距离作为一个最主要因素，研究火灾损失与火灾发生地距最近消防站的距离之间的关系。

上述几个例子都是研究两个变量之间的关系，而且它们的一个共同点是：两个变量之间有着密切的关系，但它们之间密切的程度并不能由一个变量唯一确定另一个变量，即它们间的关系是一种非确定性的关系。那么它们之间到底有什么样的关系呢？这就是下面要进一步研究的问题。

通常我们对所研究的问题首先要收集与它有关的 n 组样本数据 $(x_i, y_i)(i=1,2,\cdots,n)$。为了直观地发现样本数据的分布规律，我们把 (x_i, y_i) 看成是平面直角坐标系中的点，画出这 n 个样本点的散点图。

【例 4.1】 假定我们需要研究化肥施用量与粮食产量的关系，以便准确地定出化肥施用量的单位变化如何影响粮食产量的平均单位变化，进而确定合理的化肥施用量。表 4—1 列出了 20 组粮食产量与化肥施用量的数据。图 4—1 给出了样本点的分布状况。

表 4—1 粮食产量与化肥施用量

化肥施用量 x（万吨）	4 541.05	3 637.87	2 287.49	3 056.89	4 883.70	3 779.30	4 021.09
粮食产量 y（万吨）	48 526.69	45 110.87	40 753.79	43 824.58	50 890.11	46 370.88	46 577.91
化肥施用量 x（万吨）	2 989.06	3 021.90	3 953.97	3 212.13	3 804.76	1 598.28	1 998.56
粮食产量 y（万吨）	42 947.44	41 673.21	47 244.34	43 061.53	47 336.78	37 127.89	39 515.07
化肥施用量 x（万吨）	3 710.56	3 269.03	1 017.12	1 864.23	2 797.24	1 034.09	
粮食产量 y（万吨）	46 598.04	44 020.92	34 866.91	37 184.14	41 864.77	33 717.78	

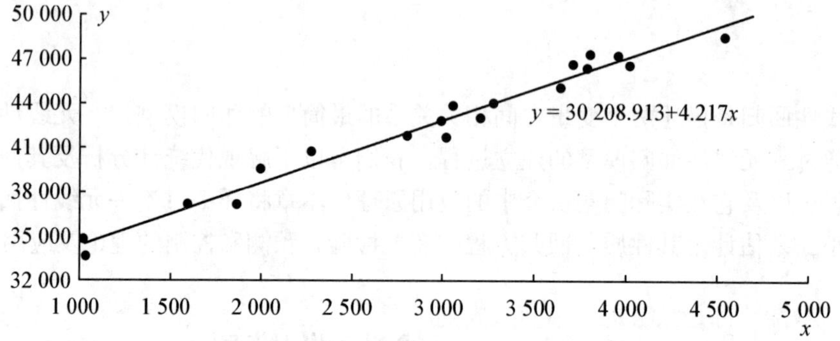

图 4—1

【例 4.2】 在研究我国人均消费水平的问题中，把全国人均消费金额记作 y（元）；把人均国民收入记作 x（元）。我们收集到 1997—2014 年共 18 年的样本数据 $(x_i, y_i)(i=1,2,\cdots,n)$。数据见表 4—2。图 4—2 给出了样本点的分布状况。

表 4—2 人均国民收入表

年份	人均国民收入（元）	人均消费金额（元）	年份	人均国民收入（元）	人均消费金额（元）
1997	6 457	2 978	2006	16 602	6 416
1998	6 835	3 126	2007	20 337	7 572
1999	7 199	3 346	2008	23 912	8 707
2000	7 902	3 721	2009	25 963	9 514
2001	8 670	3 987	2010	30 567	10 919
2002	9 450	4 301	2011	36 018	13 134
2003	10 600	4 606	2012	39 544	14 699
2004	12 400	5 138	2013	43 320	16 190
2005	14 259	5 771	2014	46 629	17 705

资料来源：《中国统计年鉴（2015）》。

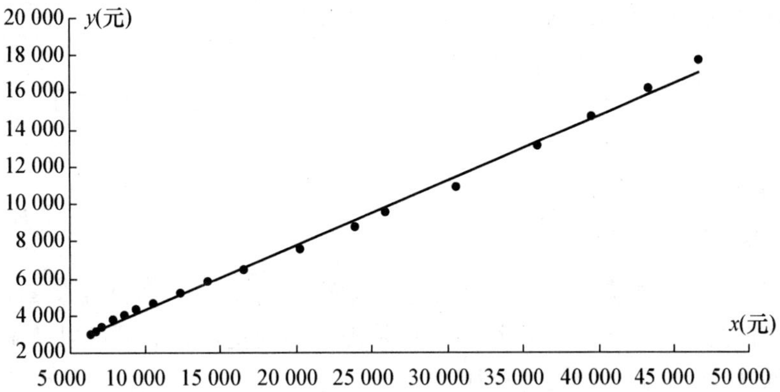

图 4—2

从图 4—1 和图 4—2 我们看到，上面两个例子的样本数据点（x_i，y_i）大都分别落在一条直线附近。这说明变量 x 与 y 之间具有明显的线性关系。从图上还看到，这些样本点又不都在一条直线上，这表明变量 x 与 y 的关系并没有确切到给定 x 就可以唯一确定 y 的程度。事实上，对 y 产生影响的因素还有许多，如人均消费金额不仅受人均国民收入的影响，还与上年的消费水平、银行利率、商品价格指数等有关，这些对 y 的取值都有随机影响。每个样本点与直线的偏差都可看作其他随机因素的影响。

二、一元线性回归模型的数学形式

上面两个例子都是只考虑两个变量间的关系，描述上述 x 与 y 间线性关系的数学结构通常用式（4.1）的形式。

$$y=\beta_0+\beta_1 x+\varepsilon \tag{4.1}$$

式（4.1）将实际问题中变量 y 与 x 之间的关系用两个部分描述。一部分是由于 x 的变化引起 y 线性变化的部分，即 $\beta_0+\beta_1 x$；另一部分是由其他一切随机因素引起的，记为 ε。式（4.1）确切地表达了变量 x 与 y 之间密切相关，但又没有密切到由 x 唯一确定 y 的地步的这种特殊关系。

式（4.1）称为变量 y 对 x 的一元线性回归理论模型。一般我们称 y 为被解释变量（因变量），x 为解释变量（自变量）。式中 β_0 和 β_1 是未知参数，称 β_0 为回归常数，β_1 为回归系数。ε 表示其他随机因素的影响。在式（4.1）中我们一般假定 ε 是不可观测的随机误差，它是一个随机变量，通常假定 ε 满足

$$\begin{cases} E(\varepsilon)=0 \\ \mathrm{var}(\varepsilon)=\sigma^2 \end{cases} \tag{4.2}$$

式中，$E(\varepsilon)$ 表示 ε 的数学期望，$\mathrm{var}(\varepsilon)$ 表示 ε 的方差。对式（4.1）两端求期望，得

$$E(y)=\beta_0+\beta_1 x \tag{4.3}$$

称式（4.3）为回归方程。

一般情况下，对我们所研究的某个实际问题，获得的 n 组样本观测值（x_1，y_1），（x_2，

$y_2),\cdots,(x_n,y_n)$ 来说，如果它们符合模型（4.1），则

$$y_i=\beta_0+\beta_1 x_i+\varepsilon_i,\quad i=1,2,\cdots,n \tag{4.4}$$

由式（4.2）有

$$\begin{cases}E(\varepsilon_i)=0\\ \mathrm{var}(\varepsilon_i)=\sigma^2\end{cases},\quad i=1,2,\cdots,n \tag{4.5}$$

通常我们还假定 n 组数据是独立观测的，因而 y_1，y_2，…，y_n 与 ε_1，ε_2，…，ε_n 都是相互独立的随机变量。而 $x_i(i=1,2,\cdots,n)$ 是确定性变量，其值是可以精确测量和控制的。我们称式（4.4）为一元线性回归模型。

对式（4.4）两边分别求数学期望和方差，得

$$E(y_i)=\beta_0+\beta_1 x_i,\quad \mathrm{var}(y_i)=\sigma^2,\quad i=1,2,\cdots,n \tag{4.6}$$

式（4.6）表明随机变量 y_1，y_2，…，y_n 的期望不等，方差相等，因而 y_1，y_2，…，y_n 是独立的随机变量，但并不同分布。而 ε_1，ε_2，…，ε_n 是独立同分布的随机变量。

$E(y_i)=\beta_0+\beta_1 x_i$ 从平均意义上表达了变量 y 与 x 的统计规律性。关于这一点，在应用上非常重要，因为我们经常关心的正是这个平均值。尤其是在宏观经济的研究中，例如，在消费 y 与收入 x 的研究中，我们所关心的也许正是当国民收入达到某个水平时，人均消费能达到多少；在小麦亩产 y 与施肥量 x 的关系中，我们所关心的正是当施肥量 x 确定后，小麦的平均产量是多少。

回归分析的主要任务就是通过 n 组样本观测值 $(x_i,y_i)(i=1,2,\cdots,n)$ 对 β_0，β_1 进行估计。一般用 $\hat{\beta}_0$，$\hat{\beta}_1$ 分别表示 β_0，β_1 的估计值，则称

$$\hat{y}=\hat{\beta}_0+\hat{\beta}_1 x \tag{4.7}$$

为 y 关于 x 的一元线性经验回归方程。

通常 $\hat{\beta}_0$ 表示经验回归直线在纵轴上的截距。如果模型范围里包括 $x=0$，则 $\hat{\beta}_0$ 是 $x=0$ 时 y 概率分布的均值；如果不包括 $x=0$，$\hat{\beta}_0$ 只是作为回归方程中的分开项，没有别的具体意义。$\hat{\beta}_1$ 表示经验直线回归方程的斜率。$\hat{\beta}_1$ 在实际应用中表示自变量 x 每增加一个单位时因变量 y 的平均增加数量。

在实际问题的研究中，为了方便地对参数作区间估计和假设检验，我们还假定模型（4.1）中误差项 ε 遵从正态分布，即

$$\varepsilon\sim N(0,\sigma^2) \tag{4.8}$$

由于 ε_1，ε_2，…，ε_n 是 ε 的独立同分布的样本，因而有

$$\varepsilon_i\sim N(0,\sigma^2),\quad i=1,2,\cdots,n \tag{4.9}$$

在 ε_i 遵从正态分布的假定下，进一步有随机变量 y_i 也遵从正态分布：

$$y_i\sim N(\beta_0+\beta_1 x_i,\sigma^2),\quad i=1,2,\cdots,n \tag{4.10}$$

为了在今后的讨论中充分利用矩阵这个处理线性关系的有力工具，我们这里将一元线性回归的一般形式（4.4）用矩阵表示。

令

$$\boldsymbol{y}=\begin{bmatrix} y_1 \\ y_2 \\ \vdots \\ y_n \end{bmatrix}, \quad \boldsymbol{x}=\begin{bmatrix} 1 & x_1 \\ 1 & x_2 \\ \vdots & \vdots \\ 1 & x_n \end{bmatrix}$$

$$\boldsymbol{\varepsilon}=\begin{bmatrix} \varepsilon_1 \\ \varepsilon_2 \\ \vdots \\ \varepsilon_n \end{bmatrix}, \quad \boldsymbol{\beta}=\begin{bmatrix} \beta_0 \\ \beta_1 \end{bmatrix} \tag{4.11}$$

于是模型（4.4）表示为：

$$\begin{cases} \boldsymbol{y}=\boldsymbol{x}\boldsymbol{\beta}+\boldsymbol{\varepsilon} \\ E(\boldsymbol{\varepsilon})=\boldsymbol{0} \\ \mathrm{var}(\boldsymbol{\varepsilon})=\sigma^2\boldsymbol{I}_n \end{cases} \tag{4.12}$$

式中，$\boldsymbol{I}_n$ 为 n 阶单位矩阵。

§4.2　回归参数 $\boldsymbol{\beta}_0$，$\boldsymbol{\beta}_1$ 的估计

为了由样本数据得到回归参数 β_0 和 β_1 的理想估计值，我们将使用普通最小二乘估计（ordinary least square estimation，OLSE）。对每一个样本观测值（x_i，y_i），最小二乘法考虑观测值 y_i 与其回归值 $\hat{y}_i=\beta_0+\beta_1x_i$ 的离差越小越好，综合地考虑 n 个离差值，定义离差平方和为：

$$Q(\beta_0,\beta_1)=\sum_{i=1}^{n}(y_i-\hat{y}_i)^2=\sum_{i=1}^{n}(y_i-\beta_0-\beta_1x_i)^2 \tag{4.13}$$

所谓最小二乘法，就是寻找参数 β_0，β_1 的估计值 $\hat{\beta}_0$，$\hat{\beta}_1$，使式（4.13）定义的离差平方和最小，即寻找 $\hat{\beta}_0$，$\hat{\beta}_1$ 满足：

$$\begin{aligned} Q(\hat{\beta}_0,\hat{\beta}_1) &= \sum_{i=1}^{n}(y_i-\hat{\beta}_0-\hat{\beta}_1x_i)^2 \\ &= \min_{\beta_0,\beta_1}\sum_{i=1}^{n}(y_i-\beta_0-\beta_1x_i)^2 \end{aligned} \tag{4.14}$$

依照式（4.14）求出的 $\hat{\beta}_0$，$\hat{\beta}_1$ 就称为回归参数 β_0，β_1 的最小二乘估计。称

$$\hat{y}_i=\hat{\beta}_0+\hat{\beta}_1x_i \tag{4.15}$$

为 $y_i(i=1,2,\cdots,n)$ 的回归拟合值，简称回归值或拟合值。称

$$e_i = y_i - \hat{y}_i \tag{4.16}$$

为 $y_i(i=1,2,\cdots,n)$ 的残差。

从几何关系上看，用一元线性回归方程拟合 n 个样本观测点 (x_i, y_i) $(i=1,2,\cdots,n)$，就是要求回归直线 $\hat{y}_i = \hat{\beta}_0 + \hat{\beta}_1 x_i$ 位于这 n 个样本点中间，或者说这 n 个样本点能最靠近这条回归直线。由图 4—3 可以直观看到这种思想。

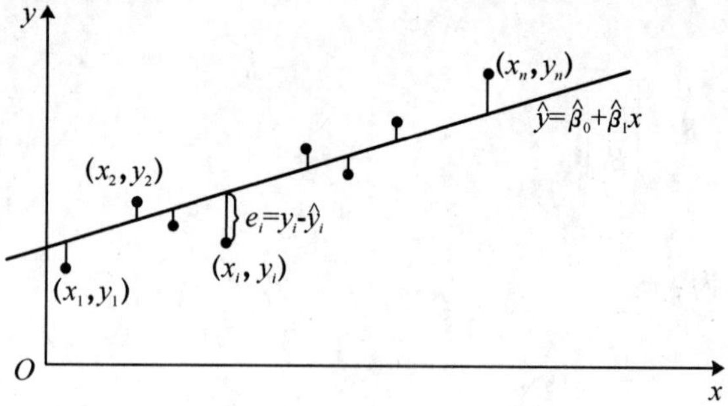

图 4—3

残差平方和

$$\sum_{i=1}^{n} e_i^2 = \sum_{i=1}^{n} (y_i - \hat{\beta}_0 - \hat{\beta}_1 x_i)^2 \tag{4.17}$$

从整体上刻画了 n 个样本观测点 $(x_i, y_i)(i=1,2,\cdots,n)$，到回归直线 $\hat{y} = \hat{\beta}_0 + \hat{\beta}_1 x$ 距离的大小。

从式（4.14）中求出 $\hat{\beta}_0$ 和 $\hat{\beta}_1$ 是一个求极值问题。由于 Q 是关于 $\hat{\beta}_0$，$\hat{\beta}_1$ 的非负二次函数，因而它的最小值总是存在的。根据微积分中求极值的原理，$\hat{\beta}_0$，$\hat{\beta}_1$ 应满足下列方程组：

$$\begin{cases} \left.\dfrac{\partial Q}{\partial \beta_0}\right|_{\beta_0 = \hat{\beta}_0} = -2\sum\limits_{i=1}^{n} (y_i - \hat{\beta}_0 - \hat{\beta}_1 x_i) = 0 \\ \left.\dfrac{\partial Q}{\partial \beta_1}\right|_{\beta_1 = \hat{\beta}_1} = -2\sum\limits_{i=1}^{n} (y_i - \hat{\beta}_0 - \hat{\beta}_1 x_i) x_i = 0 \end{cases} \tag{4.18}$$

求解以上正规方程组得 β_0，β_1 的最小二乘估计（OLSE）为：

$$\begin{cases} \hat{\beta}_0 = \bar{y} - \hat{\beta}_1 \bar{x} \\ \hat{\beta}_1 = \dfrac{\sum\limits_{i=1}^{n} (x_i - \bar{x})(y_i - \bar{y})}{\sum\limits_{i=1}^{n} (x_i - \bar{x})^2} \end{cases} \tag{4.19}$$

式中，$\bar{x} = \dfrac{1}{n}\sum\limits_{i=1}^{n} x_i$，$\bar{y} = \dfrac{1}{n}\sum\limits_{i=1}^{n} y_i$。

记

$$L_{xx}=\sum_{i=1}^{n}(x_i-\bar{x})^2=\sum_{i=1}^{n}x_i^2-n(\bar{x})^2 \tag{4.20}$$

$$L_{xy}=\sum_{i=1}^{n}(x_i-\bar{x})(y_i-\bar{y})=\sum_{i=1}^{n}x_iy_i-n\bar{x}\bar{y} \tag{4.21}$$

则式（4.19）可简写为：

$$\begin{cases}\hat{\beta}_0=\bar{y}-\hat{\beta}_1\bar{x}\\ \hat{\beta}_1=L_{xy}/L_{xx}\end{cases} \tag{4.22}$$

由 $\hat{\beta}_0=\bar{y}-\hat{\beta}_1\bar{x}$ 可知：

$$\bar{y}=\hat{\beta}_0+\hat{\beta}_1\bar{x} \tag{4.23}$$

可见回归直线 $\hat{y}=\hat{\beta}_0+\hat{\beta}_1x$ 是通过点（$\bar{x}$，$\bar{y}$）的，这对回归直线的作图很有帮助。从物理学的角度看，（$\bar{x}$，$\bar{y}$）是 n 个样本值（x_i，y_i）的重心，也就是说回归直线通过样本的重心。

利用上述公式就可以具体计算回归方程的参数。下面以例 4.1 中的数据为例，建立化肥施用量与粮食产量的回归方程。根据表 4—1 中的数据计算得

$$\bar{x}=\frac{60\,478.32}{20}=3\,023.916，\quad \bar{y}=\frac{859\,213.65}{20}=42\,960.682\,5$$

$$\begin{aligned}L_{xx}&=\sum_{i=1}^{n}x_i^2-n(\bar{x})^2\\&=205\,636\,769-20(3\,023.916)^2=22\,755\,409.55\end{aligned}$$

$$\begin{aligned}L_{xy}&=\sum_{i=1}^{n}x_iy_i-n\bar{x}\bar{y}\\&=2\,694\,148\,832-20\times3\,023.916\times42\,960.682\,5=95\,958\,928.85\end{aligned}$$

代入式（4.22）得

$$\begin{cases}\hat{\beta}_0=\bar{y}-\hat{\beta}_1\bar{x}=42\,960.682\,5-4.217\times3\,023.916=30\,208.913\\ \hat{\beta}_1=L_{xy}/L_{xx}=95\,958\,928.85/22\,755\,409=4.217\end{cases}$$

于是回归方程为：

$$\hat{y}=30\,208.913+4.217x$$

由图 4—1 看出该回归直线与样本数据点都很接近，这从直观上说明回归直线对数据的拟合效果是好的。

由式（4.16）可以得到残差的一个有用的性质：

$$\begin{cases}\sum_{i=1}^{n}e_i=0\\ \sum_{i=1}^{n}x_ie_i=0\end{cases} \tag{4.24}$$

即残差的平均值为0，残差以自变量 x 的加权平均值为0。

我们想让确定的回归直线与所有样本数据点都比较靠近，为了刻画这种靠近程度，人们曾设想用绝对残差和，即

$$\sum_{i=1}^{n} |e_i| = \sum_{i=1}^{n} |y_i - \hat{y}_i| \tag{4.25}$$

来度量观测值与回归直线的接近程度。显然，绝对残差和越小，回归直线就与所有数据点越近。然而，绝对残差和 $\sum |e_i|$ 在数学处理上比较麻烦，所以在经典的回归分析中，都用残差平方和式（4.17）来描述因变量观测值$y_i(i=1,2,\cdots,n)$与回归直线的偏离程度。

除了上述的最小二乘估计外，极大似然估计（maximum likelihood estimation，MLE）方法也可以作为回归参数的估计方法。极大似然估计是利用总体的分布密度或概率分布的表达式及其样本所提供信息建立起求未知参数估计量的一种方法。可参见书末的参考文献［9］。

§4.3 最小二乘估计的性质

一、线性

所谓线性就是估计量 $\hat{\beta}_0$，$\hat{\beta}_1$ 为随机变量 y_i的线性函数。由式（4.22）得

$$\hat{\beta}_1 = \frac{\sum_{i=1}^{n}(x_i-\bar{x})y_i}{\sum_{i=1}^{n}(x_i-\bar{x})^2} = \sum_{i=1}^{n}\frac{x_i-\bar{x}}{\sum_{i=1}^{n}(x_i-\bar{x})^2}y_i \tag{4.26}$$

式中，$\dfrac{x_i-\bar{x}}{\sum_{i=1}^{n}(x_i-\bar{x})^2}$ 是 y_i 的系数，所以 $\hat{\beta}_1$ 是 y_i 的线性组合。同理可以证明 $\hat{\beta}_0$ 是 y_i 的线性组合，证明过程请读者自己完成。

因为 y_i为随机变量，所以作为 y_i的线性组合，$\hat{\beta}_0$，$\hat{\beta}_1$ 亦为随机变量，因此各有其概率分布、均值、方差、标准差及两者的协方差。

二、无偏性

下面讨论 $\hat{\beta}_0$，$\hat{\beta}_1$ 的无偏性。由于 x_i是非随机变量，$y_i=\beta_0+\beta_1x_i+\varepsilon_i$，$E(\varepsilon_i)=0$，因而有

$$E(y_i)=\beta_0+\beta_1x_i \tag{4.27}$$

再由式（4.26）可得

$$E(\hat{\beta}_1) = \sum_{i=1}^{n}\frac{x_i-\bar{x}}{\sum_{j=1}^{n}(x_j-\bar{x})^2}E(y_i)$$

$$= \sum_{i=1}^{n} \frac{x_i - \bar{x}}{\sum_{j=1}^{n} (x_j - \bar{x})^2} (\beta_0 + \beta_1 x_i) = \beta_1 \tag{4.28}$$

证得 $\hat{\beta}_1$ 是 β_1 的无偏估计，其中用到 $\sum (x_i - \bar{x}) = 0, \sum (x_i - \bar{x}) x_i = \sum (x_i - \bar{x})^2$。同理可证 $\hat{\beta}_0$ 是 β_0 的无偏估计，证明过程请读者自己完成。

无偏估计的意义是，如果屡次变更数据，反复求 β_0，β_1 的估计值，这两个估计量没有高估或低估的系统趋向，它们的平均值将趋于 β_0，β_1。

进一步有

$$E(\hat{y}) = E(\hat{\beta}_0 + \hat{\beta}_1 x) = \beta_0 + \beta_1 x = E(y) \tag{4.29}$$

这表明回归值 $\hat{y}$ 是 $E(y)$ 的无偏估计，也说明 $\hat{y}$ 与真实值 y 的平均值是相同的。

三、$\hat{\beta}_0$，$\hat{\beta}_1$ 的方差

一个估计量是无偏的，只揭示了估计量优良性的一个方面。我们通常还关心估计量本身的波动状况，这就需进一步研究它的方差。

由 y_1，y_2，…，y_n 相互独立，$\mathrm{var}(y_i) = \sigma^2$ 及式（4.29），得

$$\begin{aligned} \mathrm{var}(\hat{\beta}_1) &= \sum_{i=1}^{n} \left[\frac{x_i - \bar{x}}{\sum_{j=1}^{n} (x_j - \bar{x})^2} \right]^2 \mathrm{var}(y_i) \\ &= \frac{\sigma^2}{\sum_{j=1}^{n} (x_j - \bar{x})^2} \end{aligned} \tag{4.30}$$

我们知道，方差的大小表示随机变量取值波动的大小，因而 $\mathrm{var}(\hat{\beta}_1)$ 反映了估计量 $\hat{\beta}_1$ 的波动大小。假设我们反复抽取容量为 n 的样本建立回归方程，每次计算的 $\hat{\beta}_1$ 的值是不相同的，$\mathrm{var}(\hat{\beta}_1)$ 正是反映了这些 $\hat{\beta}_1$ 的差异程度。

由 $\mathrm{var}(\hat{\beta}_1)$ 的表达式我们能得到对实际应用有指导意义的思想。从式（4.30）中看到，回归系数 $\hat{\beta}_1$ 不仅与随机误差的方差 σ^2 有关，而且与自变量 x 的取值波动程度有关。如果 x 的取值比较分散，即 x 的波动较大，则 $\hat{\beta}_1$ 的波动就小，β_1 的估计值 $\hat{\beta}_1$ 就比较稳定。反之，如果原始数据 x 是在一个较小的范围内取值，则 β_1 的估计值稳定性就差，当然也就很难说精确了。这一点显然对我们收集原始数据有重要的指导意义。

类似地，有

$$\mathrm{var}(\hat{\beta}_0) = \left[\frac{1}{n} + \frac{(\bar{x})^2}{\sum (x_i - \bar{x})^2} \right] \sigma^2 \tag{4.31}$$

由式（4.31）可知，回归常数 $\hat{\beta}_0$ 方差不仅与随机误差的方差 σ^2 和自变量 x 的取值波动程度有关，而且同样本数据的个数 n 有关。显然数据 n 越大时，$\mathrm{var}(\hat{\beta}_0)$ 越小。

总之，由式（4.30）和式（4.31）我们可以看到，要想使 β_0，β_1 的估计值 $\hat{\beta}_0$，$\hat{\beta}_1$ 更

稳定，在收集数据时，就应该考虑 x 的取值尽可能分散一些，不要挤在一块，样本量也应尽可能大一些，样本量 n 太小时估计量的稳定性肯定不会太好。

由前边 $\hat{\beta}_0$，$\hat{\beta}_1$ 线性的讨论我们知道 $\hat{\beta}_0$，$\hat{\beta}_1$ 都是 n 个独立正态随机变量 y_1，y_2，…，y_n的线性组合，因而 $\hat{\beta}_0$，$\hat{\beta}_1$ 也遵从正态分布。由 $\hat{\beta}_0$，$\hat{\beta}_1$ 的均值和方差的结果，有

$$\hat{\beta}_0 \sim N\left(\beta_0, \left(\frac{1}{n}+\frac{(\bar{x})^2}{L_{xx}}\right)\sigma^2\right) \tag{4.32}$$

$$\hat{\beta}_1 \sim N\left(\beta_1, \frac{\sigma^2}{L_{xx}}\right) \tag{4.33}$$

另外，还可得到 $\hat{\beta}_0$，$\hat{\beta}_1$ 的协方差

$$\operatorname{cov}(\hat{\beta}_0, \hat{\beta}_1) = -\frac{\bar{x}}{L_{xx}}\sigma^2 \tag{4.34}$$

式（4.34）说明，在 $\bar{x}=0$ 时，$\hat{\beta}_0$，$\hat{\beta}_1$ 不相关，在正态假定下独立；在$\bar{x}\neq 0$时不独立。它揭示了回归系数之间的关系状况。

在前边我们曾给出回归模型随机误差项 ε_i 等方差及不相关的假定条件，这个条件称为 Gauss-Markov 条件，即

$$\begin{cases} E(\varepsilon_i)=0, & i=1,2,\cdots,n \\ \operatorname{cov}(\varepsilon_i,\varepsilon_j)=\begin{cases}\sigma^2, & i=j \\ 0, & i\neq j\end{cases} & (i,j=1,2,\cdots,n) \end{cases} \tag{4.35}$$

在此条件下可以证明，$\hat{\beta}_0$ 与 $\hat{\beta}_1$ 分别是 β_0 与 β_1 的最佳线性无偏估计（best linear unbiased estimator，BLUE)，也称为最小方差线性无偏估计。BLUE，即指在 β_0 和 β_1 的一切线性无偏估计中，它们的方差最小。此结论本书不予证明，在第 5 章的多元线性回归中也有这个重要结论，其证明请参见书末的参考文献［10］。

进一步可知，对固定的 x_0 来讲，

$$\hat{y}_0 = \hat{\beta}_0 + \hat{\beta}_1 x_0 \tag{4.36}$$

也是 y_1，y_2，…，y_n的线性组合，且

$$\hat{y}_0 \sim N\left(\beta_0+\beta_1 x_0, \left(\frac{1}{n}+\frac{(x_0-\bar{x})^2}{L_{xx}}\right)\sigma^2\right) \tag{4.37}$$

由此可见，$\hat{y}_0$ 是 $E(y_0)$ 的无偏估计，且 $\hat{y}_0$ 的方差随给定的 x_0 值与 $\bar{x}$ 的距离 $|x_0-\bar{x}|$ 的增大而增大。即当给定的 x_0 与 x 的样本平均值 $\bar{x}$ 相差较大时，$\hat{y}_0$ 的估计值波动就增大。这说明在实际应用回归方程进行控制和预测时，给定的 x_0 值不能偏离样本均值太大，如果太大，用回归方程无论是作因素分析还是作经济预测，效果都不会理想。

§4.4 回归方程的显著性检验

当我们得到一个实际问题的经验回归方程 $\hat{y}=\hat{\beta}_0+\hat{\beta}_1 x$ 后，还不能马上就用它去作

分析和预测，因为 $\hat{y}=\hat{\beta}_0+\hat{\beta}_1 x$ 是否真正描述了变量 y 与 x 之间的统计规律性，还需运用统计方法对回归方程进行检验。在对回归方程进行检验时，通常需要正态性假设 $\varepsilon_i \sim N(0,\sigma^2)$，以下的检验内容若无特别声明，都是在此正态性假设下进行的。下面我们介绍几种检验方法。

一、t 检验

t 检验是统计推断中常用的一种检验方法。在回归分析中，t 检验用于检验回归系数的显著性。检验的原假设是：

$$H_0: \beta_1=0 \tag{4.38}$$

对立假设是：

$$H_1: \beta_1 \neq 0 \tag{4.39}$$

回归系数的显著性检验就是要检验自变量 x 对因变量 y 的影响程度是否显著。如果不显著，则因变量 y 与自变量 x 之间并没有真正的线性关系，也就是说自变量 x 的变化对因变量 y 并没有影响。由式（4.33）知，$\hat{\beta}_1 \sim N\left(\beta_1, \frac{\sigma^2}{L_{xx}}\right)$，因而当原假设 $H_0: \beta_1=0$ 成立时，有

$$\hat{\beta}_1 \sim N\left(0, \frac{\sigma^2}{L_{xx}}\right) \tag{4.40}$$

此时 $\hat{\beta}_1$ 在零附近波动，构造 t 统计量

$$t=\frac{\hat{\beta}_1}{\sqrt{\hat{\sigma}^2 / L_{xx}}}=\frac{\hat{\beta}_1 \sqrt{L_{xx}}}{\hat{\sigma}} \tag{4.41}$$

式中：

$$\hat{\sigma}^2=\frac{1}{n-2} \sum_{i=1}^n e_i^2=\frac{1}{n-2} \sum_{i=1}^n\left(y_i-\hat{y}_i\right)^2 \tag{4.42}$$

是 σ^2 的无偏估计，称 $\hat{\sigma}$ 为回归标准差。

当原假设 $H_0: \beta_1=0$ 成立时，式（4.41）构造的 t 统计量遵从自由度为$n-2$的 t 分布。给定显著性水平 α，双侧检验的临界值为 $t_{\alpha/2}$。当 $|t| \geqslant t_{\alpha/2}$ 时拒绝原假设 $H_0: \beta_1=0$，认为 β_1 显著不为 0，因变量 y 对自变量 x 的一元线性回归成立；当 $|t|<t_{\alpha/2}$ 时我们没有足够的理由拒绝原假设 $H_0: \beta_1=0$，认为 β_1 为 0，因变量 y 对自变量 x 的一元线性回归不成立。

二、F 检验

对线性回归方程显著性的另外一种检验是 F 检验，F 检验是根据平方和分解式，直接从回归效果检验回归方程的显著性。平方和分解式是：

$$\sum_{i=1}^n\left(y_i-\bar{y}\right)^2=\sum_{i=1}^n\left(\hat{y}_i-\bar{y}\right)^2+\sum_{i=1}^n\left(y_i-\hat{y}_i\right)^2 \tag{4.43}$$

式中：

$\sum_{i=1}^{n}(y_i-\bar{y})^2$ 称为总平方和，简记为 SST 或 $S_{总}$ 或 L_{yy}，SST 表示 sum of squares for total。

$\sum_{i=1}^{n}(\hat{y}_i-\bar{y})^2$ 称为回归平方和，简记为 SSR 或 $S_{回}$，R 表示 regression。

$\sum_{i=1}^{n}(y_i-\hat{y}_i)^2$ 称为残差平方和，简记为 SSE 或 $S_{残}$，E 表示 error。

因而平方和分解式可以简写为：

$$SST=SSR+SSE$$

请读者自己证明平方和分解式。

总平方和反映因变量 y 的波动程度或称不确定性，在建立了 y 对 x 的线性回归后，总平方和 SST 就分解成回归平方和 SSR 与残差平方和 SSE 这两个组成部分，其中 SSR 是由回归方程确定的，也就是由自变量 x 的波动引起的，SSE 是不能用自变量解释的波动，是由 x 之外的未加控制的因素引起的。这样，总平方和 SST 中，能够由自变量解释的部分为 SSR，不能由自变量解释的部分为 SSE。这样，回归平方和 SSR 越大，回归的效果就越好，可以据此构造 F 检验统计量如下：

$$F=\frac{SSR/1}{SSE/(n-2)} \tag{4.44}$$

在正态假设下，当原假设 $H_0:\beta_1=0$ 成立时，F 遵从自由度为 $(1,n-2)$ 的 F 分布。当 F 值大于临界值 $F_\alpha(1,n-2)$ 时，拒绝 H_0，说明回归方程显著，x 与 y 有显著的线性关系。也可以根据 P 值做检验。具体检验过程可以放在方差分析表中进行，如表 4—3 所示。

表 4—3　　一元线性回归方差分析表

方差来源	自由度	平方和	均方	F 值	P 值
回归 残差 总和	1 $n-2$ $n-1$	SSR SSE SST	SSR/1 SSE/$(n-2)$	$\frac{SSR/1}{SSE/(n-2)}$	$P(F>F$ 值$)$ $=P$ 值

三、相关系数的显著性检验

由于一元线性回归方程讨论的是变量 x 与变量 y 之间的线性关系，因此我们可以用变量 x 与 y 之间的相关系数来检验回归方程的显著性。设 (x_i,y_i) $(i=1,2,\cdots,n)$ 是 (x,y) 的 n 组样本观测值，我们称

$$r=\frac{\sum_{i=1}^{n}(x_i-\bar{x})(y_i-\bar{y})}{\sqrt{\sum_{i=1}^{n}(x_i-\bar{x})^2\sum_{i=1}^{n}(y_i-\bar{y})^2}}=\frac{L_{xy}}{\sqrt{L_{xx}L_{yy}}} \tag{4.45}$$

为 x 与 y 的简单相关系数，简称相关系数。其中 L_{xy}，L_{xx}，L_{yy} 与前边定义相同。相关系

数 r 表示 x 与 y 的线性关系的密切程度。相关系数的取值范围为 $|r|\leqslant 1$。相关系数的直观意义如图 4—4 所示。

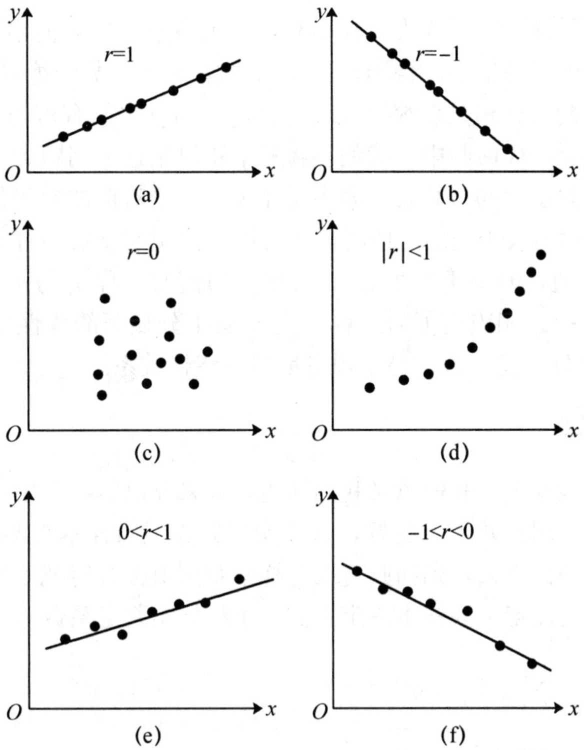

图 4—4

图 4—4 中的（a），（b），（c）和（d）是四种极端情况，即当 x 与 y 有精确的线性关系时，$r=1$ 或 $r=-1$。$r=1$ 表示 x 与 y 之间完全正相关，所有的对应点都在一条直线上；$r=-1$ 表示 x 与 y 之间完全负相关，对应点也都在一条直线上。这实际上就是一种确定的线性函数关系，它并不是统计学中研究的主要内容。（c）这种极端情况说明所有的样本点分布杂乱无章，变量 x 与 y 之间没有相关关系，即 $r=0$。在实际中 $r=0$ 的情况很少，往往我们拿来毫不相干的两个变量序列，计算相关系数绝对值都会大于零。（d）这种情况表明 x 与 y 有确定的非线性函数关系，或称曲线函数关系。此时 $|r|<1$，并不等于 1，这是因为简单相关系数只是反映两个变量间的线性关系，并不能反映变量间的非线性关系。因而，即使 $r=0$ 也并不能说明 x 与 y 无任何关系。

当变量 x 与 y 之间有线性统计关系时，$0<|r|<1$，如图 4—4 中（e），（f）所示。统计学中主要研究这种线性统计关系。（e）表示 x 与 y 是正线性相关，（f）表示 x 与 y 是负线性相关。我们在实际问题中经常碰到的是这两种情况。

由式（4.45）和回归系数 $\hat{\beta}_1$ 的表达式可得

$$r=\frac{L_{xy}}{\sqrt{L_{xx}L_{yy}}}=\hat{\beta}_1\sqrt{\frac{L_{xx}}{L_{yy}}} \tag{4.46}$$

由上式可以看到一个很有用的结论，即一元线性回归的回归系数 $\hat{\beta}_1$ 的符号与相关系数 r 的符号相同。

这里需要指出的是相关系数有个明显的缺点，就是它接近 1 的程度与数据组数 n 有关，这样容易给人一种假象。因为当 n 较小时，相关系数的绝对值容易接近 1；当 n 较大时，相关系数的绝对值容易偏小。特别是当 $n=2$ 时，相关系数的绝对值总为 1。因此在样本容量 n 较小时，我们仅凭相关系数较大就说变量 x 与 y 之间有密切的线性关系，就显得匆忙。在第 5 章的多元线性回归中，我们还将进一步讨论这个问题。

本书附录中有相关系数的检验表，表中是相关系数绝对值的起码值。当我们计算变量 x 与 y 的相关系数绝对值大于表中之值时，才可以认为 x 与 y 有线性关系。通常当 $|r|$ 大于表中 $\alpha=5\%$ 相应的值，但小于表中 $\alpha=1\%$ 相应的值时，称 x 与 y 有显著的线性关系；如果 $|r|$ 大于表中 $\alpha=1\%$ 相应的值时，称 x 与 y 有十分显著的线性关系；如果 $|r|$ 小于表中 $\alpha=5\%$ 相应的值时，就认为 x 与 y 没有明显的线性关系。

四、样本决定系数

由回归平方和与残差平方和的意义我们知道，如果在总的离差平方和中回归平方和所占的比重越大，则线性回归效果就越好，这说明回归直线与样本观测值拟合优度就越好；如果残差平方和所占的比重大，则回归直线与样本观测值拟合得就不理想。这里把回归平方和与总离差平方和之比定义为样本决定系数（也称样本判定系数），记为 r^2，即

$$r^2=\frac{\text{SSR}}{\text{SST}}=\frac{\sum_{i=1}^{n}(\hat{y}_i-\bar{y})^2}{\sum_{i=1}^{n}(y_i-\bar{y})^2} \tag{4.47}$$

由关系式

$$\sum_{i=1}^{n}(\hat{y}_i-\bar{y})^2=\hat{\beta}_1^2\sum_{i=1}^{n}(x_i-\bar{x})^2 \tag{4.48}$$

可以证明式（4.47）的 r^2 正好是式（4.45）中相关系数 r 的平方。即

$$r^2=\frac{\text{SSR}}{\text{SST}}=\frac{L_{xy}^2}{L_{xx}L_{yy}}=(r)^2 \tag{4.49}$$

决定系数 r^2 是一个回归直线与样本观测值拟合优度的相对指标，反映了因变量的波动中能用自变量解释的比例。r^2 的值总是在 0～1 之间，也可以用百分数表示。一个线性回归模型如果充分利用了 x 的信息，因变量不确定性的绝大部分能由回归方程解释，则 r^2 越接近 1，拟合优度就越好。反之，如 r^2 不大，说明以模型中给出的 x 对 y 的信息还不充分，回归方程的效果不好，应进行修改，使 x 与 y 的信息得到充分利用。

一般而言，回归方程的显著性检验与 r^2 值的大小是一致的，即检验越显著（P 值越小），r^2 就越大，但是这种关系并不是完全确定的，在样本容量 n 很大时，对高度显著的检验结果仍然可能得到一个小的 r^2。导致 r^2 小的可能原因有两个：一是线性回归不成立，y 与 x 之间是曲线关系，这时应该改用曲线回归。二是 y 与 x 之间的确符合式（4.4）的

线性模型，只是误差项方差 σ^2 大，导致 r^2 小，这时在样本容量 n 很大时，检验结果仍然可能得出线性回归显著的结论。正确区分以上两种不同情况是重要的，在对自变量有重复观测时可以通过检验正确区分以上两种不同情况，而经济数据建模通常不能得到重复观测，这时可以通过下面一节介绍的残差分析方法来正确区分以上两种不同情况。

对例 4.1 粮食产量与化肥施用量的数据，SPSS 输出表 4—5 中的 R Square 即为决定系数 r^2，其值为 $r^2=0.978\ 054=(0.988\ 966)^2$。Excel 输出表 4—4 也得到同样的结果。$r^2=0.978\ 054$ 表明在 y 值与 $\bar{y}$ 的偏离的平方和中有 97.81%可以通过化肥施用量 x 来解释，这也说明了 y 与 x 之间的高度线性相关关系。

五、用统计软件计算检验值

目前国际上通用的统计软件主要有 SPSS 和 SAS 两种，SPSS 的优点是已完全菜单化，使用方便；缺点是软件包含的方法是固定的，不能自己更改。SAS 的优点是功能强大，软件提供了很多子过程，可以自己编制程序调用子程序，因此可以完成各种各样的统计计算；缺点是使用相对困难，并且每次购得的软件有一定的使用期限（实际是租赁制）。SPSS 由统计专业和非统计专业人士共同使用，SAS 则主要由统计专业人士使用。另外，Excel 软件也有简单的统计计算功能，适合非统计专业人士做一些简单的统计分析。本书的计算工作主要使用 SPSS 软件。

1. 用 Excel 软件计算

如果工具下拉菜单中没有数据分析项，首先要加入 Excel 的数据分析功能，方法是依次点选：工具→加载宏→分析工具库→确定，这时工具下拉菜单中就增加了数据分析项。按要求录入数据，点选数据分析项，在对话框中选择回归，根据对话框的提示做必要的操作，例 4.1 粮食产量与化肥施用量的输出结果见表 4—4。

表 4—4　　**SUMMARY OUTPUT**

回归统计	
Multiple R	0.988966
R Square	0.978054
Adjusted R Square	0.976835
标准误差	710.2365
观测值	20

方差分析

	df	SS	MS	F	Significance F
回归分析	1	4.05E+08	4.05E+08	802.1955	2.21E-16
残差	18	9 079 845	504435.8		
总计	19	4.14E+08			

	Coefficients	标准误差	t Stat	P-value	Lower 95%	Upper 95%
Intercept	30208.91	477.415	63.27601	1.34E-22	29205.9	31211.92
X Variable 1	4.216972	0.148888	28.32306	2.21E-16	3.904169	4.529775

以上表格中，Intercept 是截距，即回归常数项 β_0，X Variable 1 指第一个自变量，本

例为一元线性回归，只有一个自变量 x。Coefficients 列中的两个数值即为 $\hat{\beta}_0=30\ 208.91$，$\hat{\beta}_1=4.216\ 972$，这与例 4.1 的手工计算结果是一致的。另外，$\hat{\beta}_0$ 的标准误差为 $\sqrt{\text{var}(\hat{\beta}_0)}=477.415$，$\hat{\beta}_1$ 的标准误差为 $\sqrt{\text{var}(\hat{\beta}_1)}=0.148\ 888$。式（4.41）的 t 值为 28.323 06，取显著性水平 $\alpha=0.05$，自由度为 $n-2=20-2=18$，查 t 分布表得临界值 $t_{\alpha/2}(18)=2.101$，由 $|t|=28.323\ 06>2.101$，可知应拒绝原假设 $H_0:\beta_1=0$，认为粮食产量 y 对化肥施用量 x 的一元线性回归的效果显著。

另外，从表中可以看到回归标准误差 $\hat{\sigma}=710.236\ 5$。对回归常数项 β_0 的显著性检验的 t 值为 $t=63.276\ 01$，由 $63.276\ 01>2.101$ 可知常数项 β_0 显著不为零。不过，我们主要关心的是回归系数 β_1 的显著性，这决定 y 对 x 的回归是否成立，而对回归常数项 β_0 的显著性并不关心。

表中的 P-value 是概率值，通常称为 P 值，对回归系数 β_1 的显著性检验的 P 值 $=2.21\text{E-}16=2.21\times10^{-16}\approx0$，检验统计量 t 值与 P 值的关系是：

$$P(|t|>|t\ 值|)=P\ 值 \tag{4.50}$$

式中，t 是检验统计量，是随机变量，本例中 t 遵从自由度为 $n-2$ 的 t 分布。t 值是 t 统计量的样本值，回归系数 β_1 的 $|t$ 值$|=28.323\ 06$，因而式（4.50）即为：

$$P(|t|>28.323\ 06)=2.21\times10^{-16}$$

式中，$t\sim t(18)$。可以看出，P 值越小，$|t$ 值$|$ 越大；P 值越大，$|t$ 值$|$ 越小。当 P 值$\leqslant\alpha$ 时，$|t$ 值$|\geqslant t_{\alpha/2}$，此时应拒绝原假设 H_0；当 P 值$>\alpha$ 时，$|t$ 值$|<t_{\alpha/2}$，此时应接受原假设 H_0；因而可以用 P 值代替 t 值做判定。另外，当 $|t$ 值$|=t_{\alpha/2}$ 时，必有 P 值$=\alpha$。

用 P 值代替 t 值做判定有几方面的优越性：

第一，用 P 值做检验不需要查表，只需要直接用 P 值与显著性水平 α 相比，当 P 值$\leqslant\alpha$ 时，拒绝原假设 H_0，当 P 值$>\alpha$ 时，不否定原假设 H_0，而用 t 值做检验需要查表求临界值。

第二，用 P 值做检验具有可比性，而用 t 值做检验与自由度有关，可比性差。

第三，用 P 值做检验可以准确地知道检验的显著性，实际上 P 值就是犯弃真错误的真实概率，也就是检验的真实显著性。

用 P 值做检验的缺点是难以手工计算，但计算机软件可以方便地算出 P 值。

2. 用 SPSS 软件计算

进入 SPSS 软件，按要求录入数据，双击默认变量名（var00001，var00002）修改为变量名 y，x。由于例 4.1 的粮食产量与化肥施用量数据已经建立了 Excel 数据文件，可以把数据直接粘贴到 SPSS 中，再加入变量名。依次点选：Statistics→Regression→Linear，进入线性回归窗口，这是一个对话框形式的窗口。左侧是变量名，选中 y，点右侧 Dependent（因变量）框条旁的箭头按钮，y 即进入此框条（从框条中剔除变量的方法是，选中框条中的变量，框条左侧的箭头按钮即转向左侧，点此按钮即可）。用同样的方法把自变量 x 选入 Independent 框条中，再点右侧“OK”按钮，即可输出以下计算结果（见表 4—5）。

表 4—5

Variables Entered/Removed[b]

Model	Variables Entered	Variables Removed	Method
1	x[a]	.	Enter

a. All requested variables entered.
b. Dependent Variable：y.

Model Summary

Model	R	R Square	Adjusted R Square	Std. Error of the Estimate
1	.989[a]	.978	.977	710.233 81

a. Predictors：(Constant)，x.

ANOVA[b]

Model		Sum of Squares	df	Mean Square	F	Sig.
1	Regression	4E+008	1	404656200.5	802.202	.000[a]
	Residual	9079777	18	504432.070		
	Total	4E+008	19			

a. Predictors：(Constant)，x.
b. Dependent Variable：y.

Coefficients[a]

Model		Unstandardized Coefficients		Standardized Coefficients	t	Sig.
		B	Std. Error	Beta		
1	(Constant)	30208.911	477.413		63.276	.000
	x	4.217	.149	.989	28.323	.000

a. Dependent Variable：y.

表 4—5 中 Sig. 就是 P 值，Sig. 是 Significance（显著性）的简写，这里只保留了三位小数，因而显示为零。可以看出，两种软件的计算结果是一致的，只是输出项目和项目名称略有不同。以上只是软件默认的输出项目，还可以根据需要增加输出项目。

六、三种检验的关系

前面介绍了回归系数显著性的 t 检验、回归方程显著性的 F 检验、相关系数显著性的 t 检验这三种检验，那么这三种检验之间是否存在一定的关系？回答是肯定的。对一元线性回归这三种检验的结果是等价的。可以证明，回归系数显著性的 t 检验与相关系数显著性的 t 检验是完全相等的，而式（4.44）的 F 统计量则是这两个 t 统计量的平方。因而对一元线性回归实际只需要做其中的一种检验即可。然而对多元线性回归这三种检验所考虑的问题已有所不同，是三种不同的检验，因而并不等价。

§4.5 残差分析

一个线性回归方程通过了 t 检验或 F 检验，只是表明变量 x 与 y 之间的线性关系是显著的，或者说线性回归方程是有效的，但不能保证数据拟合得很好，也不能排除由于意外原因而导致的数据不完全可靠，比如有异常值出现，有周期性因素干扰等。只有当与模型中的残差项有关的假定满足时，我们才能放心地运用回归模型。因此，在利用回归方程作分析和预测之前，应该用残差图帮助我们诊断回归效果与样本数据的质量，检查模型是否满足基本假定，以便对模型做进一步的修改。

一、残差概念与残差图

残差 $e_i=y_i-\hat{y}_i$ 的定义已在前边给出，n 对数据产生 n 个残差值。残差是实际观测值 y 与通过回归方程给出的回归值之差，残差 e_i 可以看作误差项 ε_i 的估计值。残差 $e_i=y_i-\hat{\beta}_0-\hat{\beta}_1x_i$，误差项 $\varepsilon_i=y_i-\beta_0-\beta_1x_i$，比较两个表达式可以正确区分残差 e_i 与误差项 ε_i 的异同。

以自变量 x 作横轴（或以因变量回归值 $\hat{y}$ 作横轴），以残差作纵轴，将相应的残差点画在直角坐标系上，就可得到残差图，残差图可以帮助我们对数据质量做一些分析。图 4—5 给出了常见的一些残差图，这些残差图各不相同，它们分别说明样本数据的不同表现情况。

一般认为，如果一个回归模型满足所给出的基本假定，所有残差应是在 $e=0$ 附近随机变化，并在变化幅度不大的一条带子内。见图 4—5 中（a）的情况。如果残差都落在变化幅度不大的一条带子内，也就可说明回归模型满足基本假设。

图 4—5 中（b）的情况表明 y 的观测值的方差并不相同，而是随着 x 的增加而增加的。这种方差不同的情况在专门的回归分析书中有详细讨论。

图 4—5 中（c）的情况表明 y 和 x 之间的关系并非线性关系，而是曲线关系。这就需考虑用另外的曲线方程去拟合样本观测值 y。另外一种可能性是 y 存在自相关。

图 4—5 中（d）的情况称为蛛网现象，表明 y 具有自相关。

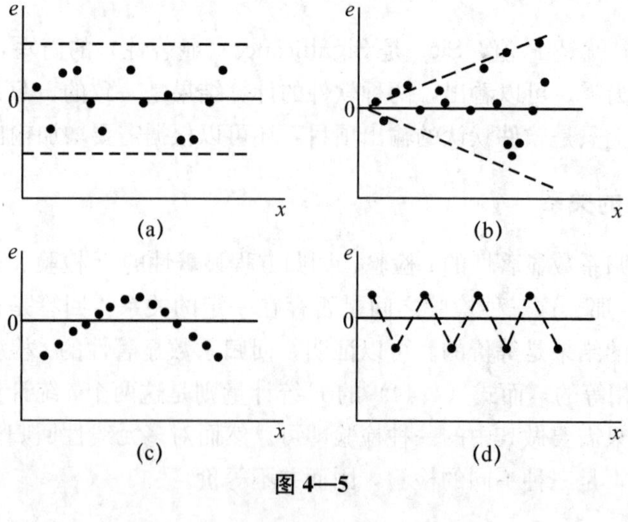

图 4—5

对例 4.1 的粮食产量与化肥施用量的数据作残差分析，首先计算残差。残差 e_i 可以用软件在做回归时直接计算出来，在 SPSS 软件的线性回归对话框中，点选下面的 Save 框条进入 Save 对话框，即可保留所需的中间变量，在 Save 对话框中，点选 Residuals 下的 Unstandardized 选项，再点右面的 Continue 回到线性回归对话框，继续做回归。回归完成后，在原始数据表格中即可看到新增加了一列变量 res _ 1，此即残差 e_i。用 Excel 软件同样也可以算出残差 e_i。表 4—6 列出了粮食产量与化肥施用量数据的残差。

表 4—6　　粮食产量与化肥施用量数据的残差

序号	x	y	$\hat{y}$	e	ZRE	SRE
1	4 541.05	48 526.69	49 358.409 87	−831.719 87	−1.171 05	−1.271 04
2	3 637.87	45 110.87	45 549.707 13	−438.837 13	−0.617 88	−0.639 53
3	2 287.49	40 753.79	39 855.199 26	898.590 74	1.265 20	1.314 67
4	3 056.89	43 824.58	43 099.738 46	724.841 54	1.020 57	1.047 11
5	4 883.70	50 890.11	50 803.322 01	86.787 99	0.122 20	0.136 79
6	3 779.30	46 370.88	46 146.126 30	224.753 70	0.316 45	0.329 04
7	4 021.09	46 577.91	47 165.718 74	−587.808 74	−0.827 63	−0.869 36
8	2 797.24	41 864.77	42 004.788 71	−140.018 71	−0.197 14	−0.202 51
9	2 989.06	42 947.44	42 813.709 60	133.730 40	0.188 29	0.193 19
10	3 021.90	41 673.21	42 952.161 26	−1 278.951 26	−1.800 75	−1.847 53
11	3 953.97	47 244.34	46 882.692 36	361.647 64	0.509 20	0.533 20
12	3 212.13	43 061.53	43 754.381 38	−692.851 38	−0.975 53	−1.001 69
13	3 804.76	47 336.78	46 253.494 66	1 083.285 34	1.525 25	1.587 42
14	1 598.28	37 127.89	36 948.827 58	179.062 42	0.252 12	0.271 76
15	1 998.56	39 515.07	38 636.776 53	878.293 47	1.236 63	1.300 78
16	1 034.09	33 717.78	34 569.657 67	−851.877 67	−1.199 43	−1.361 58
17	3 710.56	46 598.04	45 856.243 13	741.796 87	1.044 44	1.083 45
18	3 269.03	44 020.92	43 994.331 37	26.588 63	0.037 44	0.038 46
19	1 017.12	34 866.91	34 498.057 68	368.852 32	0.519 34	0.590 68
20	1 864.23	37 184.14	38 070.306 30	−886.166 30	−1.247 71	−1.321 90

计算出残差后，以自变量 x 为横轴，以残差 e 为纵轴画散点图即得残差图。图 4—6 是用 Excel 软件画出的粮食产量与化肥施用量数据的残差图。从残差图可看出，残差是围绕 $e=0$ 随机波动，从而模型的基本假定是满足的。

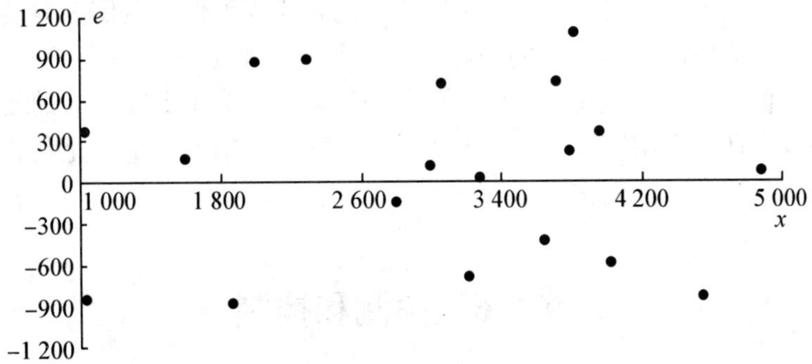

图 4—6

二、有关残差的性质

性质 4.1 $E(e_i)=0$

证明：$E(e_i)=E(y_i)-E(\hat{y}_i)=(\beta_0+\beta_1 x_i)-(\beta_0+\beta_1 x_i)=0$

性质 4.2

$$\mathrm{var}(e_i)=\left[1-\frac{1}{n}-\frac{(x_i-\bar{x})^2}{L_{xx}}\right]\sigma^2=(1-h_{ii})\sigma^2 \tag{4.51}$$

式中，$h_{ii}=\dfrac{1}{n}+\dfrac{(x_i-\bar{x})^2}{L_{xx}}$称为杠杆值。$0<h_{ii}<1$，当 x_i靠近 $\bar{x}$ 时，h_{ii}的值接近 0，相应的残差方差就大。当 x_i远离 $\bar{x}$ 时，h_{ii}的值接近 1，相应的残差方差就小。也就是说靠近 $\bar{x}$ 的点相应的残差方差较大，远离 $\bar{x}$ 的点相应的残差方差较小。这条性质可能令读者感到意外，实际上，远离 $\bar{x}$ 的点数目必然少，回归线容易"照顾"到这样的少数点，使得回归线接近这些点，因而远离 $\bar{x}$ 的 x_i相应的残差方差较小。

性质 4.3 残差满足约束条件：$\sum\limits_{i=1}^{n} e_i=0, \sum\limits_{i=1}^{n} x_i e_i=0$，此关系式已在前面给出。这表明残差 e_1，e_2，…，e_n是相关的，不是独立的。

三、改进的残差

在残差分析中，认为超过$\pm 3\hat{\sigma}$ 的残差为异常值，考虑到普通 e_1，e_2，…，e_n的方差不等，用 e_i作判断和比较会带来一定的麻烦，人们引入标准化残差和学生化残差的概念，以改进普通残差的性质。分别定义如下：

标准化残差

$$\mathrm{ZRE}_i=\frac{e_i}{\hat{\sigma}} \tag{4.52}$$

学生化残差

$$\mathrm{SRE}_i=\frac{e_i}{\hat{\sigma}\sqrt{1-h_{ii}}} \tag{4.53}$$

标准化残差使残差具有可比性，$|\mathrm{ZRE}_i|>3$ 的相应观测值即判定为异常值，这简化了判定工作，但是没有解决方差不等的问题。学生化残差则进一步解决了方差不等的问题，因而在寻找异常值时，用学生化残差优于用普通残差，认为 $|\mathrm{SRE}_i|>3$ 的相应观测值为异常值。在后面我们还将介绍删除残差与学生化删除残差。粮食产量与化肥施用量数据的标准化残差与学生化残差已经列在表 4—6 中。

§4.6 预测和控制

建立回归模型的目的就是应用，预测和控制是回归模型最重要的应用。下面我们专门讨论回归模型在预测和控制方面的应用。

一、单值预测

单值预测就是用单个值作为因变量新值的预测值。比如我们研究某地区小麦亩产量 y 与施肥量 x 的关系时，在 n 块面积为一亩的地块上各施肥x_i(kg)，最后测得相应的产量 y_i，建立回归方程 $\hat{y}_i=\hat{\beta}_0+\hat{\beta}_1 x_i$。某农户在一亩地块上施肥 $x=x_0$时，该地块预期的小麦产量为：

$$\hat{y}_0=\hat{\beta}_0+\hat{\beta}_1 x_0$$

此即因变量新值的单值预测。这里预测目标是一个随机变量，因而这个预测不能用普通的无偏性来衡量。根据式 $E(\hat{y}_0)=E(y_0)=\beta_0+\beta_1 x_0$，说明预测值 $\hat{y}_0$ 与目标值 y_0有相同的均值。

二、区间预测

以上的单值预测 $\hat{y}_0$ 只是这个地块小麦产量的大概值。仅知道这一点意义并不大，对于预测问题，除了知道预测值外，还希望知道预测的精度，这就需要做区间预测。也就是给出小麦产量的一个预测值范围。给一个预测值范围比只给出单个值 $\hat{y}_0$ 更可信。这个问题也就是对于给定的显著性水平 α，找一个区间（T_1，T_2），使对应于某特定的 x_0的实际值 y_0以 $1-\alpha$ 的概率被区间（T_1，T_2）所包含，用公式表示，就是

$$P(T_1<y_0<T_2)=1-\alpha \tag{4.54}$$

对因变量的区间预测又分为两种情况：一种是对因变量新值的区间预测；另一种是对因变量新值的平均值的区间预测。

1. 因变量新值的区间预测

为了给出新值 y_0的置信区间，需要首先求出其估计值 $\hat{y}_0=\hat{\beta}_0+\hat{\beta}_1 x_0$ 的分布。由于 $\hat{\beta}_0$ 与 $\hat{\beta}_1$ 都是 y_1，y_2，…，y_n的线性组合，因而 $\hat{y}_0=\hat{\beta}_0+\hat{\beta}_1 x_0$ 也是 y_1，y_2，…，y_n的线性组合，在正态假定下 $\hat{y}_0=\hat{\beta}_0+\hat{\beta}_1 x_0$ 遵从正态分布，其期望值为 $E(\hat{y}_0)=\beta_0+\beta_1 x_0$，以下计算其方差，首先

$$\begin{aligned}\hat{y}_0&=\hat{\beta}_0+\hat{\beta}_1 x_0=\bar{y}-\hat{\beta}_1\bar{x}+\hat{\beta}_1 x_0\\&=\sum_{i=1}^{n}\left[\frac{1}{n}+\frac{(x_i-\bar{x})(x_0-\bar{x})}{L_{xx}}\right]y_i\end{aligned} \tag{4.55}$$

因而有

$$\begin{aligned}\operatorname{var}(\hat{y}_0)&=\sum_{i=1}^{n}\left[\frac{1}{n}+\frac{(x_i-\bar{x})(x_0-\bar{x})}{L_{xx}}\right]^2\operatorname{var}(y_i)\\&=\left[\frac{1}{n}+\frac{(x_0-\bar{x})^2}{L_{xx}}\right]\sigma^2\end{aligned} \tag{4.56}$$

从而得

$$\hat{y}_0 \sim N\Big(\beta_0+\beta_1 x_0, \Big(\frac{1}{n}+\frac{(x_0-\bar{x})^2}{L_{xx}}\Big)\sigma^2\Big) \tag{4.57}$$

记

$$h_{00}=\frac{1}{n}+\frac{(x_0-\bar{x})^2}{L_{xx}} \tag{4.58}$$

为新值 x_0 的杠杆值，则式（4.57）可简写为：

$$\hat{y}_0 \sim N(\beta_0+\beta_1 x_0, h_{00}\sigma^2) \tag{4.59}$$

$\hat{y}_0$ 是先前独立观测到的随机变量 y_1，y_2，…，y_n 的线性组合，现在小麦产量的新值 y_0 与先前的观测值是独立的，所以 y_0 与 $\hat{y}_0$ 是独立的。因而

$$\mathrm{var}(y_0-\hat{y}_0)=\mathrm{var}(y_0)+\mathrm{var}(\hat{y}_0) \tag{4.60}$$

再由 $E(y_0-\hat{y}_0)=0$，于是有

$$y_0-\hat{y}_0 \sim N(0,(1+h_{00})\sigma^2) \tag{4.61}$$

进而可知统计量

$$t=\frac{y_0-\hat{y}_0}{\sqrt{1+h_{00}}\,\hat{\sigma}} \sim t(n-2) \tag{4.62}$$

可得

$$P\left(\left|\frac{y_0-\hat{y}_0}{\sqrt{1+h_{00}}\,\hat{\sigma}}\right| \leqslant t_{\alpha/2}(n-2)\right)=1-\alpha \tag{4.63}$$

由此我们可以求得 y_0 的置信概率为 $1-\alpha$ 的置信区间为：

$$\hat{y}_0 \pm t_{\alpha/2}(n-2)\sqrt{1+h_{00}}\,\hat{\sigma} \tag{4.64}$$

当样本容量 n 较大，$|x_0-\bar{x}|$ 较小时，h_{00} 接近零，y_0 的置信度为 95% 的置信区间近似为：

$$\hat{y}_0 \pm 2\hat{\sigma} \tag{4.65}$$

由式（4.64）可看到，对给定的显著性水平 α，样本容量 n 越大，$L_{xx}=\sum_{i=1}^{n}(x_i-\bar{x})^2$ 越大，x_0 越靠近 $\bar{x}$，此时的预测精度就高。所以，为了提高预测精度，样本量 n 越大越好，采集数据 x_1，x_2，…，x_n 不能太集中。在进行预测时，所给定的 x_0 不能偏离 $\bar{x}$ 太大，太大时，预测结果肯定不好；如果给定值 $x_0=\bar{x}$ 时，置信区间长度最短，这时的预测结果最好。因此，如果在自变量观测值之外的范围作预测，精度就较差。这种情况进一步说明当 x 的取值发生较大变化时，即 $|x_0-\bar{x}|$ 很大时，预测就不准。所以在作预测时一定要看 x_0 与 $\bar{x}$ 相差多大，相差太大时，效果肯定不好。尤其是在经济问题的研究

中，时间序列数据发生了较大变化时，即要预测太远的未来时，x 的取值 x_0 肯定距建模时采集样本的 $\bar{x}$ 相差太大。比如，我们用人均国民收入1 000 元左右的数据建立的消费基金模型，只适合近期人均收入 1 000 元左右的消费基金预测，而对于若干年后人均国民收入增长幅度变化较大时，以及人的消费观念发生较大变化时，用这一模型去作预测肯定不准。

2. 因变量新值的平均值的区间估计

式（4.64）给出的是因变量单个新值的置信区间，我们关心的另外一种情况是因变量新值的平均值的区间估计，对于前面提出的小麦产量问题，如果该地区的一大片麦地每亩施肥量同为 x_0，那么这一大片地小麦的平均亩产如何估计呢？这个问题就是要估计的平均值 $E(y_0)$，根据式（4.29），$E(y_0)$ 的点估计仍为 $\hat{y}_0=\hat{\beta}_0+\hat{\beta}_1x_0$，但是其区间估计却与因变量单个新值 y_0 的置信区间式（4.64）有所不同，由于 $E(y_0)=\beta_0+\beta_1x_0$ 是常数，由式（4.57）知：

$$\hat{y}_0-E(y_0)\sim N\left(0,\left[\frac{1}{n}+\frac{(x_0-\bar{x})^2}{L_{xx}}\right]\sigma^2\right) \tag{4.66}$$

进而可得置信水平为 $1-\alpha$ 的置信区间为：

$$\hat{y}_0\pm t_{\alpha/2}(n-2)\sqrt{h_{00}}\,\hat{\sigma} \tag{4.67}$$

用 SPSS 软件可以直接计算出因变量单个新值 y_0 与平均值 $E(y_0)$ 的置信区间，方法是在计算回归之前，把自变量新值 x_0 输入样本数据中，而因变量的相应值空缺，然后在 Save 对话框中点选 Mean 计算因变量平均值 $E(y_0)$ 的置信区间，或点选 Individual 计算因变量单个新值 y_0 的置信区间，也可以二者同时点选，同时可以给出置信水平。另外，点选 Predicted values 下面的 Unstandardized 对话框可以计算出点估计值 $\hat{y}_0$，计算结果列在原始数据表中。对例 4.1 中的粮食产量与化肥施用量数据，假设希望预测化肥施用量 $x_0=$ 3 200 万吨时的粮食产量，用 SPSS 软件计算出点估计值 $\hat{y}_0$ 以及置信水平为 95%的置信区间为：

点估计值 $\hat{y}_0$：43 703.23（万吨）

单个新值：(42 173.24，45 233.21)

平均值 $E(y_0)$：(43 365.06，44 041.39)

用式（4.65）的近似公式计算置信水平为 95%的近似置信区间为：

$$\begin{aligned}&(\hat{y}_0-2\hat{\sigma},\hat{y}_0+2\hat{\sigma})\\=&(43\,703.23-2\times216.88,43\,703.23+2\times216.88)\\=&(43\,269.47,44\,136.99)\end{aligned}$$

这个近似的置信区间与精确的置信区间（42 173.24，45 233.21）很接近。如果用手工计算，多数场合可以用近似区间。

三、控制问题

控制问题相当于预测的反问题。预测和控制有着密切的关系。在许多经济问题中，我

们要求 y 在一定的范围内取值。比如在研究近年的经济增长率时，我们希望经济增长能保持在 8%～12%；在控制通货膨胀问题中，我们希望全国零售物价指数涨幅在 5%以内等。这些问题用数学表达式描述，即要求

$$T_1 < y < T_2$$

问题是我们如何控制 x 呢？对于前边谈到的经济问题，即如何控制影响经济增长和通货膨胀的最主要因素呢？在统计学中进一步要讨论如何控制自变量 x 的值才能以 $1-\alpha$ 的概率保证把目标值 y 控制在 $T_1 < y < T_2$ 中，即

$$P(T_1 < y < T_2) = 1-\alpha \tag{4.68}$$

式中，$\alpha(0<\alpha<1)$ 是事先给定的小的正数。

我们通常用近似的预测区间来确定 x。如果 $\alpha=0.05$，根据式（4.65），可由下述不等式组

$$\begin{cases} \hat{y}(x) - 2\hat{\sigma} > T_1 \\ \hat{y}(x) + 2\hat{\sigma} < T_2 \end{cases} \tag{4.69}$$

求出 x 的取值区间，将 $\hat{y}(x) = \hat{\beta}_0 + \hat{\beta}_1 x$ 代入，求得

当 $\hat{\beta}_1 > 0$ 时，得

$$\frac{T_1 + 2\hat{\sigma} - \hat{\beta}_0}{\hat{\beta}_1} < x < \frac{T_2 - 2\hat{\sigma} - \hat{\beta}_0}{\hat{\beta}_1} \tag{4.70}$$

当 $\hat{\beta}_1 < 0$ 时，得

$$\frac{T_2 - 2\hat{\sigma} - \hat{\beta}_0}{\hat{\beta}_1} < x < \frac{T_1 + 2\hat{\sigma} - \hat{\beta}_0}{\hat{\beta}_1} \tag{4.71}$$

控制问题的应用要求因变量 y 与自变量 x 之间有因果关系，经常用在工业生产的质量控制中，这方面的例子参见书末的参考文献［10］，［11］。在经济问题中，经济变量之间有强的相关性，仅控制回归方程中的一个或几个自变量，而忽视了回归方程之外的其他变量，往往达不到预期的效果。

§4.7　建模总结和应注意的问题

一元线性回归模型虽然比较简单，但它的统计思想非常重要。多元线性回归大部分内容是一元线性回归结果的直接推广，所以我们有必要对一元线性回归建模及应用方面多作一些讨论，以便对回归分析方法的思想实质有更深的体会。

一、一元线性回归模型从建模到应用的全过程

第一步，提出因变量与自变量。这里以例 4.2 的数据为例，本例因变量 y 为全国人均

消费金额（元），自变量 x 为人均国民收入 GNP（元），采用年份数据。

第二步，收集数据。从《中国统计年鉴（2015）》得表 4—2。

第三步，根据表 4—2 的数据画散点图。散点图见图 4—2。

第四步，设定理论模型。由图 4—2 我们看到，随着人均国民收入的增加，人均消费金额增大，而且 18 个样本点大致分布在一条直线的周围。因此，我们用直线回归模型去描述它们是合适的。故可以采用式（4.4）一元线性回归理论模型。

第五步，用软件计算，输出计算结果。

本例采用 SPSS 软件选中全部输出统计量，输出结果见表 4—7。

表 4—7

Descriptive Statistics

	Mean	Std. Deviation	N
消费	7879.4444	4787.55943	18
GNP	20370.2222	13609.88714	18

Correlations

		消费	GNP
Pearson Correlation	消费	1.000	.998
	GNP	.998	1.000
Sig. (1-tailed)	消费	.	.000
	GNP	.000	.
N	消费	18	18
	GNP	18	18

Model Summary[b]

Model	R	R Square	Adjusted R Square	Std. Error of the Estimate	Durbin-Watson
1	.998[a]	.996	.996	293.10634	.377

a. Predictors: (Constant), GNP.

b. Dependent Variable: 消费.

ANOVA[b]

Model		Sum of Squares	df	Mean Square	F	Sig.
1	Regression	3.883E-8	1	3.883E-8	4519.517	.000[a]
	Residual	1374581.253	16	85911.328		
	Total	3.897E-8	17			

a. Predictors: (Constant), GNP.

b. Dependent Variable: 消费.

Coefficients[a]

Model		Unstandardized Coefficients		Standardized Coefficients	t	Sig.	95.0% Confidence Interval for B	
		B	Std. Error	Beta			Lower Bound	Upper Bound
1	(Constant)	726.448	126.861		5.726	.000	457.513	995.382
	GNP	.351	.005	.998	67.227	.000	.340	.362

a. Dependent Variable：消费.

第六步，回归诊断，分析输出结果。

（1）从 Descriptive Statistics 描述统计表中看到，$\bar{x}=20\ 370.22$，$\bar{y}=7\ 879.44$，有效样本容量 $n=18$。y 的标准差 $S_y=4\ 787.559$。

（2）从 Correlations 相关表中看到，相关系数 $r=0.998$，单侧检验显著性 Sig. ≈ 0.000，说明 y 与 x 有显著的线性关系，这与散点图的直观分析是一致的。

（3）从 Model Summary 表中看到，决定系数 $r^2=0.996$，从相对水平上看，回归方程能够减少因变量 y 的 99.6%的方差波动。回归标准差 $\hat{\sigma}=293.106$，从绝对水平看，y 的标准差从回归前的 4 787.559 减少到回归后的 293.106。

（4）从 ANOVA 方差分析表中看到，$F=4\ 519.517$，显著性 Sig. ≈0.000，说明 y 对 x 的线性回归高度显著，这与相关系数的检验结果是一致的。

（5）从 Coefficients 系数表中得到回归方程为 $\hat{y}=726.448+0.351x$，回归系数 β_1 检验的 t 值=67.227，显著性 Sig. ≈0.000，与 F 检验和相关系数 r 的检验结果一致。另外，常数项 β_0 的置信度 95%的区间估计为（457.513，995.382），回归系数 β_1 的置信区间估计为（0.340，0.362）。

（6）残差分析。仿照 4.5 节中对例 4.1 数据的残差分析，计算出残差 e_i，标准化残差 ZRE_i，学生化残差 SRE_i，再以自变量 x 为横轴，学生化残差 SRE 为纵轴做残差图。限于篇幅，本书在此就不列出其输出结果了。由残差图可看到所有的点都在±3 内，没有异常值，但是残差有自相关趋势，这一点在专门的回归分析教材中有详细讨论。由以上分析可认为本例的样本数据基本正常，理论模型的基本假定是合适的。

第七步，模型的应用。当所建模型通过所有检验之后，就可结合实际经济问题进行应用。最常见的应用之一就是因素分析。我们由回归方程可知，当国民收入平均增长 1 元时，大约平均有 0.4 元用于消费，人均国民收入的增长与人均消费金额的增长呈正相关关系。这大致符合现阶段的实际情况。这个结果可为现阶段制定宏观调控政策提供量化依据。另外还可以仿照§4.6 做所需的预测。

回归分析方法的应用要特别注意定性分析与定量分析相结合。当现阶段的实际情况与建模时所用数据资料的背景发生较大变化时，不能机械地死套公式，这时就应对模型进行修改。修改包括重新收集数据，尽可能用近期数据；还包括是否要增加新的自变量，因为影响某种经济现象的因素可能发生了变化，可能还有一些重要的因素需要考虑等。这方面的问题是本书后面几章要重点讨论的内容。

二、有关回归假设检验问题

对于一元线性回归方程显著性的检验，我们介绍的一个主要方法是 F 检验法，即 H_0：

$\beta_1=0$，$H_1:\beta_1\neq 0$。那么接受 H_0 或拒绝 H_0 意味着什么？前边在作 F 检验时，我们是假定 x 与 y 有线性关系时，如果拒绝 H_0，就说明 x 与 y 之间有显著的线性关系，回归方程刻画了 x 与 y 的这种线性关系。然而，对于一个实际问题，变量 x 与 y 之间到底是什么样的关系我们并不十分清楚。样本数据是否存在异常值，是否存在周期性，我们往往从数据的表面并不能明显看出。运用普通最小二乘法估计模型的参数是在模型满足一些基本假定时才有效，如果模型的基本假定显著地出错，可能导致模型结论严重歪曲。

一般情况下，当 $H_0:\beta_1=0$ 被接受时，表明 y 的取值倾向不随 x 的值按线性关系变化。这种状况可能是由于变量 y 与 x 之间的相关关系不显著，也可能虽然变量 y 与 x 之间的相关关系显著，但是这种相关关系不是线性的而是非线性的。

当 $H_0:\beta_1=0$ 被拒绝时，如果没有其他信息，仅凭拒绝 H_0，只能认为因变量 y 对自变量 x 的线性回归是有效的，但是还没有说明回归的有效程度，不能断言 y 与 x 之间就一定是线性相关关系，而不是曲线关系或其他关系。这些问题还需要借助决定系数、散点图、残差图等工具进一步分析。

为了说明上述问题，1973 年安斯科姆（Anscombe）构造了四组数据（参见书末的参考文献 [10]），见表 4—8。用这四组数据得到的经验回归方程是相同的，都是 $\hat{y}=3.00+0.500x$，决定系数都是 $r^2=0.667$，相关系数 $r=0.816$。这四组数据所建的回归方程是相同的，决定系数 r^2，F 统计量也都相同，且均通过显著性检验。说明这四组数据 y 与 x 之间都有显著的线性相关关系。然而，变量 y 与 x 之间是否就有相同的线性相关关系呢？由上述四组数据的散点图（见图 4—7）可以看到，变量 y 与 x 之间的关系是很不相同的。

表 4—8

第一组		第二组		第三组		第四组	
x	y	x	y	x	y	x	y
4	4.26	4	3.10	4	5.39	8	6.58
5	5.68	5	4.74	5	5.73	8	5.76
6	7.24	6	6.13	6	6.08	8	7.71
7	4.82	7	7.26	7	6.44	8	8.84
8	6.95	8	8.14	8	6.77	8	8.47
9	8.81	9	8.77	9	7.11	8	7.04
10	8.04	10	9.14	10	7.46	8	5.25
11	8.33	11	9.26	11	7.81	8	5.56
12	10.84	12	9.13	12	8.15	8	7.91
13	7.58	13	8.74	13	12.74	8	6.89
14	9.96	14	8.10	14	8.84	19	12.50

由图 4—7（a）可知，由直线作为 y 与 x 间关系的拟合是合适的，回归方程刻画了变量 y 与 x 间的线性相关关系。

由图 4—7（b）可知，变量 y 与 x 之间的相关关系应当是曲线关系，尽管回归方程也通过了显著性检验，但由直线方程去揭示它们的相关关系很不合适。如果用 y 对 x 做曲线回归，必可以很大地提高判定系数 r^2，如果进一步作残差分析会发现残差点的分布不符合

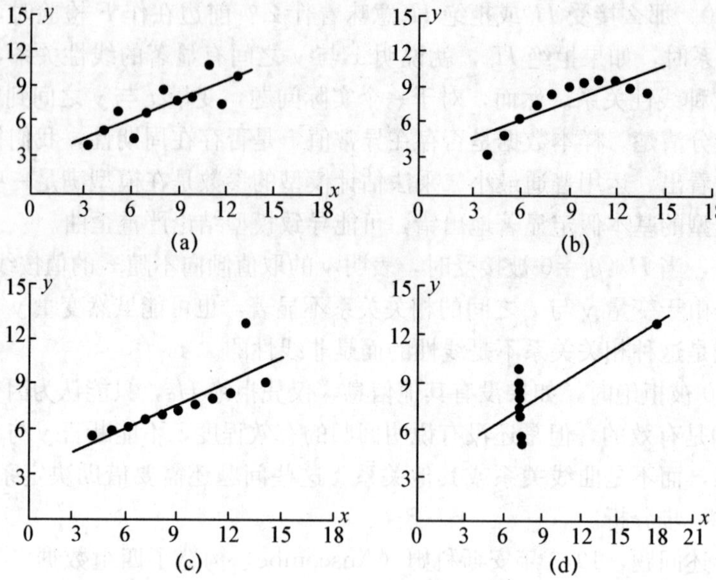

图 4—7

随机性原则。

由图 4—7（c）可知，变量 y 与 x 之间存在线性关系，但用直线 $\hat{y}=3.00+0.500x$ 去拟合这种关系不太理想。因为第三组数据中第 10 对数据（13，12.74）远离回归直线，可以认为是异常值。如果将它剔除，用其余 10 对数据重新计算得经验回归方程为 $\hat{y}=4.00+0.346x$，拟合效果非常好，决定系数接近 1，回归标准误差接近零。

由图 4—7（d）可知，回归直线的斜率完全取决于（19，12.50）这点，这种情况所得到的经验回归方程是很不可信的。实际上，自变量 x 只取了 8 和 19 这两个不同的值，因而不能断言 y 与 x 之间是何种关系。对这种情况，我们说数据收集的不好，应该对自变量 x 在（8，19）这个区间上再收集一些不同的数据。

这个例子告诉我们，当拒绝原假设 $H_0:\beta_1=0$ 时，我们说 y 与 x 之间存在线性相关关系，但是并不能肯定地说线性相关关系就是 y 与 x 间关系的最好描述，有可能 y 与 x 之间更准确的关系应该是曲线相关关系，或者是存在异常值等原因造成的 y 与 x 之间的虚假的线性相关关系。在实际应用中，不应局限于一种方法去分析判断。要得到确实可信的结果，应该综合使用 F 检验、决定系数、散点图、残差分析等，得到一致的结果时，我们才可下定论。

三、回归系数的解释问题

对于回归方程

$$\hat{y}=\hat{\beta}_0+\hat{\beta}_1 x$$

一般情况下，我们把回归系数 $\hat{\beta}_1$ 解释为：当自变量 x 增加或减少一个单位时，平均来说，y 增加或减少 $\hat{\beta}_1$ 个单位。不过这种说法并不总是正确的，在分析实际问题时，应根据具体情况而定，详细说明参见书末的参考文献［7］。

四、回归方程的预测问题

对于回归方程的应用，很重要的一个方面就是用回归方程去预测未来。如果在预测时自变量的取值在建模时样本数据 x 的取值范围之内，这种预测称为内插预测。内插预测的效果通常较好，预测误差小。如果自变量 x 的取值超出了建模时样本数据 x 的取值范围，这种预测称为外推预测。外推预测的效果可能不好。因为我们所建立的回归方程是直线方程，而理论上回归方程一般并非严格的直线。如果用经验回归方程去预测可能导致较大的误差。

在实际问题的研究中，我们如果从定性的角度也认为回归方程为线性这一点有充分的理论根据，这时去作外推预测，效果不会太差。预测的结果肯定是有误差的，在实际应用时，要尽可能使误差较小。自变量 x 的取值距 $\bar{x}$ 明显过大时，预测效果一般不好。就像我们用 20 世纪 90 年代的人均国民收入与人均消费金额数据建立模型，要作长期预测，预测 2025 年的人均消费金额肯定误差很大。因为 2025 年的经济情况与 20 世纪 90 年代肯定有很大差别。所以，用回归方程作长期预测一定要慎重。

思考与练习

1. 一元线性回归模型有哪些基本假定？

2. 考虑过原点的线性回归模型

$$y_i=\beta_1 x_i+\varepsilon_i,\quad i=1,2,\cdots,n$$

误差 ε_1，ε_2，…，ε_n 仍满足基本假定。求 β_1 的最小二乘估计。

3. 证明式（4.24），$\sum\limits_{i=1}^{n} e_i = 0$，$\sum\limits_{i=1}^{n} x_i e_i = 0$。

4. 证明 $\hat{\beta}_0$ 是 β_0 的无偏估计。

5. 证明 $\operatorname{var}(\hat{\beta}_0)=\left[\dfrac{1}{n}+\dfrac{(\bar{x})^2}{\sum(x_i-\bar{x})^2}\right]\sigma^2$ 成立。

6. 证明平方和分解式：SST=SSR+SSE。

7. 验证三种检验的关系，即验证：

（1）$t=\dfrac{\hat{\beta}_1\sqrt{L_{xx}}}{\hat{\sigma}}=\dfrac{\sqrt{n-2}r}{\sqrt{1-r^2}}$

（2）$F=\dfrac{\mathrm{SSR}/1}{\mathrm{SSE}/(n-2)}=\dfrac{\hat{\beta}_1^2 L_{xx}}{\hat{\sigma}^2}=t^2$

8. 验证：

$$\operatorname{var}(e_i)=\left[1-\frac{1}{n}-\frac{(x_i-\bar{x})^2}{L_{xx}}\right]\sigma^2$$

9. 用第 8 题证明 $\hat{\sigma}^2=\frac{1}{n-2}\sum_{i=1}^{n}(y_i-\hat{y}_i)^2$ 是 σ^2 的无偏估计。

10. 如果回归方程 $\hat{y}=\hat{\beta}_0+\hat{\beta}_1x$ 相应的相关系数 r 很大，则用它预测时，预测值与真值的偏差一定较小。这一结论能成立吗？对你的回答说明理由。

11. 为了调查某广告对销售收入的影响，某商店记录了 10 个月的销售收入 y（万元）和广告费用 x（万元），数据见表 4—9。

表 4—9

月份	1	2	3	4	5	6	7	8	9	10	11	12
x	2	2	3	4	5	4.5	5.5	7.5	8	9	10	11
y	30	35	40	45	50	55	66	75	85	100	110	120

要求手工计算：

(1) 画散点图；

(2) x 与 y 之间是否大致呈线性关系？

(3) 用最小二乘估计求出回归方程；

(4) 求回归标准误差 $\hat{\sigma}$；

(5) 给出 $\hat{\beta}_0$ 与 $\hat{\beta}_1$ 的置信度为 95%的区间估计；

(6) 计算 x 与 y 的决定系数；

(7) 对回归方程作方差分析；

(8) 做回归系数 β_1 显著性的检验；

(9) 做相关系数的显著性检验；

(10) 对回归方程作残差图并作相应的分析；

(11) 求当广告费用为 4.2 万元时，销售收入将达到多少，并给出置信度 95%的置信区间。

12. 一家保险公司十分关心其总公司营业部加班的程度，决定认真调查一下现状。经过 10 周时间，收集了每周加班工作时间的数据和签发的新保单数目，x 为每周签发的新保单数目，y 为每周加班工作时间（小时）（见表 4—10）。

表 4—10

周	1	2	3	4	5	6	7	8	9	10
x	825	215	1 070	550	480	920	1 350	325	670	1 215
y	3.5	1.0	4.0	2.0	1.0	3.0	4.5	1.5	3.0	5.0

要求用计算机软件完成以下计算：

(1) 画散点图；

(2) x 与 y 之间是否大致呈线性关系？

(3) 用最小二乘估计求出回归方程；

(4) 求回归标准误差 $\hat{\sigma}$；

(5) 给出 $\hat{\beta}_0$ 与 $\hat{\beta}_1$ 的置信度为 95%的区间估计；

(6) 计算 x 与 y 的决定系数;

(7) 对回归方程作方差分析;

(8) 做回归系数 β_1 显著性的检验;

(9) 做相关系数的显著性检验;

(10) 对回归方程作残差图并作相应的分析;

(11) 该公司预计下一周签发新保单 $x_0=1\ 000$ 张，需要的加班时间是多少?

(12) 给出置信水平为 95%的近似预测区间。

第 5 章

多元回归模型

第 4 章的一元回归只不过是回归模型的一种特例，它通常是我们对影响某种现象的许多因素进行简化考虑的结果。例如，某公司管理人员预测来年该公司的销售额 y 时，研究认为影响销售额的因素不只是广告宣传费 x_1，还有个人可支配收入 x_2、价格 x_3、研究与开发费用 x_4、各种投资 x_5、销售费用 x_6 等。这样因变量 y 就与多个自变量 x_1，x_2，x_3，x_4，x_5，x_6 有关。因此，我们就需要进一步讨论多元回归问题。

本章重点介绍多元线性回归模型的参数估计及其性质、回归方程及回归系数的显著性检验和逐步回归方法等。

§5.1　多元线性回归模型

一、模型的一般形式

设随机变量 y 与一般变量 x_1，x_2，…，x_p 的线性回归模型为：

$$y=\beta_0+\beta_1x_1+\beta_2x_2+\cdots+\beta_px_p+\varepsilon \tag{5.1}$$

式中，β_0，β_1，…，β_p 是 $p+1$ 个未知参数，β_0 称为回归常数，β_1，β_2，…，β_p 称为回归系数。y 称为被解释变量（因变量），而 x_1，x_2，…，x_p 是 p 个可以精确测量并可控制的一般变量，称为解释变量（自变量）。$p=1$ 时，式（5.1）即为一元线性回归模型，$p\geqslant 2$ 时，称式（5.1）为多元线性回归模型。ε 是随机误差，与一元线性回归一样，对随机误差项我们常假定

$$\begin{cases}E(\varepsilon)=0\\ \mathrm{var}(\varepsilon)=\sigma^2\end{cases} \tag{5.2}$$

称

$$E(y)=\beta_0+\beta_1 x_1+\beta_2 x_2+\cdots+\beta_p x_p \tag{5.3}$$

为理论回归方程。

对一个实际问题，如果我们获得 n 组观测数据 $(x_{i1},x_{i2},\cdots,x_{ip};y_i)(i=1,2,\cdots,n)$，则线性回归模型（5.1）可表示为：

$$\begin{cases} y_1=\beta_0+\beta_1 x_{11}+\beta_2 x_{12}+\cdots+\beta_p x_{1p}+\varepsilon_1 \\ y_2=\beta_0+\beta_1 x_{21}+\beta_2 x_{22}+\cdots+\beta_p x_{2p}+\varepsilon_2 \\ \vdots \\ y_n=\beta_0+\beta_1 x_{n1}+\beta_2 x_{n2}+\cdots+\beta_p x_{np}+\varepsilon_n \end{cases} \tag{5.4}$$

写成矩阵形式为：

$$\boldsymbol{y}=\boldsymbol{X\beta}+\boldsymbol{\varepsilon} \tag{5.5}$$

式中：

$$\boldsymbol{y}=\begin{bmatrix} y_1 \\ y_2 \\ \vdots \\ y_n \end{bmatrix},\quad \boldsymbol{X}=\begin{bmatrix} 1 & x_{11} & x_{12} & \cdots & x_{1p} \\ 1 & x_{21} & x_{22} & \cdots & x_{2p} \\ \vdots & \vdots & \vdots & & \vdots \\ 1 & x_{n1} & x_{n2} & \cdots & x_{np} \end{bmatrix}$$

$$\boldsymbol{\beta}=\begin{bmatrix} \beta_0 \\ \beta_1 \\ \vdots \\ \beta_p \end{bmatrix},\quad \boldsymbol{\varepsilon}=\begin{bmatrix} \varepsilon_1 \\ \varepsilon_2 \\ \vdots \\ \varepsilon_n \end{bmatrix} \tag{5.6}$$

矩阵 $\boldsymbol{X}$ 是一个 $n\times(p+1)$ 矩阵，称 $\boldsymbol{X}$ 为回归设计矩阵或资料矩阵。在实验设计中，$\boldsymbol{X}$ 的元素是预先设定并可以控制的，人的主观因素可作用于其中，因而称 $\boldsymbol{X}$ 为设计矩阵。

二、多元线性回归模型的基本假定

为了有效地进行模型的参数估计，对回归模型（5.4）有如下一些基本假定。

（1）解释变量 x_1，x_2，…，x_p 是确定性变量，不是随机变量，且要求 $rk(\boldsymbol{X})=p+1<n$。这里的 $rk(\boldsymbol{X})=p+1<n$，表明设计矩阵 $\boldsymbol{X}$ 中的自变量列之间不相关，样本容量的个数应大于解释变量的个数，$\boldsymbol{X}$ 是一个满秩矩阵。

（2）随机误差项具有 0 均值和等方差，即

$$\begin{cases} E(\varepsilon_i)=0,\quad i=1,2,\cdots,n \\ \operatorname{cov}(\varepsilon_i,\varepsilon_j)=\begin{cases} \sigma^2, i=j \\ 0, i\neq j \end{cases}\quad (i,j=1,2,\cdots,n) \end{cases} \tag{5.7}$$

这个假定常称为 Gauss-Markov 条件。$E(\varepsilon_i)=0$，即假设观测值没有系统误差，随机误差 ε_i 的平均值为零。随机误差项 ε_i 的协方差假定表明随机误差项在不同的样本点之间

是不相关的（在正态假定下即为独立的），不存在序列相关，并且有相同的精度。

（3）正态分布的假定条件为：

$$\begin{cases}\varepsilon_i \sim N(0,\sigma^2), & i=1,2,\cdots,n \\ \varepsilon_1,\varepsilon_2,\cdots,\varepsilon_n \text{ 相互独立} \end{cases} \tag{5.8}$$

对于多元线性回归的矩阵形（5.5），这个条件可表示为：

$$\boldsymbol{\varepsilon} \sim N(\mathbf{0},\sigma^2 \boldsymbol{I}_n) \tag{5.9}$$

由上述假定和多元正态分布的性质可知，随机向量 y 遵从 n 维正态分布，回归模型（5.5）的期望向量

$$E(\boldsymbol{y})=\boldsymbol{X\beta} \tag{5.10}$$

$$\mathrm{var}(\boldsymbol{y})=\sigma^2 \boldsymbol{I}_n \tag{5.11}$$

因此，有

$$\boldsymbol{y} \sim N(\boldsymbol{X\beta},\sigma^2 \boldsymbol{I}_n) \tag{5.12}$$

三、多元线性回归方程的解释

为了给多元线性回归方程及其回归系数一个解释，下面以 $p=2$ 的一个微观经济问题为例给出回归方程的几何解释和回归系数的经济意义。在建立空调机销售量的预测模型时，空调机的销售量用 y 来表示，用 x_1 表示空调机的价格，x_2 表示消费者的可支配收入。则可建立二元线性回归模型

$$\begin{aligned} y &= \beta_0+\beta_1 x_1+\beta_2 x_2+\varepsilon \\ E(y) &= \beta_0+\beta_1 x_1+\beta_2 x_2 \end{aligned} \tag{5.13}$$

在式（5.13）中，假如 x_2 保持不变，为常数时，则有

$$\frac{\partial E(y)}{\partial x_1}=\beta_1 \tag{5.14}$$

即 β_1 可解释为在消费者的可支配收入 x_2 保持不变时，空调机的价格 x_1 每变动一个单位，对空调机的销售量 y 的影响程度。一般来说，价格提高，销售量减少，因此 β_1 将为负。

在式（5.13）中，假如 x_1 保持不变，为一常数时，则有

$$\frac{\partial E(y)}{\partial x_2}=\beta_2 \tag{5.15}$$

即 β_2 可解释为在空调机的价格 x_1 保持不变时，消费者的可支配收入 x_2 每变动一个单位，对空调机的销售量 y 的影响程度。一般来说，随着消费者的可支配收入的增加，空调机的需求量是增加的，因此 β_2 应该是正的。

对于回归方程式（5.13）的图形，已不像一元线性回归时那样，是一条直线，而是一个回归平面。而对一般情况的回归方程（5.3），当 $p>2$ 时，回归方程是一个超平面，无法用几何图形表示。

§5.2　回归参数的估计与检验

一、回归参数的估计

多元线性回归方程未知参数 β_0，β_1，…，β_p 的估计与一元线性回归方程的参数估计原理一样，仍然可以采用最小二乘估计和极大似然估计。关于参数估计运用 SPSS 软件就可以实现。

对于式（5.5）矩阵形式表示的回归模型 $\boldsymbol{y}=\boldsymbol{X\beta}+\boldsymbol{\varepsilon}$，所谓最小二乘法，就是寻找参数 β_0，β_1，β_2，…，β_p 的估计值 $\hat{\beta}_0$，$\hat{\beta}_1$，$\hat{\beta}_2$，…，$\hat{\beta}_p$，使离差平方和极小，即寻找 $\hat{\beta}_0$，$\hat{\beta}_1$，$\hat{\beta}_2$，…，$\hat{\beta}_p$ 满足：

$$
\begin{aligned}
&Q(\hat{\beta}_0,\hat{\beta}_1,\hat{\beta}_2,\cdots,\hat{\beta}_p)\\
&=\sum_{i=1}^{n}(y_i-\hat{\beta}_0-\hat{\beta}_1x_{i1}-\hat{\beta}_2x_{i2}-\cdots-\hat{\beta}_px_{ip})^2\\
&=\min_{\beta_0,\beta_1,\beta_2,\cdots,\beta_p}\sum_{i=1}^{n}(y_i-\beta_0-\beta_1x_{i1}-\beta_2x_{i2}-\cdots-\beta_px_{ip})^2
\end{aligned}
\tag{5.16}
$$

依照式（5.16）求出的 $\hat{\beta}_0$，$\hat{\beta}_1$，$\hat{\beta}_2$，…，$\hat{\beta}_p$ 称为回归参数 β_0，β_1，β_2，…，β_p 的最小二乘估计。

回归参数的最小二乘估计为：

$$\hat{\boldsymbol{\beta}}=(\boldsymbol{X}'\boldsymbol{X})^{-1}\boldsymbol{X}'\boldsymbol{y}\tag{5.17}$$

称

$$\hat{y}=\hat{\beta}_0+\hat{\beta}_1x_1+\hat{\beta}_2x_2+\cdots+\hat{\beta}_px_p\tag{5.18}$$

为经验回归方程。

在多元线性回归中，无论应用普通最小二乘估计（OLSE）还是极大似然估计(MLE)，我们得到回归系数向量 $\boldsymbol{\beta}$ 的估计量都为：

$$\hat{\boldsymbol{\beta}}=(\boldsymbol{X}'\boldsymbol{X})^{-1}\boldsymbol{X}'\boldsymbol{y}$$

根据回归模型假设知，$\boldsymbol{X}$ 是固定的设计矩阵，因此，$\hat{\boldsymbol{\beta}}$ 是 $\boldsymbol{y}$ 的一个线性变换。还可证明 $\hat{\boldsymbol{\beta}}$ 是 $\boldsymbol{\beta}$ 的无偏估计。

在假定 $\boldsymbol{E}(\boldsymbol{y})=\boldsymbol{X\beta}$，$\boldsymbol{D}(\boldsymbol{y})=\sigma^2\boldsymbol{I}_n$ 时，$\boldsymbol{\beta}$ 的任一线性函数 $\boldsymbol{c}'\boldsymbol{\beta}$ 的最小方差线性无偏估计(best linear unbiased estimator，BLUE）为 $\boldsymbol{c}'\hat{\boldsymbol{\beta}}$，其中 $\boldsymbol{c}$ 是任一 $p+1$ 维向量，$\hat{\boldsymbol{\beta}}$ 是 $\boldsymbol{\beta}$ 的最小二乘估计。这就是著名的 Gauss-Markov 定理，此定理说明了用最小二乘估计得到的估计量 $\hat{\boldsymbol{\beta}}$ 是理想的估计量。

二、回归方程的显著性检验

在实际问题的研究中，我们事先并不能断定随机变量 y 与变量 x_1，x_2，…，x_p 之间确有线性关系，在进行回归参数的估计前，用多元线性回归方程去拟合随机变量 y 与变量 x_1，x_2，…，x_p 之间的关系，只是根据一些定性分析所作的一种假设。因此，当求出线性回归方程后，还需对回归方程进行显著性检验。多元线性回归方程的显著性检验与一元线性回归方程的显著性检验既有相同之处，也有不同之处。

下面介绍两种统计检验方法，一种是回归方程显著性的 F 检验，另一种是回归系数显著性的 t 检验。同时介绍衡量回归拟合程度的拟合优度检验。

1. F 检验

对多元线性回归方程的显著性检验就是要看自变量 x_1，x_2，…，x_p 从整体上对随机变量 y 是否有明显的影响。为此提出原假设

$$H_0: \beta_1=\beta_2=\cdots=\beta_p=0$$

如果 H_0 被接受，则表明随机变量 y 与 x_1，x_2，…，x_p 之间的关系由线性回归模型表示不合适。类似一元线性回归检验，为了建立对 H_0 进行检验的 F 统计量，仍然利用总离差平方和的分解式，即

$$\sum_{i=1}^{n}(y_i-\bar{y})^2=\sum_{i=1}^{n}(\hat{y}_i-\bar{y})^2+\sum_{i=1}^{n}(y_i-\hat{y}_i)^2$$

简写为：

$$\mathrm{SST}=\mathrm{SSR}+\mathrm{SSE}$$

构造 F 检验统计量如下：

$$F=\frac{\mathrm{SSR}/p}{\mathrm{SSE}/(n-p-1)} \tag{5.19}$$

在正态假设下，当原假设 $H_0: \beta_1=\beta_2=\cdots=\beta_p=0$ 成立时，F 遵从自由度为 $(p,n-p-1)$ 的 F 分布。于是，可以利用 F 统计量对回归方程的总体显著性进行检验。对于给定的数据，$i=1,2,\cdots,n$，计算出 SSR 和 SSE，进而得到 F 的值，其计算过程列在表 5—1 中。

表 5—1　　方差分析表

方差来源	自由度	平方和	均方	F 值	P 值
回归 残差 总和	p $n-p-1$ $n-1$	SSR SSE SST	SSR/p $\mathrm{SSE}/(n-p-1)$	$\frac{\mathrm{SSR}/p}{\mathrm{SSE}/(n-p-1)}$	$P(F>F$ 值) $=P$ 值

再由给定的显著性水平 α，查 F 分布表，得临界值 $F_\alpha(p,n-p-1)$。

当 $F>F_\alpha(p,n-p-1)$ 时，拒绝原假设 H_0，认为在显著性水平 α 下，y 对 x_1，x_2，…，x_p 有显著的线性关系，也即回归方程是显著的。通俗点说，就是接受“自变量全体对因变量 y 产生线性影响”这一结论犯错误的概率不超过 5%；反之，当 $F<F_\alpha(p,n-p-1)$时，则认为回归方程不显著。

与一元线性回归一样，也可以根据 P 值做检验。当 P 值$<\alpha$ 时，拒绝原假设 H_0；当

P 值$>\alpha$ 时，不拒绝原假设 H_0。

2. 回归系数的显著性检验

在多元线性回归中，回归方程显著并不意味着每个自变量对 y 的影响都显著，因此我们总想从回归方程中剔除那些次要的、可有可无的变量，重新建立更为简单的回归方程。所以就需要我们对每个自变量都进行显著性检验。

显然，如果某个自变量 x_j 对 y 的作用不显著，那么在回归模型中，它的系数 β_j 就取值为零。因此，检验变量 x_j 是否显著，等价于检验假设

$$H_{0j}:\beta_j=0,\quad j=1,2,\cdots,p$$

如果接受原假设 H_{0j}，则 x_j 不显著；如果拒绝原假设 H_{0j}，则 x_j 是显著的。

可以构造 t 统计量（见书末的参考文献［10］）：

$$t_j=\frac{\hat{\beta}_j}{\sqrt{c_{jj}}\,\hat{\sigma}} \tag{5.20}$$

式中：

$$\hat{\sigma}=\sqrt{\frac{1}{n-p-1}\sum_{i=1}^{n}e_i^2}=\sqrt{\frac{1}{n-p-1}\sum_{i=1}^{n}(y_i-\hat{y}_i)^2} \tag{5.21}$$

是回归标准差。

当原假设 $H_{0j}:\beta_j=0$ 成立时，式（5.20）构造的 t_j 统计量遵从自由度为 $n-p-1$ 的 t 分布。给定显著性水平 α，查出双侧检验的临界值 $t_{\alpha/2}$。当 $|t_j|\geqslant t_{\alpha/2}$ 时拒绝原假设 H_{0j}：$\beta_j=0$，认为 β_j 显著不为零，自变量 x_j 对因变量 y 的线性效果显著；当 $|t_j|<t_{\alpha/2}$ 时接受原假设 $H_{0j}:\beta_j=0$，认为 β_j 为零，自变量 x_i 对因变量 y 的线性效果不显著。

由于某些自变量不显著，因而在多元回归中并不是包含在回归方程中的自变量越多越好，这个问题将在逐步回归一节做详细讨论。当有多个自变量对因变量 y 无显著性影响时，由于自变量之间的交互作用，不能一次剔除掉所有不显著的变量。原则上每次只剔除一个变量，先剔除其中 $|t|$ 最小的（或 P 值最大的）一个变量，然后再对求得的新的回归方程进行检验，有不显著变量再剔除，直到保留的变量都对 y 有显著影响为止。也可根据对问题的定性分析选择 t 值较小的变量先剔除。

在一元线性回归中，回归系数显著性的 t 检验与回归方程显著性的 F 检验是等价的，而在多元线性回归中，这两种检验是不等价的。F 检验显著，是说明 y 对自变量 x_1，x_2，…，x_p 整体的线性回归效果是显著的，但不等于 y 对每个自变量 x_i 的效果都显著。反之，一个或几个 x_i 的系数不显著，回归方程的显著性 F 检验仍有可能是显著的。

可以从另一个角度考虑自变量 x_j 的显著性。y 对自变量 x_1，x_2，…，x_p 线性回归的残差平方和为 SSE，回归平方和为 SSR，在剔除掉 x_j 后，用 y 对其余的 $p-1$ 个自变量做回归，记所得的残差平方和为 $\text{SSE}_{(j)}$，回归平方和为 $\text{SSR}_{(j)}$，则自变量 x_j 对回归的贡献为 $\Delta\text{SSR}_{(j)}=\text{SSR}-\text{SSR}_{(j)}$，称为 x_j 的偏回归平方和。由此构造偏 F 统计量

$$F_j=\frac{\Delta\text{SSR}_{(j)}/1}{\text{SSE}/(n-p-1)} \tag{5.22}$$

当原假设 H_{0j}：$\beta_j=0$ 成立时，式（5.22）的 F 统计量 F_j 遵从自由度为(1，$n-p-1$)的 F 分布，此 F 检验与式（5.20）的 t 检验是一致的，可以证明 $F_j=t_j^2$。

当从回归方程中剔除变量时，回归平方和减少，残差平方和增加。根据平方和分解式可知，$\Delta SSR_{(j)}=\Delta SSE_{(j)}=SSE_{(j)}-SSE$。反之，当往回归方程中引入变量时，回归平方和增加，残差平方和减少，两者的增减量同样相等。

3. 拟合优度

拟合优度用于描述回归方程对样本观测值的拟合程度。在一元线性回归中，定义了样本决定系数 $r^2=SSR/SST$，在多元线性回归中，同样可以定义样本决定系数为：

$$R^2=\frac{SSR}{SST}=1-\frac{SSE}{SST} \tag{5.23}$$

样本决定系数 R^2 的取值在［0，1］区间内，R^2 越接近 1，表明回归拟合的效果越好；R^2 越接近 0，表明回归拟合的效果越差。与 F 检验相比，R^2 可以更清楚直观地反映回归拟合的效果，但是并不能作为严格的显著性检验。

称

$$R=\sqrt{R^2}=\sqrt{\frac{SSR}{SST}} \tag{5.24}$$

为 y 关于 x_1，x_2，…，x_p 的样本复相关系数。在两个变量的简单相关系数中，相关系数有正负之分，而复相关系数表示的是因变量 y 与全体自变量之间的线性关系，它的符号不能由某个自变量的回归系数的符号来确定，因而复相关系数都取正号。与一元线性回归方程中曾定义过的相关系数 r 一样，在多元线性回归的实际应用中，人们用复相关系数 R 来表示回归方程对原有数据拟合程度的好坏，它衡量作为一个整体的 x_1，x_2，…，x_p 与 y 的线性关系的大小。

在实际应用中，决定系数 R^2 到底多大才算通过了拟合优度检验？这要根据具体情况来定。在此需要指出的是拟合优度并不是检验模型优劣的唯一标准，有时为了使得模型从结构上有较合理的经济解释，R^2 等于 0.7 左右我们也给回归模型以肯定的态度。在后面的回归变量选择中，还将会看到 R^2 与回归方程中自变量的数目以及样本容量 n 有关，当样本容量 n 与自变量的个数接近时，R^2 易接近于 1，其中隐含着一些虚假成分。因此，由 R^2 决定模型优劣时还需慎重。

三、回归系数的标准化

在多元线性回归分析中，因为涉及多个自变量，用多元线性回归方程描述某种经济现象时，由于自变量 x_1，x_2，…，x_p 所用的单位大都不同，数据的大小差异也往往很大，这就不利于放在同一标准上进行比较。为了消除量纲不同和数量级的差异所带来的影响，就需要将样本数据标准化处理，然后用最小二乘法估计未知参数，求得标准化回归系数。

样本数据的标准化公式为：

$$x_{ij}^*=\frac{x_{ij}-\bar{x}_j}{\sqrt{L_{jj}}},\quad i=1,2,\cdots,n;j=1,2,\cdots,p$$

$$y_i^* = \frac{y_i - \bar{y}_j}{\sqrt{L_{yy}}},\quad i=1,2,\cdots,n \tag{5.25}$$

式中：

$$L_{jj} = \sqrt{\sum_{i=1}^{n}(x_{ij} - \bar{x}_j)^2} \tag{5.26}$$

是自变量 $x_j(j=1,2,\cdots,p)$ 的离差平方和。用最小二乘法求出标准化的样本数据（x_{i1}^*，$x_{i2}^*,\cdots,x_{ip}^*;y_i^*$）的经验回归方程，记为：

$$\hat{y}^* = \hat{\beta}_1^* x_1^* + \hat{\beta}_2^* x_2^* + \cdots + \hat{\beta}_p^* x_p^* \tag{5.27}$$

式中，β_1^*，β_2^*，…，β_p^* 就是 y 对自变量 x_1，x_2，…，x_p 的标准化回归系数。标准化包括了中心化，因而标准化的回归常数项为 0。容易验证，标准化回归系数与普通最小二乘回归系数之间存在关系式

$$\beta_j^* = \frac{\sqrt{L_{jj}}}{\sqrt{L_{yy}}}\hat{\beta}_j,\quad j=1,2,\cdots,p \tag{5.28}$$

普通最小二乘估计 $\hat{\beta}_j$ 表示在其他变量不变的情况下，自变量 x_j 的每单位的绝对变化引起的因变量均值的绝对变化量。标准化回归系数 β_j^* 表示自变量 x_j 的 1%相对变化（相对于 $\sqrt{L_{jj}}$）引起的因变量均值的相对变化百分数（相对于 $\sqrt{L_{yy}}$）。

当自变量所使用的单位不同时，用普通最小二乘估计建立的回归方程，其回归系数不具有可比性，得不到合理的解释。例如有一回归方程为：

$$\hat{y} = 200 + 2\,000x_1 + 2x_2$$

如果我们不考虑 x_1 和 x_2 的单位是什么，会很自然地认为 x_1 对因变量 y 的影响最重要，因为 x_1 的系数 2 000 比 x_2 的系数 2 大得多。可是，如果 x_1 的单位是吨，x_2 的单位是公斤，那么 x_1 与 x_2 的重要性实际上是相同的。这是因为 x_1 增加 1 吨时 y 增加 2 000 个单位，x_2 增加 1 公斤时 y 增加 2 个单位，那么 x_2 增加 1 吨时 y 同样增加 2 000 个单位，x_1 增加 1 吨对 y 的影响程度与 x_2 增加 1 吨对 y 的影响程度是相同的。

标准化回归系数是比较自变量对因变量影响程度相对重要性的一种较为理想的方法，有了标准化回归系数后，变量的相对重要性就容易进行比较了。但是，我们仍提醒人们对回归系数的解释须采取谨慎的态度，这是因为当自变量相关时会影响标准化回归系数的大小。参见书末的参考文献［7］。

几乎所有的统计软件在建立多元线性回归方程时都会自动给出标准化回归系数，通常称它们为贝塔（beta）值。

四、偏判定系数

前面介绍了复相关系数与简单相关系数，以下介绍变量间的另一种相关性——偏相关。在多元线性回归分析中，当其他变量被固定后，给定的任两个变量之间的相关

系数叫偏相关系数。偏相关系数可以度量 $p+1$ 个变量 y，x_1，x_2，…，x_p 之中任意两个变量的线性相关程度，而这种相关程度是在固定其余 $p-1$ 个变量的影响下的线性相关。

例如，我们在研究粮食产量与农业资金投入和劳动力投入之间的关系时，用于农业投入的资金多少会影响粮食产量，劳动力的投入多少也会影响粮食产量。由于资金投入与劳动力投入的数量经常变化，用简单相关系数往往不能说明现象间的关系程度如何。这就需要在固定其他变量影响的情况下来计算两个变量之间的联系程度，计算出的这种相关系数称为偏相关系数。我们在研究粮食产量与劳动力投入的关系时可以首先给出资金投入数量；在研究粮食产量与资金投入的关系时可以首先给出劳动力投入数量。

复判定系数 R^2 测量回归中一组自变量 x_1，x_2，…，x_p 使因变量 y 的变差的相对减少量。相应地，偏判定系数测量在回归方程中已包含若干个自变量时，再引入一个新的自变量时，y 的剩余变差的相对减少量，它衡量 y 的变差减少的边际贡献。在讲偏相关系数之前，首先引入偏判定系数。

1. 两个自变量的偏判定系数

二元线性回归模型为：

$$y_i=\beta_0+\beta_1 x_{i1}+\beta_2 x_{i2}+\varepsilon_i,\quad i=1,2,\cdots,n$$

记 $\mathrm{SSE}(x_2)$ 是模型中只含有自变量 x_2 时 y 的残差平方和，$\mathrm{SSE}(x_1, x_2)$ 是模型中同时含有自变量 x_1 和 x_2 时 y 的残差平方和。因此，模型中已含有 x_2 时，再加入 x_1 使 y 的剩余变差的相对减小量为：

$$r^2_{y1;2}=\frac{\mathrm{SSE}(x_2)-\mathrm{SSE}(x_1,x_2)}{\mathrm{SSE}(x_2)} \tag{5.29}$$

此即模型中已含有 x_2 时，y 与 x_1 的偏判定系数。

同样，模型中已含有 x_1 时，y 与 x_2 的偏判定系数为：

$$r^2_{y2;1}=\frac{\mathrm{SSE}(x_1)-\mathrm{SSE}(x_1,x_2)}{\mathrm{SSE}(x_1)} \tag{5.30}$$

2. 一般情况

设模型中已含有 x_2，…，x_p 时，y 与 x_1 的偏判定系数为：

$$r^2_{y1;2,\cdots,p}=\frac{\mathrm{SSE}(x_2,\cdots,x_p)-\mathrm{SSE}(x_1,x_2,\cdots,x_p)}{\mathrm{SSE}(x_2,\cdots,x_p)} \tag{5.31}$$

其余情况依此类推。可以证明偏判定系数与回归系数显著性检验的 F 值是等价的。

五、偏相关系数

偏判定系数的平方根称为偏相关系数，其符号与相应的回归系数的符号相同。偏相关系数与回归系数显著性检验的 t 值是等价的。

【例 5.1】 研究我国 2005 年 31 个省、市、自治区的农业总产值与有效灌溉面积和化肥施用量的关系。因变量 y 为 31 个省、市、自治区 2005 年的农业总产值（单位：亿元），x_1 为有效灌溉面积（单位：千公顷），x_2 为化肥施用量（单位：万吨）。数据如表 5—2 所示。①

表 5—2　　**地区农业总产值**

地区	x_1	x_2	y
北京	181.5	14.8	100.6
天津	355.2	23.3	97.5
河北	4 547.8	303.4	1 258.0
山西	1 088.6	95.7	281.7
内蒙古	2 702.2	116.7	473.9
辽宁	1 527.1	119.9	640.1
吉林	1 613.7	138.1	518.1
黑龙江	2 394.1	150.9	718.6
上海	237.3	14.4	111.3
江苏	3 817.7	340.8	1 291.1
浙江	1 417.7	94.3	654.8
安徽	3 330.9	285.7	818.5
福建	949.7	122.0	571.0
江西	1 831.4	129.4	510.5
山东	4 790.0	467.6	2 034.0
河南	4 864.1	518.1	1 790.4
湖北	2 064.6	285.8	932.1
湖南	2 690.4	209.9	947.7
广东	1 317.8	204.6	1 109.2
广西	1 519.8	201.3	711.9
海南	168.3	37.3	179.6
重庆	618.1	79.1	358.3
四川	2 508.3	220.9	1 037.2
贵州	711.6	77.4	335.5
云南	1 485.4	142.7	559.3
西藏	162.6	4.2	25.5
陕西	1 298.8	147.3	472.9
甘肃	1 030.4	75.9	362.9
青海	176.5	7.0	36.4
宁夏	423.5	29.9	78.9
新疆	3 204.3	107.8	595.8

① 此数据读者可登录 www.ruc-6sigma.com 下载。

根据表 5—2 计算得偏相关系数表如表 5—3 所示。

表 5—3　　偏相关系数表

Coefficients[a]

Model	Unstandardized Coefficients		Standardized Coefficients	t	Sig.	Correlations		
	B	Std. Error	Beta			Zero-order	Partial	Part
1 (Constant)	51.666	39.082		1.322	.197			
x1	.049	.039	.140	1.253	.221	.891	.230	.062
x2	3.212	.428	.838	7.508	.000	.963	.817	.370

a. Dependent Variable: y.

从表 5—3 看到，两个偏相关系数分别为 $r_{y1;2}=0.230$，$r_{y2;1}=0.817$，进一步计算偏判定系数 $r_{y1;2}^2=(0.230)^2=0.052\,9$，$r_{y2;1}^2=(0.817)^2=0.667$。表中相关系数栏的 Zero-order 为 y 与 x_i 的简单相关系数，分别为 $r_{y1}=0.891$，$r_{y2}=0.963$，两个判定系数分别为 $r_{y1}^2=(0.891)^2=0.794$，$r_{y2}^2=(0.963)^2=0.927$。

表中的 Part 为部分相关系数。$\Delta SSR(x_2)=SSR(x_1,\ x_2)-SSR(x_1)$ 为先引入 x_1，再引入 x_2 时 SSR 的增量，那么 y 关于 x_2 的部分相关系数为$\sqrt{\dfrac{\Delta SSR(x_2)}{SST}}$。

以上数据表明，用 y 与 x_1 做一元线性回归时，x_1 能消除 y 的变差 SST 的比例为 $r_{y1}^2=0.794=79.4\%$，再引入 x_2 时，x_2 能消除剩余变差 SSE(x_1) 的比例为 $r_{y2;1}^2=0.667=66.7\%$，因而自变量 x_1 和 x_2 消除 y 变差的总比例为 $1-(1-r_{y1}^2)(1-r_{y2;1}^2)=1-(1-0.794)(1-0.667)=0.931=93.1\%$。这个值 93.1%恰好是 y 对 x_1 和 x_2 二元线性回归的判定系数 R^2，这一点请读者自己验证。

相应地，用 y 与 x_2 做一元线性回归时，x_2 能消除 y 的变差 SST 的比例为 $r_{y2}^2=0.927=92.7\%$，再引入 x_1 时，x_1 能消除剩余变差 SSE(x_2) 的比例为 $r_{y1;2}^2=0.052\,9=5.29\%$，因而自变量 x_1 和 x_2 消除 y 变差的总比例为 $1-(1-r_{y2}^2)(1-r_{y1;2}^2)=1-(1-0.927)(1-0.052\,9)=0.931=93.1\%$。这个值同样是 y 对 x_1 和 x_2 二元线性回归的判定系数 R^2。

偏相关系数反映的是变量间的相关性，因而并不需要有处于特殊地位的变量 y，我们可以对任意 p 个变量 x_1，x_2，…，x_p 定义它们之间的偏相关系数。记

$$r_{ij}=\frac{L_{ij}}{\sqrt{L_{ii}L_{jj}}} \tag{5.32}$$

表示两个变量 x_i，x_j 之间的简单相关系数，$\boldsymbol{r}=(r_{ij})_{p\times p}$ 为 x_1，x_2，…，x_p 的相关矩阵，则在除去 x_3，…，x_p 的影响后，x_1 与 x_2 之间的偏相关系数为：

$$r_{12;3,\cdots,p}=\frac{-\Delta_{12}}{\sqrt{\Delta_{11}\Delta_{22}}} \tag{5.33}$$

其余变量间偏相关系数的定义以此类推，这个定义与用式（5.31）的平方根的定义是等价的。其中符号 Δ_{ij} 表示相关矩阵 $(r_{ij})_{p\times p}$ 第 i 行第 j 列元的代数余子式，容易验证以下关系

$$r_{12;3}^2=\frac{(r_{12}-r_{13}r_{23})^2}{(1-r_{13}^2)(1-r_{23}^2)} \tag{5.34}$$

在多元回归中，我们应注意简单相关系数只是两变量局部的相关性质，并非整体的性质。所以在多元线性回归分析中我们并不看重简单相关系数，而认为偏相关系数才是真正反映因变量 y 与自变量 x_i 以及自变量 x_i 与 x_j 的相关性的数量。根据偏相关系数，可以判断哪些自变量对因变量的影响较大，而选择作为必须考虑的自变量。对于那些对因变量影响较小的自变量，则可以舍去不顾。所以在剔除某个自变量时，可以结合偏相关系数考虑。

六、多元线性回归模型的建立过程

在此，我们再结合一个实例，对多元线性回归模型的建立过程与应用做一个较为完整的介绍。

【例 5.2】　中国民航客运量的回归模型。为了研究我国民航客运量的变化趋势及其成因，我们以民航客运量作为因变量 y，以国民收入、消费额、铁路客运量、民航航线里程、来华旅游入境人数为影响民航客运量的主要因素。y——民航客运量（万人），x_1——国民收入（亿元），x_2——消费额（亿元），x_3——铁路客运量（万人），x_4——民航航线里程（万公里），x_5——来华旅游入境人数（万人）。根据《中国统计摘要（1994）》获得 1978—1993 年统计数据，见表 5—4。

表 5—4　　**中国民航客运量数据**

年份	y	x_1	x_2	x_3	x_4	x_5
1978	231	3 010	1 888	81 491	14.89	180.92
1979	298	3 350	2 195	86 389	16.00	420.39
1980	343	3 688	2 531	92 204	19.53	570.25
1981	401	3 941	2 799	95 300	21.82	776.71
1982	445	4 258	3 054	99 922	23.27	792.43
1983	391	4 736	3 358	106 044	22.91	947.70
1984	554	5 652	3 905	110 353	26.02	1 285.22
1985	744	7 020	4 879	112 110	27.72	1 783.30
1986	997	7 859	5 552	108 579	32.43	2 281.95
1987	1 310	9 313	6 386	112 429	38.91	2 690.23
1988	1 442	11 738	8 038	122 645	37.38	3 169.48
1989	1 283	13 176	9 005	113 807	47.19	2 450.14
1990	1 660	14 384	9 663	95 712	50.68	2 746.20
1991	2 178	16 557	10 969	95 081	55.91	3 335.65
1992	2 886	20 223	12 985	99 693	83.66	3 311.50
1993	3 383	24 882	15 949	105 458	96.08	4 152.70

第一步，提出因变量与自变量，收集数据。

第二步，做相关分析，设定理论模型。用 SPSS 软件计算增广相关矩阵，自变量的偏相关矩阵，输出结果如表5—5所示。

表5—5

Correlations

		Y	X1	X2	X3	X4	X5
Y	Pearson Correlation	1.000	.989	.985	.227	.987	.924
	Sig. (2-tailed)		.000	.000	.398	.000	.000
	N	16	16	16	16	16	16
X1	Pearson Correlation	.989	1.000	.999	.258	.984	.930
	Sig. (2-tailed)	.000	.	.000	.335	.000	.000
	N	16	16	16	16	16	16
X2	Pearson Correlation	.985	.999	1.000	.289	.978	.942
	Sig. (2-tailed)	.000	.000	.	.278	.000	.000
	N	16	16	16	16	16	16
X3	Pearson Correlation	.227	.258	.289	1.000	.213	.504
	Sig. (2-tailed)	.398	.335	.278	.	.428	.046
	N	16	16	16	16	16	16
X4	Pearson Correlation	.987	.984	.978	.213	1.000	.882
	Sig. (2-tailed)	.000	.000	.000	.428	.	.000
	N	16	16	16	16	16	16
X5	Pearson Correlation	.924	.930	.942	.504	.882	1.00
	Sig. (2-tailed)	.000	.000	.000	.046	.000	.
	N	16	16	16	16	16	16

从相关矩阵看出，y 与 x_1，x_2，x_4，x_5 的相关系数都在0.9以上，说明所选自变量是与 y 高度线性相关的，用 y 与自变量做多元线性回归是适合的。y 与 x_3 的相关系数 $r_{y3}=0.227$ 偏小，P 值$=0.398$，x_3 是铁路客运量，这说明铁路客运量对民航客运量无显著影响。一般认为铁路客运量与民航客运量之间应负相关，铁路和民航共同拥有旅客，乘了火车就乘不了飞机。但就中国的实际情况分析，我国居民的收入还很低，一般人外出旅游、出差都乘火车。近年来乘飞机的人逐渐增多，但我国民航客运量最大的一部分是来华旅游入境人数。国内尽管有些客人乘坐飞机，但对火车客运量不会有大的影响，一是铁路运力不足，十分紧张；二是近年来外出农民工增多，而农民工主要乘火车，所以不会因民航客运量增加而导致火车客运量下降。因此铁路客运量与民航客运量之间的关系不密切是正常的。那么在回归方程中是否还应该包含 x_3？仅凭简单相关系数的大小是不能决定变量的取舍的，在初步建模时还是应该包含 x_3 在内的。

第三步，用软件计算，输出计算结果。本例采用SPSS软件对原始数据作回归分析。

进入SPSS软件，按要求录入数据，也可以把数据文件直接粘贴到SPSS中，再加入变量名。依次点选："Statistics" → "Analyze" → "Regression" → "Linear regression"，进入线性回归窗口，这是一个对话框形式的窗口。左侧是变量名，选中 y，点右侧Dependent（因变量）框条旁的箭头按钮，y 即进入此框条（从框条中剔除变量的方法是，选中框条中的变量，框条左侧的箭头按钮即转向左侧，点此按钮即可）。用同样的方法把自变量选入Independent框条中，再点"OK"按钮，即可输出如表5—6所示的计算结果。

表 5—6

Model Summary

Model	R	R Square	Adjusted R Square	Std. Error of the Estimate
1	.999[a]	.998	.997	49.4924

a. Predictors: (Constant), X5, X3, X4, X2, X1.

ANOVA

Model		Sum of Squares	df	Mean Square	F	Sig.
1	Regression	13818876.769	5	2763775.354	1128.303	.000
	Residual	24494.981	10	2449.498		
	Total	13843371.750	15			

Coefficients

	Unstandardized Coefficients		Standardized Coefficients	t	Sig.
	B	Std. Error	Beta		
(Constant)	450.909	178.078		2.532	.030
X1	.354	.085	2.447	4.152	.002
X2	-.561	.125	-2.485	-4.478	.001
X3	-7.254E-03	.002	-.083	-3.510	.006
X4	21.578	4.030	.531	5.354	.000
X5	.435	.052	.564	8.440	.000

第四步，回归诊断。

（1）回归方程为：

$$\hat{y}=450.9+0.354x_1-0.561x_2-0.007\,3x_3+21.578x_4+0.435x_5 \tag{5.35}$$

（2）复相关系数 $R=0.999$，决定系数 $R^2=0.998$，由决定系数看回归方程高度显著。

（3）看方差分析表，$F=1\,128.303$，P 值$=0.000$，表明回归方程高度显著，说明 x_1，x_2，x_3，x_4，x_5 整体上对 y 有高度显著的线性影响。

（4）回归系数的显著性检验。自变量 x_1，x_2，x_3，x_4，x_5 对 y 均有显著影响，其中 x_3 铁路客运量的 P 值$=0.006$ 最大，但仍在 1%的显著性水平上对 y 高度显著，这充分说明在多元线性回归中不能仅凭简单相关系数的大小决定变量的取舍。

第五步，回归应用。

因变量新值的点估计为：

$$\hat{y}_0=\hat{\beta}_0-\hat{\beta}_1x_{10}-\hat{\beta}_2x_{20}-\cdots-\hat{\beta}_px_{p0} \tag{5.36}$$

其精确置信区间的表达式较为复杂，也不可能用手工计算，可以仿照一元线性回归的情况用 SPSS 软件计算。其置信度为 95%的近似置信区间为：

$$(\hat{y}-2\hat{\sigma},\hat{y}+2\hat{\sigma}) \tag{5.37}$$

另外，x_2 的回归系数−0.561是负的，x_2 是消费额，负的回归系数显然是不合理的，其原因可能是由于自变量之间的共线性，因而回归方程（5.35）还可进一步改进，或用其他消除共线性的方法重新建立回归方程，在此暂不做具体的介绍。

书末的参考文献［7］的作者提醒人们在使用线性回归时必须牢记一个基本点：真实的回归函数，特别是在较大的范围内，很少是线性的。线性是一种近似，它包含了一种从实际角度看往往不一定合理的假定：各变量的作用与其他变量取什么值无关，且各变量的作用可以叠加。因为，若 $y=\beta_0+\beta_1x_1+\cdots+\beta_px_p$，则不论把 x_2，…，x_p 之值固定在何处，当 x_1 增减1单位时，y 总是增减 β_1 个单位。事实并非如此。例如，记 y 为某公司的销售额，x_1 为销售量，x_2 为商品价格，x_3 为广告费，x_4 为销售费用，则 x_1 对 y 起的作用与 x_2，x_3，x_4 之值有关。这种现象称为各因素之间的“交互作用”。在这种情况下，单个回归系数意义的解释，也应是基于其他变量的平均而言。

七、违背基本假设的回归分析

在建立实际问题的回归模型时，经常存在与回归假设相违背的情况。一种是计量经济建模中常说的异方差性，即

$$\mathrm{var}(\varepsilon_i)\neq\mathrm{var}(\varepsilon_j)，当\ i\neq j$$

另一种是自相关性，即

$$\mathrm{cov}(\varepsilon_i,\varepsilon_j)\neq 0，当\ i\neq j$$

再就是多重共线性问题。

这些问题处理起来比较麻烦，占用的篇幅较多。有兴趣的读者可参考书末的参考文献［15］。

§5.3 自变量选择与逐步回归

自变量的选择无疑是建立回归模型的一个极为重要的问题。在建立一个实际问题的回归模型时，我们首先碰到的问题便是如何确定回归自变量，一般情况下，我们大都是根据所研究问题的目的，结合经济理论罗列出对因变量可能有影响的一些因素作为自变量。如果遗漏了某些重要的变量，回归方程的效果肯定不会好；如果担心遗漏了重要的变量，而考虑过多的自变量，在这些变量中，某些自变量对问题的研究可能并不重要，有些自变量数据的质量可能很差，有些自变量可能和其他变量有很大程度的重叠。如果回归模型把这样一些变量都选进来，不仅计算量增大好多，而且得到的回归方程稳定性也很差，直接影响到回归方程的应用。

设在一个实际问题的回归建模中，有 m 个可供选择的变量 x_1，x_2，…，x_m，由于每个自变量都有入选和不入选两种情况，这样 y 关于这些自变量的所有可能的回归方程就有 2^m-1 个，这里−1是要求回归模型中至少包含一个自变量，即减去模型中只包含常数项的这种情况。如果把回归模型中只包含常数项的这种情况也算在内，那么所有可能的回归

方程就有 2^m 个。

一、关于自变量选择的几个准则

对于有 m 个自变量的回归建模问题，一切可能的回归子集有 2^m-1 个。在这些回归子集中如何选择一个“最优”的回归子集？衡量最优子集回归模型的标准有：

准则 1　自由度调整复相关系数达到最大。

设 R_a^2 为调整后的复判定系数，n 为样本容量，p 为自变量的个数，则

$$R_a^2=1-\frac{n-1}{n-p-1}(1-R^2) \tag{5.38}$$

显然有 $R_a^2\leqslant R^2$，R_a^2 随着自变量的增加并不一定增大。由式（5.38）我们可以看到，尽管 $1-R^2$ 随着变量的增加而减少，但由于其前面的系数 $(n-1)/(n-p-1)$ 起折扣作用，才使 R_a^2 随着自变量的增加并不一定增大。当所增加的自变量对 y 不产生影响时，R_a^2 反而可能减少。

准则 2　赤池信息量 AIC 达到最小。

AIC 准则是日本统计学家赤池（Akaike）于 1974 年根据极大似然估计原理提出的一种较为一般的模型选择准则，人们称它为赤池信息量准则（Akaike information criterion，AIC）。AIC 准则既可用来作回归方程自变量的选择，又可用于时间序列分析中自回归模型的定阶。该方法的广泛应用，使赤池乃至日本统计学家在世界上声誉大增。

对一般情况，设模型的似然函数为 $L(\theta,x)$，θ 的维数为 p，x 为样本（在回归分析中样本为 $y=(y_1,y_2,\cdots,y_n)'$），则 AIC 定义为：

$$\text{AIC}=-2\ln L(\hat{\theta}_L,x)+2p \tag{5.39}$$

式中，$\hat{\theta}_L$ 是 θ 的极大似然估计，p 是未知参数的个数。式中右边第一项是似然函数乘以 -2，第二项惩罚因子是未知参数个数的 2 倍。我们知道，似然函数越大的估计量越好，现在 AIC 是似然函数的对数乘以 -2 再加上惩罚因子 $2p$，因而选择使 AIC 达到最小的模型是“最优”模型。

在回归分析的建模过程中，对每一个回归子集计算 AIC，其中 AIC 最小者所对应的模型是“最优”回归模型。

准则 3　C_p 统计量达到最小。

1964 年马洛斯（Mallows）从预测的角度提出一个可以用来选择自变量的统计量，这就是我们常说的 C_p 统计量。

C_p 统计量为：

$$\begin{aligned}C_p&=\frac{\text{SSE}_p}{\hat{\sigma}^2}-n+2p\\&=(n-m-1)\frac{\text{SSE}_p}{\text{SSE}_m}-n+2p\end{aligned} \tag{5.40}$$

式中，$\hat{\sigma}^2=\frac{1}{n-m-1}$；$\text{SSE}_m$ 是全模型中 σ^2 的无偏估计。这样我们得到一个选择变量的

C_p 准则：选择使 C_p 最小的自变量子集，这个自变量子集对应的回归方程就是“最优”回归方程。

上面从不同角度介绍了三个准则，自变量选择的准则还有一些，就不一一列举了。下面用一个例子，对所有回归子集计算上述三个准则，综合比较一下“最优”回归子集的选择。

【例 5.3】 y 表示某种消费品的销售额，x_1 表示居民可支配收入，x_2 表示该类消费品的价格指数，x_3 表示其他消费品平均价格指数。表 5—7 给出了某地区 18 年中某种消费品销售情况资料，试建立该地区该消费品销售额预测方程。

表 5—7

序号	x_1（元）	x_2（%）	x_3（%）	y（百万元）
1	81.2	85.0	87.0	7.8
2	82.9	92.0	94.0	8.4
3	83.2	91.5	95.0	8.7
4	85.9	92.9	95.5	9.0
5	88.0	93.0	96.0	9.6
6	99.9	96.0	97.0	10.3
7	102.0	95.0	97.5	10.6
8	105.3	95.6	97.0	10.9
9	117.7	98.9	98.0	11.3
10	126.4	101.5	101.2	12.3
11	131.2	102.0	102.5	13.5
12	148.0	105.0	104.0	14.2
13	153.0	106.0	105.9	14.9
14	161.0	109.0	109.5	15.9
15	170.0	112.0	111.0	18.5
16	174.0	112.5	112.0	19.5
17	185.0	113.0	112.3	19.9
18	189.0	114.0	113.0	20.5

这个例子中，$n=18$，$m=3$，所有的自变量子集有 $2^m-1=7$ 个，即有 7 个回归子集。用 SPSS 软件计算这 7 个回归子集及其上述统计量。对统计量列表如表 5—8 所示。

表 5—8

自变量子集	R^2	R_a^2	AIC	C_p
x_1	0.972 8	0.971 1	40.06	4.134
x_2	0.956 6	0.953 9	48.48	16.151
x_3	0.950 8	0.947 7	50.74	20.452
x_1，x_2	0.974 7	0.971 4	40.76	4.734
x_1，x_3	0.978 4	0.975 5	37.93	2.005
x_2，x_3	0.957 6	0.951 9	50.09	17.461
x_1，x_2，x_3	0.981 1	0.977 1	37.52	2.000

由表 5—8 中的三项指标均可看到 x_1，x_2，x_3 是“最优”子集，x_1，x_3 是“次优”子

集。回归方程分别为：

$$\hat{y}=-10.1489+0.1008x_1-0.3104x_2+0.4110x_3$$
$$\hat{y}=-14.049+0.07641x_1+0.1178x_3$$

因为这个实际问题所涉及的自变量本来就较少，只有3个，所以从几个准则看到全模型是最优的。这种情况在自变量只有少数几个时是常见的，但当涉及的自变量数目较多时，很少见到全模型是最优的。再说我们讲的最优是相对而言，在实际问题的选模中，应综合考虑，或根据实际问题的研究目的从不同最优角度来考虑。如有时希望模型各项衡量准则较优，得到的模型又能给出合理的经济解释；有时只从拟合角度考虑；有时只从预测角度考虑，并不计较回归方程能否有个合理解释；有时要求模型的各个衡量准则较优，而模型最好简单些，涉及变量少些；有时还看回归模型参数估计的标准误差大小等。因此，上述准则只给了我们选择模型的一些参考，最终的选择既应依上述几个准则作基本参考根据，又要考虑实际问题的性质和需要。详细内容可参见书末的参考文献［15］。

二、逐步回归

1. 前进法

前进法的思想是变量由少到多，每次增加一个，直至没有可引入的变量为止。具体做法是首先对全部 m 个自变量分别对因变量 y 建立 m 个一元线性回归方程，并分别计算这 m 个一元回归方程的 m 个回归系数的 F 检验值，记为 $\{F_1^1,F_2^1,\cdots,F_m^1\}$，选其最大者记为：

$$F_j^1=\max\{F_1^1,F_2^1,\cdots,F_m^1\}$$

给定显著性水平 α，若 $F_j^1\geqslant F_\alpha(1,n-2)$，则首先将 x_j 引入回归方程，为方便，设 x_j 就是 x_1。

接下来因变量 y 分别与 (x_1,x_2)，(x_1,x_3)，…，(x_1,x_m) 建立 $m-1$ 个二元线性回归方程，对这 $m-1$ 个回归方程中 x_2，x_3，…，x_m 的回归系数进行 F 检验，计算 F 值，记为 $\{F_2^2,F_3^2,\cdots,F_m^2\}$，选其最大的记为：

$$F_j^2=\max\{F_2^2,F_3^2,\cdots,F_m^2\}$$

若 $F_j^2\geqslant F_\alpha(1,n-3)$，则接着将 x_j 引入回归方程。

依上述方法接着做下去，直至所有未被引入方程的自变量的 F 值均小于 $F_\alpha(1,n-p-1)$ 时为止。这时，得到的回归方程就是最终确定的方程。

每步检验中的临界值 $F_\alpha(1,n-p-1)$ 与自变量数目 p 有关，在用软件计算时，我们实际使用的是显著性 P 值（或记为 Sig.）做检验。

2. 后退法

后退法与前进法相反，首先用全部 m 个变量建立一个回归方程，然后在这 m 个变量中选择一个最不重要的变量，将它从方程中剔除。前边的例5.1和例5.2就是这种思想。把回归系数检验的 F 值最小者对应的自变量剔除。设对 m 个回归系数进行 F 检验，记求得的 F 值为 $\{F_1^m,F_2^m,\cdots,F_m^m\}$，选其最小者记为：

$$F_j^m = \min\{F_1^m, F_2^m, \cdots, F_m^m\}$$

给定显著性水平 α，若 $F_j^m \leqslant F_\alpha(1, n-m-1)$，则首先将 x_j 从回归方程中剔除，为方便，设 x_j 就是 x_m。

接着对剩下的 $m-1$ 个自变量重新建立回归方程，进行回归系数的显著性检验，像上面那样计算出 F_j^{m-1}，如果又有 $F_j^{m-1} \leqslant F_\alpha(1, n-(m-1)-1)$，则剔除 x_j，重新建立 y 关于 $m-2$ 个自变量的回归方程，依此下去，直至回归方程中所剩余的 p 个自变量的 F 检验值均大于临界值 $F_\alpha(1, n-p-1)$，没有可剔除的自变量为止。这时，得到的回归方程就是最终确定的方程。

前进法和后退法都有明显的不足。前进法可能存在这样的问题，即不能反映引进新的自变量后的变化情况。因为某个自变量开始可能是显著的，但当引入其他自变量后它变得并不显著了，但是也没有机会将其剔除，即一旦引入就是“终身”的。这种只考虑引入而没有考虑剔除的做法显然是不全面的。而且，我们在许多例子中会发现可能最先引入的某个自变量，当其他自变量相继引入后，它会变得对因变量 y 很不显著。

后退法的明显不足是，一开始把全部自变量引入回归方程，这样计算量很大。如果有些自变量不太重要，一开始就不引入，就可减少计算量。再就是一旦某个自变量被剔除，“一棍子就把它打死了”，它再也没有机会重新进入回归方程。

如果说我们的问题涉及的自变量 x_1，x_2，…，x_m 是完全独立的（或不相关），那么前进法与后退法所建的回归方程不会有大的差异。然而在实际中很难碰到自变量间真正无关的情况，尤其是经济问题中，我们所研究的绝大部分问题，自变量间都有一定的相关性。这就会使得随着回归方程中变量的增加和减少，某些自变量对回归方程的影响也会发生变化。这是因为自变量间的不同组合，由于它们相关的原因，对因变量 y 的影响可能大不一样。如果几个自变量的联合效应对 y 有重要作用，但是单个自变量对 y 的作用都不显著，那么前进法就不能引入这几个自变量，而后退法却可以保留这几个自变量，这是后退法的一个优点。

从前进法和后退法的思想及方法，以及我们看到的它们的不足，人们比较自然地想构造一种方法，吸收前进法和后退法的优点，克服它们的不足，把两者结合起来，这就有了逐步回归的思想。

3. 逐步回归法

逐步回归的基本思想是“有进有出”。具体做法是将变量一个一个引入，每引入一个自变量后就对已选入的变量进行逐个检验，当原引入的变量由于后面变量的引入而变得不再显著时要将其剔除。引入一个变量或从回归方程中剔除一个变量，为逐步回归的一步，每一步都要进行 F 检验，以确保每次引入新的变量之前回归方程中只包含显著的变量。这个过程反复进行，直到既无显著的自变量选入回归方程，也无不显著自变量从回归方程中剔除为止。这样就避免了前进法和后退法各自的缺陷，保证了最后所得的回归子集是“最优”回归子集。在逐步回归中需要注意的一个问题是引入自变量和剔除自变量的显著性水平 α 值是不相同的，要求引入自变量的显著性水平 $\alpha_{进}$＜剔除自变量的显著性水平 $\alpha_{出}$，否则可能产生“死循环”。也就是当 $\alpha_{进} \geqslant \alpha_{出}$ 时，如果某个自变量的显著性 P 值在 $\alpha_{进}$ 与 $\alpha_{出}$ 之间，那么这个自变量将被引入、剔除、再引入、再剔除……循环往复，以至无穷。

逐步回归的计算实施过程可以利用 SPSS 软件在计算机上自动完成，我们要求关心应用的读者一定要通过前边的叙述掌握逐步回归方法的思想，这样才能用对用好逐步回归。

逐步回归的选元过程是逐步回归方法的有进有出的思想。这种有进有出的结果说明自变量之间具有相关性，如果自变量之间是完全不相关的，那么引入的自变量就不会再被剔除，而剔除的自变量也就不会再被引入，这时逐步回归方法与前进法的结果是相同的。

【例 5.4】 对例 5.2 中国民航客运量的数据利用 SPSS 逐步回归方法（stepwise）所得的部分结果如表 5—9 所示。

表 5—9

Model Summary

Model	R	R Square	Adjusted R Square	Std. Error of the Estimate	
1	.989[a]	.979	.978	143.942	
2	.992[b]	.985	.983	126.638	

a. Predictors: (Constant), x1.
b. Predictors: (Constant), x1, x4.

ANOVA[c]

Model		Sum of Squares	df	Mean Square	F	Sig.
1	Regression	13553300	1	13553299.73	654.135	.000[a]
	Residual	290072.02	14	20719.430		
	Total	13843372	15			
2	Regression	13634887	2	6817443.417	425.099	.000[b]
	Residual	208484.92	13	16037.301		
	Total	13843372	15			

a. Predictors: (Constant), x1.
b. Predictors: (Constant), x1, x4.
c. Dependent Variable: y.

Coefficients[a]

Model	Unstandardized Coefficients		Standardized Coefficients	t	Sig.	95% Confidence Interval for B	
	B	Std. Error	Beta			Lower Bound	Upper Bound
1 (Constant)	-216.110	64.701		-3.340	.005	-354.880	-77.340
x1	.143	.006	.989	25.576	.000	.131	.155
2 (Constant)	-299.004	67.756		-4.413	.001	-445.383	-152.626
x1	.083	.027	.571	3.023	.010	.024	.141
x4	17.316	7.677	.426	2.256	.042	.730	33.902

a. Dependent Variable: y.

Excluded Variables[c]

Model		Beta In	t	Sig.	Partial Correlation	Collinearity Statistics
						Tolerance
1	x2	−1.414[a]	−1.796	.096	−.446	.002
	x3	−.030[a]	−.743	.470	−.202	.934
	x4	.426[a]	2.256	.042	.530	.033
	x5	.029[a]	.262	.797	.072	.135
2	x2	−.660[b]	−.707	.493	−.200	.001
	x3	−.012[b]	−.330	.747	−.095	.883
	x5	.178[b]	1.796	.098	.460	.101

a. Predictors in the Model：(Constant), x1.
b. Predictors in the Model：(Constant), x1, x4.
c. Dependent Variable：y.

从表 5—9 可以看出，逐步回归的最优子集为模型 2，回归方程为：

$$y=-299.004+0.083x_1+17.316x_4 \tag{5.41}$$

方差分析的 P 值为 0.000，各系数的 P 值均小于 0.05，说明方程整体上和各系数均显著。从逐步回归模型的结果来看，x_4 民航航线里程和 x_1 国民收入对民航客运量起正向作用。

逐步回归的选元过程为第一步引入 x_1；第二步引入 x_4。逐步回归分析的过程中，调整的 R^2 从 0.979 增长到 0.985。

逐步回归方法是一种很有效的自变量选择方法，它有时可以解决多重共线性或异方差性问题，这种方法在多元回归建模中非常有用。

思考与练习

1. 写出多元线性回归模型的矩阵表示形式，并给出多元线性回归模型的基本假设。

2. 讨论样本容量 n 与自变量个数 p 的关系，它们对模型的参数估计有何影响？

3. 一个回归方程的复相关系数 $R=0.99$，样本决定系数 $R^2=0.980\,1$，我们能断定这个回归方程很理想吗？

4. 数据标准化在回归分析中的意义是什么？

5. 研究货运总量 y（万吨）与工业总产值 x_1（亿元）、农业总产值 x_2（亿元）、居民非商品支出 x_3（亿元）的关系。数据见表 5—10。

表 5—10

编号	货运总量 y（万吨）	工业总产值 x_1（亿元）	农业总产值 x_2（亿元）	居民非商品支出 x_3（亿元）
1	160	70	35	1.0
2	260	75	40	2.4

续前表

编号	货运总量 y（万吨）	工业总产值 x_1（亿元）	农业总产值 x_2（亿元）	居民非商品支出 x_3（亿元）
3	210	65	40	2.0
4	265	74	42	3.0
5	240	72	38	1.2
6	220	68	45	1.5
7	275	78	42	4.0
8	160	66	36	2.0
9	275	70	44	3.2
10	250	65	42	3.0

（1）计算出 y，x_1，x_2，x_3 的相关系数矩阵；

（2）求 y 关于 x_1，x_2，x_3 的三元线性回归方程；

（3）对所求得的方程作拟合优度检验；

（4）对回归方程作显著性检验；

（5）对每一个回归系数作显著性检验；

（6）如果有的回归系数没通过显著性检验，将其剔除，重新建立回归方程，再作回归方程的显著性检验和回归系数的显著性检验；

（7）求出每一个回归系数的置信水平为95%的置信区间；

（8）求标准化回归方程；

（9）求当 $x_{01}=75$，$x_{02}=42$，$x_{03}=3.1$ 时的 $\hat{y}_0$，给定置信水平为99%，用SPSS软件计算精确置信区间，用手工计算近似预测区间；

（10）结合回归方程对问题做一些基本分析。

6. 自变量选择对回归参数的估计有何影响？

7. 试述逐步回归的思想方法。

8. 在运用逐步回归时，$\alpha_{进}$ 与 $\alpha_{出}$ 的赋值原则是什么？如果希望回归方程中多保留一些自变量，$\alpha_{进}$ 应如何赋值？

9. 在研究国家财政收入时，我们把财政收入按收入形式分为：各项税收收入、企业收入、债务收入、国家能源交通重点建设基金收入、基本建设贷款归还收入、国家预算调节基金收入、其他收入等。为了建立国家财政收入回归模型，我们以财政收入 y（亿元）为因变量。自变量如下：x_1——农业增加值（亿元），x_2——工业增加值（亿元），x_3——建筑业增加值（亿元），x_4——人口数（万人），x_5——社会消费总额（亿元），x_6——受灾面积（万公顷）。据《中国统计年鉴》获得1978—1998年共21个年份的统计数据如表5—11所示。由定性分析知，所选自变量都与变量 y 有较强的相关性，试做出一个较为理想的回归方程。

表 5—11

年份	农业增加值 x_1	工业增加值 x_2	建筑业增加值 x_3	人口数 x_4	社会消费总额 x_5	受灾面积 x_6	财政收入 y
1978	1 018.4	1 607.0	138.2	96 259	2 239.1	50 760	1 132.3
1979	1 258.9	1 769.7	143.8	97 542	2 619.4	39 370	1 146.4
1980	1 359.4	1 996.5	195.5	98 705	2 976.1	44 530	1 159.9
1981	1 545.6	2 048.4	207.1	100 072	3 309.1	39 790	1 175.8
1982	1 761.6	2 162.3	220.7	101 654	3 637.9	33 130	1 212.3
1983	1 960.8	2 375.6	270.6	103 008	4 020.5	34 710	1 367.0
1984	2 295.5	2 789.0	316.7	104 357	4 694.5	31 890	1 642.9
1985	2 541.6	3 448.7	417.9	105 851	5 773.0	44 370	2 004.8
1986	2 763.9	3 967.0	525.7	107 507	6 542.0	47 140	2 122.0
1987	3 204.3	4 585.8	665.8	109 300	7 451.2	42 090	2 199.4
1988	3 831.0	5 777.2	810.0	111 026	9 360.1	50 870	2 357.2
1989	4 228.0	6 484.0	794.0	112 704	10 556.5	46 990	2 664.9
1990	5 017.0	6 858.0	859.4	114 333	11 365.2	38 470	2 937.1
1991	5 288.6	8 087.1	1 015.1	115 823	13 145.9	55 470	3 149.5
1992	5 800.0	10 284.5	1 415.0	117 171	15 952.1	51 330	3 483.4
1993	6 882.1	14 143.8	2 284.7	118 517	20 182.1	48 830	4 349.0
1994	9 457.2	19 359.6	3 012.6	119 850	26 796.0	55 040	5 218.1
1995	11 993.0	24 718.3	3 819.6	121 121	33 635.0	45 821	6 242.2
1996	13 844.2	29 082.6	4 530.5	122 389	40 003.9	46 989	7 408.0
1997	14 211.2	32 412.1	4 810.6	123 626	43 579.4	53 429	8 651.1
1998	14 599.6	33 429.8	5 262.0	124 810	46 405.9	50 145	9 876.0

第 6 章

定性数据的建模分析

第 3 章我们曾讨论过定性数据的列联表分析，对数线性模型是进一步用于离散型数据或整理成列联表格式的数据的统计分析工具。它可以把方差分析和线性模型的一些方法应用到列联表的分析中，从而对定性变量间的关系作更进一步的描述和分析。列联表分析无法系统地评价变量间的联系，也无法估计变量间交互作用的大小，而对数线性模型是分析这些问题的有效方法。当被解释变量是非度量变量时，可以用判别分析。然而当被解释变量只有两组时，Logistic 回归由于多种原因更受欢迎。首先，判别分析依赖于严格的多元正态性和协方差矩阵相等的假设，这在很多情况下是达不到的。Logistic 回归没有类似的假设，而且这些假设不满足时，结果非常稳定。其次，即使满足假定，许多研究者仍偏好 Logistic 回归，因为它类似于回归分析。两者都有直接的统计检验，都能包含非线性效果和大范围的诊断。因为这些和更多技术原因，Logistic 回归等同于两组的判别分析，在很多情况下更加适用。

此外，Logistic 回归对于自变量没有要求，度量变量或者非度量变量都可以进行回归，这样，本章仅介绍定性数据建模的对数线性模型和 Logistic 回归方法。

§6.1　对数线性模型基本理论和方法

本节将利用 2×2 维的交叉列联表来说明对数线性模型的基本理论和方法，同时利用 SPSS 软件对真实的经济定性数据作分析。

下面利用 2×2 维的交叉列联表的概率表介绍对数线性模型的基本理论和方法。

频数表

A \ B	B	$\bar{B}$	$\sum_j$
A	n_{11}	n_{12}	$n_{1\cdot}$
$\bar{A}$	n_{21}	n_{22}	$n_{2\cdot}$
$\sum_i$	$n_{\cdot 1}$	$n_{\cdot 2}$	n

概率表

A \ B	B	$\bar{B}$	$\sum_j$
A	p_{11}	p_{12}	$p_{1\cdot}$
$\bar{A}$	p_{21}	p_{22}	$p_{2\cdot}$
$\sum_i$	$p_{\cdot 1}$	$p_{\cdot 2}$	p

在对数线性模型分析中，要先将概率取对数，再分解处理，用公式表示如下：

$$\begin{aligned}\eta_{ij}&=\ln p_{ij}\\&=\ln\left(p_{i\cdot}\,p_{\cdot j}\frac{p_{ij}}{p_{i\cdot}\,p_{\cdot j}}\right)\qquad i,j=1,2\\&=\ln p_{i\cdot}+\ln p_{\cdot j}+\ln\frac{p_{ij}}{p_{i\cdot}\,p_{\cdot j}}\end{aligned}\tag{6.1}$$

若把式中的 $\ln p_{i\cdot}$，$\ln p_{\cdot j}$，$\ln\dfrac{p_{ij}}{p_{i\cdot}\,p_{\cdot j}}$ 分别记为 A_i，B_j 和$(AB)_{ij}$，则式（6.1）就可写成：

$$\eta_{ij}=A_i+B_j+(AB)_{ij}$$

该式的结构与有交互效应，且各水平均为 2 的双因素方差分析模型的结构相似，因此模仿方差分析，可以有如下关系式：

$$\eta_{i\cdot}=\sum_{j=1}^{2}\eta_{ij}，\quad \eta_{\cdot j}=\sum_{i=1}^{2}\eta_{ij}，\quad \eta_{\cdot\cdot}=\sum_{i=1}^{2}\sum_{j=1}^{2}\eta_{ij}$$

对上面三式各取其平均数为：

$$\bar{\eta}_{i\cdot}=\frac{1}{2}\eta_{i\cdot}，\quad \bar{\eta}_{\cdot j}=\frac{1}{2}\eta_{\cdot j}，\quad \bar{\eta}_{\cdot\cdot}=\frac{1}{4}\eta_{\cdot\cdot}$$

若记

$$\begin{cases}\alpha_i=\bar{\eta}_{i\cdot}-\bar{\eta}_{\cdot\cdot}\\ \beta_j=\bar{\eta}_{\cdot j}-\bar{\eta}_{\cdot\cdot}\\ \gamma_{ij}=\eta_{ij}-\bar{\eta}_{i\cdot}-\bar{\eta}_{\cdot j}+\bar{\eta}_{\cdot\cdot}\end{cases}$$

式中：

$$\begin{aligned}\gamma_{ij}&=\eta_{ij}-\bar{\eta}_{i\cdot}-\bar{\eta}_{\cdot j}+\bar{\eta}_{\cdot\cdot}\\&=\eta_{ij}-(\bar{\eta}_{i\cdot}-\bar{\eta}_{\cdot\cdot})-(\bar{\eta}_{\cdot j}-\bar{\eta}_{\cdot\cdot})+\eta_{\cdot\cdot}\\&=\eta_{ij}-\alpha_i-\beta_j-\bar{\eta}_{\cdot\cdot}\end{aligned}$$

移项，可得与有交互效应的双因素方差分析数学模型极为相似的关系式：

$$\begin{cases}\eta_{ij}=\bar{\eta}_{\cdot\cdot}+\alpha_i+\beta_j+\gamma_{ij}\\ \displaystyle\sum_{i=1}^{2}\alpha_i=\sum_{j=1}^{2}\beta_j=\sum_{i=1}^{2}\gamma_{ij}=\sum_{j=1}^{2}\gamma_{ij}=0\\ i=1,2;j=1,2\end{cases}\tag{6.2}$$

为与方差分析保持一致，可称 α_i，β_j 分别是 A，B 因素的主效应，γ_{ij} 是 A，B 因素的交互效应。到此，定性数据的数据变换和变换后的模型关系已清楚地完成，接下来就是对模型的参数估计及检验。这里主要是估计 γ_{ij} 值，根据 γ_{ij} 值的正负和相对大小，可以判断 A 因素的第 i 个水平与 B 因素的第 j 个水平间的交互效应。当 $\gamma_{ij}>0$，表明二者存在正效应，若 $\gamma_{ij}<0$，则存在负效应，当 γ_{ij} 均为 0 时，A，B 因素相互独立。若 γ_{ij} 均为 0，模型称为非饱和模型（因素间相互独立），否则为饱和模型（因素间有交互效应）。

在实际分析中，概率表中各项值以交叉列联表计算得的频率表的对应项为无偏估计值。公式表示为：

$$\hat{p}_{ij}=\frac{n_{ij}}{n},\quad \hat{p}_{i\cdot}=\frac{n_{i\cdot}}{n},\quad \hat{p}_{\cdot j}=\frac{n_{\cdot j}}{n}$$

将其代入 $\eta_{ij}=\ln p_{ij}$ 等算式，有

$$\hat{\eta}_{ij}=\ln\hat{p}_{ij}=\ln n_{ij}-\ln n$$

$$\hat{\hat{\eta}}_{i\cdot}=\frac{1}{2}\sum_{j=1}^{2}\eta_{ij}=\frac{1}{2}\sum_{j=1}^{2}(\ln\frac{n_{ij}}{n})=\frac{1}{2}\sum_{j=1}^{2}(\ln n_{ij})-\ln n$$

$$\hat{\hat{\eta}}_{\cdot j}=\frac{1}{2}\sum_{i=1}^{2}\eta_{ij}=\frac{1}{2}\sum_{i=1}^{2}(\ln\frac{n_{ij}}{n})=\frac{1}{2}\sum_{i=1}^{2}(\ln n_{ij})-\ln n$$

$$\begin{aligned}\hat{\hat{\eta}}_{\cdot\cdot}&=\frac{1}{4}\sum_{i=1}^{2}\sum_{j=1}^{2}\eta_{ij}=\frac{1}{4}\sum_{i=1}^{2}\sum_{j=1}^{2}(\ln\frac{n_{ij}}{n})\\&=\frac{1}{4}\sum_{i=1}^{2}\sum_{j=1}^{2}(\ln n_{ij})-\ln n\end{aligned}$$

将以上代入公式，有

$$\begin{aligned}\hat{\gamma}_{ij}&=\hat{\eta}_{ij}-\hat{\hat{\eta}}_{i\cdot}-\hat{\hat{\eta}}_{\cdot j}+\hat{\hat{\eta}}_{\cdot\cdot}\\&=\ln n_{ij}-\frac{1}{2}\sum_{j=1}^{2}(\ln n_{ij})-\frac{1}{2}\sum_{i=1}^{2}(\ln n_{ij})+\frac{1}{4}\sum_{i=1}^{2}\sum_{j=1}^{2}(\ln n_{ij})\end{aligned}\qquad(6.3)$$

即可得 γ_{ij} 的估计值 $\hat{\gamma}_{ij}$。实际分析中，二维数据表并不是每个因素都是双水平的，在分析中，把公式的 i，j 的取值上限调整即可。

§6.2　对数线性模型分析的上机实现

下面用 SPSS 软件来实现对数线性模型分析。这里举一个 3×2 维列联表的分析的例子。我们用 SPSS 软件中的 Loglinear 模块实现分析。

【例 6.1】　某企业想了解顾客对其产品是否满意，同时还想了解不同收入的人群对其产品的满意程度是否相同。在随机发放的 1 000 份问卷中收回有效问卷 792 份，根据收入高低和满意回答的交叉分组数据如表 6—1 所示。

表 6—1

	满意	不满意	合计
高	53	38	91
中	434	108	542
低	111	48	159
合计	598	194	792

首先要准备数据，上面的交叉列联表的数据要输入到 SPSS 的表格里去，具体如图 6—1 所示。

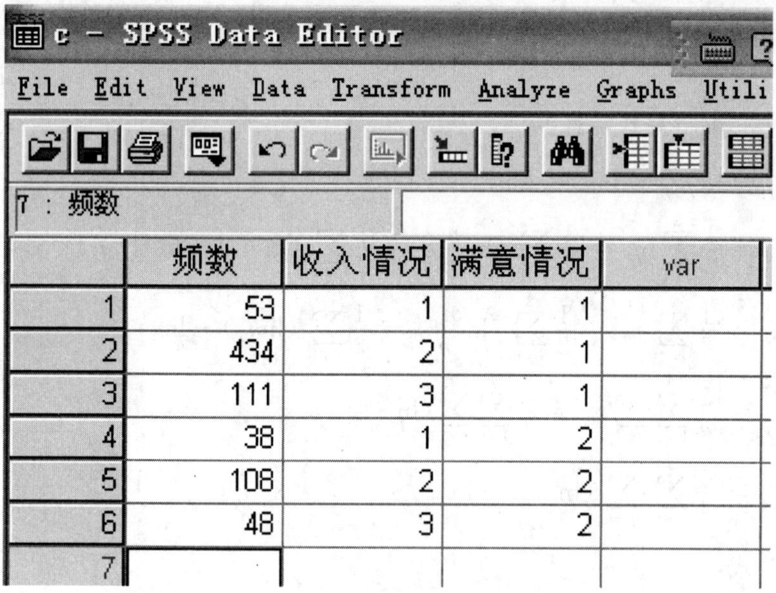

图 6—1

按上面的形式输入数据后，还不能马上进行对数线性模型分析，必须先激活频数，即让频数有效。具体步骤是：使用 SPSS 软件，从主菜单中，以 Data→Weight Cases…顺序，打开 Weight Cases 对话框，选中 Weight cases by 单选框，从变量列表中选出“频数”变量，点击“➤”按钮，使之进入 Frequency Variable 框，然后点击“OK”按钮，回到数据表格，这时分析前的准备工作就完成了。这一步很重要，如果频数没有被激活，对数线性模型的模块仍会执行命令，但得出的结果是错误的，所以使用时一定要小心。

数据准备工作完成后，就可以进行下一步分析了。从主菜单中，按 Analyze→Loglinear→Model Selection…的流程可打开 Model Selection Loglinear Analysis 对话框，从左侧变量栏里选中“收入情况”，点击“➤”按钮使之进入 Factor(s) 框，这时该框下面的 Define Range…按钮就会从灰色变为黑色，点击弹出 Loglinear Analysis: Define Range 对话框，可以定义变量的范围，即该变量的水平范围，本例中“收入情况”共有三种类型，代号分别是 1，2，3，所以在 Minimum 处键入 1，在 Maximum 处键入 3，点击

“Continue”按钮，返回 Model Selection Loglinear Analysis 对话框；按同样方法，把“满意情况”变量选入，并定义其范围为 1，2；然后选中“频数”变量，点击“➤”按钮使之进入 Cell Weight 框；最后，点击“Options…”按钮，进入 Loglinear Analysis：Options 对话框，选择 Display for Saturated Model 栏下的 Parameter Estimates 项，点击“Continue”按钮返回 Model Selection Loglinear Analysis 对话框，其他选项保持默认值，最后点击“OK”按钮即完成分析步骤。

得到的主要输出结果及解释如表 6—2 所示。

表 6—2

Hierarchical Loglinear Analysis

For Design 1，.500 has been added to all observed cells for this saturated model. This value may be changed by using the CRITERIA = DELTA subcommand.

Data Information

		N
Cases	Valid	6
	Out of Range (a)	0
	Missing	0
	Weighted Valid	792
Categories	收入情况	3
	满意情况	2

a　Cases rejected because of out of range factor values.

Design 1

Convergence Information

Generating Class	收入情况 * 满意情况
Number of Iterations	1
Max. Difference between Observed and Fitted Marginals	.000
Convergence Criterion	188.356

表 6—2 所示的输出结果首先提示在饱和模型中采用的 Delta 校正值为 0.5，该数值可在对话框中更改，接着列出了模型的一般信息，显示系统对 792 例资料进行分析，这 792 例资料可分为 6 类（3×2）。模型中共有两个分类变量：其中“收入情况”变量为 3 水平，“满意情况”变量为 2 水平；分析的效应除了两个分类变量，还有两者的交互作用（收入情况 * 满意情况）。系统经一次迭代后，即达到相邻二次估计之差不大于规定的 0.001。

由输出结果表 6—3 可知，由于本例对模型采用系统默认的饱和模型，因而实际例数（Observed）与期望例数（Expected）相同，进而残差（Residuals）和标准化残差（Std. Residuals）均为 0。

表 6—3

Cell Counts and Residuals

收入情况	满意情况	Observed		Expected		Residuals	Std. Residuals
		Count (a)	%	Count	%	Count (a)	%
高	满意	53.500	6.8%	53.500	6.8%	.000	.000
	不满意	38.500	4.9%	38.500	4.9%	.000	.000
中	满意	434.500	54.9%	434.500	54.9%	.000	.000
	不满意	108.500	13.7%	108.500	13.7%	.000	.000
低	满意	111.500	14.1%	111.500	14.1%	.000	.000
	不满意	48.500	6.1%	48.500	6.1%	.000	.000

a. For saturated models, .500 has been added to all observed cells.

表 6—4 是模型的拟合优度检验，由于是饱和模型，因此卡方值和自由度均为 0，而 Sig. 无信息显示。

表 6—4

Goodness-of-Fit Tests

	Chi-Square	df	Sig.
Likelihood Ratio	.000	0	.
Pearson	.000	0	.

表 6—5 是对模型是否有高阶效应进行检验，原假设是高阶效应为 0，即没有高阶效应。表中检验分为两部分。第一部分：K-way and Higher 与 Order Effects (a)，是分别利用 Likelihood Ratio 方法和 Pearson 方法检验模型中 *K* 维交互作用以及 *K* 维以上交互作用是否显著，两种检验方法的结果均表明，应拒绝原假设，即二维交互作用以及一维交互以上（即主效应）均极显著。第二部分：K-way Effects (b)，是检验模型中 *K* 维交互作用自身是否显著，同样有 Likelihood Ratio 方法和 Pearson 方法。结论与第一部分类似，但这里读者应注意到，由于第二部分是检验 *K* 维交互作用自身是否显著，因此在检验一维主效应时不再包含二维交互，因而其卡方值减少，减少的值恰好为二维交互的值。

表 6—5

K-Way and Higher-Order Effects

	K	df	Likelihood Ratio		Pearson		Number of Iterations
			Chi-Square	Sig.	Chi-Square	Sig.	
K-way and Higher	1	5	662.843	.000	866.318	.000	0
Order Effects (a)	2	2	22.087	.000	23.567	.000	2
K-way Effects (b)	1	3	640.756	.000	842.751	.000	0
	2	2	22.087	.000	23.567	.000	0

a. Tests that k-way and higher order effects are zero.
b. Tests that k-way effects are zero.

表 6—6 所示的输出结果是对模型参数的估计以及对参数的检验结果。

表 6—6

Parameter Estimates

Effect	Parameter	Estimate	Std. Error	Z	Sig.	95% Confidence Interval	
		Lower Bound	Upper Bound	Lower Bound	Upper Bound	Lower Bound	Upper Bound
收入情况 * 满意情况	1	-.260	.078	-3.332	.001	-.413	-.107
	2	.269	.058	4.651	.000	.156	.382
收入情况	1	-.683	.078	-8.737	.000	-.836	-.530
	2	.883	.058	15.267	.000	.769	.996
满意情况	1	.425	.049	8.703	.000	.329	.520

由式（6.2）知，对数线性模型是固定模型效应的分析，应满足各效应和为零的约束条件，故根据表 6—6 的结果可推得各参数为：

$$\alpha_{高收入}=-0.683$$

$$\alpha_{中收入}=0.883$$

$$\alpha_{低收入}=0-(-0.683)-0.883=-0.200$$

$$\beta_{满意}=0.425(是满意情况的 1 水平)$$

$$\beta_{盈利}=-0.425$$

$$\gamma_{高收入.满意}=-0.260$$

$$\gamma_{中收入.满意}=0.269$$

$$\gamma_{低收入.满意}=0-(-0.260)-0.269=-0.009$$

$$\gamma_{高收入.不满意}=0.260$$

$$\gamma_{中收入.不满意}=-0.269$$

$$\gamma_{低收入.不满意}=0.009$$

参数值为正，表示正效应；反之为负效应；零为无效应。分析提供的信息是：

（1）$\beta_{满意}$为正值，说明接受调查的多数顾客对其产品还是满意的。

（2）$\alpha_{高收入}<\alpha_{低收入}<\alpha_{中收入}$，说明各收入阶层的顾客对其产品的满意程度是不同的，其中，高收入阶层的顾客满意程度最低，而中收入阶层的顾客满意程度最高。

（3）通过对企业顾客的收入情况和满意情况交互效应的研究，$\gamma_{高收入.满意}$为负值表示高收入与对产品的满意程度是负效应的，$\gamma_{中收入.满意}$为正表示中收入者与对其产品的满意程度是正效应的，同理，低收入者对其产品的满意程度也是负效应的。该企业的产品主要的消费阶层是中收入者，同时中收入者对其产品的满意程度也最高。

§6.3　Logistic 回归基本理论和方法

通常我们需要研究某一现象发生的概率 p 的大小，比如某一项目成功或失败的概率，并讨论 p 的大小与哪些因素有关。但是直接处理可能性数值 p 存在困难，一是 $0\leqslant p\leqslant 1$，

因此 p 与自变量的关系难以用线性模型来描述；二是当 p 接近 0 或 1 时，p 的微小变化用普通的方法难以发现和处理好。这时，不处理参数 p，而处理 p 的一个严格单调函数 $Q=Q(p)$，就会方便得多。要求 $Q(p)$ 在 $p=0$ 或者 $p=1$ 的附近的微小变化要很敏感，即 $\frac{\mathrm{d}Q}{\mathrm{d}p}$ 应与 $\frac{1}{p(1-p)}$ 成比例，于是令

$$Q=\ln\frac{p}{1-p}$$

将 p 换成 Q，这一变换就称为逻辑（Logit）变换，从逻辑变换可以看出，当 p 从 $0\to 1$ 时，Q 的值从 $-\infty\to+\infty$，因此 Q 的值在区间（$-\infty$，$+\infty$）上变化，这一变换完全克服了一开始所提出的两点困难，在数据处理上带来很多方便。如果对自变量的关系式是线性的、二次的或多项式的，通过普通的最小二乘法就可以处理，然后从 p 与 Q 的反函数关系式中求出 p 与自变量的关系。例如 $Q=\boldsymbol{b}'\boldsymbol{x}$，则有 $p=\frac{\mathrm{e}^{\boldsymbol{b}'\boldsymbol{x}}}{1+\mathrm{e}^{\boldsymbol{b}'\boldsymbol{x}}}$，这就是逻辑变换所带来的方便。

根据上述思想，当因变量是一个二元变量，只取 0 与 1 两个值时，因变量取 1 的概率 $p(y=1)$ 就是要研究的对象。如果有很多因素影响 y 的取值，这些因素就是自变量，记为 x_1，x_2，…，x_k，这些 x_i 中既有定性变量，也有定量变量。最重要的一个条件是：

$$\ln\frac{p}{1-p}=b_0+b_1x_1+\cdots+b_kx_k$$

也即 $\ln\frac{E(y)}{1-E(y)}$ 是 x_1，x_2，…，x_k 的线性函数。满足上述条件的称为 Logistic 线性回归。上式所确定的模型相当于广义线性模型，可以系统地应用线性模型的方法，在处理时比较方便。

Logistic 回归不同于一般回归分析的地方在于它直接预测出了事件发生的概率。尽管这个概率值是个度量尺度，Logistic 回归与多元回归还是有着很大的差异。概率值可以是 0～1 之间的任何值，但是预测值必须落入 0～1 的区间。这样，Logistic 回归假定解释变量与被解释变量之间的关系类似于 S 形曲线。而且，不能从普通回归的角度来分析 Logistic 回归，因为这样做会违反几个假定。首先，离散变量的误差形式遵从贝努利分布，而不是正态分布，这样使得基于正态性假设的统计检验无效。其次，二值变量的方差不是常数，会造成异方差性。Logistic 回归是专门处理这些问题的。它的解释变量与被解释变量之间独特的关系使得在估计、评价拟合度和解释系数方面有不同的方法。

估计 Logistic 回归模型与估计多元回归模型的方法是不同的。多元回归采用最小二乘估计，将解释变量的真实值与预测值差异的平方和最小化。而 Logistic 变换的非线性特征使得在估计模型的时候采用极大似然估计的迭代方法，找到系数的“最可能”的估计。这样在计算整个模型拟合度的时候，就采用似然值而不是离差平方和。

Logistic 回归的另一个好处就是我们只需要知道一件事情（有没有购买、公司成功还是失败）是否发生了，然后再用二元值作为解释变量。从这个二元值中，程序预测出

事件发生或者不发生的概率。如果预测概率大于 0.5，则预测发生，反之则预测不发生。需要注意的是，Logistic 回归和系数的解释与多元回归的解释不同。程序计算出 Logistic 系数，比较事件发生与不发生的概率比。假定事件发生的概率为 p，优势比率可以表示为：

$$\frac{p}{1-p}=e^{b_0+b_1x_1+\cdots+b_nx_n}$$

式中，估计的系数$(b_0,b_1,b_2,\cdots,b_n)$反映优势比率的变化。如果 b_i 是正的，它的反对数值（指数）一定大于 1，则优势比率会增加；反之，如果 b_i 是负的，则优势比率会减小。

前面已提到 Logistic 回归在估计系数时使用的是极大似然估计法。就像多元回归中的残差平方和，Logistic 回归对模型拟合好坏通过似然值来测量。（实际上是用－2 乘以似然值的自然对数，即－2Log 似然值，简记为－2LL）。一个好的模型应该有较小的－2LL。如果一个模型完全拟合，则似然值为 1，这时－2LL 达到最小。Logistic 回归对于系数的检验采用的是与多元回归中 t 检验不同的统计量，称为 Wald 统计量。有关 Logistic 回归的参数估计和假设检验详见书末的参考文献［8］。

一、分组数据的 Logistic 回归模型

针对 0—1 型因变量产生的问题，我们对回归模型应该做两个方面的改进。

第一，回归函数应该改用限制在［0，1］区间内的连续曲线，而不能再沿用直线回归方程。限制在［0，1］区间内的连续曲线有很多，例如所有连续型随机变量的分布函数都符合要求，我们常用的是 Logistic 函数与正态分布函数。Logistic 函数的形式为：

$$f(x)=\frac{e^x}{1+e^x}=\frac{1}{1+e^{-x}} \tag{6.4}$$

Logistic 函数的中文名称是逻辑斯谛函数，或简称逻辑函数。

这里给出几个 Logistic 函数的图形，见图 6—2、图 6—3。

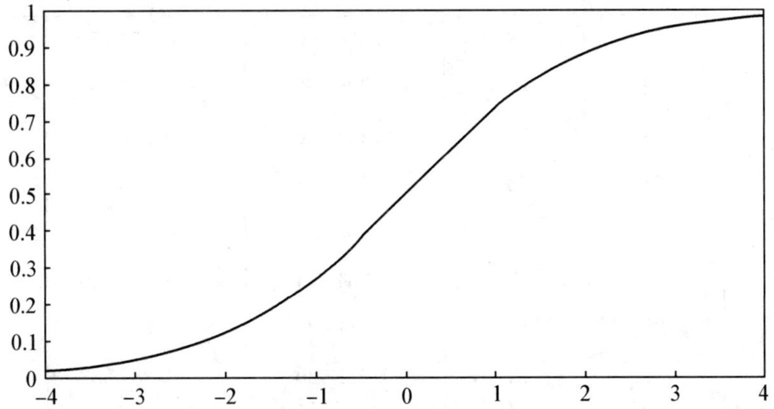

图 6—2　$f(x)=\frac{1}{1+e^{-x}}$ 的图形

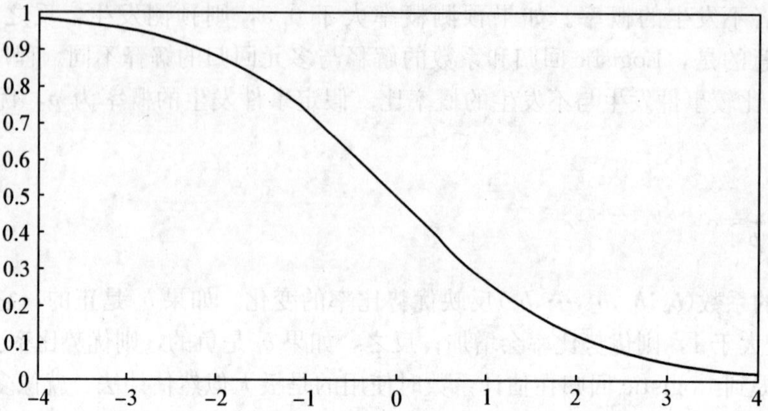

图 6—3 $f(x)=\frac{1}{1+e^{x}}$的图形

第二，因变量 y_i 本身只取 0，1 两个离散值，不适合直接作为回归模型中的因变量，由于回归函数 $E(y_i)=\pi_i=\beta_0+\beta_1 x_i$ 表示在自变量为 x_i 的条件下 y_i 的平均值，而 y_i 是 0—1 型随机变量，因而 $E(y_i)=\pi_i$ 就是在自变量为 x_i 的条件下 y_i 等于 1 的比例。这提示我们可以用 y_i 等于 1 的比例代替 y_i 本身作为因变量。

下面通过一个例子来说明 Logistic 回归模型的应用。

【例 6.2】 在一次住房展销会上，与房地产商签订初步购房意向书的共有 $n=325$ 名顾客，在随后的 3 个月内，只有一部分顾客确实购买了房屋。购买了房屋的顾客记为 1，没有购买房屋的顾客记为 0。以顾客的年家庭收入（万元）为自变量 x，对表 6—7 的数据建立 Logistic 回归模型。

表 6—7

序号	年家庭收入（万元）x	签订意向书人数 n_i	实际购房人数 m_i	实际购房比例 $p_i=m_i/n_i$	逻辑变换 $p'_i=\ln\left(\frac{p_i}{1-p_i}\right)$	权重 $w_i=n_ip_i(1-p_i)$
1	1.5	25	8	0.320 000	−0.753 77	5.440
2	2.5	32	13	0.406 250	−0.379 49	7.719
3	3.5	58	26	0.448 276	−0.207 64	14.345
4	4.5	52	22	0.423 077	−0.310 15	12.692
5	5.5	43	20	0.465 116	−0.139 76	10.698
6	6.5	39	22	0.564 103	0.257 829	9.590
7	7.5	28	16	0.571 429	0.287 682	6.857
8	8.5	21	12	0.571 429	0.287 682	5.143
9	9.5	15	10	0.666 667	0.693 147	3.333

Logistic 回归方程为：

$$p_i=\frac{\exp(\beta_0+\beta_1 x_i)}{1+\exp(\beta_0+\beta_1 x_i)},\quad i=1,2,\cdots,c \tag{6.5}$$

式中，c 为分组数据的组数，本例 $c=9$。将以上回归方程做线性化变换，令

$$p'_i=\ln\left(\frac{p_i}{1-p_i}\right) \tag{6.6}$$

式（6.6）的变换称为逻辑变换，变换后的线性回归模型为：

$$p'_i=\beta_0+\beta_1 x_i+\varepsilon_i \tag{6.7}$$

式（6.7）是一个普通的一元线性回归模型。式（6.7）没有给出误差项的形式，我们认为其误差项的形式就是做线性化变换所需要的形式。针对表 6—7 的数据，算出经验回归方程为：

$$\hat{p}'=-0.886+0.156x \tag{6.8}$$

判定系数 $r^2=0.924\,3$，显著性检验 P 值≈0，高度显著。将式（6.8）还原为式（6.5）的 Logistic 回归方程为：

$$\hat{p}_i=\frac{\exp(-0.886+0.156x)}{1+\exp(-0.886+0.156x)} \tag{6.9}$$

利用式（6.9）可以对购房比例做预测，例如对 $x_0=8$，有

$$\begin{aligned}\hat{p}_i&=\frac{\exp(-0.886+0.156\times 8)}{1+\exp(-0.886+0.156\times 8)}\\&=\frac{1.436}{1+1.436}\\&=0.590\end{aligned}$$

这表明在住房展销会上与房地产商签订初步购房意向书的年收入 8 万元的家庭中，预计实际购房比例为 59%。或者说，一个签订初步购房意向书的年收入 8 万元的家庭，其购房概率为 59%。

我们用 Logistic 回归模型成功地拟合了因变量为定性变量的回归模型，但是仍然存在一个不足之处，就是异方差性并没有解决，式（6.7）的回归模型不是等方差的，应该对式（6.7）用加权最小二乘估计。当 n_i 较大时，p'_i 的近似方差为：

$$D(p'_i)\approx\frac{1}{n_i\pi_i(1-\pi_i)} \tag{6.10}$$

式中，$\pi_i=E(y_i)$，因而选取权数为：

$$w_i=n_i p_i(1-p_i) \tag{6.11}$$

对例 6.2 重新用加权最小二乘法做估计，计算结果见表 6—8。

表 6—8

Model Summary

Model	R	R Square	Adjusted R Square	Std. Error of the Estimate
1	.939[a]	.881	.864	.3862

a. Predictors:(Constant), X.

ANOVA[c]

Model		Sum of Squares	df	Mean Square	F	Sig.
1	Regression	7.754	1	7.754	51.983	.000
	Residual	1.044	7	.149		
	Total	8.798	8			

c. Weighted Least Squares Regression-Weighted by W.

Coefficients

	Unstandardized Coefficients		Standardized Coefficients	t	Sig.
	B	Std. Error	Beta		
(Constant)	−.849	.114		−7.474	.000
X	.149	.021	.939	7.210	.000

用加权最小二乘法得到的 Logistic 回归方程为：

$$\hat{p}_i=\frac{\exp(-0.849+0.149x)}{1+\exp(-0.849+0.149x)} \tag{6.12}$$

利用式（6.12）可以对 $x_0=8$ 时的购房比例做预测：

$$\hat{p}_i=\frac{\exp(-0.849+0.149\times 8)}{1+\exp(-0.849+0.149\times 8)}$$
$$=\frac{1.409}{1+1.409}=0.585$$

得年收入 8 万元的家庭预计实际购房比例为 58.5%，这个结果与未加权的结果很接近。

以上的例子是只有一个自变量的情况，分组数据的 Logistic 回归模型可以很方便地推广到多个自变量的情况，在此就不举例说明了。

分组数据的 Logistic 回归只适用于大样本的分组数据，对小样本的未分组数据不适用。而且以组数 c 为回归拟合的样本量，使拟合的精度低。实际上，我们可以用极大似然估计直接拟合未分组数据的 Logistic 回归模型，以下就介绍这个方法。

二、未分组数据的 Logistic 回归模型

设 y 是 0—1 型变量，x_1，x_2，…，x_p 是与 y 相关的确定性变量，n 组观测数据为 $(x_{i1},x_{i2},\cdots,x_{ip};y_i)(i=1,2,\cdots,n)$，其中 y_1，y_2，…，y_n 是取值 0 或 1 的随机变量，y_i 与

x_{i1}，x_{i2}，…，x_{ip}的关系为：

$$E(y_i)=\pi_i=f(\beta_0+\beta_1 x_{i1}+\beta_2 x_{i2}+\cdots+\beta_p x_{ip})$$

式中，函数 $f(x)$ 是值域在［0，1］区间内的单调增函数。对于 Logistic 回归：

$$f(x)=\frac{e^x}{1+e^x}$$

于是 y_i是均值为$\pi_i=f(\beta_0+\beta_1 x_{i1}+\beta_2 x_{i2}+\cdots+\beta_p x_{ip})$ 的 0—1 型分布，概率函数为：

$$P(y_i=1)=\pi_i$$
$$P(y_i=0)=1-\pi_i$$

可以把 y_i的概率函数合写为：

$$P(y_i)=\pi_i^{y_i}(1-\pi_i)^{1-y_i},\qquad y_i=0,1;i=1,2,\cdots,n \tag{6.13}$$

于是 y_1，y_2，…，y_n的似然函数为：

$$L=\prod_{i=1}^{n}P(y_i)=\prod_{i=1}^{n}\pi_i^{y_i}(1-\pi_i)^{1-y_i} \tag{6.14}$$

对似然函数取自然对数，得

$$\begin{aligned}\ln L&=\sum_{i=1}^{n}[y_i\ln\pi_i+(1-y_i)\ln(1-\pi_i)]\\&=\sum_{i=1}^{n}\left[y_i\ln\frac{\pi_i}{(1-\pi_i)}+\ln(1-\pi_i)\right]\end{aligned}$$

对于 Logistic 回归，将

$$\pi_i=\frac{\exp(\beta_0+\beta_1 x_{i1}+\cdots+\beta_p x_{ip})}{1+\exp(\beta_0+\beta_1 x_{i1}+\cdots+\beta_p x_{ip})}$$

代入得

$$\begin{aligned}\ln L=\sum_{i=1}^{n}[&y_i(\beta_0+\beta_1 x_{i1}+\cdots+\beta_p x_{ip})\\&-\ln(1+\exp(\beta_0+\beta_1 x_{i1}+\cdots+\beta_p x_{ip}))]\end{aligned} \tag{6.15}$$

极大似然估计就是选取 β_0，β_1，β_2，…，β_p的估计值$\hat{\beta}_0$，$\hat{\beta}_1$，$\hat{\beta}_2$，…，$\hat{\beta}_p$，使式（6.15）达极大。求解过程需要用数值计算，SPSS 软件提供了求解功能。

【例 6.3】　在一次关于公共交通的社会调查中，一个调查项目是“是乘坐公共汽车上下班，还是骑自行车上下班”。因变量 $y=1$ 表示主要乘坐公共汽车上下班，$y=0$ 表示主要骑自行车上下班。自变量 x_1是年龄，为连续型变量；x_2是月收入（元）；x_3是性别，$x_3=1$表示男性，$x_3=0$ 表示女性。调查对象为工薪族群体，数据见表 6—9。试建立 y 与自变量间的 Logistic 回归。

表 6—9

序号	性别 x_3	年龄 x_1	月收入 x_2	y	序号	性别 x_3	年龄 x_1	月收入 x_2	y
1	0	18	850	0	15	1	20	1 000	0
2	0	21	1 200	0	16	1	25	1 200	0
3	0	23	850	1	17	1	27	1 300	0
4	0	23	950	1	18	1	28	1 500	0
5	0	28	1 200	1	19	1	30	950	1
6	0	31	850	0	20	1	32	1 000	0
7	0	36	1 500	1	21	1	33	1 800	0
8	0	42	1 000	1	22	1	33	1 000	0
9	0	46	950	1	23	1	38	1 200	0
10	0	48	1 200	0	24	1	41	1 500	0
11	0	55	1 800	1	25	1	45	1 800	1
12	0	56	2 100	1	26	1	48	1 000	0
13	0	58	1 800	1	27	1	52	1 500	1
14	1	18	850	0	28	1	56	1 800	1

依次点选 SPSS 软件的 “Statistics” →“Regression” →“Logistic” 命令，进入 Logistic 回归对话框，选入变量，点选 “OK” 运行，表 6—10 是部分运行结果。

表 6—10

Variable	B	S. E.	Wald	df	Sig.	R	Exp(B)
SEX	−2.5016	1.1578	4.6689	1	0.0307	−0.2627	0.0820
AGE	0.0822	0.0521	2.4853	1	0.1149	0.1120	1.0856
X2	0.0015	0.0019	0.6613	1	0.4161	0.0000	1.0015
Constant	−3.6547	2.0911	3.0545	1	0.0805		

表 6—10 中 SEX（性别）、AGE（年龄）、X2（月收入）是三个自变量，Wald 是回归系数检验的统计量值：

$$\text{Wald}=\left(\frac{\text{B}}{\text{S. E.}}\right)^2=\left(\frac{\beta_j}{\sqrt{D(\beta_j)}}\right)^2 \tag{6.16}$$

Sig. 是 Wald 检验的显著性概率，R 是偏相关系数。可以看到，$X2$（月收入）不显著，决定将其剔除。用 y 对性别与年龄两个自变量做回归，输出结果见表 6—11。

表 6—11

Variable	B	S. E.	Wald	df	Sig.	R	Exp(B)
SEX	−2.2239	1.0476	4.5059	1	0.0338	−0.2546	0.1082
AGE	0.1023	0.0458	4.9856	1	0.0256	0.2778	1.1077
Constant	−2.6285	1.5537	2.8620	1	0.0907		

可以看到，SEX，AGE 两个自变量都是显著的，因而最终的回归方程为：

$$\hat{p}_i=\frac{\exp(-2.628\,5-2.223\,9\text{SEX}+0.102\,3\text{AGE})}{1+\exp(-2.628\,5-2.223\,9\text{SEX}+0.102\,3\text{AGE})}$$

以上方程式表明，女性乘公共汽车上下班的比例高于男性，年龄越大乘车的比例越高。

SPSS 软件没有给出 Logistic 回归的标准化回归系数，对于 Logistic 回归，回归系数也没有普通线性回归那样的解释，因而计算标准化回归系数并不重要。如果要考虑每个自变量在回归方程中的重要性，不妨直接比较 Wald 值（或 Sig. 值），Wald 值大者（或 Sig. 值小者）显著性高，也就更重要。当然这里假定自变量间没有强的复共线性，否则回归系数的大小及其显著性概率都没有意义。

§6.4　Logistic 回归的建模总结

鉴于 Logistic 回归与第 9 章判别分析功能的相似性，我们可以对比两种方法的相似性和不同点。Logistic 回归的自变量可以是定量变量或定性变量（需要编码），这样可以检验自变量对于 Logistic 回归模型的贡献、自变量的显著性以及 Logistic 模型的判别精度。Logistic 回归一般有以下几个步骤：(1) 选择自变量和因变量。这里因变量为分组变量（限于篇幅，我们仅介绍因变量分两组的情况），自变量可以是定量变量和定性变量。Logistic 回归对于资料数据有较强的稳健性（robustness），无须各组自变量的协方差矩阵相等的假定。(2) 将一部分样品用于估计 Logistic 函数（分析样本），另一部分样品用于检验模型的判别精度（保留样本）。(3) 模型中假定自变量之间不存在高度相关，因变量发生概率的模型遵从 Logistic 模型。这样我们可以进行 Logistic 回归估计。(4) 估计模型参数，评估拟合情况。我们选择回归估计的方法对回归参数进行估计并检验回归参数的显著性，对模型的拟合程度进行检验。(5) 解释所得到的模型结果。通过参数的显著性和符号、大小来解释自变量对因变量的意义。(6) 通过保留样本来验证模型的判别精度。

Logistic 回归的逻辑框图见图 6—4。

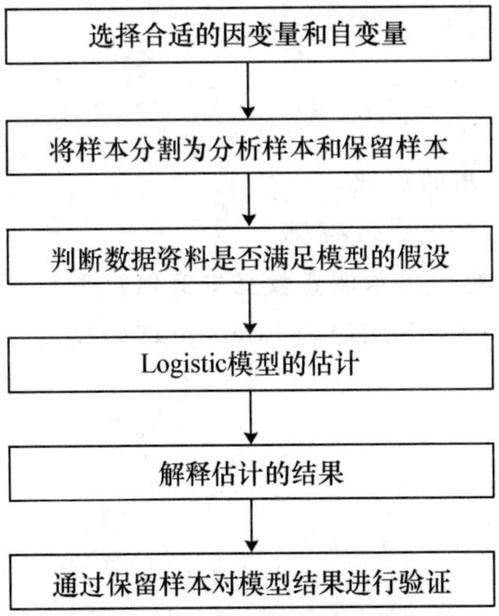

图 6—4　Logistic 回归逻辑框图

分组数据的 Logistic 回归首先要对频率做 Logistic 变换，变换公式为$p_i'=\ln\left(\frac{p_i}{1-p_i}\right)$，这个变换要求 $p_i=m_i/n_i\neq0$ 或 1，即要求 $m_i\neq0$，$m_i\neq n_i$。当存在 $m_i=0$ 或 $m_i=n_i$时，可以用如下修正公式计算样本频率：

$$p_i=\frac{m_i+0.5}{n_i+1} \tag{6.17}$$

分组数据的 Logistic 回归存在异方差性，需要采用加权最小二乘法估计。除了式(6.11) 给出的权函数 $w_i=n_ip_i(1-p_i)$ 之外，也可以通过二阶段最小二乘法确定权函数。

第一阶段是用普通最小二乘法拟合回归模型。

第二阶段是从第一阶段的结果估计出组比例 $\hat{p}_i$，利用权数 $w_i=n_i\hat{p}_i(1-\hat{p}_i)$ 做加权最小二乘法。

Logistic 回归的应用非常广泛。最近，我们将 Logistic 回归建模方法用于标准化试题的评价也得到很有意义的结果。详见书末的参考文献［14］。

因变量为多组（大于两组）的情况下也可以使用 Logistic 回归模型。Logistic 回归分析大部分用于建构二元（dichotomous）因变量与一组解释变量之间的关系，不过有时候因变量多于两水平时，Logistic 回归仍可使用，称为多元（polytomous）Logistic 回归，它用在很多研究领域，如在企业中，研究者可能希望将公司资源执行大、中、小全面质量管理与公司大小、公司类型及其他可用的解释变量的关系找出来；又如，建构疾病的轻、中、重的严重性与患者的年龄、性别及其他有兴趣的解释变量的关系。多元 Logistic 回归模型是二元 Logistic 回归模型的推广，这种推广问题变得很复杂，由于模型的建构基础、偏差的使用及统计推断，可以利用逼近法配合几个二元 Logistic 回归模型做多元 Logistic 回归。这里不作详细介绍。可参见书末的参考文献［14］，［15］。

思考与练习

1. 简述对数线性模型应用的原理。
2. 试建立一实际问题的对数线性模型。
3. Logistic 回归模型在处理问卷调查数据中有何应用？
4. 试用 SPSS 软件建立一实际问题的 Logistic 回归模型。

第 7 章

聚类分析

人们往往会碰到通过划分同种属性的对象很好地解决问题的情形，而不论这些对象是个体、公司、产品还是行为。如果没有一种客观的方法，基于在总体内区分群体的战略选择，比如市场细分将不可能。其他领域也会遇到类似的问题，从自然科学领域（比如为多种动物群体——昆虫、哺乳动物和爬行动物的区分建立生物分类学）到社会科学领域（比如分析不同精神疾病的特征）。所有情况下，研究者都在基于一个多维剖面的观测中寻找某种“自然”结构。

为此最常用的技巧是聚类分析。聚类分析将个体或对象分类，使得同一类中的对象之间的相似性比与其他类的对象的相似性更强。目的在于使类间对象的同质性最大化和类与类间对象的异质性最大化。本章将介绍聚类分析的性质和目的，并且引导研究者使用各种聚类分析方法。

§7.1 聚类分析的基本思想

一、导言

近些年来，统计学的多元分析方法有了迅速的发展，多元分析的技术自然被引用到分类学中，于是从数值分类学中逐渐分离出聚类分析这个新的分支。

我们认为，所研究的样品或指标（变量）之间存在着程度不同的相似性（亲疏关系）。于是根据一批样品的多个观测指标，具体找出一些能够度量样品或指标之间的相似程度的统计量，以这些统计量为划分类型的依据，把一些相似程度较大的样品（或指标）聚合为一类，把另外一些彼此之间相似程度较大的样品（或指标）聚合为另一类，关系密切的聚合到一个小的分类单位，关系疏远的聚合到一个大的分类单位，直到把所有的样品（或指标）都聚合完毕，把不同的类型一一划分出来，形成一个由小到大的分类系统。最后再把整个分类系统画成一张分群图（又称谱系图），用它把所有的样品（或指标）间的亲疏关系表示出来。

在社会、经济、人口研究中，存在着大量分类研究、构造分类模式的问题。例如在经济研究中，为了研究不同地区城镇居民生活中的收入及消费状况，往往需要划分为不同的类型去研究；在人口研究中，需要构造人口生育分类模式、人口死亡分类模式，以此来研究人口的生育和死亡规律。过去人们主要靠经验和专业知识做定性分类处理，致使许多分类带有主观性和任意性，不能很好地揭示客观事物内在的本质差别和联系，特别是对于多因素、多指标的分类问题，定性分类更难以实现准确分类。

为了克服定性分类时存在的不足，统计学这个有用的工具逐渐被引入分类学中，形成数值分类学。随着多元分析的引进，聚类分析可以用来对样品进行分类，也可以用来对变量进行分类。对样品的分类常称为Q型聚类分析，对变量的分类常称为R型聚类分析。与多元分析的其他方法相比，聚类分析的方法是很粗糙的，理论上还不完善，但由于它能解决许多实际问题，很受人们的重视，和回归分析、判别分析一起称为多元分析的三大方法。

二、聚类的目的

在一些社会、经济问题中，我们面临的往往是比较复杂的研究对象，如果能把相似的样品（或指标）归成类，处理起来就大为方便，所以如前所述，聚类分析的目的就是把相似的研究对象归成类。首先来看一个简单的例子。

【例 7.1】 若我们需要将 11 户城镇居民按户主个人的收入进行分类，对每户作了如下的统计，结果列于表 7—1。在表中，“职工标准工资收入”“职工奖金收入”“职工津贴收入”“性别”“就业身份”等称为指标，每户称为样品。若对户主进行分类，还可以采用其他指标，如“子女个数”“政治面貌”等，指标如何选择取决于聚类的目的。

表 7—1　某市 2001 年城镇居民户主个人收入数据

x_1 职工标准工资收入　　x_5 单位得到的其他收入
x_2 职工奖金收入　　x_6 其他收入
x_3 职工津贴收入　　x_7 性别
x_4 其他工资性收入　　x_8 就业身份

x_1	x_2	x_3	x_4	x_5	x_6	x_7	x_8
540	0	0	0	0	6	男	国有
1 137	125	96	0	109	812	女	集体
1 236	300	270	0	102	318	女	国有
1 008	0	96	0	86	246	男	集体
1 723	419	400	0	122	312	男	国有
1 080	569	147	156	210	318	男	集体
1 326	0	300	0	148	312	女	国有
1 110	110	96	0	80	193	女	集体
1 012	88	298	0	79	278	女	国有
1 209	102	179	67	198	514	男	集体
1 101	215	201	39	146	477	男	集体

例 7.1 中的 8 个指标，前 6 个是定量的，后 2 个是定性的。如果分得更细一些，指标的类型有三种尺度：

（1）间隔尺度。变量用连续的量来表示，如“各种奖金”“各种津贴”等。

（2）有序尺度。指标用有序的等级来表示，如文化程度分为文盲、小学、中学、中学以上等，有次序关系，但没有数量表示。

（3）名义尺度。指标用一些类来表示，这些类之间没有等级关系也没有数量关系，如例 7.1 中的性别和就业身份都是名义尺度。

不同类型的指标，在聚类分析中，处理的方式是大不一样的。总的来说，提供给间隔尺度的指标的处理方法较多，对另两种尺度的变量处理的方法不多。

聚类分析根据实际的需要可能有两个方向，一是对样品（如例 7.1 中的户主），二是对指标聚类。第一位重要的问题是什么是类？粗略地讲，相似样品（或指标）的集合称作类。由于实际问题的复杂性，欲给类下一个严格的定义是困难的，在 § 7.3 中，我们将给类一个待探讨的定义。

将例 7.1 抽象化，就得到表 7—2 的数据阵，其中 x_{ij} 表示第 i 个样品的第 j 个指标的值。我们的目的是从这些数据出发，将样品（或指标）进行分类。

表 7—2　　**数据阵**

No.	$\boldsymbol{x}_1$	$\boldsymbol{x}_2$	…	$\boldsymbol{x}_p$
1	x_{11}	x_{12}	…	x_{1p}
⋮	⋮	⋮		⋮
n	x_{n1}	x_{n2}	…	x_{np}

聚类分析给人们提供了丰富多彩的方法进行分类，这些方法大致可归纳为：

（1）系统聚类法。首先，将 n 个样品看作 n 类（一类包含一个样品），然后将性质最接近的两类合并成一个新类，得到 $n-1$ 类，再从中找出最接近的两类加以合并变成 $n-2$ 类，如此下去，最后所有的样品均在一类，将上述并类过程画成一张图（称为聚类图）便可决定分多少类，每类各有什么样品。

（2）模糊聚类法。将模糊数学的思想观点用到聚类分析中产生的方法。该方法多用于定性变量的分类。

（3）K-均值法。K-均值法是一种非谱系聚类法，它是把样品聚集成 k 个类的集合。类的个数 k 可以预先给定或者在聚类过程中确定。该方法可应用于比系统聚类法大得多的数据组。

（4）有序样品的聚类。n 个样品按某种原因（时间、地层深度等）排成次序，聚成的类必须是次序相邻的样品才能在一类。

（5）分解法。它的程序正好和系统聚类相反，首先所有的样品均在一类，然后用某种最优准则将它分为两类。再用同样准则将这两类各自试图分裂为两类，从中选一个目标函数较好者，这样由两类变成三类。如此下去，一直分裂到每类只有一个样品为止（或用其他停止规则），将上述分裂过程画成图，由图便可求得各个类。

（6）加入法。将样品依次加入，每次输入后将它放到当前聚类图的应在位置上，全部输入后，即可得到聚类图。

本书将重点介绍系统聚类法，对其他方法有兴趣的读者可参阅书末的参考文献［19］。

§7.2 相似性度量

从一组复杂数据产生一个相当简单的类结构，必然要求进行“相关性”或“相似性”度量。在相似性度量的选择中，常常包含许多主观上的考虑，但是最重要的考虑是指标性质（包括离散的、连续的和二态的）或观测的尺度（名义的、次序的、间隔的和比率的）以及有关的知识。

当对样品进行聚类时，“靠近”往往由某种距离来刻画。当对指标聚类时，根据相关系数或某种关联性度量来聚类。

在表 7—2 中，每个样品有 p 个指标，故每个样品可以看成是 p 维空间中的一个点，n 个样品就组成 p 维空间中的 n 个点，此时自然想用距离来度量样品之间的接近程度。

用 x_{ij} 表示第 i 个样品的第 j 个指标，数据矩阵见表 7—2，第 j 个均值和标准差记作 $\bar{x}_j$ 和 S_j。用 d_{ij} 表示第 i 个样品与第 j 个样品之间的距离，作为距离当然满足关于距离的四条公理。

最常见最直观的距离是：

$$d_{ij}(1)=\sum_{k=1}^{p}|x_{ik}-x_{jk}| \tag{7.1}$$

$$d_{ij}(2)=\Big[\sum_{k=1}^{p}(x_{ik}-x_{jk})^2\Big]^{1/2} \tag{7.2}$$

前者叫做绝对值距离，后者叫做欧氏距离。这两个距离统一成

$$d_{ij}(q)=\Big(\sum_{k=1}^{p}|x_{ik}-x_{jk}|^q\Big)^{1/q} \tag{7.3}$$

它叫做明考斯基(Minkowski) 距离，当 $q=1$ 和 2 时就是上述的两个距离。当 q 趋于无穷时

$$d_{ij}(\infty)=\max_{1\leqslant k\leqslant p}|x_{ik}-x_{jk}| \tag{7.4}$$

它称为切比雪夫（Chebyshev）距离。

可以验证，$d_{ij}(q)$ 满足距离的四条公理。

$d_{ij}(q)$ 在实际中用得很多，但是有一些缺点，例如，距离的大小与各指标的观测单位有关，因此具有一定的人为性；它没有考虑指标之间的相关性。通常的改进办法有下面两个：

(1) 当各指标的测量值相差悬殊时，先对数据标准化，然后用标准化后的数据计算距离。

令 $\overline{X}_j$，R_j 和 S_j 分别表示第 j 个指标的样本均值、样本极差和样本标准差，即

$$\overline{X}_j=\frac{1}{n}\sum_{i=1}^{n}x_{ij}$$
$$R_j=\max_{1\leqslant i\leqslant n}\{x_{ij}\}-\min_{1\leqslant i\leqslant n}\{x_{ij}\}$$
$$S_j=\left[\frac{1}{n-1}\sum_{i=1}^{n}(x_{ij}-\overline{X}_j)^2\right]^{1/2}$$

则标准化后的数据为：

$$x'_{ij}=\frac{x_{ij}-\overline{X}_j}{S_j}$$

或 $$x^*_{ij}=\frac{x_{ij}-\overline{X}_j}{S_j},\qquad i=1,2,\cdots,n\ ;\ j=1,2,\cdots,p$$

当 $x_{ij}>0(i=1,2,\cdots,n;\ j=1,2,\cdots,p)$ 时，有人采用

$$d_{ij}(LW)=\frac{1}{p}\sum_{k=1}^{p}\frac{|x_{ik}-x_{jk}|}{x_{ik}+x_{jk}}\tag{7.5}$$

它是由兰斯（Lance）和威廉姆斯（Williams）最早提出的，称为兰氏距离。这个距离有助于克服 $d_{ij}(q)$ 的第一个缺点，但没有考虑指标间的相关性。

（2）采用一种改进的距离，马氏距离：

$$d^2_{ij}(M)=(\boldsymbol{x}_{(i)}-\boldsymbol{x}_{(j)})'\boldsymbol{\Sigma}^{-1}(\boldsymbol{x}_{(i)}-\boldsymbol{x}_{(j)})\tag{7.6}$$

式中，$\boldsymbol{x}_{(i)}$ 表示矩阵行向量的转置；$\boldsymbol{\Sigma}$ 是数据矩阵的协方差矩阵。可以证明它对一切线性变换是不变的，故它不受指标量纲的影响。它对指标的相关性也作了考虑，我们仅用一个例子来说明。

【例 7.2】 已知一个二维正态总体 G 的分布为：

$$N_2\left(\begin{pmatrix}0\\0\end{pmatrix},\begin{pmatrix}1 & 0.9\\0.9 & 1\end{pmatrix}\right)$$

求点 $\boldsymbol{A}=\begin{bmatrix}1\\1\end{bmatrix}$和 $\boldsymbol{B}=\begin{bmatrix}1\\-1\end{bmatrix}$至均值 $\boldsymbol{\mu}=\begin{bmatrix}0\\0\end{bmatrix}$的距离。

由假设可算得

$$\boldsymbol{\Sigma}^{-1}=\frac{1}{0.19}\begin{bmatrix}1 & -0.9\\-0.9 & 1\end{bmatrix}$$

从而

$$d^2_{\boldsymbol{A\mu}}(M)=(1,1),\quad \boldsymbol{\Sigma}^{-1}\begin{pmatrix}1\\1\end{pmatrix}=\frac{0.2}{0.19}$$

$$d^2_{\boldsymbol{B\mu}}(M)=(1,-1),\quad \boldsymbol{\Sigma}^{-1}\begin{pmatrix}1\\-1\end{pmatrix}=\frac{3.8}{0.19}$$

如果用欧氏距离，则有

$$d^2_{A\mu}(2)=2, \qquad d^2_{B\mu}(2)=2$$

两者相等，而按马氏距离，一个是另一个的$\sqrt{19}$倍之多。由第 2 章的讨论，我们知道本例的分布密度是：

$$f(y_1,y_2)=\frac{1}{2\pi\sqrt{0.19}}\exp\left[-\frac{1}{0.38}(y_1^2-1.8y_1y_2+y_2^2)\right]$$

$\boldsymbol{A}$ 和 $\boldsymbol{B}$ 两点的密度分别是：

$$f(1,1)=0.215\,7, \quad f(1,-1)=0.000\,016\,58$$

说明前者离均值近，后者离均值远，马氏距离正确地反映了这一情况，而欧氏距离不然。这个例子告诉我们，正确地选择距离是非常重要的一件事。

但是在聚类分析之前，我们预先对研究对象有多少个不同类型的情况一无所知，则马氏距离公式中的$\boldsymbol{\Sigma}^{-1}$值如何计算呢？如果用全部数据计算的均值和协方差矩阵来计算马氏距离，效果也不是很理想。因此，通常人们还是喜欢应用欧氏距离聚类。

以上几种距离均是适用于间隔尺度的变量，如果指标是有序尺度或名义尺度时也有一些定义距离的方法。

当 p 个指标都是名义尺度时，例如 $p=5$，有两个样品的取值为：

$$X_1=(V,Q,S,T,K)'$$
$$X_2=(V,M,S,F,K)'$$

这两个样品的第一个指标都取 V，称为配合的，第二个指标一个取 Q，另一个取 M，称为不配合的。记配合的指标数为 m_1，不配合的指标数为 m_2，定义它们之间的距离为：

$$d_{12}=\frac{m_2}{m_1+m_2} \tag{7.7}$$

在聚类分析中不仅需要将样品分类，也需要将指标分类，在指标之间也可以定义距离，更常用的是相似系数，用 C_{ij} 表示指标 i 和指标 j 之间的相似系数。C_{ij} 的绝对值越接近 1，表示指标 i 和指标 j 之间的关系越密切，C_{ij} 的绝对值越接近 0，表示指标 i 和指标 j 的关系越疏远。对于间隔尺度，常用的相似系数有：

(1) 夹角余弦。这是受相似形的启发而来，图 7—1 中的曲线 AB 和 CD 尽管长度不一，但形状相似，当长度不是主要矛盾时，应定义一种相似系数使 AB 和 CD 呈现出比较密切的关系。而夹角余弦符合这一要求。它的定义是：

$$C_{ij}(1)=\frac{\sum_{k=1}^{n}x_{ki}x_{kj}}{\left[\left(\sum_{k=1}^{n}x_{ki}^2\right)\left(\sum_{k=1}^{n}x_{kj}^2\right)\right]^{1/2}} \tag{7.8}$$

它是指标向量$(x_{1i},x_{2i},\cdots,x_{ni})$和$(x_{1j},x_{2j},\cdots,x_{nj})$之间的夹角余弦。

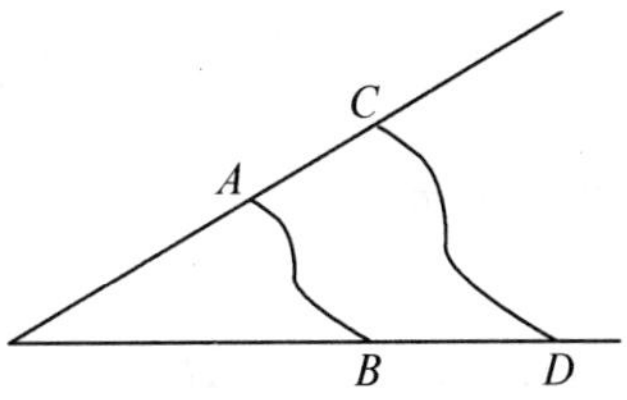

图 7—1

（2）相关系数。这是大家最熟悉的统计量，它是将数据标准化后的夹角余弦。相关系数常用 r_{ij} 表示，为了和其他相似系数记号统一，这里记它为 $C_{ij}(2)$。它的定义是

$$C_{ij}(2)=\frac{\sum_{k=1}^{n}(x_{ki}-\overline{X}_i)(x_{kj}-\overline{X}_j)}{\left[\sum_{k=1}^{n}(x_{ki}-\overline{X}_i)^2\sum_{k=1}^{n}(x_{kj}-\overline{X}_j)^2\right]^{1/2}} \tag{7.9}$$

名义尺度指标之间也可以定义相似系数，本书不准备介绍，详见书末的参考文献[19]。

有时指标之间也可用距离来描述它们的接近程度。实际上距离和相似系数之间可以互相转化，若 d_{ij} 是一个距离，则 $C_{ij}=1/(1+d_{ij})$ 为相似系数。若 C_{ij} 为相似系数且非负，则 $d_{ij}=1-C_{ij}^2$ 可以看成是距离（不一定符合距离的定义），或 $d_{ij}=[2(1-C_{ij})]^{1/2}$ 可以看成是距离。

如果指标均为取二值的名义尺度指标，也可定义相关系数，参见书末的参考文献[25]。

§7.3 类和类的特征

我们的目的是聚类，那什么叫类呢？由于客观事物千差万别，在不同的问题中类的含义是不尽相同的，因此试图给类下一个严格的定义绝非易事。下面给出一种类的定义。

用 G 表示类，设 G 中有 k 个元素，这些元素用 i，j 等表示。

定义 7.1 T 为一给定的阈值，如果对任意的 i，$j\in G$，有 $d_{ij}\leqslant T$（d_{ij} 为 i 和 j 的距离），则称 G 为一个类。

现在类 G 的元素用 $\boldsymbol{x}_1$，$\boldsymbol{x}_2$，…，$\boldsymbol{x}_m$ 表示，m 为 G 内的样品数（或指标数），可以从不同的角度来刻画 G 的特征，常用的特征有下面三种：

（1）均值 $\bar{\boldsymbol{x}}_G$（或称为 G 的重心）：

$$\bar{\boldsymbol{x}}_G=\frac{1}{m}\sum_{i=1}^{m}\boldsymbol{x}_i$$

（2）样本离差阵及协方差矩阵：

$$\boldsymbol{S}_G=\sum_{i=1}^{m}(\boldsymbol{x}_i-\bar{\boldsymbol{x}}_G)(\boldsymbol{x}_i-\bar{\boldsymbol{x}}_G)'$$

$$\boldsymbol{\Sigma}_G = \frac{1}{n-1}\boldsymbol{S}_G$$

（3）G 的直径。它有多种定义，例如

$$(a)D_G = \sum_{i=1}^{m}(\boldsymbol{x}_i - \bar{\boldsymbol{x}}_G)'(\boldsymbol{x}_i - \bar{\boldsymbol{x}}_G) = \mathrm{tr}(\boldsymbol{S}_G)$$

$$(b)D_G = \max_{i,j\in G} d_{ij}$$

在聚类分析中，不仅要考虑各个类的特征，而且要计算类与类之间的距离。由于类的形状是多种多样的，因此类与类之间的距离也有多种计算方法。令 G_p 和 G_q 中分别有 k 个和 m 个样品，它们的重心分别为 $\bar{\boldsymbol{x}}_p$ 和 $\bar{\boldsymbol{x}}_q$，它们之间的距离用 $D(p,q)$ 表示。下面是一些常用的距离计算方法。

（1）最短距离法（nearest neighbor，single linkage method）。

$$D_k(p,q)=\min\{d_{jl}\mid j\in G_p, l\in G_q\} \tag{7.10}$$

它等于类 G_p 与类 G_q 中最邻近的两个样品的距离。该准则下类的合并过程在图 7—2 中概要说明。

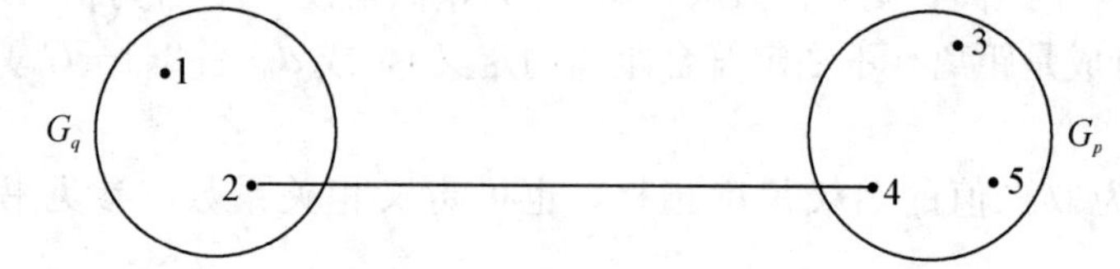

图 7—2　类间距离示意图，类群距离 $D_k(p,q)=d_{24}$

（2）最长距离法（farthest neighbor，complete linkage method）。

$$D_k(p,q)=\max\{d_{jl}\mid j\in G_p, l\in G_q\} \tag{7.11}$$

它等于类 G_p 和类 G_q 中最远的两个样品的距离。该准则下类的合并过程见图 7—3。

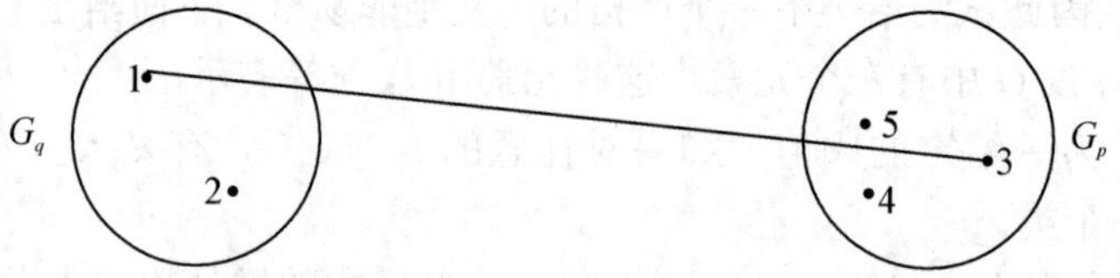

图 7—3　类间距离示意图，类群距离 $D_k(p,q)=d_{13}$

（3）类平均法（group average method）。

$$D_G(p,q) = \frac{1}{LK}\sum_{i\in G_p}\sum_{j\in G_q} d_{ij} \tag{7.12}$$

它等于类 G_p 和类 G_q 中任两个样品距离的平均，式中的 L 和 K 分别为 G_p 和 G_q 中的样品数。该准则下类的合并过程见图 7—4。

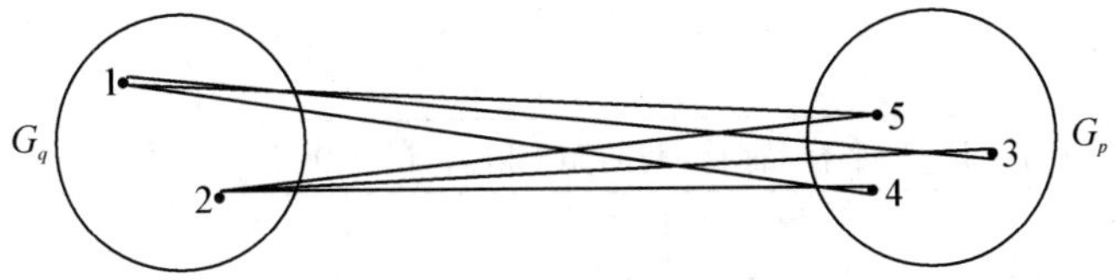

图 7—4　类间距离示意图

$$\text{类群距离 } D_k(p,\ q)=\frac{d_{13}+d_{14}+d_{15}+d_{23}+d_{24}+d_{25}}{6}$$

（4）重心法（centroid method）。

$$D_c(p,q)=d_{\bar{X}_p\bar{X}_q} \tag{7.13}$$

它等于两个重心 $\bar{X}_p$ 和 $\bar{X}_q$ 间的距离。

（5）离差平方和法（sum of squares method）。

若采用直径的第一种定义方法（a），用 D_p，D_q 分别表示类 G_p 和类 G_q 的直径，用 D_{p+q} 表示大类 D_{p+q} 的直径，则

$$D_p=\sum_{i\in G_p}(\boldsymbol{x}_i-\bar{\boldsymbol{x}}_p)'(\boldsymbol{x}_i-\bar{\boldsymbol{x}}_p)$$

$$D_q=\sum_{j\in G_q}(\boldsymbol{x}_j-\bar{\boldsymbol{x}}_q)'(\boldsymbol{x}_j-\bar{\boldsymbol{x}}_q)$$

$$D_{p+q}=\sum_{j\in G_p\cup G_q}(\boldsymbol{x}_j-\bar{\boldsymbol{x}})'(\boldsymbol{x}_j-\bar{\boldsymbol{x}})$$

式中：$\bar{\boldsymbol{x}}=\dfrac{1}{K+L}\sum_{i\in G_p\cup G_q}\boldsymbol{x}_i$

用离差平方和法定义 G_p 和 G_q 之间的距离平方为：

$$D_w^2(p,q)=D_{p+q}-D_p-D_q \tag{7.14}$$

可以证明这种定义是有意义的。如果样品间的距离采用欧氏距离，同样可以证明下式成立：

$$D_w^2(p,q)=\frac{KL}{K+L}D_c^2(p,q) \tag{7.15}$$

这表明，离差平方和法定义的类间距离 $D_w(p,\ q)$ 与重心法定义的距离 $D_c(p,\ q)$ 只差一个常数倍，这个倍数与两类的样品数有关。

§7.4　聚类方法

一、系统聚类法

系统聚类法（hierarchical clustering method）是聚类分析诸方法中用的最多者。它包

含的步骤见图 7—5。

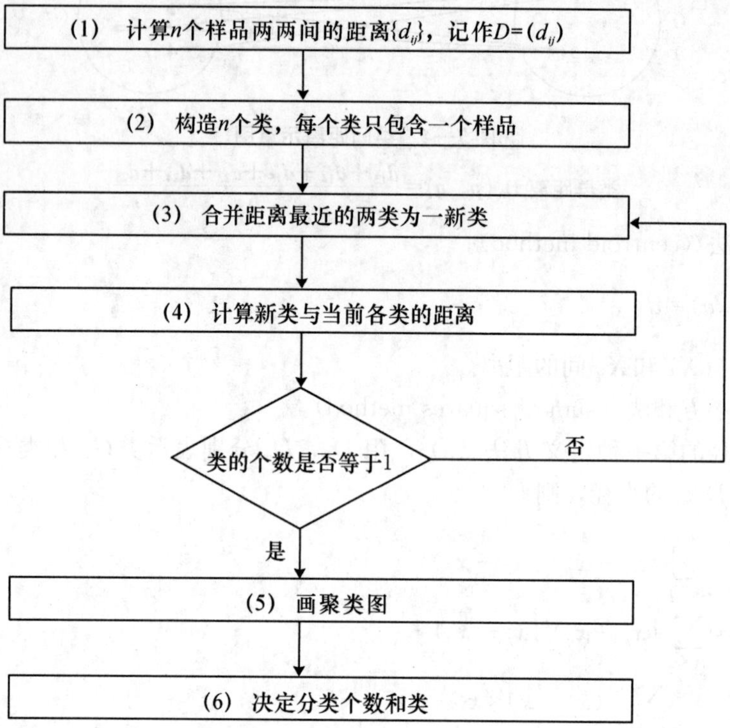

图 7—5　系统聚类法的过程

上节我们曾给出类与类之间的五种距离的定义，每一种定义用到上述系统聚类程序中，就得到一种系统聚类法。我们现在通过一个简单的例子来说明各种系统聚类法。

【例 7.3】　为了研究辽宁等 5 省份 2000 年城镇居民消费支出的分布规律，根据调查资料作类型划分。指标名称及原始数据见表 7—3。

表 7—3　　2000 年 5 个省份城镇居民平均每人全年消费性支出数据

x_1 食品支出（元/人）　　x_5 交通和通信支出（元/人）
x_2 衣着支出（元/人）　　x_6 娱乐、教育和文化服务支出（元/人）
x_3 家庭设备、用品及服务支出（元/人）　　x_7 居住支出（元/人）
x_4 医疗保健支出（元/人）　　x_8 杂项商品和服务支出（元/人）

	x_1	x_2	x_3	x_4	x_5	x_6	x_7	x_8
辽宁	1 772.14	568.25	298.66	352.20	307.21	490.83	364.28	202.50
浙江	2 752.25	569.95	662.31	541.06	623.05	917.23	599.98	354.39
河南	1 386.76	460.99	312.97	280.78	246.24	407.26	547.19	188.52
甘肃	1 552.77	517.16	402.03	272.44	265.29	563.10	302.27	251.41
青海	1 711.03	458.57	334.91	307.24	297.72	495.34	274.48	306.45

现在将表 7—3 中的每个省份看成是一个样品，先计算 5 省份之间的欧氏距离，用 $\boldsymbol{D}_0$ 表示相应的矩阵（由于矩阵对称，故只写出下三角部分）。

$$
D_0=\begin{bmatrix} & 1 & 2 & 3 & 4 & 5 \\ \text{辽宁 }1 & 0 & & & & \\ \text{浙江 }2 & 1\,220.13 & 0 & & & \\ \text{河南 }3 & 457.91 & 1\,580.69 & 0 & & \\ \text{甘肃 }4 & 284.60 & 1\,390.71 & 356.80 & 0 & \\ \text{青海 }5 & 195.14 & 1\,284.71 & 452.80 & 208.90 & 0 \end{bmatrix}
$$

距离矩阵 D_0 中的各元素数值的大小，反映了 5 省份间消费水平的接近程度。例如青海省和辽宁省之间的欧氏距离最小为 195.14，反映了这两个省份城镇居民的消费水平最接近。

1. 最短距离法和最长距离法

最短距离法是类与类之间的距离采用式（7.10）的系统聚类法。

开始时例 7.3 有五类：G_1={辽宁 1}、G_2={浙江 2}、G_3={河南 3}、G_4={甘肃 4}、G_5={青海 5}，由最短距离法的定义，这时

$$D_k(i,j)=d_{ij}\,,\quad i,j=1,2,\cdots,5$$

即这五类之间的距离等于 5 个样品之间的距离。为了记号简单，下面用 $D(i,j)$ 代替 $D_k(i,j)$。我们发现 D_0 中最小的元素是 $D(1,5)=195.14$，故将类 G_1 和 G_5 合并成一新类 $G_6=\{1,5\}$，然后计算 G_6 与 G_2，G_3，G_4 之间的距离。利用

$$D(6,i)=\min\{D(1,i),D(5,i)\},\quad i=2,3,4$$

其最近相邻的距离是：

$$d_{(1,5)2}=\min\{d_{12},d_{25}\}=\min\{1\,220.13,1\,284.71\}=1\,220.13$$
$$d_{(1,5)3}=\min\{d_{13},d_{35}\}=\min\{457.91,452.80\}=452.80$$
$$d_{(1,5)4}=\min\{d_{14},d_{45}\}=\min\{284.60,208.90\}=208.90$$

在距离矩阵 D_0 中消去 1，5 所对应的行和列，并加入 {1，5} 这一新类对应的一行一列，得到新距离矩阵：

$$
D_1=\begin{bmatrix} & G_6 & G_2 & G_3 & G_4 \\ G_6=\{1,5\} & 0 & & & \\ G_2 & 1\,220.13 & 0 & & \\ G_3 & 452.80 & 1\,580.69 & 0 & \\ G_4 & 208.90 & 1\,390.71 & 356.80 & 0 \end{bmatrix}
$$

然后，在 D_1 中发现类间最小距离是 $d_{64}=d_{(1,4,5)}=208.90$，合并类 {1，5} 和 G_4，得新类 $G_7=\{1,\ 4,\ 5\}$，再利用

$$D(7,i)=\min\{D(4,i),D(6,i)\},\quad i=2,3$$

计算得

$$d_{(1,4,5)2}=\min\{d_{42},d_{(1,5)2}\}=\min\{1\,390.71,1\,220.13\}=1\,220.13$$

$$d_{(1,4,5)3}=\min\{d_{43},d_{(1,5)3}\}=\min\{356.80,452.80\}=356.80$$

故得下一层次聚类的距离矩阵：

$$\boldsymbol{D}_2=\begin{bmatrix} & G_7 & G_2 & G_3 \\ G_7=\{1,4,5\} & 0 & & \\ G_2 & 1\,220.13 & 0 & \\ G_3 & 356.80 & 1\,580.69 & 0 \end{bmatrix}$$

类间最小距离是 $d_{37}=356.80$，合并类 G_3 和 G_7 得新类 $G_8=\{1,3,4,5\}$。此时，我们有两个不同的类 $G_8=\{1,3,4,5\}$ 和 G_2 合并，形成一个大类的聚类系统。

最后，决定类的个数与类。若用类的定义，从图上分两类较为合适，这时阈值 $T=2.5$，这等价于在图 7—6 上距离为 2.5 处切一刀，得到两类为｛辽宁，青海，甘肃，河南｝与｛浙江｝。

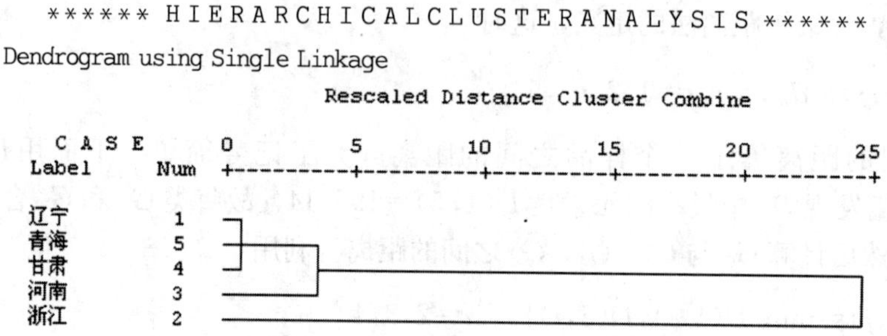

图 7—6　最短距离法的谱系聚类图

所谓最长距离法是类与类之间的距离采用式（7.11）的系统聚类法。

上述两方法中，主要的不同是计算新类与其他类的距离的递推公式不同。设某步将类 G_p 和 G_q 合并为 G_r，则 G_r 与其他类 G_l 的距离为：

$$D_k(r,L)=\min\{D_k(p,L),D_k(q,L)\} \tag{7.16}$$

$$D_s(r,L)=\max\{D_s(p,L),D_s(q,L)\} \tag{7.17}$$

也就是说在最长距离法中，选择最大的距离作为新类与其他类之间的距离，然后将类间距离最小的两类进行合并，一直合并到只有一类为止。

最短距离法也可用于对指标的分类，分类时可以用距离也可以用相似系数。但用相似系数时应找最大的元素并类，计算新类与其他类的距离应使用式（7.17）。

最短距离法的主要缺点是它有链接聚合的趋势。因为类与类之间的距离为所有距离中的最短者，两类合并以后，它与其他类的距离缩小了，这样容易形成一个比较大的类，大部分样品都被聚在一类中，在树状聚类图中，会看到一个延伸的链状结构，所以最短距离法的聚类效果并不好，实际中不提倡使用。

最长距离法克服了最短距离法链接聚合的缺陷，两类合并以后与其他类的距离是原来两个类中的距离最大者，加大了合并后的类与其他类的距离。图 7—7 是最长距离法的聚类图。

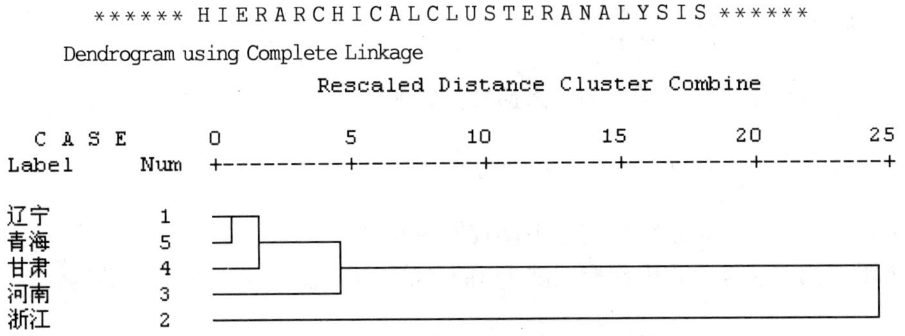

图 7—7　最长距离法的谱系聚类图（欧氏距离）

我们看到，本例中最短距离法与最长距离法得到的结果是相同的。

2. 重心法和类平均法

从物理的观点看，一个类用它的重心（该类样品的均值）做代表比较合理，类与类之间的距离就用重心之间的距离来代表。若样品之间采用欧氏距离，设某一步将类 G_p 与 G_q 合并成 G_r，它们各有 n_p，n_q，$n_r(n_r=n_p+n_q)$ 个样品，它们的重心分别用 $\overline{X}_p$，$\overline{X}_q$ 和 $\overline{X}_r$ 表示，显然

$$\overline{X}_r=\frac{1}{n_r}(n_p\overline{X}_p+n_q\overline{X}_q) \tag{7.18}$$

某一类 $D_c^2(k,r)$ 的重心为 $\overline{X}_k$，它与新类 G_r 的距离是：

$$D_c^2(k,r)=(\overline{X}_k-\overline{X}_r)'(\overline{X}_k-\overline{X}_r) \tag{7.19}$$

可以证明（参见书末的参考文献［4］）$D_c^2(k,r)$ 是如下的形式：

$$D_c^2(k,r)=\frac{n_p}{n_r}D_c^2(k,p)+\frac{n_q}{n_r}D_c^2(k,q)-\frac{n_pn_q}{n_rn_r}D_c^2(p,q) \tag{7.20}$$

这就是重心法的距离递推公式。

重心法虽有很好的代表性，但并未充分利用各样本的信息，有人建议将两类之间的距离平方定义为这两类元素两两之间的平均平方距离，即

$$\begin{aligned}D_G(k,r)&=\frac{1}{n_kn_r}\sum_{i\in G_k}\sum_{j\in G_r}d_{ij}\\&=\frac{1}{n_kn_r}\Big(\sum_{i\in G_k}\sum_{j\in G_p}d_{ij}+\sum_{i\in G_k}\sum_{j\in G_q}d_{ij}\Big)\end{aligned} \tag{7.21}$$

上式也可记为：

$$D_G(k,r)=\frac{n_p}{n_r}D_G(k,p)+\frac{n_q}{n_r}D_G(k,q) \tag{7.22}$$

这就是类平均法的递推公式。类平均法是聚类效果较好、应用比较广泛的一种聚类方法。它有两种形式，一种是组间联结法（between-groups linkage），另一种是组内联结法（within-groups linkage）。组间联结法在计算距离时只考虑两类之间样品之间距离的平均，组内联结法在计算距离时把两组所有个案之间的距离都考虑在内。还有一种类平均法，它定义类与类之间的距离为：

$$D_G^2(p,q)=\frac{1}{n_p n_q}\sum_{i\in G_p}\sum_{j\in G_q}d_{ij}^2 \tag{7.23}$$

用类似的方法可导出这种定义下的距离递推公式如下：

$$D_G^2(k,r)=\frac{n_p}{n_r}D_G^2(k,p)+\frac{n_q}{n_r}D_G^2(k,q) \tag{7.24}$$

有人认为类平均法是系统聚类法中比较好的方法之一。

在类平均法的递推公式中没有反映 D_{pq} 的影响，有人建议将递推公式改为：

$$D_{kr}^2=\frac{n_p}{n_r}(1-\beta)D_{kp}^2+\frac{n_q}{n_r}(1-\beta)D_{kq}^2+\beta D_{pq}^2 \tag{7.25}$$

式中，$\beta<1$。对应于式（7.25）的聚类法叫做可变类平均法。

可变类平均法的分类效果与 β 的选择关系极大，有一定的人为性，因此在实际中使用尚不多，β 如接近 1，一般分类效果不好，故 β 常取负值。

重心法和类平均法的聚类图见图 7—8、图 7—9。

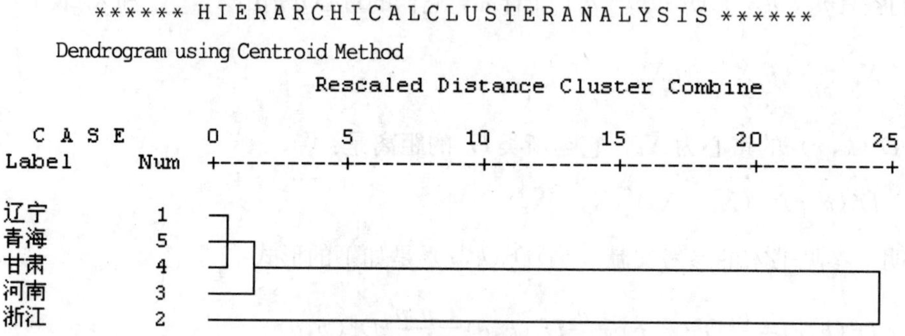

图 7—8　重心法的谱系聚类图（平方欧氏距离）

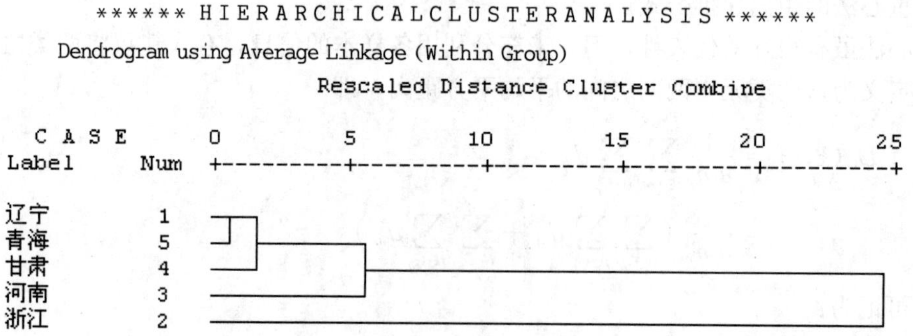

图 7—9　类平均法（组内联结法）的谱系聚类图（欧氏距离）

3. 离差平方和法（或称 Ward 方法）

离差平方和方法是由沃德（Ward）提出来的，许多资料上称作 Ward 法。他的思想来自方差分析，如果类分得正确，同类样品的离差平方和应当较小，类与类之间的离差平方和应当较大。

设将 n 个样品分成 k 类 G_1，G_2，…，G_k，用 $\boldsymbol{x}_{it}$ 表示类 G_t 中的第 i 个样品（注意 $\boldsymbol{x}_{it}$ 是 p 维

向量），n_t 表示类 G_t 中的样品个数，$\bar{\boldsymbol{x}}_t$ 是类 G_t 的重心，则在类 G_t 中的样品的离差平方和是：

$$S_t = \sum_{i=1}^{n_t} (\boldsymbol{x}_{it} - \bar{\boldsymbol{x}}_t)'(\boldsymbol{x}_{it} - \bar{\boldsymbol{x}}_t)$$

整个类内平方和是：

$$S = \sum_{t=1}^{k} \sum_{i=1}^{n_t} (\boldsymbol{x}_{it} - \bar{\boldsymbol{x}}_t)'(\boldsymbol{x}_{it} - \bar{\boldsymbol{x}}_t) = \sum_{t=1}^{k} S_t$$

当 k 固定时，要选择使 S 达到极小值的分类，n 个样品，分成 k 类，一切可能的分法有：

$$R(n,k) = \frac{1}{k_i}\sum_{i=0}^{k} (-1)^{k-i} \binom{k}{i} i^n \tag{7.26}$$

例如当 $n=21$，$k=2$ 时，$R(21, 2) = 2^{21}-1=1\ 048\ 575$，当 n，k 更大时，$R(n, k)$就达到了天文数字。因此，要比较这么多分类来选择最小的 S，即使高速计算机也难以完成。于是，只好放弃在一切分类中求 S 的极小值的要求，而是设计出某种规格：找到一个局部最优解。Ward 法就是找局部最优解的一个方法。其思想是先将 n 个样品各自成一类，然后每次缩小一类，每缩小一类离差平方和就要增大，选择使 S 增加最小的两类合并，直到所有的样品归为一类为止。

若将某类 G_p 和 G_q 合并为 G_r，则类 G_k 与新类 G_r 的距离递推公式为：

$$D_w^2(k,r) = \frac{n_p+n_k}{n_r+n_k} D_w^2(k,p) + \frac{n_q+n_k}{n_r+n_k} D_w^2(k,q) - \frac{n_k}{n_r+n_k} D_w^2(p,q) \tag{7.27}$$

需要指出的是，离差平方和法只能得到局部最优解。至今还没有很好的办法以较少的计算求得精确最优解。图 7—10 是离差平方和的聚类图。

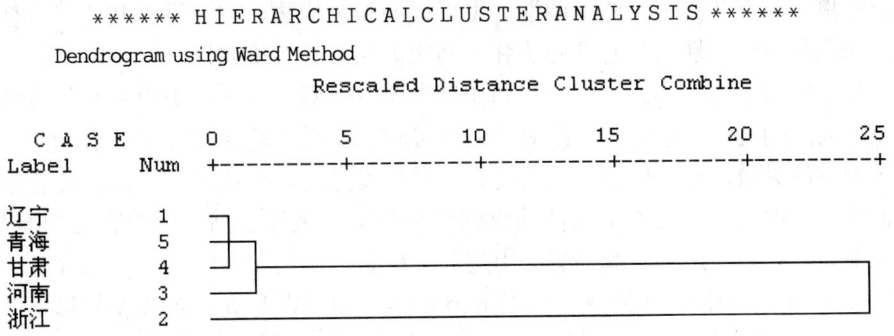

图 7—10　离差平方和法的谱系聚类图（平方欧氏距离）

4．分类数的确定

到目前为止，我们还没有讨论过如何确定分类数，聚类分析的目的是对研究对象进行分类，因此如何选择分类数成为各种聚类方法中的主要问题之一。谱系聚类法（系统聚类法）中我们最终得到的只是一个树状结构图，从图中可以看出存在很多类，但问题是如何确定类的最佳个数。

确定分类数的问题是聚类分析中迄今为止尚未完全解决的问题之一，主要的障碍是对类的结构和内容很难给出一个统一的定义，这样就给不出从理论上和实践中都可行的虚无假设。实际应用中人们主要根据研究的目的，从实用的角度出发，选择合适的分类数。德米尔曼（Demirmen）曾提出了根据树状结构图来分类的准则。

准则1：任何类都必须在邻近各类中是突出的，即各类重心之间距离必须大。

准则2：各类所包含的元素都不要过分地多。

准则3：分类的数目应该符合使用的目的。

准则4：若采用几种不同的聚类方法处理，则在各自的聚类图上应发现相同的类。

系统聚类中每次合并的类与类之间的距离也可以作为确定类数的一个辅助工具。在系统聚类过程中，首先把离得近的类合并，所以在并类过程中聚合系数（agglomeration coefficients）呈增加趋势，聚合系数小，表示合并的两类的相似程度较大，两个差异很大的类合到一起，会使该系数很大。如果以 y 轴为聚合系数，x 轴表示分类数，画出聚合系数随分类数的变化曲线，会得到类似于因子分析中的碎石图，可以在曲线开始变得平缓的点选择合适的分类数。

5. 系统聚类法的性质

一般而言，不同的方法聚类的结果不完全相同。最短距离法适用于条形的类。最长距离法、重心法、类平均法、离差平方和法适用于椭圆形的类。

现在的许多统计软件都包含有系统聚类法的程序，只要将数据输入，就可很方便地用上述几种方法算出，并画出聚类图。本书将介绍 SPSS 软件实现聚类分析的过程。

由于上述聚类方法得到的结果是不完全相同的，于是产生一个问题：我们应当选择哪一个结果为好？为了解决这个问题，需要研究系统聚类法的性质，现简要介绍如下。

（1）单调性。令 D_r 是系统聚类法中第 r 次并类时的距离，如例 7.3，用最短距离时，有 $D_1=195.14$，$D_2=208.90$，$D_3=356.80$，$D_4=1\,220.13$，此时 $D_1<D_2<D_3<\cdots$。一个系统聚类法若能保证 $\{D_r\}$ 是严格单调上升的，则称它具有单调性。由单调性画出的聚类图符合系统聚类的思想，先结合的类关系较近，后结合的类关系较疏远。显然最短距离法和最长距离法具有并类距离的单调性。可以证明类平均法、离差平方和法、可变法和可变类平均法都具有单调性，只有重心法和中间距离法不具有单调性。

（2）空间的浓缩与扩张。对同一问题作聚类图时，横坐标（并类距离）的范围相差很大。最短距离法的范围较小，最长距离法的范围较大，类平均法则介于二者之间。范围小的方法区别类的灵敏度差，但范围太大的方法灵敏度过高，会使支流淹没主流，这与收音机的灵敏度有相似之处。灵敏度太低的收到的台少，灵敏度太高，台与台之间容易干扰，因此要适中为好。利用这一直观的想法引进如下概念。

定义 7.2 设两个同阶矩阵 $\boldsymbol{A}=(a_{ij})$ 和 $\boldsymbol{B}=(b_{ij})$ 的元素非负，如果 $\boldsymbol{A}$ 的每一个元素不小于 $\boldsymbol{B}$ 相应的元素，若 $a_{ij}\geqslant b_{ij}$（$\forall i,j$），则记作 $\boldsymbol{A}\geqslant\boldsymbol{B}$（请勿与非负定矩阵 $\boldsymbol{A}\geqslant\boldsymbol{B}$ 的意义相混淆，这个记号仅在本节中使用）。由定义推知，$\boldsymbol{A}\geqslant 0$，表示 $\boldsymbol{A}$ 的元素非负。

设有 $\boldsymbol{A}$，$\boldsymbol{B}$ 两个系统聚类法，在第 k 步的距离阵记作 $\boldsymbol{A}_k$ 和 $\boldsymbol{B}_k$（$k=0, 1, \cdots, n-1$），若 $\boldsymbol{A}_k\geqslant\boldsymbol{B}_k$（$k=1, 2, \cdots, n-1$），则称 $\boldsymbol{A}$ 比 $\boldsymbol{B}$ 扩张或者 $\boldsymbol{B}$ 比 $\boldsymbol{A}$ 浓缩。对系统聚类法有如下的结论：

$$(K)\leqslant(G)\leqslant(S)$$

$$(C)\leqslant(G)\leqslant(W)$$

式中，(K) 是最短距离法；(S) 是最长距离法；(C) 是重心法；(W) 是离差平方和法；

(G) 是类平均法。归纳起来，和类平均法相比，最短距离法、重心法使空间浓缩；最长距离法、离差平方和法使空间扩张。太浓缩的方法不够灵敏，太扩张的方法当样本大时容易失真。类平均法比较适中，相比其他方法，类平均法不太浓缩也不太扩张，故许多书推荐这个方法。

有关系统聚类法的性质，学者们还从其他角度提出了比较优劣的原则。将 n 个样品，欲分为 k 类，有人定义一个分类函数（或叫损失函数），然后寻找这个函数的最优解，在某些条件下，最短距离法的解是最优的，而系统聚类法的其他方法都不具有这个性质，故最短距离法在实际中也很受推崇。系统聚类法的各种方法的比较仍是值得研究的一个课题，例如，有人用随机模拟做了研究，发现最长距离法不可取。

二、K-均值法

K-均值法是把样品（而不是变量）聚集成 K 个类的集合。类的个数 K 可以预先给定，或者在聚类过程中确定。因为在计算机计算过程中无须确定距离（或相似系数矩阵），也无须存储数据，所以，K-均值法可应用于比系统聚类法大得多的数据组。

K-均值法或者一开始就对元素分组，或者从一个构成各类核心的“种子”集合开始。选择好的初始构形，将能免除系统的偏差。一种方法是从所有项目中随机地选择“种子”点或者随机地把元素分成若干个初始类。

麦昆（Macqueen）于 1967 年提出了所谓 K-均值法。这种聚类方法的思想是把每个样品聚集到其最近形心（均值）类中去。在它的最简单说明中，这个过程由下列三步组成：

（1）把样品粗略分成 K 个初始类。

（2）进行修改，逐个分派样品到其最近均值的类中去（通常用标准化数据或非标准化数据计算欧氏距离）。重新计算接受新样品的类和失去样品的类的形心（均值）。

（3）重复第 2 步，直到各类无元素进出。

若不在一开始就粗略地把样品分到 K 个预先指定的类（第 1 步），那我们也可以指定 K 个最初形心（种子点），然后进行第 2 步。

样品的最终聚类在某种程度上依赖于最初的划分或种子点的选择。

为了检验聚类的稳定性，可用一个新的初始分类重新检验整个聚类算法。如最终分类与原来一样，则不必再行计算；否则，须另行考虑聚类算法。

在 K-均值法中，对于预先不固定类数 K 这一点有很大的争论，其中包括下面几点：

（1）如果有两个或多个“种子点”无意中跑到一个类内，则其聚类结果将很难区分。

（2）局外干扰的存在将至少产生一个样品非常分散的类。

（3）即使已知总体由 K 个类组成，抽样方法也可造成属于最稀疏类数据不出现在样本中。强制地把这些数据分成 K 个类会导致无意义的聚类。

许多聚类算法都要求给定 K，而选择几种算法进行反复检验对于结果的分析也许是有好处的。

§7.5　实际例子

【例 7.4】　城镇居民消费水平通常用表 7—4 中的 8 项指标来描述，8 项指标间存在一定的线性相关。为研究城镇居民的消费结构，需将相关性强的指标归并到一起，这实际就是对指标聚类。原始数据列于表 7—4。将原始数据录入 SPSS，并依次点击“Analyze”→“Correlate”→“Bivariate”，打开 Bivariate Correlations 对话框，把 8 个变量选入 Variables 栏中，单击“OK”，得到 8 个指标对应的相关系数，列于表 7—5。

表 7—4　　2014 年 31 个省、市、自治区城镇居民人均每月消费支出

x_1 人均食品烟酒支出（元/人）　　x_5 人均交通通信支出（元/人）
x_2 人均衣着支出（元/人）　　x_6 人均教育文化娱乐支出（元/人）
x_3 人均居住支出（元/人）　　x_7 人均医疗保健支出（元/人）
x_4 人均生活用品及服务支出（元/人）　　x_8 人均其他用品和服务支出（元/人）

地区	x_1	x_2	x_3	x_4	x_5	x_6	x_7	x_8
北京	667.28	215.62	859.03	183.88	321.43	300.91	170.37	91.27
天津	672.46	170.90	437.62	115.59	259.50	167.75	143.44	56.88
河北	353.40	118.70	311.32	90.13	204.03	132.66	108.71	31.38
山西	317.00	134.67	241.57	73.99	142.48	168.88	103.41	37.74
内蒙古	500.27	199.55	301.61	119.72	257.94	181.48	122.57	57.31
辽宁	484.74	165.60	369.02	102.90	202.86	189.66	135.90	59.28
吉林	373.21	150.05	277.57	80.97	186.03	165.07	153.20	43.60
黑龙江	377.68	151.12	291.98	76.06	171.18	143.60	121.47	39.13
上海	786.55	141.70	968.48	135.78	316.79	300.42	193.97	88.19
江苏	557.98	146.08	425.13	111.27	292.00	236.57	134.73	52.61
浙江	642.08	166.48	575.16	111.14	374.49	220.24	127.25	53.31
安徽	446.69	111.14	295.20	76.91	160.41	137.58	81.38	32.95
福建	614.06	121.75	452.89	108.50	228.15	180.83	88.25	55.91
江西	413.80	116.23	281.43	82.60	135.64	137.82	63.39	30.91
山东	441.51	150.11	334.63	119.23	198.05	147.48	99.00	36.87
河南	388.54	151.95	261.33	115.78	144.58	143.49	100.34	42.69
湖北	449.22	121.99	297.93	85.39	150.19	157.90	98.98	28.51
湖南	466.33	120.18	297.30	91.55	205.18	211.46	100.82	35.08
广东	654.18	112.06	440.96	113.76	302.12	205.70	82.36	56.51
广西	441.14	66.22	282.48	75.38	153.83	140.74	70.49	23.51
海南	554.61	69.16	308.15	79.81	179.68	159.40	80.03	28.65
重庆	525.70	156.51	293.40	107.72	167.48	142.80	98.98	30.72
四川	516.98	128.28	265.51	100.88	180.73	139.37	106.97	41.27
贵州	400.80	103.83	245.21	90.88	156.09	172.61	77.28	24.53
云南	415.62	88.88	289.13	76.38	217.36	151.38	92.93	24.02
西藏	513.88	138.02	283.13	74.26	144.18	60.61	46.04	45.66
陕西	400.02	122.53	301.70	98.00	203.93	178.96	124.66	32.38
甘肃	413.68	137.85	294.81	90.79	135.73	137.03	87.35	31.28
青海	435.71	146.18	287.21	84.06	186.27	171.37	101.08	45.87
宁夏	399.61	144.08	252.30	91.24	212.73	163.13	134.74	36.86
新疆	460.81	159.37	271.90	90.63	200.56	145.08	109.24	36.13

表 7—5　　相似性系数（相关系数）矩阵

	x1	x2	x3	x4	x5	x6	x7	x8
x1	1	.262	.811	.663	.755	.619	.396	.751
x2	.262	1	.378	.647	.425	.355	.606	.649
x3	.811	.378	1	.774	.761	.825	.657	.861
x4	.663	.647	.774	1	.685	.730	.608	.804
x5	.755	.425	.761	.685	1	.774	.624	.727
x6	.619	.355	.825	.730	.774	1	.736	.743
x7	.396	.606	.657	.608	.624	.736	1	.694
x8	.751	.649	.861	.804	.727	.743	.694	1

表 7—5 中最大的相关系数为 $r_{3,8}=0.861$，将 G_3 和 G_8 并成一新类 G_9，然后计算 G_9 与各类的相关系数，再找最大的相关系数，每次缩小一类得图 7—11。由图可知，全国城镇居民的消费结构中居住支出、生活用品及服务支出和其他用品及服务支出为一类，其次是交通通信支出和教育文化娱乐支出为一类，且两类间的相关性较强，然后依次是食品烟酒支出、医疗保健支出和衣着支出，其中衣着支出与其他各消费指标间的相关性最弱。

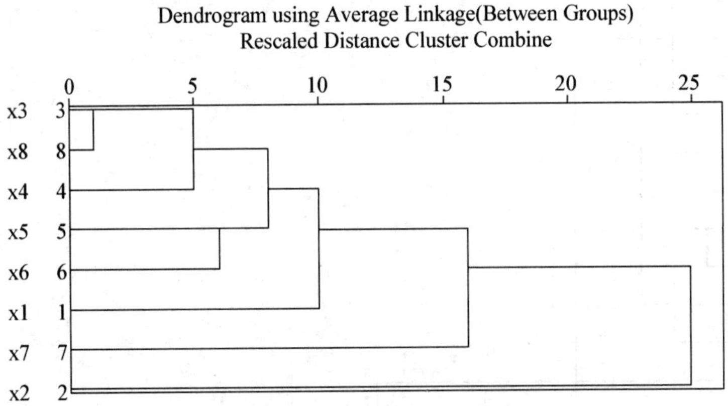

图 7—11　城镇居民消费指标聚类图

上面介绍的几种系统聚类方法，并类的原则和步骤基本一致，所不同的是类与类的距离有不同的定义。其实可以把这几种方法统一起来，有利于在计算机上灵活地选择更有意义的谱系图。

对例 7.4，我们采用欧氏距离分别用类平均法、最短距离法、最长距离法把 31 个地区分类。类平均法聚类在 SPSS 中的操作为：点选“Analyze”→“Classify”→“Hierarchical Cluster”，打开 Hierarchical Cluster Analysis 对话框，将 8 个聚类指标选入 Variables 栏中，将表示地区的变量选入 Label Cases By 栏中，按“Plots”按钮，在弹出的窗口中选中 Dendrogram（谱系图）选项，按“Continue”返回主对话框，再按“Method”按钮，在 Cluster Method 下拉菜单中选择 Between-groups Linkage（组间连接法，即类平均法）选项，返回主对话框后按“OK”即可得到聚类结果。最短距离法和最长距离法操作步骤与类平均法一样，只不过要在 Cluster Method 下拉菜单中分别选择 Nearest Neighbor 和 Furthest Neighbor 选项。图 7—12、图 7—13、图 7—14 分别显示了三种方法的分类结果。为便于对照，将三种方法分类的结果综合列于表 7—6。

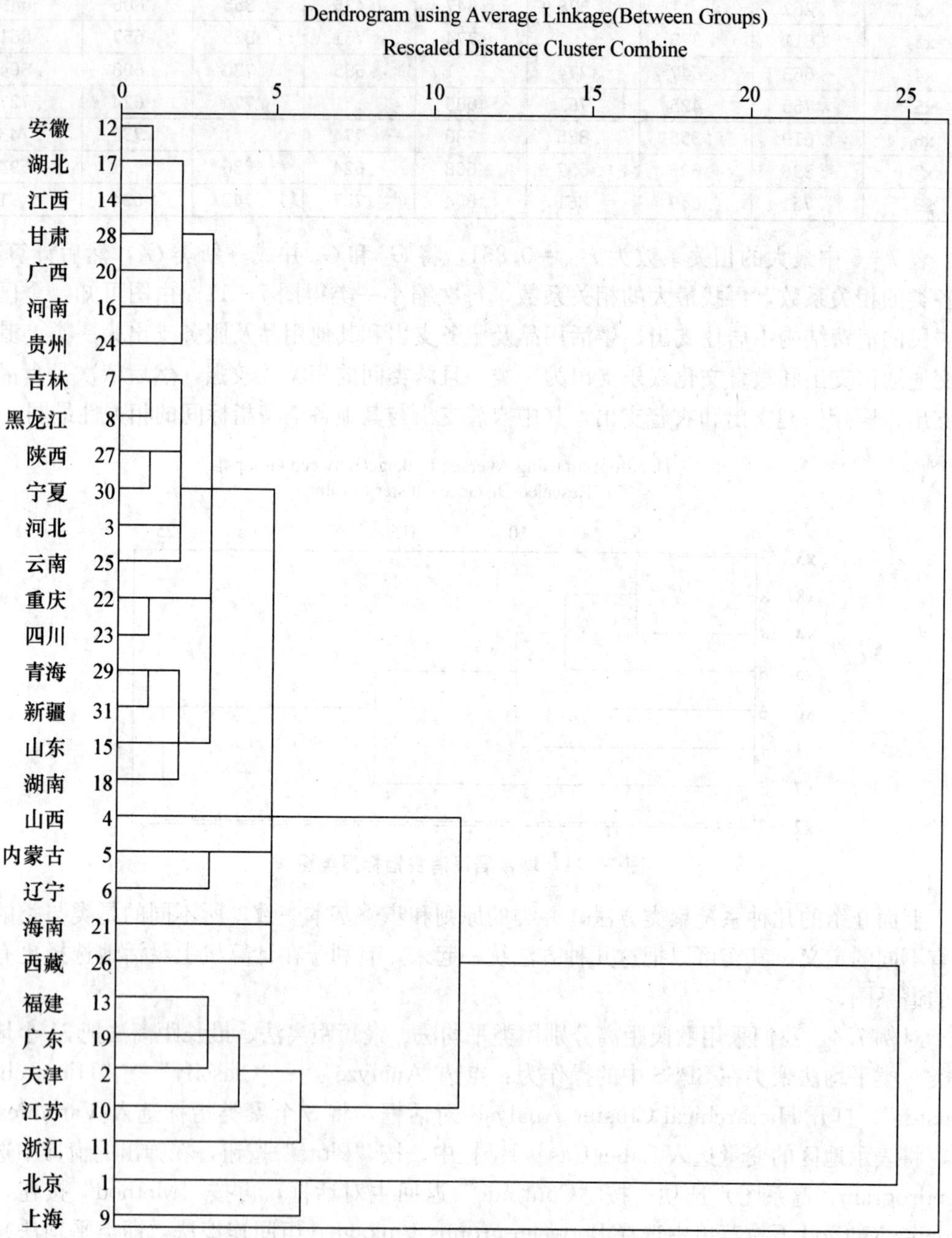

图 7—12　类平均法谱系图

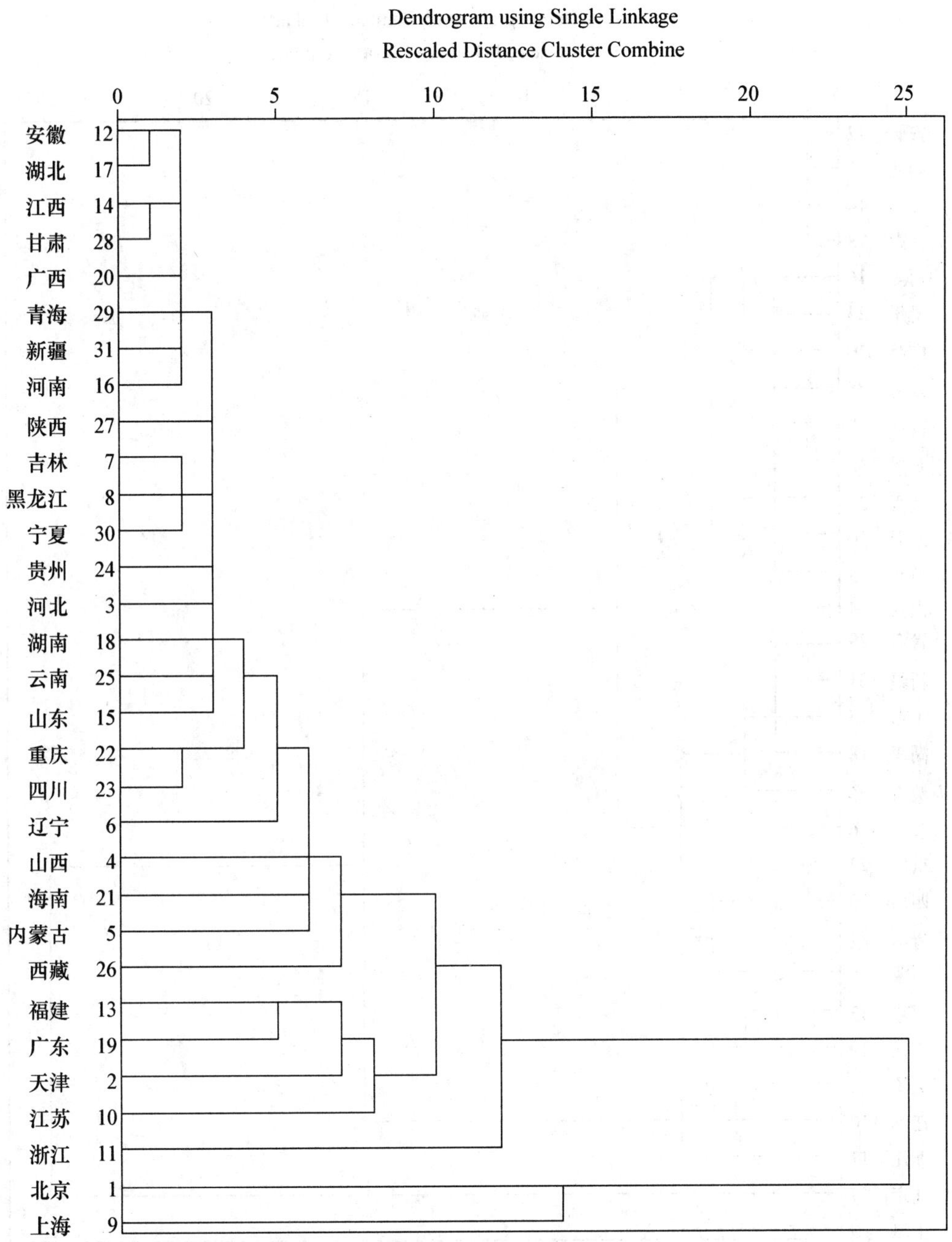

图 7—13　最短距离法谱系图

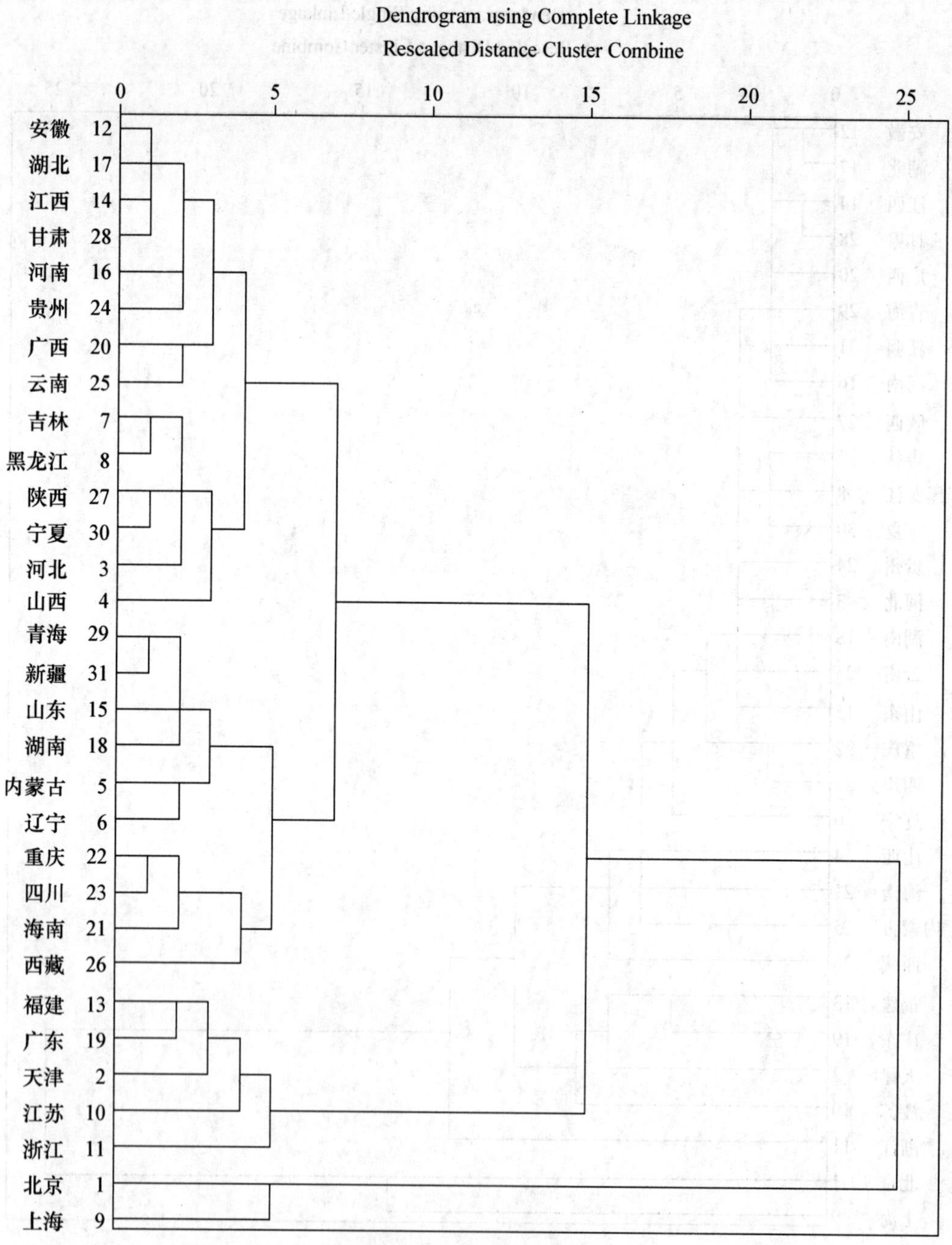

图 7—14 最长距离法谱系图

表 7—6　　　　不同聚类方法聚类结果对照表

序号	地区	类平均距离法类标号	最短距离法类标号	最长距离法类标号
1	北京	1	1	1
2	天津	2	2	2
3	河北	3	2	3
4	山西	3	2	3
5	内蒙古	3	2	3
6	辽宁	3	2	3
7	吉林	3	2	3
8	黑龙江	3	2	3
9	上海	1	1	1
10	江苏	2	2	2
11	浙江	2	2	2
12	安徽	3	2	3
13	福建	2	2	2
14	江西	3	2	3
15	山东	3	2	3
16	河南	3	2	3
17	湖北	3	2	3
18	湖南	3	2	3
19	广东	2	2	2
20	广西	3	2	3
21	海南	3	2	3
22	重庆	3	2	3
23	四川	3	2	3
24	贵州	3	2	3
25	云南	3	2	3
26	西藏	3	2	3
27	陕西	3	2	3
28	甘肃	3	2	3
29	青海	3	2	3
30	宁夏	3	2	3
31	新疆	3	2	3

直观看出，类平均法分为三类：{1，9} 为第一类，{2，10，11，13，19} 为第二类，其他为第三类；最短距离法分为两类：{1，9} 为第一类，其余的归为第二类；最长距离法也分为三类：{1，9} 为第一类，{2，10，11，13，19} 为第二类，其余的为第三类。显然，三种方法的分类效果有一定的差异，但应如何选择合适的分类？一种方法是根据分类问题本身的知识来决定取舍，另一种方法是将几种方法的共性取出来，有争议的样品根据其实际情况再划分。综合以上，笔者认为从全国各省、市、自治区的消费情况来看，分三类较为合适，而且类平均法和最长距离法的分类结果一致。

【例 7.5】 我们仍以 2014 年我国 31 个省、市、自治区的城镇居民月平均消费支出数据为例，在 SPSS 中利用 *K*-均值法对 31 个省、市、自治区的城镇居民消费水平进行聚类分析。

在 SPSS 中依次点击 "Analyze" → "Classify" → "K-Means Cluster"，打开 K-Means Cluster Analysis 对话框，将 8 个变量选入 Variables 框中，将表示地区的变量选入 Label Cases By 栏中，将分类数（Number of clusters）定为 3。另外，点击 "Iterate" 按钮可以在其中输入最大迭代次数（Maximum iterations）和收敛标准（Convergence criterion）；在 "Save" 按钮中可以选择保存样本的聚类结果（Cluster membership）和各样本距各自中心点的距离（Distance from cluster center）；在 "Options" 按钮中可以选择输出初始类中心点、方差分析表等结果，读者可以根据实际情况来选择。点击 "OK" 得到聚类结果如表 7—7 所示。

表 7—7

Initial Cluster Centers

	Cluster		
	1	2	3
x1	786.55	642.08	317.00
x2	141.70	166.48	134.67
x3	968.48	575.16	241.57
x4	135.78	111.14	73.99
x5	316.79	374.49	142.48
x6	300.42	220.24	168.88
x7	193.97	127.25	103.41
x8	88.19	53.31	37.74

Iteration History[a]

Iteration	Change in Cluster Centers		
	1	2	3
1	92.966	141.300	136.214
2	.000	.000	.000

a. Convergence achieved due to no or small change in cluster centers. The maximum absolute coordinate change for any center is .000. The current iteration is 2. The minimum distance between initial centers is 438.429.

Final Cluster Centers

	Cluster		
	1	2	3
x1	726.92	628.15	437.12
x2	178.66	143.45	131.34
x3	913.76	466.35	288.99
x4	159.83	112.05	90.64
x5	319.11	291.25	179.05
x6	300.67	202.22	153.32
x7	182.17	115.21	100.79
x8	89.73	55.04	36.51

Number of Cases in each Cluster

Cluster	1	2.000
	2	5.000
	3	24.000
Valid		31.000
Missing		.000

其中第一个表显示了 3 个类的初始类中心情况，可以看出，第一类的各指标值总体上是最优的，往下依次为第二类和第三类。第二个表展示了 3 个类中心点每次迭代的偏移情况，可知第一次迭代 3 个类的中心点分别偏移了 92.966，141.300，136.214，第二次迭代 3 个类的中心点偏移达到指定判定标准（0）。第三个表展示了 3 个类的最终类中心情况，总体来看，第一类各指标值仍是最优的。最后一个表给出了各类中的样本数目，第一类包括 2 个地区，第二类包括 5 个地区，第三类包括 24 个地区。如果在操作过程中选择了保存样本的聚类结果，可以返回数据表，看到名为 QCL _ 1 的变量，其各值表示对应地区所属的类别：北京、上海为第一类；天津、江苏、浙江、福建和广东为第二类；其他为第三类。

思考与练习

1. 聚类分析的基本思想是什么？
2. 聚类分析中为什么还提出马氏距离？
3. 下面给出了五个元素两两之间的距离：

$$
\begin{array}{c} \\ 1 \\ 2 \\ 3 \\ 4 \\ 5 \end{array}
\begin{array}{c} \begin{array}{ccccc} 1 & 2 & 3 & 4 & 5 \end{array} \\ \begin{bmatrix} 0 & & & & \\ 4 & 0 & & & \\ 6 & 9 & 0 & & \\ 1 & 7 & 10 & 0 & \\ 6 & 3 & 5 & 8 & 0 \end{bmatrix} \end{array}
$$

分别利用最短距离法、最长距离法和类平均法做出五个元素的谱系聚类，画谱系图并做比较。

4. 近几年，中国房地产业得到了长足的发展，但房地产价格的上涨一直饱受争议，甚至有逃离北上广的言论，这也从侧面反映了房地产价格的区域性特征，表 7—8 为 2008 年中国 31 个省、市、自治区房地产业的相关统计数据，试根据这些数据分别进行 R 型和 Q 型聚类分析。表 7—8 中各指标说明如下：

x_1——房屋平均销售价格（元/平方米）；

x_2——住宅平均销售价格（元/平方米）；

x_3——别墅、高档公寓平均销售价格（元/平方米）；

x_4——经济适用房平均销售价格（元/平方米）；

x_5——办公楼平均销售价格（元/平方米）；
x_6——商业营业用房平均销售价格（元/平方米）；
x_7——其他平均销售价格（元/平方米）；
x_8——商品房销售面积（万平方米）；
x_9——住宅销售面积（万平方米）。

表 7—8

地区	x_1	x_2	x_3	x_4	x_5	x_6	x_7	x_8	x_9
北京	12 418	11 648	19 541	3 813	16 554	17 148	6 416	1 335.37	1 031.43
天津	6 015	5 598	11 107	3 571	9 783	10 338	9 195	1 252.04	1 135.35
河北	2 779	2 743	6 375	2 208	3 692	3 915	2 102	2 231.84	2 128.86
山西	2 355	2 253	5 741	1 466	6 115	2 867	2 545	994.71	893.10
内蒙古	2 483	2 265	4 104	1 690	4 822	4 080	2 660	2 396.37	2 093.34
辽宁	3 758	3 575	7 265	2 095	4 783	6 149	3 888	4 091.16	3 731.19
吉林	2 507	2 399	6 175	1 932	3 256	3 687	3 213	1 583.87	1 435.73
黑龙江	2 832	2 642	5 414	1 785	2 804	4 330	3 019	1 486.57	1 286.62
上海	8 195	8 115	12 792	1 847	11 783	6 610	5 529	2 339.29	2 007.48
江苏	4 049	3 802	7 729	1 922	5 906	6 172	2 567	6 091.86	5 282.89
浙江	6 262	6 144	9 424	3 092	9 716	7 446	3 180	2 992.2	2 480.74
安徽	2 949	2 808	4 058	1 731	4 596	4 627	2 139	2 785.83	2 542.6
福建	4 384	4 498	7 334	2 313	5 386	8 303	1 686	1 625.67	1 250.00
江西	2 136	2 022	3 141	1 098	2 840	4 039	2 057	1 727.6	1 604.86
山东	2 970	2 851	7 256	1 826	5 601	4 601	2 440	5 507.64	5 039.4
河南	2 339	2 138	3 618	1 372	4 367	5 065	1 933	3 191.98	2 943.36
湖北	3 001	2 898	6 191	1 900	5 122	4 863	3 513	1 941.62	1 821.31
湖南	2 302	2 113	4 007	1 388	4 212	4 564	1 969	2 655.51	2 413.7
广东	5 953	5 723	6 817	2 380	1 0554	8 630	5 296	4 852.28	4 360.45
广西	2 826	2 634	4 601	1 880	4 959	6 077	2 926	1 768.04	1 637.99
海南	5 443	5 441	9 058	1 686	5 831	5 461	5 157	372.44	358.72
重庆	2 785	2 640	6 322	1 751	4 667	5 432	2 489	2 872.19	2 669.93
四川	3 157	3 067	7 934	1 266	5 688	4 528	2 397	3 501.27	3 247.32
贵州	2 339	2 122	4 738	1 926	3 672	5 967	2 935	908.2	848.11
云南	2 680	2 441	3 230	1 441	4 860	5 203	3 086	1 643.08	1 478.25
西藏	3 202	3 103	3 547	2 133	10 000	4 554	1 200	66.49	62.08
陕西	2 952	2 821	5 589	1 691	5 571	5 056	3 149	1 513.01	1 426.06
甘肃	1 958	1 851	2 082	1 264	2 899	4 008	2 134	624.66	588.63
青海	2 460	2 384	2 768	1 214	3 271	4 246	2 625	147.89	141.23
宁夏	2 435	2 215	5 345	1 447	3 726	4 243	1 570	514.81	453.26
新疆	2 240	2 100	3 684	1 333	5 184	4 156	2 434	954.35	886.35

资料来源：国泰安经济金融研究数据库 2008 年分省数据。

第 8 章

判别分析

回归模型普及性的基础在于用它去预测和解释度量（metric）变量。但是对于非度量（nonmetric）变量，多元回归不适合解决此类问题。本章介绍的判别分析用来解决被解释变量是非度量变量的情形。在这种情况下，人们对于预测和解释影响一个对象所属类别的关系感兴趣，比如为什么某人是或者不是消费者，一家公司成功还是破产等。本章的目的主要有两个：(1) 介绍判别分析的内在性质、基本原理和应用条件；(2) 举例说明这些方法的应用和结果的解释。

判别分析在主要目的是识别一个个体所属类别的情况下有着广泛的应用。潜在的应用包括预测新产品的成功或失败，决定一个学生是否被录取，按职业兴趣对学生分组，确定某人信用风险的种类，预测一个公司是否成功。在每种情况下，将对象进行分组，并且要使用某种判别方法通过人们选择的解释变量来预测或者解释每个对象的所属类别。

§8.1 判别分析的基本思想

有时会遇到包含属性被解释变量和几个度量解释变量的问题，这时需要选择一种合适的分析方法。比如，我们希望区分好和差的信用风险。如果是有信用风险的度量指标，就可以使用多元回归。但若我们需要判断某人是在好的还是差的一类，这就不是多元回归分析所能解决的问题。

当被解释变量是属性变量而解释变量是度量变量时，判别分析是合适的统计分析方法。在很多情况下，被解释变量包含两组或者两类，比如，雄性与雌性、高与低。另外，有多于两组的情况，比如低、中、高的分类。判别分析能够解决两组或者更多组的情况。当包含两组时，称作两组判别分析。当包含三组或者三组以上时，称作多组判别分析（multiple discriminant analysis）。

判别分析的假设条件：

判别分析最基本的要求是，分组类型在两组以上；在第一阶段工作时每组案例的规模必须至少在一个以上。解释变量必须是可测量的，才能够计算其平均值和方差，使其能合理地应用于统计函数。

第一，与其他多元线性统计模型类似，判别分析假设每一个判别变量（解释变量）不能是其他判别变量的线性组合。这时，为其他变量线性组合的判别变量不能提供新的信息，更重要的是在这种情况下无法估计判别函数。不仅如此，有时一个判别变量与另外的判别变量高度相关，或与另外的判别变量的线性组合高度相关，虽然能求解，但参数估计的标准误将很大，以至于参数估计统计上不显著。这就是通常所说的多重共线性问题。

第二，判别分析假设各组变量的协方差矩阵相等。判别分析最简单和最常用的形式是采用线性判别函数，它们是判别变量的简单线性组合。在各组协方差矩阵相等的假设条件下，可以使用很简单的公式来计算判别函数和进行显著性检验。

第三，判别分析假设各判别变量之间具有多元正态分布，即每个变量对于所有其他变量的固定值有正态分布。在这种条件下可以精确计算显著性检验值和分组归属的概率。当违背该假设时，计算的概率将非常不准确。

§8.2 距离判别

一、两总体情况

设有两个总体 G_1 和 G_2，$\boldsymbol{x}$ 是一个 p 维样品，若能定义样品到总体 G_1 和 G_2 的距离 $d(\boldsymbol{x},G_1)$和 $d(\boldsymbol{x},G_2)$，则可用如下的规则进行判别：若样品 $\boldsymbol{x}$ 到总体 G_1 的距离小于到总体 G_2 的距离，则认为样品 $\boldsymbol{x}$ 属于总体G_1，反之，则认为样品 $\boldsymbol{x}$ 属于总体G_2；若样品 $\boldsymbol{x}$ 到总体 G_1 和 G_2 的距离相等，则让它待判。这个准则的数学模型可作如下描述：

$$\begin{cases}\boldsymbol{x}\in G_1, & \text{若 } d(\boldsymbol{x},G_1)<d(\boldsymbol{x},G_2)\\ \boldsymbol{x}\in G_2, & \text{若 } d(\boldsymbol{x},G_1)>d(\boldsymbol{x},G_2)\\ \text{待判}, & \text{若 } d(\boldsymbol{x},G_1)=d(\boldsymbol{x},G_2)\end{cases} \tag{8.1}$$

当总体 G_1 和 G_2 为正态总体且协方差相等时，距离选用马氏距离，即

$$d^2(\boldsymbol{x},G_1)=(\boldsymbol{x}-\boldsymbol{\mu}_1)'\boldsymbol{\Sigma}_1^{-1}(\boldsymbol{x}-\boldsymbol{\mu}_1) \tag{8.2}$$

$$d^2(\boldsymbol{x},G_2)=(\boldsymbol{x}-\boldsymbol{\mu}_2)'\boldsymbol{\Sigma}_2^{-1}(\boldsymbol{x}-\boldsymbol{\mu}_2) \tag{8.3}$$

式中，$\boldsymbol{\mu}_1$，$\boldsymbol{\mu}_2$，$\boldsymbol{\Sigma}_1$，$\boldsymbol{\Sigma}_2$ 分别为总体 G_1 和 G_2 的均值和协方差矩阵，当总体不是正态分布时，有时也可以用马氏距离来描述 $\boldsymbol{x}$ 到总体的远近。

若 $\boldsymbol{\Sigma}_1=\boldsymbol{\Sigma}_2=\boldsymbol{\Sigma}$，这时

$$d^2(\boldsymbol{x},G_2)-d^2(\boldsymbol{x},G_1)=2\left(\boldsymbol{x}-\frac{\boldsymbol{\mu}_1+\boldsymbol{\mu}_2}{2}\right)'\boldsymbol{\Sigma}^{-1}(\boldsymbol{\mu}_1-\boldsymbol{\mu}_2)$$

令

$$\bar{\boldsymbol{\mu}}=\frac{\boldsymbol{\mu}_1+\boldsymbol{\mu}_2}{2},\quad \boldsymbol{\alpha}=\boldsymbol{\Sigma}^{-1}(\boldsymbol{\mu}_1-\boldsymbol{\mu}_2)$$

$$W(\boldsymbol{x})=(\boldsymbol{\mu}_1-\boldsymbol{\mu}_2)'\boldsymbol{\Sigma}^{-1}(\boldsymbol{x}-\bar{\boldsymbol{\mu}})=\boldsymbol{\alpha}'(\boldsymbol{x}-\bar{\boldsymbol{\mu}}) \tag{8.4}$$

于是判别规则可表示为：

$$\begin{cases}\boldsymbol{x}\in G_1, & 当\ W(\boldsymbol{x})>0\\ \boldsymbol{x}\in G_2, & 当\ W(\boldsymbol{x})<0\\ 待判, & 当\ W(\boldsymbol{x})=0\end{cases} \tag{8.5}$$

这个规则取决于 $W(\boldsymbol{x})$ 的值，通常称 $W(\boldsymbol{x})$ 为判别函数，由于它是线性函数，又称为线性判别函数，$\boldsymbol{\alpha}$ 称为判别系数（类似于回归系数）。线性判别函数使用起来最方便，在实际应用中也最广泛。

当 $\boldsymbol{\mu}_1$，$\boldsymbol{\mu}_2$，$\boldsymbol{\Sigma}$ 未知时，可通过样本来估计。设 $\boldsymbol{x}_1^{(1)}$，…，$\boldsymbol{x}_{n_1}^{(1)}$ 是来自 G_1 的样本，$\boldsymbol{x}_1^{(2)}$，…，$\boldsymbol{x}_{n_2}^{(2)}$ 是来自 G_2 的样本，可以得到以下估计：

$$\hat{\boldsymbol{\mu}}_1=\frac{1}{n_1}\sum_{i=1}^{n_1}\boldsymbol{x}_i^{(1)}=\bar{\boldsymbol{x}}^{(1)},\qquad \hat{\boldsymbol{\mu}}_2=\frac{1}{n_2}\sum_{i=1}^{n_2}\boldsymbol{x}_i^{(2)}=\bar{\boldsymbol{x}}^{(2)}$$

$$\hat{\boldsymbol{\Sigma}}=\frac{1}{n_1+n_2-2}(\boldsymbol{A}_1+\boldsymbol{A}_2)$$

式中：$$\boldsymbol{A}_a=\sum_{j=1}^{n_a}(\boldsymbol{x}_j^{(a)}-\bar{\boldsymbol{x}}^{(a)})(\boldsymbol{x}_j^{(a)}-\bar{\boldsymbol{x}}^{(a)})',\quad a=1,2$$

当两个总体协方差矩阵 $\boldsymbol{\Sigma}_1$ 与 $\boldsymbol{\Sigma}_2$ 不等时，可用

$$\begin{aligned}W(\boldsymbol{x})&=d^2(\boldsymbol{x},G_2)-d^2(\boldsymbol{x},G_1)\\&=(\boldsymbol{x}-\boldsymbol{\mu}_2)'\boldsymbol{\Sigma}_2^{-1}(\boldsymbol{x}-\boldsymbol{\mu}_2)-(\boldsymbol{x}-\boldsymbol{\mu}_1)'\boldsymbol{\Sigma}_1^{-1}(\boldsymbol{x}-\boldsymbol{\mu}_1)\end{aligned}$$

作为判别函数，这时它是 $\boldsymbol{x}$ 的二次函数。

二、多总体情况

1. 协方差矩阵相同

设有 k 个总体 G_1，G_2，…，G_k，它们的均值分别是 $\boldsymbol{\mu}_1$，$\boldsymbol{\mu}_2$，…，$\boldsymbol{\mu}_k$，协方差矩阵均为 $\boldsymbol{\Sigma}$。类似于两总体的讨论，判别函数为：

$$W_{ij}(\boldsymbol{x})=\left(\boldsymbol{x}-\frac{\boldsymbol{\mu}_i+\boldsymbol{\mu}_j}{2}\right)'\boldsymbol{\Sigma}^{-1}(\boldsymbol{\mu}_i-\boldsymbol{\mu}_j),\quad i,j=1,2,\cdots,k$$

相应的判别规则是：

$$\begin{cases}\boldsymbol{x}\in G_i, & 若\ W_{ij}(\boldsymbol{x})>0,\forall j\neq i\\ 待判, & 若某个\ W_{ij}(\boldsymbol{x})=0\end{cases}$$

当 $\boldsymbol{\mu}_1$，$\boldsymbol{\mu}_2$，…，$\boldsymbol{\mu}_k$，$\boldsymbol{\Sigma}$ 未知时，设从 G_a 中抽取的样本为 $\boldsymbol{x}_1^{(a)}$，…，$\boldsymbol{x}_{n_a}^{(a)}$ $(a=1,2,\cdots,k)$，则它们的估计为：

$$\hat{\boldsymbol{\mu}}_a = \bar{\boldsymbol{x}}^{(a)} = \frac{1}{n_a}\sum_{j=1}^{n_a}\boldsymbol{x}_j^{(a)}, \quad a = 1,2,\cdots,k,$$

$$\hat{\boldsymbol{\Sigma}} = \frac{1}{n-k}\sum_{a=1}^{k}\mathbf{A}_a$$

式中： $n=n_1+n_2+\cdots+n_k$

$$\mathbf{A}_a = \sum_{j=1}^{n_a}(\boldsymbol{x}_j^{(a)} - \bar{\boldsymbol{x}}^{(a)})(\boldsymbol{x}_j^{(a)} - \bar{\boldsymbol{x}}^{(a)})'$$

2. 协方差矩阵不相同

这时判别函数为：

$$V_{ij}(\boldsymbol{x})=(\boldsymbol{x}-\boldsymbol{\mu}_i)'\boldsymbol{\Sigma}_i^{-1}(\boldsymbol{x}-\boldsymbol{\mu}_i)-(\boldsymbol{x}-\boldsymbol{\mu}_j)'\boldsymbol{\Sigma}_j^{-1}(\boldsymbol{x}-\boldsymbol{\mu}_j)$$

这时的判别规则为：

$$\begin{cases}\boldsymbol{x}\in G_i, & 若\ V_{ij}(\boldsymbol{x})<0, \forall j\neq i \\ 待判, & 若某个\ V_{ij}=0\end{cases}$$

当 $\boldsymbol{\mu}_1$，$\boldsymbol{\mu}_2$，…，$\boldsymbol{\mu}_k$，$\boldsymbol{\Sigma}_1$，$\boldsymbol{\Sigma}_2$，…，$\boldsymbol{\Sigma}_k$ 未知时，$\hat{\boldsymbol{\mu}}_a$ 的估计与协方差矩阵相同时的估计一致，而

$$\hat{\boldsymbol{\Sigma}}_a=\frac{1}{n_a-1}\mathbf{A}_a, \quad a=1,2,\cdots,k$$

式中，$\mathbf{A}_a$ 与协方差矩阵相同时的估计一致。

线性判别函数容易计算，二次判别函数计算起来则比较复杂，为此需要一些计算方法。因 $\boldsymbol{\Sigma}_i>0$，存在唯一的下三角阵 $\mathbf{V}_i$，其对角线元素均为正，使得

$$\boldsymbol{\Sigma}_i=\mathbf{V}_i\mathbf{V}_i'$$

从而

$$\boldsymbol{\Sigma}^{-1}_i=(\mathbf{V}_i')^{-1}\mathbf{V}^{-1}_i=\boldsymbol{L}_i'\boldsymbol{L}_i$$

$\boldsymbol{L}_i$ 仍为下三角阵。我们可事先将 $\boldsymbol{L}_1$，$\boldsymbol{L}_2$，…，$\boldsymbol{L}_k$ 算好。令 $\boldsymbol{Z}_i=\boldsymbol{L}_i(\boldsymbol{x}-\boldsymbol{\mu}_i)$，则

$$d^2(\boldsymbol{x},G_i)=(\boldsymbol{x}-\boldsymbol{\mu}_i)'\boldsymbol{L}_i'\boldsymbol{L}_i(\boldsymbol{x}-\boldsymbol{\mu}_i)=\boldsymbol{Z}_i'\boldsymbol{Z}_i$$

用这样的方法计算就比较方便。

§8.3 贝叶斯判别

贝叶斯（Bayes）统计的思想是：假定对研究的对象已有一定的认识，常用先验概率分布来描述这种认识，然后我们取得一个样本，用样本来修正已有的认识（先验概率分布），得到后验概率分布，各种统计推断都通过后验概率分布来进行。将贝叶斯思想用于判别分析，就得到贝叶斯判别。

设有 k 个总体 G_1，G_2，…，G_k，分别具有 p 维密度函数 $p_1(x)$，$p_2(x)$，…，$p_k(x)$，已知出现这 k 个总体的先验分布为 q_1，q_2，…，q_k，我们希望建立判别函数和判别规则。

用 D_1，D_2，…，D_k 表示 R^p 的一个划分，即 D_1，D_2，…，D_k 互不相交，且 $D_1 \cup \cdots \cup D_k = R^p$。如果这个划分取得适当，正好对应于 k 个总体，这时判别规则可以采用如下方法：

$$\boldsymbol{x} \in G_i,\quad \text{若 } \boldsymbol{x} \text{ 落入 } D_i,\quad i=1,2,\cdots,k$$

问题是如何获得这个划分。用 $c(j|i)$表示样品来自 G_i 而误判为 G_j 的损失，这一误判的概率为：

$$p(j \mid i) = \int_{D_j} p_i(x)\mathrm{d}x$$

于是由以上判别规则，所带来的平均损失 ECM（expected cost of misclassification）为：

$$\mathrm{ECM}(D_1, D_2, \cdots, D_k) = \sum_{i=1}^{k} q_i \sum_{j=1}^{k} c(j \mid i) p(j \mid i)$$

我们总是定义 $c(i \mid i) = 0$，目的是求 D_1，D_2，…，D_k，使 ECM 达到最小。

关于贝叶斯判别具体的性质、详细的数学证明及推导见书末的参考文献［4］。

§8.4　费歇判别

费歇（Fisher）判别的思想是投影，将 k 组 p 维数据投影到某一个方向，使得它们的投影组与组之间尽可能地分开。如何衡量组与组之间尽可能地分开呢？这里借用了一元方差分析的思想。

设从 k 个总体分别取得 k 组 p 维观察值如下：

$$\begin{aligned} &G_1: \boldsymbol{x}_1^{(1)}, \cdots, \boldsymbol{x}_{n_1}^{(1)} \\ &\vdots \qquad\qquad\qquad\qquad , \quad n = n_1 + \cdots + n_k \\ &G_k: \boldsymbol{x}_1^{(k)}, \cdots, \boldsymbol{x}_{n_k}^{(k)} \end{aligned}$$

令 $\boldsymbol{a}$ 为 R^p 中的任一向量，$u(\boldsymbol{x}) = \boldsymbol{a}'\boldsymbol{x}$ 为 $\boldsymbol{x}$ 向以 $\boldsymbol{a}$ 为法线方向的投影，这时，上述数据的投影为：

$$\begin{aligned} &G_1: \boldsymbol{a}'\boldsymbol{x}_1^{(1)}, \cdots, \boldsymbol{a}'\boldsymbol{x}_{n_1}^{(1)} \\ &\vdots \\ &G_k: \boldsymbol{a}'\boldsymbol{x}_1^{(k)}, \cdots, \boldsymbol{a}'\boldsymbol{x}_{n_k}^{(k)} \end{aligned}$$

它正好组成一元方差分析的数据，其组间平方和为：

$$\mathrm{SSG}=\sum_{i=1}^{k}n_i(\boldsymbol{a}'\bar{\boldsymbol{x}}^{(i)}-\boldsymbol{a}'\bar{\boldsymbol{x}})^2$$
$$=\boldsymbol{a}'\Big[\sum_{i=1}^{k}n_i(\bar{\boldsymbol{x}}^{(i)}-\bar{\boldsymbol{x}})(\bar{\boldsymbol{x}}^{(i)}-\bar{\boldsymbol{x}})'\Big]\boldsymbol{a}=\boldsymbol{a}'\boldsymbol{B}\boldsymbol{a}$$

式中，$\boldsymbol{B}=\sum_{i=1}^{k}n_i(\bar{\boldsymbol{x}}^{(i)}-\bar{\boldsymbol{x}})(\bar{\boldsymbol{x}}^{(i)}-\bar{\boldsymbol{x}})'$；$\bar{\boldsymbol{x}}^{(i)}$ 和 $\bar{\boldsymbol{x}}$ 分别为第 i 组均值和总均值向量。组内平方和为：

$$\mathrm{SSE}=\sum_{i=1}^{k}\sum_{j=1}^{n_i}(\boldsymbol{a}'\boldsymbol{x}_j^{(i)}-\boldsymbol{a}'\bar{\boldsymbol{x}}^{(i)})^2$$
$$=\boldsymbol{a}'\Big[\sum_{i=1}^{k}\sum_{j=1}^{n_1}(\boldsymbol{x}_j^{(i)}-\bar{\boldsymbol{x}}^{(i)})(\boldsymbol{x}_j^{(i)}-\bar{\boldsymbol{x}}^{(i)})'\Big]\boldsymbol{a}=\boldsymbol{a}'\boldsymbol{E}\boldsymbol{a}$$

式中，$\boldsymbol{E}=\sum_{i=1}^{k}\sum_{j=1}^{n_i}(\boldsymbol{x}_j^{(i)}-\bar{\boldsymbol{x}}^{(i)})(\boldsymbol{x}_j^{(i)}-\bar{\boldsymbol{x}}^{(i)})'$。如果 k 组均值有显著差异，则

$$F=\frac{\mathrm{SSG}/(k-1)}{\mathrm{SSE}/(n-k)}=\frac{n-k}{k-1}\frac{\boldsymbol{a}'\boldsymbol{B}\boldsymbol{a}}{\boldsymbol{a}'\boldsymbol{E}\boldsymbol{a}}$$

应充分地大，或者

$$\Delta(\boldsymbol{a})=\frac{\boldsymbol{a}'\boldsymbol{B}\boldsymbol{a}}{\boldsymbol{a}'\boldsymbol{E}\boldsymbol{a}}$$

应充分地大。所以我们可以求 $\boldsymbol{a}$，使得 $\Delta(\boldsymbol{a})$ 达到最大。显然这个 $\boldsymbol{a}$ 并不唯一，因为如果 $\boldsymbol{a}$ 使 $\Delta(\cdot)$ 达到极大，则 $c\boldsymbol{a}$ 也使 $\Delta(\cdot)$ 达到极大，c 为任意不等于零的实数。由矩阵知识，我们知道 $\Delta(\cdot)$ 的极大值为 λ_1，它是 $|\boldsymbol{B}-\lambda\boldsymbol{E}|=0$ 的最大特征根，$\boldsymbol{l}_1$，$\boldsymbol{l}_2$，…，$\boldsymbol{l}_r$ 为相应的特征向量，当 $\boldsymbol{a}=\boldsymbol{l}_1$ 时，可使 $\Delta(\cdot)$ 达到最大。由于 $\Delta(\boldsymbol{a})$ 的大小可衡量判别函数 $u(\boldsymbol{x})=\boldsymbol{a}'\boldsymbol{x}$ 的效果，故称 $\Delta(\boldsymbol{a})$ 为判别效率。综上所述，得到如下的定理。

定理 8.1 费歇准则下的线性判别函数 $u(\boldsymbol{x})=\boldsymbol{a}'\boldsymbol{x}$ 的解 $\boldsymbol{a}$ 为方程 $|\boldsymbol{B}-\lambda\boldsymbol{E}|=0$ 的最大特征根 λ_1 所对应的特征向量 $\boldsymbol{l}_1$，且相应的判别效率为 $\Delta(\boldsymbol{l}_1)=\lambda_1$。

在有些问题中，仅用一个线性判别函数不能很好地区别各个总体，可取 λ_2 对应的特征向量 $\boldsymbol{l}_2$，建立第二个判别函数 $\boldsymbol{l}_2'\boldsymbol{x}$。如还不够，可建立第三个线性判别函数 $\boldsymbol{l}_3'\boldsymbol{x}$，以此类推。

迄今为止，我们仅仅给出了费歇准则下的判别函数，没有给出判别规则。前面曾讲过，在费歇准则下的判别函数并不唯一，若 $u(\boldsymbol{x})=\boldsymbol{l}'\boldsymbol{x}$ 为判别函数，则 $\boldsymbol{a}u(\boldsymbol{x})+\boldsymbol{\beta}$ 也为具有与 $u(\boldsymbol{x})$ 相同判别效率的判别函数。不唯一性对制定判别规则并没有任何妨碍，我们可从中任取一个，一旦确定了判别函数，根据它就可以确定判别规则。

关于费歇判别具体的性质、详细的数学证明及推导见书末的参考文献［4］。

§8.5 逐步判别

在多元回归中熟知，变量选择的好坏直接影响回归的效果，而在判别分析中也有

类似的问题。如果在某个判别问题中将其中最主要的指标忽略了，由此建立的判别函数效果一定不好。但是在许多问题中，事先并不十分清楚哪些指标是主要的，这时，是否将有关的指标尽量收集加入计算才好呢？理论和实践证明，指标太多，不仅带来大量的计算，许多对判别无作用的指标反而会干扰我们的视线。因此适当筛选变量的问题就成为一件很重要的事情。凡具有筛选变量能力的判别方法统称为逐步判别法。和通常的判别分析一样，逐步判别也有许多不同的原则，从而产生各种方法。有关逐步判别法的理论基础详见书末的参考文献［4］所讨论指标的附加信息检验。

逐步判别的原则是：

(1) 在 x_1，x_2，…，x_m（即 m 个自变量）中先选出一个自变量，它使维尔克斯统计量 $\Lambda_i(i=1,2,\cdots,m)$ 达到最小。为了叙述的方便，又不失一般性，假定挑选的变量次序是按自然的次序，即第 r 步正好选中 x_r，第一步选中 x_1，则有 $\Lambda_1=\min\limits_{1\leqslant i\leqslant m}\{\Lambda_i\}$，并考察 Λ_1 是否落入接受域，如不显著，则表明一个变量也选不中，不能用判别分析；如显著，则进入下一步。

(2) 在未选中的变量中，计算它们与已选中的变量 x_1 配合的 Λ 值。选择使 $\Lambda_{1i}(2\leqslant i\leqslant m)$ 达到最小的作为第二个变量。仿此，如已选入了 r 个变量，不妨设是 x_1，x_2，…，x_r，则在未选中的变量中逐次选一个与它们配合，计算 $\Lambda_{1,2,\cdots,r,l}(r<l\leqslant m)$，选择使上式达到极小的变量作为第 $r+1$ 个变量，并检验新选的第 $r+1$ 个变量能否提供附加信息，如不能则转入 (4)，否则转入 (3)。

(3) 在已选入的 r 个变量中，要考虑较早选中的变量中其重要性有没有较大的变化，应及时把不能提供附加信息的变量剔除出去。剔除的原则等同于引进的原则。例如在已进入的 r 个变量中要考察 $x_l(1\leqslant l\leqslant r)$ 是否需要剔除，就是计算 $\Lambda_{l\cdot 1,\cdots,l-1,l+1,\cdots,r}$ 选择达到极小（大）的 l，看是否显著，如不显著将该变量剔除，仍回到 (3)，继续考察余下的变量是否需要剔除，如显著则回到 (2)。

(4) 这时既不能选进新变量，又不能剔除已选进的变量，将已选中的变量建立判别函数。

有关逐步判别的计算方法参见书末的参考文献［4］。

§8.6　判别分析应用的几个例子

下面用 SPSS 软件中的 Discriminant 模块来实现判别分析。

【例 8.1】　为了研究 2014 年全国各地区农村居民家庭人均消费支出情况，按标准化欧式平方距离、离差平方和聚类方法将 29 个省、市、自治区（除福建和西藏以外）分为三种类型，设置 Group 变量取值分别为 1，2，3。试建立判别函数，判定福建、西藏分别属于哪个消费水平类型。判别指标及原始数据见表 8—1。

表 8—1　　2014 年 31 个省、市、自治区农村居民家庭平均每人生活消费支出

x_1人均食品烟酒支出（元/人）　x_5人均交通通信支出（元/人）
x_2人均衣着支出（元/人）　x_6人均教育文化娱乐支出（元/人）
x_3人均居住支出（元/人）　x_7人均医疗保健支出（元/人）
x_4人均生活用品及服务支出（元/人）　x_8人均其他用品和服务支出（元/人）

序号	地区	x_1	x_2	x_3	x_4	x_5	x_6	x_7	x_8	Group
1	北京	4 048.0	917.8	4 360.7	994.6	1 813.0	1 097.3	1 088.6	215.1	1
2	天津	4 314.4	1 013.1	3 200.4	891.0	1 979.4	1 041.4	979.7	319.2	1
3	上海	5 332.7	860.4	3 615.7	689.5	1 830.3	782.7	1 330.3	378.3	1
4	江苏	3 711.9	758.9	2 467.0	719.0	1 788.5	1 215.5	845.3	314.3	1
5	浙江	4 618.5	881.8	3 302.1	746.6	2 256.8	1 355.3	1 068.3	268.4	1
6	河北	2 421.2	581.6	1 858.5	508.0	1 146.5	758.7	788.7	184.7	2
7	山西	2 054.3	539.7	1 480.5	343.9	706.5	928.5	770.2	168.2	2
8	内蒙古	3 039.0	728.1	1 675.7	427.9	1 467.5	1 318.0	1 114.4	201.5	2
9	辽宁	2 210.9	531.7	1 491.7	331.7	1 049.7	1 014.5	1 026.4	144.2	2
10	吉林	2 411.2	552.6	1 650.9	355.7	931.2	1 042.2	1 008.0	188.0	2
11	黑龙江	2 210.2	597.4	1 602.1	348.0	966.2	984.2	992.1	129.7	2
12	安徽	2 842.3	474.0	1 686.0	498.7	811.7	735.1	778.8	154.1	2
13	广东	3 968.9	328.2	2 238.8	599.7	1 068.7	918.2	686.9	233.8	2
14	山东	2 464.5	489.3	1 547.1	523.9	1 225.8	801.4	776.4	133.8	2
15	河南	2 153.8	600.7	1 542.6	505.9	859.6	757.8	731.4	125.4	2
16	湖北	2 724.1	495.7	1 944.6	574.3	816.4	1 010.2	907.3	208.3	2
17	湖南	3 095.2	468.0	1 982.4	541.9	871.9	1 112.1	771.4	181.9	2
18	重庆	3 229.0	490.5	1 294.2	569.4	780.4	805.1	677.0	137.1	2
19	四川	3 299.3	548.1	1 486.5	629.8	884.9	599.8	723.7	129.1	2
20	陕西	2 112.2	457.3	1 627.0	444.2	690.5	900.6	883.7	136.8	2
21	青海	2 626.0	615.5	1 416.3	487.5	1 392.3	610.6	944.5	142.5	2
22	宁夏	2 296.0	602.0	1 388.1	496.1	961.4	866.6	856.9	209.2	2
23	新疆	2 540.2	650.7	1 412.8	340.8	1 010.4	600.7	717.2	92.4	2
24	江西	2 755.1	380.6	1 877.3	406.8	759.4	711.9	525.2	132.0	3
25	广西	2 462.9	208.6	1 550.8	394.8	709.7	682.5	553.5	112.4	3
26	海南	3 037.2	247.9	1 328.5	392.8	661.8	760.3	454.1	164.4	3
27	贵州	2 223.5	341.6	1 202.1	355.1	636.5	746.4	373.0	92.1	3
28	云南	2 145.9	267.2	1 147.8	359.6	856.8	664.9	514.0	74.1	3
29	甘肃	2 145.7	411.2	1 079.8	383.4	730.4	753.4	546.2	97.7	3
1	福建	4 222.5	572.4	2 607.8	642.7	1 097.7	940.7	735.9	236.2	
2	西藏	2 534.9	458.1	688.4	252.9	517.0	129.1	91.6	149.9	

解：本例中组数 $k=3$，判别指标 $p=8$，各组中样本分别为：$n_1=5$，$n_2=6$，$n_3=18$，待判样品个数为 2。

总体协方差矩阵的逆矩阵为：

$$\hat{\boldsymbol{\Sigma}}^{-1}=\begin{bmatrix} 0.82 & 1.00 & -0.30 & -0.83 & -0.63 & 0.54 & 0.20 & -4.75 \\ 1.00 & 20.23 & 0.56 & -2.51 & -3.07 & 1.27 & -5.09 & 5.70 \\ -0.30 & 0.56 & 1.54 & -3.27 & 0.53 & -0.35 & -2.41 & 2.12 \\ -0.83 & -2.51 & -3.27 & 23.62 & -0.83 & 0.57 & 9.58 & 1.99 \\ -0.63 & -3.07 & 0.53 & -0.83 & 3.95 & -0.96 & -1.79 & 3.40 \\ 0.54 & 1.27 & -0.35 & 0.57 & -0.96 & 4.03 & -0.38 & -5.54 \\ 0.20 & -5.09 & -2.41 & 9.58 & -1.79 & -0.38 & 13.08 & -8.82 \\ -4.75 & 5.70 & 2.12 & 1.99 & 3.40 & -5.54 & -8.82 & 98.98 \end{bmatrix}\times 10^{-5}$$

将原 29 个样品的回判结果列于表 8—2，两个待判样品的判别结果列于表 8—3，其中福建省被判归第二类消费水平，西藏自治区归入第三类消费水平，判别结果理想。本例的回判准确率高，说明各地区农村居民的消费水平划分为三种类型是合适的。由于 SPSS 中的判别分析没有距离判别这一方法，因此距离判别法无法在 SPSS 中直接实现，但可以利用 Excel 等软件进行手工计算。

表 8—2 已知样品回判结果

样品序号	原属类号	最小距离及归类		正误判标志（正=0；误=1）
1	1	15.21	1	0
2	1	6.334	1	0
3	1	16.898	1	0
4	1	12.05	1	0
5	1	8.207 8	1	0
6	2	7.713 1	2	0
7	2	6.597 1	2	0
8	2	15.173	2	0
9	2	4.885 7	2	0
10	2	3.344 2	2	0
11	2	3.813 8	2	0
12	2	1.638 9	2	0
13	2	14.258	2	0
14	2	5.688 8	2	0
15	2	2.922 7	2	0
16	2	5.624 8	2	0
17	2	4.796 1	2	0
18	2	9.242 9	2	0
19	2	9.393 3	2	0

续前表

样品序号	原属类号	最小距离及归类		正误判标志（正=0；误=1）
20	2	5.22	2	0
21	2	9.927 6	2	0
22	2	5.958	2	0
23	2	13.581	2	0
24	3	4.437 9	3	0
25	3	3.120 5	3	0
26	3	2.651 5	3	0
27	3	2.376 9	3	0
28	3	3.790 4	3	0
29	3	3.144	3	0

表 8—3　　未知样品回判结果

样品序号	最小距离及归类	
1	21.202 6	2
2	46.612 0	3

这里顺便指出，回判的误判率并不是“误判概率”，而且前者通常要小一些，回判情况仅供使用时参考。

【例 8.2】　为了研究 2014 年全国各地区国有及国有控股工业企业的经营状况，按标准化欧氏平方距离、离差平方和聚类方法将 29 个省、市、自治区分为三种类型，设置 Group 变量取值分别为 1，2，3。试建立判别函数，判定广东属于哪个发展类型。判别指标及原始数据见表 8—4。

表 8—4　　2014 年 30 个省、市、自治区国有及国有控股工业企业经济效益数据

x_1 利润总额（亿元）　　x_4 流动资产周转次数（次/年）

x_2 总资产贡献率（%）　　x_5 工业成本费用利润率（%）

x_3 资产负债率（%）　　x_6 人均主营业务收入（万元/人）

样品序号	地区	x_1	x_2	x_3	x_4	x_5	x_6	Group
1	北京	937.27	6.92	50.83	1.41	8.72	223.22	1
2	上海	1 408.88	17.51	45.45	1.99	11.02	324.31	1
3	海南	70.23	14.24	48.77	2.34	23.79	134.54	1
4	陕西	1 152.26	13.96	59.04	1.80	12.02	120.20	2
5	甘肃	172.66	9.77	65.64	2.55	2.45	162.16	2
6	天津	680.84	11.28	65.67	1.93	7.64	217.96	2
7	吉林	701.43	18.15	61.32	2.33	8.21	156.04	2
8	黑龙江	632.48	17.76	56.70	1.91	11.35	88.26	2
9	江苏	842.50	12.73	60.68	2.31	5.72	206.72	2
10	浙江	543.24	14.87	56.17	3.11	6.16	283.78	2
11	福建	222.98	11.00	62.37	2.56	5.03	193.55	2

续前表

样品序号	地区	x_1	x_2	x_3	x_4	x_5	x_6	Group
12	广西	209.92	14.67	66.29	2.46	3.91	157.16	2
13	江西	252.73	12.53	63.49	2.62	4.23	171.09	2
14	山东	1 209.38	12.29	63.90	2.40	5.68	142.81	2
15	湖北	702.36	13.42	59.30	2.20	6.31	147.55	2
16	湖南	288.50	15.52	62.79	1.88	4.54	115.72	2
17	重庆	338.01	11.55	66.96	1.92	7.01	121.12	2
18	贵州	317.31	12.47	66.47	1.54	9.51	85.11	2
19	云南	312.03	14.50	62.28	2.07	5.88	140.67	2
20	新疆	492.32	13.49	59.07	2.65	9.74	142.76	2
21	河北	216.38	6.77	65.67	2.25	1.92	121.76	3
22	山西	113.17	5.07	74.09	1.63	1.08	86.74	3
23	内蒙古	214.96	6.27	66.29	1.44	3.72	119.77	3
24	辽宁	175.50	7.78	66.80	1.80	1.41	123.99	3
25	安徽	318.05	8.83	64.16	2.25	3.43	113.84	3
26	河南	279.68	9.28	66.29	2.17	2.57	88.88	3
27	四川	484.94	8.13	65.70	1.68	5.13	112.16	3
28	宁夏	56.76	7.85	67.03	2.24	3.84	120.75	3
29	青海	84.64	7.44	69.51	1.63	7.51	93.95	3
1	广东	1 081.26	15.61	58.78	2.55	6.46	221.26	

解：本例中组数 $k=3$，判别指标 $p=6$，各组中样本数分别为：$n_1=3$，$n_2=17$，$n_3=9$，待判样品个数为 1。由于各指标的量纲级别不同，因此首先对样本数据进行标准化处理。

总体协方差矩阵的逆矩阵为：

$$\hat{\boldsymbol{\Sigma}}^{-1}=\begin{bmatrix} 2.346 & -0.155 & 1.788 & 1.152 & 0.262 & -0.946 \\ -0.155 & 3.716 & 2.361 & -0.217 & -0.666 & 0.290 \\ 1.788 & 2.361 & 8.398 & 1.420 & 1.634 & 0.933 \\ 1.152 & -0.217 & 1.420 & 2.083 & 0.063 & -1.140 \\ 0.262 & -0.666 & 1.634 & 0.063 & 3.279 & 1.668 \\ -0.946 & 0.290 & 0.933 & -1.140 & 1.668 & 3.3063 \end{bmatrix}$$

将原 29 个样品回判结果列于表 8—5，1 个待判样品的判别结果列于表 8—6，其中广东省被判为第 2 类。本例的回判准确率较高，说明各地区国有及国有控股工业企业经济效益划分为三种类型是合适的。这也可看成是聚类分析与判别分析的结合应用。

表 8—5　　已知样品回判结果

样品序号	原属类别	最小距离及归类		正误判标志(正=0;误=1)
1	1	10.240 8	1	0
2	1	10.830 2	1	0

续前表

样品序号	原属类别	最小距离及归类		正误判标志(正=0;误=1)
3	1	13.767 5	1	0
4	2	8.411 3	2	0
5	2	3.993 9	3	1
6	2	9.724 1	2	0
7	2	5.081 5	2	0
8	2	8.541 2	2	0
9	2	1.970 5	2	0
10	2	11.332 4	2	0
11	2	3.558 2	2	0
12	2	5.741 6	2	0
13	2	2.140 2	2	0
14	2	13.268 3	2	0
15	2	2.310 1	2	0
16	2	6.839 4	2	0
17	2	2.461 8	2	0
18	2	5.097 5	2	0
19	2	2.271 0	2	0
20	2	3.577 0	2	0
21	3	1.833 1	3	0
22	3	5.007 3	3	0
23	3	4.423 5	3	0
24	3	1.230 2	3	0
25	3	1.894 6	3	0
26	3	2.989 0	3	0
27	3	1.375 0	3	0
28	3	1.003 7	3	0
29	3	4.102 1	3	0

表 8—6　　未知样品回判结果

样品序号	最小距离及归类	
1	4.669 3	2

【例 8.3】 2014 年全国城镇居民月平均消费状况可划分为两类，分类后的数据见表 8—7。试建立费歇线性判别函数，并将广东、西藏两个待判省区归类。

表 8—7　　2014 年 31 个省、市、自治区城镇居民月平均消费状况数据

x_1人均食品烟酒支出(元/人)　　x_5人均交通通信支出(元/人)
x_2人均衣着支出(元/人)　　x_6人均教育文化娱乐支出(元/人)
x_3人均居住支出(元/人)　　x_7人均医疗保健支出(元/人)
x_4人均生活用品及服务支出(元/人)　　x_8人均其他用品和服务支出(元/人)

序号	地区	x_1	x_2	x_3	x_4	x_5	x_6	x_7	x_8	Group
1	北京	667.28	215.62	859.03	183.88	321.43	300.91	170.37	91.27	1
2	上海	786.55	141.70	968.48	135.78	316.79	300.42	193.97	88.19	1

续前表

序号	地区	x_1	x_2	x_3	x_4	x_5	x_6	x_7	x_8	Group
3	天津	672.46	170.90	437.62	115.59	259.50	167.75	143.44	56.88	2
4	河北	353.40	118.70	311.32	90.13	204.03	132.66	108.71	31.38	2
5	山西	317.00	134.67	241.57	73.99	142.48	168.88	103.41	37.74	2
6	内蒙古	500.27	199.55	301.61	119.72	257.94	181.48	122.57	57.31	2
7	辽宁	484.74	165.60	369.02	102.90	202.86	189.66	135.90	59.28	2
8	吉林	373.21	150.05	277.57	80.97	186.03	165.07	153.20	43.60	2
9	黑龙江	377.68	151.12	291.98	76.06	171.18	143.60	121.47	39.13	2
10	江苏	557.98	146.08	425.13	111.27	292.00	236.57	134.73	52.61	2
11	浙江	642.08	166.48	575.16	111.14	374.49	220.24	127.25	53.31	2
12	安徽	446.69	111.14	295.20	76.91	160.41	137.58	81.38	32.95	2
13	福建	614.06	121.75	452.89	108.50	228.15	180.83	88.25	55.91	2
14	江西	413.80	116.23	281.43	82.60	135.64	137.82	63.39	30.91	2
15	山东	441.51	150.11	334.63	119.23	198.05	147.48	99.00	36.87	2
16	河南	388.54	151.95	261.33	115.78	144.58	143.49	100.34	42.69	2
17	湖北	449.22	121.99	297.93	85.39	150.19	157.90	98.98	28.51	2
18	湖南	466.33	120.18	297.30	91.55	205.18	211.46	100.82	35.08	2
19	广西	441.14	66.22	282.48	75.38	153.83	140.74	70.49	23.51	2
20	海南	554.61	69.16	308.15	79.81	179.68	159.40	80.03	28.65	2
21	重庆	525.70	156.51	293.40	107.72	167.48	142.80	98.98	30.72	2
22	四川	516.98	128.28	265.51	100.88	180.73	139.37	106.97	41.27	2
23	贵州	400.80	103.83	245.21	90.88	156.09	172.61	77.28	24.53	2
24	云南	415.62	88.88	289.13	76.38	217.36	151.38	92.93	24.02	2
25	陕西	400.02	122.53	301.70	98.00	203.93	178.96	124.66	32.38	2
26	甘肃	413.68	137.85	294.81	90.79	135.73	137.03	87.35	31.28	2
27	青海	435.71	146.18	287.21	84.06	186.27	171.37	101.08	45.87	2
28	宁夏	399.61	144.08	252.30	91.24	212.73	163.13	134.74	36.86	2
29	新疆	460.81	159.37	271.90	90.63	200.56	145.08	109.24	36.13	2
1	广东	654.18	112.06	440.96	113.76	302.12	205.70	82.36	56.51	
2	西藏	513.88	138.02	283.13	74.26	144.18	60.61	46.04	45.66	

解：1. 计算总体 G_1 和 G_2 各判别变量的均值。

$$\bar{x}_1=(726.915\ 178.660\ 913.755\ 159.830\ 319.110\ 300.665\ 182.170\ 89.730)'$$

$$\bar{x}_2=(461.617\ 134.052\ 316.426\ 94.352\ 196.560\ 163.864\ 106.170\ 38.866)'$$

$$\bar{x}_1-\bar{x}_2=(265.298\ 44.608\ 597.329\ 65.478\ 122.550\ 136.801\ 76.000\ 50.864)'$$

$$\bar{x}_1+\bar{x}_2=(1\,188.5\ 312.7\ 1\,230.2\ 254.2\ 515.7\ 464.5\ 288.3\ 128.6)'$$

2. 计算协方差矩阵 $\boldsymbol{\Sigma}$ 的估计值 $\boldsymbol{S}_P$ 的逆矩阵。

$$\boldsymbol{S}_P^{-1}=\begin{bmatrix} 0.0004 & 0.0004 & -0.0003 & -0.0006 & -0.0001 & 0.0002 & 0.0001 & -0.0012 \\ 0.0004 & 0.0046 & -0.0004 & -0.0042 & -0.0005 & -0.0010 & -0.0015 & -0.0073 \\ -0.0003 & 0.0004 & 0.0009 & 0.0003 & -0.0007 & 0.0001 & 0.0003 & -0.0020 \\ -0.0006 & -0.0042 & 0.0003 & 0.0110 & -0.0009 & -0.0003 & 0.0028 & -0.0004 \\ -0.0001 & -0.0005 & -0.0007 & -0.0009 & 0.0020 & -0.0012 & -0.0012 & 0.0026 \\ 0.0002 & 0.0010 & 0.0001 & -0.0003 & -0.0012 & 0.0034 & -0.0001 & -0.0039 \\ 0.0001 & -0.0015 & 0.0003 & 0.0028 & -0.0012 & -0.0001 & 0.0049 & -0.0040 \\ -0.0012 & -0.0073 & -0.0020 & -0.0004 & 0.0026 & -0.0039 & -0.0040 & 0.0407 \end{bmatrix}$$

3. 计算费歇样本判别函数。

$$\begin{aligned} y &= (\bar{x}_1-\bar{x}_2)'\boldsymbol{S}_P^{-1}x \\ &= -0.1105x_1-0.1317x_2+0.3537x_3+0.6042x_4 \\ &\quad -0.4316x_5+0.2309x_6+0.3258x_7-0.2934x_8 \end{aligned}$$

4. 计算两个一元总体均值的中点 m 的估计值 $\hat{m}$。

$$\begin{aligned} \hat{m} &= \frac{1}{2}(\bar{x}_1-\bar{x}_2)'\boldsymbol{S}_P^{-1}(\bar{x}_1+\bar{x}_2) \\ &= \frac{1}{2}\times 357.1720 = 178.5860 \end{aligned}$$

5. 计算检验统计量 F 值。

马氏距离 $D^2=(\bar{x}_1-\bar{x}_2)'\boldsymbol{S}_P^{-1}(\bar{x}_1-\bar{x}_2)=204.2072$

F 检验统计量：

$$\begin{aligned} F &= \left[\frac{n_1+n_2-p-1}{(n_1+n_2-2)p}\right]\left[\frac{n_1n_2}{n_1+n_2}\right]D^2 \\ &= 0.1724\times 204.2072 \\ &= 35.2081 \end{aligned}$$

其第一自由度 $p=8$，第二自由度为 $n_1+n_2-p-1=20$，查 F 分布表有

$$F>F_{0.05}(8,20)=2.45$$

故在 0.05 的水平两个总体的均值有显著的差异，即判别函数有效。

6. 回判及待判样品的归类。

(1) 计算两个一元总体均值的中点 m 的估计值 $\hat{m}$。

$$\begin{aligned} \hat{m} &= \frac{1}{2}(\bar{x}_1-\bar{x}_2)'\boldsymbol{S}_P^{-1}(\bar{x}_1+\bar{x}_2) \\ &= \frac{1}{2}\times 357.1720 \\ &= 178.5860 \end{aligned}$$

（2）计算原 29 个样品的线性判别函数值 y_0。

$$y_0=(\bar{x}_1-\bar{x}_2)\boldsymbol{S}_P^{-1}x_0$$

其中，29 个样本的取值列于表 8—7，且费歇判别法则为：

若 $y_0=\hat{l}'x_0\geqslant 178.5860$，判 x_0 来自总体 G_1。

若 $y_0=\hat{l}'x_0<178.5860$，判 x_0 来自总体 G_2。

对于两个待判省区，判别函数值 y_0 小于 178.586 0，故都判归为低消费总体。将原 29 个省、市、自治区的回判结果列于表 8—8，此例没有误判，回判准确率很高。

表 8—8 已知样品回判结果

序号	地区	原属类号	判别函数值及归类		正误判标志（正=0；误=1）
1	北京	1	272.343 2	1	0
2	上海	1	289.036 2	1	0
3	天津	2	84.629 7	2	0
4	河北	2	78.697 3	2	0
5	山西	2	77.525 5	2	0
6	内蒙古	2	51.182 7	2	0
7	辽宁	2	100.477 0	2	0
8	吉林	2	81.071 0	2	0
9	黑龙江	2	74.990 1	2	0
10	江苏	2	93.797 7	2	0
11	浙江	2	92.795 2	2	0
12	安徽	2	66.292 0	2	0
13	福建	2	97.523 7	2	0
14	江西	2	73.304 8	2	0
15	山东	2	91.882 8	2	0
16	河南	2	90.364 6	2	0
17	湖北	2	86.813 6	2	0
18	湖南	2	75.967 9	2	0
19	广西	2	70.188 1	2	0
20	海南	2	63.774 6	2	0
21	重庆	2	74.110 6	2	0
22	四川	2	57.791 5	2	0
23	贵州	2	74.171 0	2	0
24	云南	2	55.180 5	2	0
25	陕西	2	90.033 2	2	0
26	甘肃	2	87.629 6	2	0
27	青海	2	63.654 6	2	0
28	宁夏	2	60.198 6	2	0
29	新疆	2	50.977 3	2	0
1	广东	待判	65.049 3	2	
2	西藏	待判	23.444 6	2	

在 SPSS 中进行费歇判别分析是十分快捷的。首先按照表 8—7 把数据输入 SPSS 数据表中，然后依次点击“Analyze”→“Classify”→“Discriminant”，打开 Discriminant Analyze 对话框，将对话框左侧变量列表中的 Group 选入 Grouping Variable 框，并点击“Define Range”按钮，在弹出的 Discriminant Analyze：Define Range 对话框中，定义判别原始数据的类别区间，本例为两类，故在 Minimum 处输入 1、在 Maximum 处输入 2，点击“Continue”按钮返回 Discriminant Analyze 对话框。再从对话框左侧的变量列表中将 8 个变量选入 Independent 框，作为判别分析的基础数据变量。点击“Statistics”按钮，弹出 Discriminant Analyze：Statistics 对话框，在 Descriptive 栏中选 Means 项，要求对各组的各变量作均值与标准差的描述；在 Function Coefficients 栏中选 Unstandardized 项（注意，不是 Fisher's 项!），要求输出费歇判别法所建立的判别函数的非标准化系数。之后，点击“Continue”按钮返回 Discriminant Analyze 对话框。点击“Save”按钮，弹出 Discriminant Analyze：Save New Variable 对话框，选 Predicted group membership 项，以将回判的结果存入原始数据库中。点击“Continue”按钮返回 Discriminant Analyze 对话框，其他项目不变，点击“OK”按钮即可完成分析。在输出结果中可以看到各组均值、标准差、协方差矩阵等描述统计结果以及判别函数，在返回数据表中，可以看到判别结果已经作为一个新的变量被保存，广东和西藏被划分到第二大类，篇幅所限，各输出结果在此不再列出。

【例 8.4】 2014 年全国各地区农村居民家庭人均消费情况可划分为三类，分类后的数据见表 8—1。试用 SPSS 软件建立贝叶斯判别函数，并将待判样品归类。

解：本例中组数 $k=3$，判别指标 $p=8$，各组中样品数分别为：$n_1=5$，$n_2=18$，$n_3=6$，待判样品个数为 2。在 SPSS 中进行贝叶斯判别分析时，操作步骤与例 8.3 中的费歇判别相同，但是在 Discriminant Analysis：Statistics 对话框的 Function Coefficients 栏中选择 Fisher's 项而不是 Unstandardized 项（因为贝叶斯判别思想是由费歇提出来的，故 SPSS 以此命名）。点击“OK”按钮后得到分析结果，部分结果列于表 8—9。

表 8—9

Group Statistics

group		Mean	Std. Deviation	Valid N (listwise)	
				Unweighted	Weighted
1	X1	4405.1000	616.89838	5	5.000
	X2	886.4000	92.18495	5	5.000
	X3	3389.1800	687.16795	5	5.000
	X4	808.1400	129.84767	5	5.000
	X5	1933.6000	195.46428	5	5.000
	X6	1098.4400	213.67423	5	5.000
	X7	1062.4400	177.80843	5	5.000
	X8	299.0600	61.04542	5	5.000
2	X1	2649.9056	511.43342	18	18.000
	X2	541.7278	88.89900	18	18.000

续前表

group		Mean	Std. Deviation	Valid N (listwise)	
				Unweighted	Weighted
	X3	1629.2111	241.70320	18	18.000
	X4	473.7444	96.28104	18	18.000
	X5	980.0889	217.08271	18	18.000
	X6	875.7944	189.97641	18	18.000
	X7	841.9444	130.47057	18	18.000
	X8	161.1500	37.43148	18	18.000
3	X1	2461.7167	367.04499	6	6.000
	X2	309.5167	80.24110	6	6.000
	X3	1364.3833	301.11599	6	6.000
	X4	382.0833	20.60489	6	6.000
	X5	725.7667	78.28258	6	6.000
	X6	719.9000	39.86081	6	6.000
	X7	494.3333	69.09540	6	6.000
	X8	112.1167	32.19549	6	6.000
Total	X1	2913.5897	850.25486	29	29.000
	X2	553.1103	199.49099	29	29.000
	X3	1877.8621	789.45198	29	29.000
	X4	512.4345	168.31698	29	29.000
	X5	1091.8690	445.46270	29	29.000
	X6	881.9276	206.73496	29	29.000
	X7	808.0414	221.55918	29	29.000
	X8	174.7828	72.71265	29	29.000

Covariance Matrices[a]

group		x1	x2	x3	x4	x5	x6	x7	x8
Total	x1	722933.331	102704.739	559819.286	114046.152	292011.357	65449.325	92383.232	50840.726
	x2	102704.739	39796.655	115677.717	23430.634	76182.447	21378.199	34944.163	10002.149
	x3	559819.286	115677.717	623234.433	114204.070	284787.366	80887.225	108535.732	44275.653
	x4	114046.152	23430.634	114204.070	28330.607	56379.424	13560.422	16932.131	8537.258
	x5	292011.357	76182.447	284787.366	56379.424	198437.017	51327.457	68364.759	24714.606
	x6	65449.325	21378.199	80887.225	13560.422	51327.457	42739.343	25831.412	8461.090
	x7	92383.232	34944.163	108535.732	16932.131	68364.759	25831.412	49088.470	10627.014
	x8	50840.726	10002.149	44275.653	8537.258	24714.606	8461.090	10627.014	5287.129

a. The total covariance matrix has 28 degrees of freedom.

Classification Function Coefficients

	group		
	1	2	3
X1	.010	.011	.011
X2	.140	.081	.053
X3	.005	-.010	-.005
X4	.119	.104	.065
X5	.013	-.008	-.004
X6	.033	.032	.029
X7	.033	.059	.032
X8	.136	.019	-.011
(Constant)	-209.687	-90.352	-47.822

Fisher's linear discriminant functions.

其中第一个表所示为各组以及总体的均值和标准差，第二个表为总体的协方差矩阵，可以根据该结果计算其逆矩阵 S_P^{-1}。第三个表所示为各组判别函数的估计结果，例如第一组的判别函数表达式为：

$$y = 0.01x_1 + 0.14x_2 + 0.005x_3 + 0.119x_4 + 0.013x_5 + 0.033x_6 + 0.033x_7 + 0.136x_8 - 209.687$$

根据判别函数，就可以对原各组样品以及待判样品进行回判和判别，此时在 SPSS 中返回原数据表，可以看到一个变量名为 Dis_1 的新变量，其对应的各值就是对各地区的回判和判别结果，可知福建被划分到第二类消费水平地区，西藏被划分到第三类消费水平地区，并且原各组样品的回判误判率为零。以上判别结果综合整理于表 8—10。

表 8—10　样品判别结果

样品序号	地区	原组号	新组号	后验概率
1	北京	1	1	1.000 00
2	天津	1	1	1.000 00
3	上海	1	1	1.000 00
4	江苏	1	1	1.000 00
5	浙江	1	1	1.000 00
6	河北	2	2	0.999 89
7	山西	2	2	0.990 66
8	内蒙古	2	2	1.000 00
9	辽宁	2	2	0.999 89
10	吉林	2	2	0.999 99
11	黑龙江	2	2	0.999 95
12	安徽	2	2	0.998 62
13	广东	2	2	0.966 35
14	山东	2	2	0.998 76
15	河南	2	2	0.999 85
16	湖北	2	2	1.000 00
17	湖南	2	2	0.999 76

续前表

样品序号	地区	原组号	新组号	后验概率
18	重庆	2	2	0.999 83
19	四川	2	2	0.999 99
20	陕西	2	2	0.999 54
21	青海	2	2	1.000 00
22	宁夏	2	2	1.000 00
23	新疆	2	2	0.875 30
24	江西	3	3	0.999 59
25	广西	3	3	0.999 99
26	海南	3	3	0.999 95
27	贵州	3	3	1.000 00
28	云南	3	3	0.999 99
29	甘肃	3	3	0.986 08
1	福建	待判	2	0.999 87
2	西藏	待判	3	1.000 00

在例 8.3 和例 8.4 中，我们是将事先确定的所有 8 个指标变量都选入进行判别分析，在实际应用中，我们也大多是设计尽可能多的相关指标来进行聚类和判别分析，然而事实是，指标太多不仅增大了计算量，而且那些对判别无用的指标也会干扰我们的视线。因此对众多指标进行筛选，找出对判别函数贡献比较突出，具有较强判别能力的指标成为一个很重要的事情。凡是具有筛选变量能力的判别方法统称为逐步判别法，有关这些方法的具体论述可见书末的参考文献 [4]。

在此我们以例 8.4 为例介绍逐步判别法在 SPSS 中的实现。操作步骤仍与例 8.3 类似，不同之处在于点击“Analyze”→“Classify”→“Discriminant”，打开 Discriminant Analysis 对话框后，将 Independents 栏下的 Enter independents together 项改选为 Use stepwise method，此时窗口最下面一行的“Method”按钮被激活，点击后进入 Discriminant Analysis：Stepwise method 对话框，在 method 栏中选中 Mahalanobis distance 项，即采用马氏距离，其他选项保持不变，返回主对话框后，其他操作仍按例 8.3 进行，点击“OK”得到输出结果（关于更多的上机指导可参见书末的参考文献 [28]），部分列举如表 8—11 所示。

表 8—11

Variables Entered/Removed[a,b,c,d]

Step	Entered	Min. D Squared						
		Statistic	Between Groups	Exact F				
				Statistic	df1	df2	Sig.
1	x2	6.991	2.00 and 3.00	31.460	1	26.000	6.791E-6
2	x7	10.497	2.00 and 3.00	22.711	2	25.000	2.387E-6
3	x4	15.634	2.00 and 3.00	21.646	3	24.000	5.205E-7
4	x8	17.078	2.00 and 3.00	16.996	4	23.000	1.299E-6
5	x3	18.411	2.00 and 3.00	14.020	5	22.000	3.215E-6

At each step, the variable that maximizes the Mahalanobis distance between the two closest groups is entered.

a. Maximum number of steps is 16.

b. Minimum partial F to enter is 3.84.

c. Maximum partial F to remove is 2.71.

d. F level, tolerance, or VIN insufficient for further computation.

Variables in the Analysis

Step		Tolerance	F to Remove	Min. D Squared	Between Groups
1	x2	1.000	59.236		
2	x2	.880	17.099	2.875	1.00 and 2.00
	x7	.880	4.151	6.991	2.00 and 3.00
3	x2	.879	5.474	12.000	2.00 and 3.00
	x7	.765	5.477	9.053	2.00 and 3.00
	x4	.846	12.164	10.497	2.00 and 3.00
4	x2	.784	7.282	12.258	2.00 and 3.00
	x7	.688	4.207	12.875	2.00 and 3.00
	x4	.844	5.820	12.221	2.00 and 3.00
	x8	.848	5.209	15.634	2.00 and 3.00
5	x2	.742	7.964	14.907	2.00 and 3.00
	x7	.489	8.677	12.892	2.00 and 3.00
	x4	.522	3.802	12.426	2.00 and 3.00
	x8	.847	3.823	17.057	2.00 and 3.00
	x3	.556	7.643	17.078	2.00 and 3.00

Variables Not in the Analysis

Step		Tolerance	Min. Tolerance	F to Enter	Min. D Squared	Between Groups
0	x1	1.000	1.000	26.616	.139	2.00 and 3.00
	x2	1.000	1.000	59.236	6.991	2.00 and 3.00
	x3	1.000	1.000	55.017	.547	2.00 and 3.00
	x4	1.000	1.000	32.398	.962	2.00 and 3.00
	x5	1.000	1.000	60.362	1.708	2.00 and 3.00
	x6	1.000	1.000	6.347	.786	2.00 and 3.00
	x7	1.000	1.000	27.636	2.875	1.00 and 2.00
	x8	1.000	1.000	30.831	1.424	2.00 and 3.00
1	x1	.921	.921	13.694	8.341	2.00 and 3.00
	x3	.990	.990	17.915	8.003	2.00 and 3.00
	x4	.973	.973	10.521	9.053	2.00 and 3.00
	x5	.849	.849	9.513	7.084	2.00 and 3.00
	x6	1.000	1.000	1.104	7.780	2.00 and 3.00
	x7	.880	.880	4.151	10.497	2.00 and 3.00
	x8	.948	.948	10.822	10.397	2.00 and 3.00
2	x1	.910	.801	13.429	11.429	2.00 and 3.00
	x3	.899	.799	19.872	10.708	2.00 and 3.00
	x4	.846	.765	12.164	15.634	2.00 and 3.00
	x5	.802	.797	10.327	10.517	2.00 and 3.00
	x6	.931	.819	.816	10.665	2.00 and 3.00
	x8	.850	.784	11.312	12.221	2.00 and 3.00

续前表

Step		Tolerance	Min. Tolerance	F to Enter	Min. D Squared	Between Groups
3	x1	.759	.705	4.243	15.636	2.00 and 3.00
	x3	.557	.524	9.516	17.057	2.00 and 3.00
	x5	.795	.716	5.932	15.761	2.00 and 3.00
	x6	.924	.728	.690	15.993	2.00 and 3.00
	x8	.848	.688	5.209	17.078	2.00 and 3.00
4	x1	.597	.597	1.327	17.411	2.00 and 3.00
	x3	.556	.489	7.643	18.411	2.00 and 3.00
	x5	.794	.652	4.055	17.245	2.00 and 3.00
	x6	.903	.669	.170	17.257	2.00 and 3.00
5	x1	.574	.489	.223	18.539	2.00 and 3.00
	x5	.781	.456	3.225	18.723	2.00 and 3.00
	x6	.901	.482	.129	18.638	2.00 and 3.00

Wilks' Lambda

Step	Number of Variables	Lambda	df1	df2	df3	Exact F			
						Statistic	df1	df2	Sig.
1	1	.180	1	2	26	59.236	2	26.000	.000
2	2	.135	2	2	26	21.508	4	50.000	.000
3	3	.067	3	2	26	22.885	6	48.000	.000
4	4	.046	4	2	26	21.008	8	46.000	.000
5	5	.027	5	2	26	22.257	10	44.000	.000

以上是逐步回归部分的结果，第一张表说明每一步变量的加入和剔除情况，第二张表和第三张表说明进入判别函数和没有进入判别函数的变量，结果反映变量 x_2，x_3，x_4，x_7，x_8 被保留在判别函数中，说明这五个变量对判别函数的贡献显著。第四张表显示判别函数的显著性，由表可知最终包含变量 x_2，x_3，x_4，x_7，x_8 的判别函数是显著的（F 统计量），其他部分的输出结果与前面两例相同，在此不再赘述。返回原数据表，同样可以看到一个名为 Dis _ 1 的新变量，其对应的各值就是对各地区的回判和判别结果，可知福建被划分到第二类消费水平地区，西藏被划分到第三类消费水平地区，并且原各组样品的回判误判率为零。

思考与练习

1. 应用判别分析应该具备什么样的条件？
2. 试述贝叶斯判别方法的思想。
3. 试述费歇判别方法的思想。
4. 什么是逐步判别分析？
5. 简要叙述判别分析的方法步骤及流程。

6. 为研究某地区人口死亡状况，已按某种方法将15个已知样品分为3类，指标及原始数据见表8—12，试建立判别函数，并判定另外4个待判样品属于哪类。

表8—12

x_1 0岁组死亡概率　　x_4 55岁组死亡概率
x_2 1岁组死亡概率　　x_5 80岁组死亡概率
x_3 10岁组死亡概率　　x_6 平均预期寿命

组别	序号	x_1	x_2	x_3	x_4	x_5	x_6
第一组	1	34.16	7.44	1.12	7.87	95.19	69.30
	2	33.06	6.34	1.08	6.77	94.08	69.70
	3	36.26	9.24	1.04	8.97	97.30	68.80
	4	40.17	13.45	1.43	13.88	101.20	66.20
	5	50.06	23.03	2.83	23.74	112.52	63.30
第二组	1	33.24	6.24	1.18	22.90	160.01	65.40
	2	32.22	4.22	1.06	20.70	124.70	68.70
	3	41.15	10.08	2.32	32.84	172.06	65.85
	4	53.04	25.74	4.06	34.87	152.03	63.50
	5	38.03	11.20	6.07	27.84	146.32	66.80
第三组	1	34.03	5.41	0.07	5.20	90.10	69.50
	2	32.11	3.02	0.09	3.14	85.15	70.80
	3	44.12	15.12	1.08	15.15	103.12	64.80
	4	54.17	25.03	2.11	25.15	110.14	63.70
	5	28.07	2.01	0.07	3.02	81.22	68.30
待判样品	1	50.22	6.66	1.08	22.54	170.60	65.20
	2	34.64	7.33	1.11	7.78	95.16	69.30
	3	33.42	6.22	1.12	22.95	160.31	68.30
	4	44.02	15.36	1.07	16.45	105.30	64.20

第 9 章

主成分分析

主成分分析（principal components analysis）也称主分量分析，是由霍太林（Hotelling）于 1933 年首先提出的。主成分分析是利用降维的思想，在损失很少信息的前提下把多个指标转化为几个综合指标的多元统计方法。通常把转化生成的综合指标称为主成分，其中每个主成分都是原始变量的线性组合，且各个主成分之间互不相关，这就使得主成分具有某些比原始变量更优越的性能。这样在研究复杂问题时就可以只考虑少数几个主成分而不至于损失太多信息，从而更容易抓住主要矛盾，揭示事物内部变量之间的规律性，同时使问题得到简化，提高分析效率。本章主要介绍主成分分析的基本理论和方法、主成分分析的计算步骤及主成分分析的上机实现。

§9.1　主成分分析的基本思想

一、主成分分析的基本思想

在对某一事物进行实证研究时，为了更全面、准确地反映出事物的特征及其发展规律，人们往往要考虑与其有关系的多个指标，这些指标在多元统计中也称为变量。这样就产生了如下问题：一方面，人们为了避免遗漏重要的信息而考虑尽可能多的指标；另一方面，随着考虑指标的增多增加了问题的复杂性，同时由于各指标均是对同一事物的反映，不可避免地造成信息的大量重叠，这种信息的重叠有时甚至会抹杀事物的真正特征与内在规律。基于上述问题，人们希望在定量研究中涉及的变量较少，而得到的信息量又较多。主成分分析正是研究如何通过原来变量的少数几个线性组合来解释原来变量绝大多数信息的一种多元统计方法。

既然研究某一问题涉及的众多变量之间有一定的相关性，就必然存在起支配作用的共同因素，根据这一点，通过对原始变量相关矩阵或协方差矩阵内部结构关系的研究，利用原始变量的线性组合形成几个综合指标（主成分），在保留原始变量主要信息的前提下起到降维与简化问题的作用，使得在研究复杂问题时更容易抓住主要矛盾。一般地，利用主成分分析得到的主成分与原始变量之间有如下基本关系：

（1）每一个主成分都是各原始变量的线性组合。

（2）主成分的数目大大少于原始变量的数目。

（3）主成分保留了原始变量绝大多数信息。

（4）各主成分之间互不相关。

通过主成分分析，可以从事物之间错综复杂的关系中找出一些主要成分，从而能有效利用大量统计数据进行定量分析，揭示变量之间的内在关系，得到对事物特征及其发展规律的一些深层次的启发，把研究工作引向深入。

二、主成分分析的基本理论

设对某一事物的研究涉及 p 个指标，分别用 X_1，X_2，…，X_p 表示，这 p 个指标构成的 p 维随机向量为 $\boldsymbol{X}=(X_1,X_2,\cdots,X_p)'$。设随机向量 $\boldsymbol{X}$ 的均值为 $\boldsymbol{\mu}$，协方差矩阵为 $\boldsymbol{\Sigma}$。

对 $\boldsymbol{X}$ 进行线性变换，可以形成新的综合变量，用 $\boldsymbol{Y}$ 表示，也就是说，新的综合变量可以用原来的变量线性表示，即满足下式：

$$\begin{cases} Y_1=u_{11}X_1+u_{21}X_2+\cdots+u_{p1}X_p \\ Y_2=u_{21}X_1+u_{22}X_2+\cdots+u_{p2}X_p \\ \vdots \\ Y_p=u_{1p}X_1+u_{2p}X_2+\cdots+u_{pp}X_p \end{cases} \tag{9.1}$$

由于可以任意地对原始变量进行上述线性变换，由不同的线性变换得到的综合变量 $\boldsymbol{Y}$ 的统计特性也不尽相同。因此为了取得较好的效果，我们总是希望 $Y_i=\boldsymbol{u}_i'\boldsymbol{X}$ 的方差尽可能大且各 Y_i 之间互相独立，由于

$$\mathrm{var}(Y_i)=\mathrm{var}(\boldsymbol{u}_i'\boldsymbol{X})=\boldsymbol{u}_i'\boldsymbol{\Sigma}\boldsymbol{u}_i$$

而对任给的常数 c，有

$$\mathrm{var}(c\boldsymbol{u}_i'\boldsymbol{X})=c^2\boldsymbol{u}_i'\boldsymbol{\Sigma}\boldsymbol{u}_i$$

因此对 $\boldsymbol{u}_i$ 不加限制时，可使 $\mathrm{var}(Y_i)$ 任意增大，问题将变得没有意义。

我们将线性变换约束在下面的原则之下：

（1）$\boldsymbol{u}_i'\boldsymbol{u}_i=1$（$i=1,2,\cdots,p$）。

（2）Y_i 与 Y_j 相互无关（$i\neq j;i,j=1,2,\cdots,p$）。

（3）Y_1 是 X_1，X_2，…，X_p 的一切满足原则 1 的线性组合中方差最大者；Y_2 是与 Y_1 不相关的 X_1，X_2，…，X_P 所有线性组合中方差最大者……Y_p 是与 Y_1，Y_2，…，Y_{p-1} 都不相关的 X_1，X_2，…，X_p 的所有线性组合中方差最大者。

基于以上三条原则决定的综合变量 Y_1，Y_2，…，Y_p 分别称为原始变量的第一个主成

分，第二个主成分，…，第 p 个主成分。其中，各综合变量在总方差中占的比重依次递减，在实际研究工作中，通常只挑选前几个方差最大的主成分，从而达到简化系统结构，抓住问题实质的目。

三、主成分分析的几何意义

由上面的介绍知道，在处理涉及多个指标问题的时候，为了提高分析的效率，可以不直接对 p 个指标构成的 p 维随机向量 $\boldsymbol{X}=(X_1,X_2,\cdots,X_p)'$ 进行分析，而是先对向量 $\boldsymbol{X}$ 进行线性变换，形成少数几个新的综合变量 Y_1，Y_2，…，Y_p，使得各综合变量之间相互独立且能解释原始变量尽可能多的信息，这样，在以损失很少部分信息为代价的前提下，达到简化数据结构，提高分析效率的目的。这一节，我们着重讨论主成分分析的几何意义，为了方便，我们仅在二维空间中讨论主成分的几何意义，所得结论可以很容易地扩展到多维的情况。

设有 N 个样品，每个样品有两个观测变量 X_1，X_2，这样，在由变量 X_1，X_2 组成的坐标空间中，N 个样品点散布的情况如带状，如图 9—1 所示。

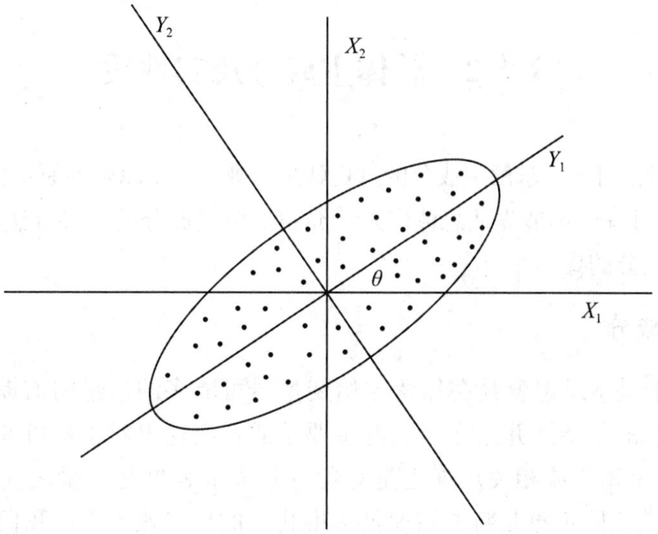

图 9—1

由图 9—1 可以看出这 N 个样品无论沿 X_1 轴方向还是沿 X_2 轴方向均有较大的离散性，其离散程度可以分别用观测变量 X_1 的方差和 X_2 的方差定量地表示，显然，若只考虑 X_1 和 X_2 中的任何一个，原始数据中的信息均会有较大的损失。我们的目的是考虑 X_1 和 X_2 的线性组合，使得原始样品数据可以由新的变量 Y_1 和 Y_2 来刻画。在几何上表示就是将坐标轴按逆时针方向旋转 θ 角度，得到新坐标轴 Y_1 和 Y_2，坐标旋转公式如下：

$$\begin{cases}Y_1=X_1\cos\theta+X_2\sin\theta\\ Y_2=-X_1\sin\theta+X_2\cos\theta\end{cases}$$

其矩阵形式为：

$$\begin{bmatrix} Y_1 \\ Y_2 \end{bmatrix} = \begin{bmatrix} \cos\theta & \sin\theta \\ -\sin\theta & \cos\theta \end{bmatrix} \begin{bmatrix} X_1 \\ X_2 \end{bmatrix} = \boldsymbol{UX}$$

式中，$\boldsymbol{U}$ 为旋转变换矩阵，由上式可知它是正交阵，即满足

$$\boldsymbol{U}' = \boldsymbol{U}^{-1}, \qquad \boldsymbol{U}'\boldsymbol{U} = \boldsymbol{I}$$

经过这样的旋转之后，N 个样品点在 Y_1 轴上的离散程度最大，变量 Y_1 代表了原始数据绝大部分信息，这样，在研究实际问题时，有时即使不考虑变量 Y_2 也无损大局。因此，经过上述旋转变换就可以把原始数据的信息集中到 Y_1 轴上，对数据中包含的信息起到了浓缩的作用。进行主成分分析的目的就是找出转换矩阵 $\boldsymbol{U}$，而进行主成分分析的作用与几何意义也就很明了了。

这样，我们就对主成分分析的几何意义有了一个充分的了解。主成分分析的过程无非就是坐标系旋转的过程，各主成分表达式就是新坐标系与原坐标系的转换关系，在新坐标系中，各坐标轴的方向就是原始数据变差最大的方向。

§9.2　总体主成分及其性质

由上一节的讨论可知，求解主成分的过程就是求满足三条原则的原始变量 X_1，X_2，…，X_p 的线性组合的过程。本节先从总体出发，介绍求解主成分的一般方法及主成分的性质，然后介绍样本主成分的导出。

一、总体主成分

主成分分析的基本思想就是在保留原始变量尽可能多的信息的前提下达到降维的目的，从而简化问题的复杂性并抓住问题的主要矛盾。而这里对于随机变量 X_1，X_2，…，X_p 而言，其协方差矩阵或相关矩阵正是对各变量离散程度与变量之间的相关程度的信息的反映，而相关矩阵不过是将原始变量标准化后的协方差矩阵。我们所说的保留原始变量尽可能多的信息，也就是指生成的较少的综合变量（主成分）的方差和尽可能接近原始变量方差的总和。因此在实际求解主成分的时候，总是从原始变量的协方差矩阵或相关矩阵的结构分析入手。一般地，从原始变量的协方差矩阵出发求得的主成分与从原始变量的相关矩阵出发求得的主成分是不同的。下面分别就协方差矩阵与相关矩阵进行讨论。

1. 从协方差矩阵出发求解主成分

为了节省篇幅下面不加证明直接给出引论及结果，对证明有兴趣者可参考书末的参考文献［4］。

引论　设矩阵 $\boldsymbol{A}' = \boldsymbol{A}$，将 $\boldsymbol{A}$ 的特征根 λ_1，λ_2，…，λ_n 依大小顺序排列，不妨设 $\lambda_1 \geqslant \lambda_2 \geqslant \cdots \geqslant \lambda_n$，$\gamma_1$，$\gamma_2$，…，$\gamma_p$ 为矩阵 $\boldsymbol{A}$ 各特征根对应的标准正交特征向量，则对任意向量 $\boldsymbol{x}$，有

$$\max_{x\neq 0}\frac{\boldsymbol{x}'\boldsymbol{A}\boldsymbol{x}}{\boldsymbol{x}'\boldsymbol{x}}=\lambda_1,\qquad \min_{x\neq 0}\frac{\boldsymbol{x}'\boldsymbol{A}\boldsymbol{x}}{\boldsymbol{x}'\boldsymbol{x}}=\lambda_n \tag{9.2}$$

结论 设随机向量 $\boldsymbol{X}=(X_1,X_2,\cdots,X_p)'$ 的协方差矩阵为 $\boldsymbol{\Sigma}$，$\lambda_1\geqslant\lambda_2\geqslant\cdots\geqslant\lambda_p$ 为 $\boldsymbol{\Sigma}$ 的特征根，$\boldsymbol{\gamma}_1$，$\boldsymbol{\gamma}_2$，…，$\boldsymbol{\gamma}_p$ 为矩阵 $\boldsymbol{A}$ 各特征根对应的标准正交特征向量，则第 i 个主成分为：

$$Y_i=\gamma_{1i}X_1+\gamma_{2i}X_2+\cdots+\gamma_{pi}X_p,\quad i=1,2,\cdots,p$$

此时：

$$\begin{aligned}&\mathrm{var}(Y_i)=\boldsymbol{\gamma}_i'\boldsymbol{\Sigma}\boldsymbol{\gamma}_i=\lambda_i\\&\mathrm{cov}(Y_i,Y_j)=\boldsymbol{\gamma}_i'\boldsymbol{\Sigma}\boldsymbol{\gamma}_j=0,\quad i\neq j\end{aligned}\tag{9.3}$$

令 $\boldsymbol{P}=(\boldsymbol{\gamma}_1,\boldsymbol{\gamma}_2,\cdots,\boldsymbol{\gamma}_p)$，$\boldsymbol{\Lambda}=\mathrm{diag}(\lambda_1,\lambda_2,\cdots,\lambda_p)$，由以上结论，我们把 X_1，X_2，…，X_p 的协方差矩阵 $\boldsymbol{\Sigma}$ 的非零特征根 $\lambda_1\geqslant\lambda_2\geqslant\cdots\geqslant\lambda_p>0$ 对应的标准化特征向量 $\boldsymbol{\gamma}_1$，$\boldsymbol{\gamma}_2$，…，$\boldsymbol{\gamma}_p$ 分别作为系数向量，$Y_1=\boldsymbol{\gamma}_1'\boldsymbol{X}$，$Y_2=\boldsymbol{\gamma}_2'\boldsymbol{X}$，…，$Y_p=\boldsymbol{\gamma}_p'\boldsymbol{X}$ 分别称为随机向量 $\boldsymbol{X}$ 的第一主成分，第二主成分，…，第 p 主成分。$\boldsymbol{Y}$ 的分量 Y_1，Y_2，…，Y_p 依次是 $\boldsymbol{X}$ 的第一主成分，第二主成分，…，第 p 主成分的充分必要条件是：

（1）$\boldsymbol{Y}=\boldsymbol{P}'\boldsymbol{X}$，即 $\boldsymbol{P}$ 为 p 阶正交阵。

（2）$\boldsymbol{Y}$ 的分量之间互不相关。

（3）$\boldsymbol{Y}$ 的 p 个分量是按方差由大到小排列。

注：无论 $\boldsymbol{\Sigma}$ 的各特征根是否存在相等的情况，对应的标准化特征向量 $\boldsymbol{\gamma}_1$，$\boldsymbol{\gamma}_2$，…，$\boldsymbol{\gamma}_p$ 总是存在的，我们总可以找到对应各特征根的彼此正交的特征向量。这样，求主成分的问题就变成了求特征根与特征向量的问题。

2. 主成分的性质

性质 9.1 $\boldsymbol{Y}$ 的协方差矩阵为对角阵 $\boldsymbol{\Lambda}$。

这一性质可由上述结论容易得到，证明略。

性质 9.2 记 $\boldsymbol{\Sigma}=(\sigma_{ij})_{p\times p}$，有 $\sum_{i=1}^{p}\lambda_i=\sum_{i=1}^{p}\sigma_{ii}$。

定义 9.1 称 $\alpha_k=\dfrac{\lambda_k}{\lambda_1+\lambda_2+\cdots+\lambda_p}$（$k=1,2,\cdots,p$）为第 k 个主成分 Y_k 的方差贡献率，称 $\sum_{i=1}^{m}\lambda_i/\sum_{i=1}^{p}\lambda_i$ 为主成分 Y_1，Y_2，…，Y_m 的累积贡献率。

由此进一步可知，主成分分析是把 p 个随机变量的总方差 $\sum_{i=1}^{p}\sigma_{ii}$ 分解为 p 个不相关的随机变量的方差之和，使第一主成分的方差达到最大，第一主成分是以变化最大的方向向量各分量为系数的原始变量的线性函数，最大方差为 λ_1。$\alpha_1=\dfrac{\lambda_1}{\sum\lambda_i}$ 表明了 λ_1 的方差在全部方差中的比值，称 α_1 为第一主成分的贡献率。这个值越大，表明 Y_1 这个新变量综合 X_1，X_2，…，X_p 信息的能力越强，也即由 $\boldsymbol{Y}_1$ 的差异来解释随机向量 $\boldsymbol{X}$ 的差异的能力越强。正因为如此，才把 Y_1 称为 $\boldsymbol{X}$ 的主成分。进而我们就更清楚为什么主成分的名次是按

特征根 λ_1，λ_2，…，λ_p 取值的大小排序的。

进行主成分分析的目的之一是减少变量的个数，所以一般不会取 p 个主成分，而是取 $m<p$ 个主成分，m 取多少比较合适，这是一个很实际的问题，通常以所取 m 使得累积贡献率达到 85%以上为宜，即

$$\frac{\sum_{i=1}^{m}\lambda_i}{\sum_{i=1}^{p}\lambda_i} \geqslant 85\% \tag{9.4}$$

这样，既能使损失信息不太多，又达到减少变量、简化问题的目的。另外，选取主成分还可根据特征根的变化来确定。图 9—2 为 SPSS 统计软件生成的碎石图。

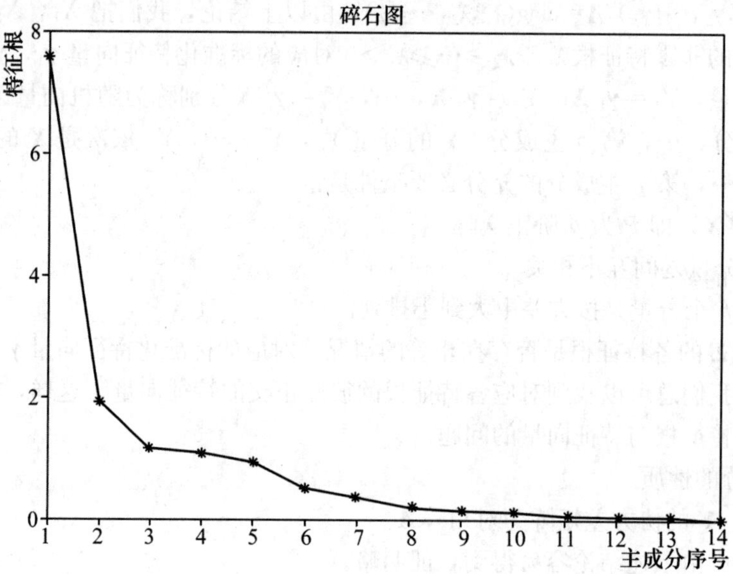

图 9—2

由图 9—2 可知，第二个及第三个特征根变化的趋势已经开始趋于平稳，所以，取前两个或是前三个主成分是比较合适的。这种方法确定的主成分个数与按累积贡献率确定的主成分个数往往是一致的。在实际应用中有些研究工作者习惯于保留特征根大于 1 的那些主成分，但这种方法缺乏完善的理论支持。在大多数情况下，当 $m=3$ 时即可使所选主成分保持信息总量的比重达到 85%以上。

定义 9.2 第 k 个主成分 Y_k 与原始变量 X_i 的相关系数 $\rho(Y_k, X_i)$ 称作因子负荷量。

因子负荷量是主成分解释中非常重要的解释依据，因子负荷量的绝对值大小刻画了该主成分的主要意义及其成因。在下一章因子分析中还将要对因子负荷量的统计意义给出更详细的解释。由下面的性质我们可以看到因子负荷量与系数向量成正比。

性质 9.3 $\rho(Y_k, X_i)=\gamma_{ik}\frac{\sqrt{\lambda_k}}{\sqrt{\sigma_{ii}}}$，　$k, i=1,2,\cdots,p$ (9.5)

由性质 9.3 知因子负荷量 $\rho(Y_k, X_i)$ 与向量系数 $\boldsymbol{\gamma}_{ik}$ 成正比，与 X_i 的标准差成反比关系，因此，绝不能将因子负荷量与向量系数混为一谈。在解释主成分的成因或是第 i 个变量对第 k 个主成分的重要性时，应当根据因子负荷量而不能仅仅根据 Y_k 与 X_i 的变换系数 γ_{ik}。

性质 9.4　$$\sum_{i=1}^{p}\rho^2(Y_k, X_i)\sigma_{ii} = \lambda_k \tag{9.6}$$

性质 9.5　$$\sum_{i=1}^{p}\rho^2(Y_k, X_i) = \frac{1}{\sigma_{ii}}\sum_{k=1}^{p}\lambda_k\gamma_{ik}^2 = 1 \tag{9.7}$$

定义 9.3　X_i 与前 m 个主成分 Y_1，Y_2，…，Y_m 的全相关系数平方和称为 Y_1，Y_2，…，Y_m 对原始变量 X_i 的方差贡献率 v_i，即

$$v_i = \frac{1}{\sigma_{ii}}\sum_{k=1}^{m}\lambda_k\gamma_{ik}^2,\quad i = 1,2,\cdots,p \tag{9.8}$$

这一定义说明了前 m 个主成分提取了原始变量 X_i 中 v_i 的信息，由此可以判断我们提取的主成分说明原始的能力。

3. 从相关矩阵出发求解主成分

考虑如下的数学变换。

令 $Z_i = \dfrac{X_i - \mu_i}{\sqrt{\sigma_{ii}}}$，　$i=1,2,\cdots,p$

式中，μ_i 与 σ_{ii} 分别表示变量 X_i 的期望与方差。于是有

$$E(Z_i)=0,\qquad \mathrm{var}(Z_i)=1$$

令 $$\boldsymbol{\Sigma}^{1/2} = \begin{bmatrix} \sqrt{\sigma_{11}} & 0 & \cdots & 0 \\ 0 & \sqrt{\sigma_{22}} & \cdots & 0 \\ \vdots & \vdots & & \vdots \\ 0 & 0 & \cdots & \sqrt{\sigma_{pp}} \end{bmatrix}$$

于是，对原始变量 $\boldsymbol{X}$ 进行如下标准化：

$$\boldsymbol{Z} = (\boldsymbol{\Sigma}^{1/2})^{-1}(\boldsymbol{X} - \boldsymbol{\mu})$$

经过上述标准化后，显然有

$$E(\boldsymbol{Z})=\boldsymbol{0},\qquad \mathrm{cov}(\boldsymbol{Z})=(\boldsymbol{\Sigma}^{1/2})^{-1}\boldsymbol{\Sigma}(\boldsymbol{\Sigma}^{1/2})^{-1}$$

$$= \begin{bmatrix} 1 & \rho_{12} & \cdots & \rho_{1p} \\ \rho_{12} & 1 & \cdots & \rho_{2p} \\ \vdots & \vdots & & \vdots \\ \rho_{1p} & \rho_{2p} & \cdots & 1 \end{bmatrix} = \boldsymbol{R}$$

由上面的变换过程，原始变量 X_1，X_2，…，X_p 的相关矩阵实际上就是对原始变量标准化后的协方差矩阵，因此，由相关矩阵求主成分的过程与主成分个数的确定准则实际上是与由协方差矩阵出发求主成分的过程与主成分个数的确定准则相一致的，在此不再赘述。仍用 $\boldsymbol{\lambda}_i$，$\boldsymbol{\gamma}_i$ 分别表示相关矩阵 $\boldsymbol{R}$ 的特征根与对应的标准正交特征向量，此时，求得的主成分与原始变量的关系式为：

$$Y_i=\boldsymbol{\gamma}_i{}'\boldsymbol{Z}=\boldsymbol{\gamma}_i{}'(\boldsymbol{\Sigma}^{1/2})^{-1}(\boldsymbol{X}-\boldsymbol{\mu}),\quad i=1,2,\cdots,p \tag{9.9}$$

4. 由相关矩阵求主成分时主成分性质的简单形式

由相关矩阵出发所求得主成分依然具有上面所述的各种性质，不同的是在形式上要简单，这是由相关矩阵 $\boldsymbol{R}$ 的特性决定的。我们将由相关矩阵得到的主成分的性质总结如下：

（1）$\boldsymbol{Y}$ 的协方差矩阵为对角阵 $\boldsymbol{\Lambda}$。

（2）$\sum\limits_{i=1}^{p}\mathrm{var}(Y_i)=tr(\boldsymbol{\Lambda})=tr(\boldsymbol{R})=p=\sum\limits_{i=1}^{p}\mathrm{var}(Z_i)$。

（3）第 k 个主成分的方差占总方差的比例，即第 k 个主成分的方差贡献率为 $\alpha_k=\lambda_k/p$，前 m 个主成分的累积方差贡献率为 $\sum\limits_{i=1}^{m}\lambda_i/p$。

（4）$\rho(Y_k,Z_i)=\gamma_{ik}\sqrt{\lambda_k}$。

注意到 $\mathrm{var}(Z_i)=1$，且 $tr(\boldsymbol{R})=p$，结合前面从协方差矩阵出发求主成分部分对主成分性质的说明，可以很容易地得出上述性质。虽然主成分的性质在这里有更简单的形式，但应注意其实质与前面的结论并没有区别；需要注意的一点是判断主成分的成因或是原始变量（这里原始变量指的是标准化以后的随机向量 $\boldsymbol{Z}$）对主成分的重要性有更简单的方法，因为由上面第（4）条性质知这里因子负荷量仅依赖于由 $\boldsymbol{Z}$ 到 Y_k 的转换向量系数 γ_{ik}（因为对不同的 Z_i，因子负荷量表达式的后半部分 $\sqrt{\lambda_k}$ 是固定的）。

二、有关问题的讨论

1. 从协方差矩阵还是相关矩阵出发求主成分

由前面的讨论可知求解主成分的过程实际就是对矩阵结构进行分析的过程，也就是求解特征根的过程。在实际分析过程中，我们可以从原始数据的协方差矩阵出发，也可以从原始数据的相关矩阵出发，其求主成分的过程是一致的。但是，从协方差出发和从相关矩阵出发所求得的主成分一般来说是有差别的，而且这种差别有时候还很大。这方面的例子见书末的参考文献［3］。

一般而言，对于度量单位不同的指标或是取值范围彼此差异非常大的指标，我们不直接由其协方差矩阵出发进行主成分分析，而应该考虑将数据标准化。比如，在对上市公司的财务状况进行分析时，常常会涉及利润总额、市盈率、每股净利率等指标，其中利润总额取值常常从几十万到上百万，而每股净利率在 1 以下，不同指标取值范围相差很大，这时若是直接从协方差矩阵入手进行主成分分析，明显利润总额的作用将起到重要支配作用，而其他两个指标的作用很难在主成分中体现出来，此时应该考虑对数据进行标准化处理。

但是，对原始数据进行标准化处理后倾向于各个指标的作用在主成分的构成中相等。对于取值范围相差不大或是度量相同的指标进行标准化处理后，其主成分分析的结果仍与由协方差矩阵出发求得的结果有较大区别。其原因是由于对数据进行标准化的过程实际上也就是抹杀原始变量离散程度差异的过程，标准化后的各变量方差相等均为 1，而实际上方差也是对数据信息的重要概括形式，也就是说，对原始数据进行标准化后抹杀了一部分重要信息，因此才使得标准化后各变量在对主成分构成中的作用趋于相等。由此看来，对同度量或是取值范围在同量级的数据，还是直接从协方差矩阵求解主成分为宜。

对于从什么出发求解主成分，现在还没有一个定论，但是我们应该看到，不考虑实际情况就对数据进行标准化处理或者直接从原始变量的相关矩阵出发求解主成分是有其不足之处的，这一点一定要引起注意。建议在实际工作中分别从不同角度出发求解主成分并研究其结果的差别，看看是否发生明显差异且这种差异产生的原因在何处，以确定用哪种结果更为可信。

2. 主成分分析不要求数据来自正态总体

由上面的讨论可知，无论是从原始变量协方差矩阵出发求解主成分，还是从相关矩阵出发求解主成分，均没有涉及总体分布的问题。也就是说，与很多多元统计方法不同，主成分分析不要求数据来自正态总体。实际上，主成分分析就是对矩阵结构的分析，其中主要用到的技术是矩阵运算的技术及矩阵对角化和矩阵的谱分解技术。我们知道，对多元随机变量而言，其协方差矩阵或是其相关矩阵均是非负定的，这样，我们就可以按照求解主成分的步骤求出其特征根、标准正交特征向量，进而求出主成分，达到缩减数据维数的目的。同时，由主成分分析的几何意义可以看到，对来自多元正态总体的数据，我们得到了合理的几何解释，即主成分就是按数据离散程度最大的方向进行坐标轴旋转。

主成分分析的这一特性大大扩展了其应用范围，对多维数据，只要是涉及降维的处理，我们都可以尝试用主成分分析，而不用花太多精力考虑其分布情况。

3. 主成分分析与重叠信息

首先应当认识到主成分分析方法适用于变量之间存在较强相关性的数据，如果原始数据相关性较弱，运用主成分分析后不能起到很好的降维作用，即所得的各个主成分浓缩原始变量信息的能力差别不大。一般认为当原始数据大部分变量的相关系数都小于 0.3 时，运用主成分分析不会取得很好的效果。

很多研究工作者在运用主成分分析方法时，都或多或少存在着对主成分分析去除原始变量重叠信息的期望，这样，在实际工作中初始就可以把与某一研究问题相关而可能得到的变量（指标）都纳入分析过程，再用少数几个主成分浓缩这些有用信息（假定已剔除了重叠信息），然后对主成分进行深入分析。在对待重叠信息方面，生成的新的综合变量（主成分）是有效剔除了原始变量中的重叠信息，还是仅仅按原来的模式将原始信息中的绝大部分用几个不相关的新变量表示出来，这一点还值得讨论。

为说明这个问题，有必要再回顾一下主成分的求解过程，我们仅就从协方差矩阵出发求主成分的过程予以说明，对相关矩阵有类似的情况。

对于 p 维指标的情况，我们得到其协方差矩阵如下：

$$\boldsymbol{\Sigma}=\begin{bmatrix}\sigma_{11} & \sigma_{12} & \cdots & \sigma_{1p}\\ \sigma_{21} & \sigma_{22} & \cdots & \sigma_{2p}\\ \vdots & \vdots & & \vdots\\ \sigma_{p1} & \sigma_{p2} & \cdots & \sigma_{pp}\end{bmatrix}$$

现在考虑一种极端情况，即有两个指标完全相关，不妨设第一个指标在进行主成分分析时考虑了两次。则协方差矩阵变为：

$$\boldsymbol{\Sigma}_1=\begin{bmatrix}\sigma_{11} & \sigma_{11} & \sigma_{12} & \cdots & \sigma_{1p}\\ \sigma_{11} & \sigma_{11} & \sigma_{12} & \cdots & \sigma_{1p}\\ \sigma_{21} & \sigma_{21} & \sigma_{22} & \cdots & \sigma_{2p}\\ \vdots & \vdots & \vdots & & \vdots\\ \sigma_{p1} & \sigma_{p1} & \sigma_{p2} & \cdots & \sigma_{pp}\end{bmatrix}$$

此时进行的主成分分析实际上是由 $(p+1)\times(p+1)$ 维矩阵 $\boldsymbol{\Sigma}_1$ 进行。$\boldsymbol{\Sigma}_1$ 的行列式的值为零但仍满足非负定，只不过其最小的特征根为 0，由 $\boldsymbol{\Sigma}_1$ 出发求解主成分，其方差总和不再是 $\sigma_{11}+\sigma_{22}+\cdots+\sigma_{pp}$，而是变为 $\sigma_{11}+\sigma_{22}+\cdots+\sigma_{pp}+\sigma_{11}$，也就是说，第一个指标在分析过程中起到了加倍的作用，其重叠信息完全像其他指标提供的信息一样在起作用。这样求得的主成分已经与没有第一个指标重叠信息时不一样了，因为主成分方差的总和已经变为 $\sigma_{11}+\sigma_{22}+\cdots+\sigma_{pp}+\sigma_{11}$ 而不是 $\sigma_{11}+\sigma_{22}+\cdots+\sigma_{pp}$，每个主成分解释方差的比例也相应发生变化，而整个分析过程没有对重叠信息作任何特殊处理。也就是说，由于对第一个指标罗列了两次，其在生成的主成分构成中也起到了加倍的作用。这一点是尤其应该引起注意的，这意味着主成分分析对重叠信息的剔除是无能为力的，同时主成分分析还损失了一部分信息。对此书末的参考文献［4］举例进行了说明。

这就告诉我们在实际工作中，在选取初始变量进入分析时应该小心，对原始变量存在多重共线性的问题，在应用主成分分析方法时一定要慎重。应该考虑所选取的初始变量是否合适，是否真实地反映了事物的本来面目，如果是出于避免遗漏某些信息而特意选取过多的存在重叠信息的变量时，就要特别注意应用主成分分析所得到的结果。

如果所得到的样本协方差矩阵（或是相关矩阵）最小的特征根接近 0，那么有

$$\boldsymbol{\Sigma}\boldsymbol{\gamma}_p=(\boldsymbol{X}-\boldsymbol{\mu})(\boldsymbol{X}-\boldsymbol{\mu})'\boldsymbol{\gamma}_p=\lambda_p\boldsymbol{\gamma}_p\approx 0 \tag{9.10}$$

进而推出

$$(\boldsymbol{X}-\boldsymbol{\mu})'\boldsymbol{\gamma}_p\approx 0 \tag{9.11}$$

这就意味着，中心化以后的原始变量之间存在着多重共线性，即原始变量存在着不可忽视的重叠信息。因此，在进行主成分分析得出协方差矩阵或是相关矩阵发现最小特征值接近 0 时，应该注意对主成分的解释，或者考虑对最初纳入分析的指标进行筛选，由此可以看出，虽然主成分分析不能有效地剔除重叠信息，但它至少可以发现原始变量是否存在着重叠信息，这对我们减少分析中的失误是有帮助的。

§9.3　由样本数据求主成分

在实际研究工作中，总体协方差矩阵 $\boldsymbol{\Sigma}$ 与相关矩阵 $\boldsymbol{R}$ 通常是未知的，于是需要通过样本数据来估计。设有 n 个样品，每个样品有 p 个指标，这样共得到 np 个数据，原始资料矩阵如下：

$$\boldsymbol{X}=\begin{bmatrix} x_{11} & x_{12} & \cdots & x_{1p} \\ x_{21} & x_{22} & \cdots & x_{2p} \\ \vdots & \vdots & & \vdots \\ x_{n1} & x_{n2} & \cdots & x_{np} \end{bmatrix}$$

记

$$\boldsymbol{S}=\frac{1}{n-1}\sum_{k=1}^{n}(x_{ki}-\overline{X_i})(x_{ki}-\overline{X_i})'$$

$$\overline{X_i}=\frac{1}{n}\sum_{k=1}^{n}x_{ki}, \quad i=1,2,\cdots,p$$

$$\boldsymbol{R}=(r_{ij})_{p\times p}, \qquad r_{ij}=\frac{S_{ij}}{\sqrt{S_{ii}S_{jj}}}$$

$\boldsymbol{S}$ 为样本协方差矩阵，作为总体协方差矩阵 $\boldsymbol{\Sigma}$ 的无偏估计，$\boldsymbol{R}$ 是样本相关矩阵，为总体相关矩阵的估计。由前面的讨论知，若原始资料阵 $\boldsymbol{X}$ 是经过标准化处理的，则由矩阵 $\boldsymbol{X}$ 求得的协方差矩阵就是相关矩阵，即 $\boldsymbol{S}$ 与 $\boldsymbol{R}$ 完全相同。因为由协方差矩阵求解主成分的过程与由相关矩阵出发求解主成分的过程是一致的，下面我们仅介绍由相关矩阵 $\boldsymbol{R}$ 出发求解主成分。

根据总体主成分的定义，主成分 $\boldsymbol{Y}$ 的协方差是：

$$\mathrm{cov}(\boldsymbol{Y})=\boldsymbol{\Lambda}$$

式中，$\boldsymbol{\Lambda}$ 为对角阵。

$$\boldsymbol{\Lambda}=\begin{bmatrix} \lambda_1 & 0 & 0 & \cdots & 0 \\ 0 & \lambda_2 & 0 & \cdots & 0 \\ 0 & 0 & \lambda_3 & \cdots & 0 \\ \vdots & \vdots & \vdots & & \vdots \\ 0 & 0 & 0 & \cdots & \lambda_p \end{bmatrix}$$

假定资料矩阵 $\boldsymbol{X}$ 为已标准化后的数据矩阵，则可由相关矩阵代替协方差矩阵，于是上式可表示为：

$$\boldsymbol{P}'\boldsymbol{R}\boldsymbol{P}=\boldsymbol{\Lambda}$$

于是，所求的新的综合变量（主成分）的方差 $\lambda_i(i=1,2,\cdots,p)$ 是

$$|\boldsymbol{R}-\lambda\boldsymbol{I}|=0$$

的 p 个根，λ 为相关矩阵的特征根，相应的各个 u_{ij} 是其特征向量的分量。

因为 $\boldsymbol{R}$ 为正定矩阵，所以其特征根都是非负实数，将它们依大小顺序排列 $\lambda_1\geqslant\lambda_2\geqslant\cdots\geqslant\lambda_p\geqslant 0$，其相应的特征向量记为 $\boldsymbol{\gamma}_1$，$\boldsymbol{\gamma}_2$，$\cdots$，$\boldsymbol{\gamma}_p$，则相对于 Y_1 的方差为：

$$\mathrm{var}(Y_1)=\mathrm{var}(\boldsymbol{\gamma}_1{}'\boldsymbol{X})=\lambda_1$$

同理有

$$\mathrm{var}(Y_i)=\mathrm{var}(\boldsymbol{\gamma}_i{}'\boldsymbol{X})=\lambda_i$$

即对于 Y_1 有最大方差，Y_2 有次大方差……并且，协方差为：

$$\begin{aligned}\mathrm{cov}(Y_i,Y_j) &= \mathrm{cov}(\boldsymbol{\gamma}_i{}'\boldsymbol{X},\boldsymbol{\gamma}_j{}'\boldsymbol{X}) = \boldsymbol{\gamma}_i{}'\boldsymbol{R}\boldsymbol{\gamma}_j{}' \\ &= \boldsymbol{\gamma}_i{}'\left(\sum_{\alpha=1}^{p}\lambda_\alpha\boldsymbol{\gamma}_\alpha\boldsymbol{\gamma}_\alpha{}'\right)\boldsymbol{\gamma}_j \\ &= \sum_{\alpha=1}^{p}\lambda_\alpha(\boldsymbol{\gamma}_i{}'\boldsymbol{\gamma}_\alpha)(\boldsymbol{\gamma}_\alpha{}'\boldsymbol{\gamma}_j) = 0, \quad i\neq j\end{aligned}$$

由此可知新的综合变量（主成分）Y_1，Y_2，$\cdots$，Y_p 彼此不相关，并且 Y_i 的方差为 λ_i，则 $Y_1=\boldsymbol{\gamma}_1{}'\boldsymbol{X}$，$Y_2=\boldsymbol{\gamma}_2{}'\boldsymbol{X}$，$\cdots$，$Y_p=\boldsymbol{\gamma}_p{}'\boldsymbol{X}$ 分别称为第一个主成分，第二个主成分，$\cdots$，第 p 个主成分。由上述求主成分的过程可知，主成分在几何图形中的方向实际上就是 $\boldsymbol{R}$ 的特征向量的方向，关于主成分分析的几何意义我们还要在下一节详细讨论；主成分的方差贡献就等于 $\boldsymbol{R}$ 的相应特征根。这样，我们利用样本数据求解主成分的过程实际上就转化为求相关矩阵或协方差矩阵的特征根和特征向量的过程。

§9.4 主成分分析步骤及框图

一、主成分分析步骤

由上文的讨论大体上已经可以明了进行主成分分析的步骤，我们对其归纳如下：

(1) 根据研究问题选取初始分析变量。

(2) 根据初始变量特性判断由协方差矩阵求主成分还是由相关矩阵求主成分。

(3) 求协方差矩阵或相关矩阵的特征根与相应标准特征向量。

(4) 判断是否存在明显的多重共线性，若存在，则回到第 1 步。

(5) 得到主成分的表达式并确定主成分个数，选取主成分。

(6) 结合主成分对研究问题进行分析并深入研究。

二、主成分分析的逻辑框图

主成分分析的逻辑框图如图 9—3 所示。

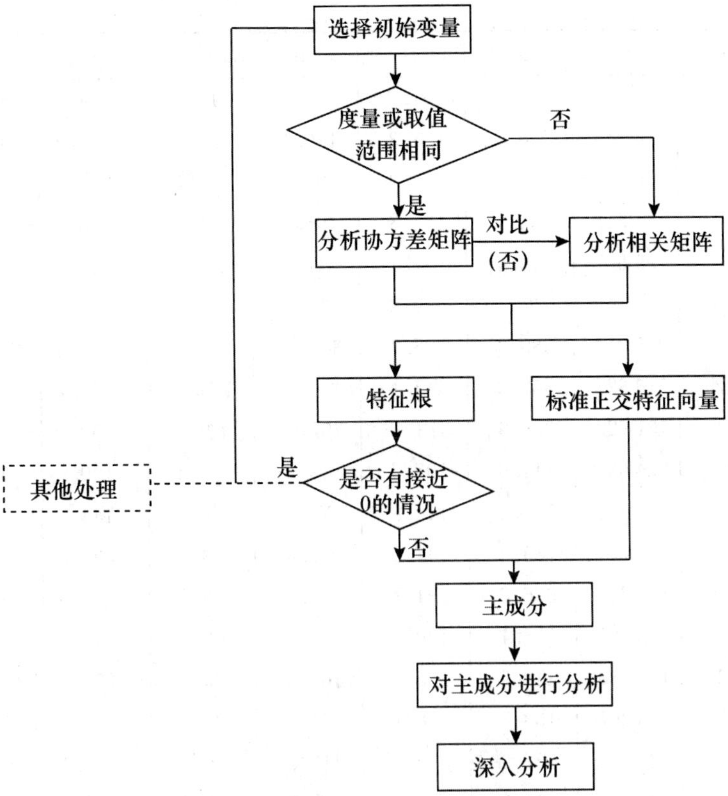

图 9—3

§9.5　主成分分析的应用

SPSS 软件 Factor 模块提供了主成分分析的功能。我们举一个实际的例子介绍主成分分析的具体应用。

【例 9.1】　为了解全国不同地区限额以上餐饮业的发展情况，对 2014 年各地区限额以上餐饮业的主要指标的统计数据进行分析（见表 9—1)，其中有 9 项主要指标。为简化衡量餐饮业发展情况的指标结构，可通过主成分分析方法处理数据，以用较少的变量描述不同地区限额以上餐饮业的发展情况。

表 9—1　　2014 年 31 个省、市、自治区限额以上餐饮业的主要指标数据

x_1法人企业数（个）　x_2年末从业人数（人）　x_3营业额（亿元）
x_4资产总计（亿元）　x_5负债合计（亿元）　x_6所有者权益合计（亿元）
x_7主营业务收入（亿元）　x_8主营业务成本（亿元）　x_9主营业务税金及附加（亿元）

地区	x_1	x_2	x_3	x_4	x_5	x_6	x_7	x_8	x_9
北京	1 873	233 974	530.8	426.1	354.1	72	528.6	22.1	28.1
天津	400	53 130	96.8	90.7	70.2	20.5	94.3	46.3	5

续前表

地区	x_1	x_2	x_3	x_4	x_5	x_6	x_7	x_8	x_9
河北	467	35 216	40.2	61.7	47.4	14.3	39	20.5	2
山西	506	54 955	56.6	138.3	110.1	28.2	56.2	30	2.8
内蒙古	387	30 310	51.8	123.2	91.1	32.1	50.4	27.3	2.1
辽宁	637	41 513	134.5	128.3	96.8	31.4	133.3	72.2	7
吉林	162	9 677	18.4	37.2	17.2	20	18.5	9.1	0.8
黑龙江	176	11 166	20	18.8	10.8	7.9	18.6	10	1.1
上海	1 892	245 619	589.3	395.2	307	88.2	578.3	256.5	30.8
江苏	2 122	216 627	363.6	437.1	331.3	105.8	356.7	183.6	17.9
浙江	1 544	131 722	269.9	313	252	61	263.7	132.9	13.8
安徽	1 097	74 633	111.6	195.7	134	61.8	109.9	61.5	5
福建	864	67 535	146.2	114.8	70.7	44	144.8	86	6.5
江西	236	20 794	33.4	47.9	29.4	18.5	33.3	18	1.6
山东	2 268	143 307	326.6	391.7	265.1	126.7	325.8	187.8	15.6
河南	1 311	73 197	155.1	139.5	78.6	60.9	149.4	89.8	6.6
湖北	1 883	110 080	242.9	255.2	165.6	89.6	238.1	136.1	11.7
湖南	598	53 367	103.8	98.1	61.3	36.9	97.6	55.1	4.7
广东	2 914	324 907	627.9	539.7	410.5	129.2	625.1	300.4	31.7
广西	305	28 315	31.7	36.7	27.3	9.4	31.6	15.9	1.8
海南	62	5 412	7.3	11.9	25.3	−13.4	7.4	3.3	0.4
重庆	1 120	82 241	181.6	124.6	66.9	57.7	179.6	106.1	7.4
四川	1 547	121 212	222.9	339	220.6	118.4	215	109.9	10.6
贵州	385	17 355	22.7	35.9	23.9	12.1	22.1	12.4	1.1
云南	361	29 515	47.7	84.1	52.5	31.6	46.2	26.9	2.2
西藏	10	506	0.6	1.1	1	0.1	0.6	0.4	0
陕西	968	86 920	128.9	156.3	102.3	54	126.2	69.4	6.3
甘肃	339	22 569	28.9	39.4	18.4	21	28.7	15.9	1.4
青海	40	3 951	3.8	10.3	6.5	3.8	3.8	2	0.2
宁夏	79	7 011	7.6	19.5	16.5	3	7.6	3.6	0.4
新疆	81	8 738	12.2	36.8	19.9	16.9	12.3	5.9	0.6

将表 9—1 中的数据录入 SPSS 软件，依次点选“Analyze”→“Dimension Reduction”→“Factor”进入 Factor Analysis（因子分析）对话框（如图 9—4 和图 9—5 所示）。在 SPSS 软件中，主成分分析与因子分析均在 Factor Analysis 模块中完成。此时，数据中的变量名均已显示在左边的窗口中，依次选中各变量，并点向右的箭头按钮，这 9 个变量便进入 variables 窗口（此时若选中 variables 窗口中的变量，则窗口左侧的箭头按钮即转向左侧，点此按钮即可剔除所选中变量）。点击下方的“OK”按钮，即可得到如表 9—2 所示的输出结果。

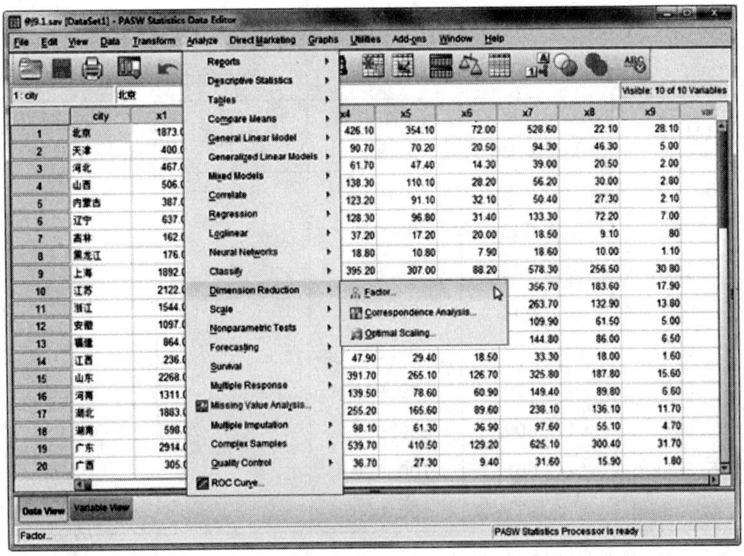

图 9—4

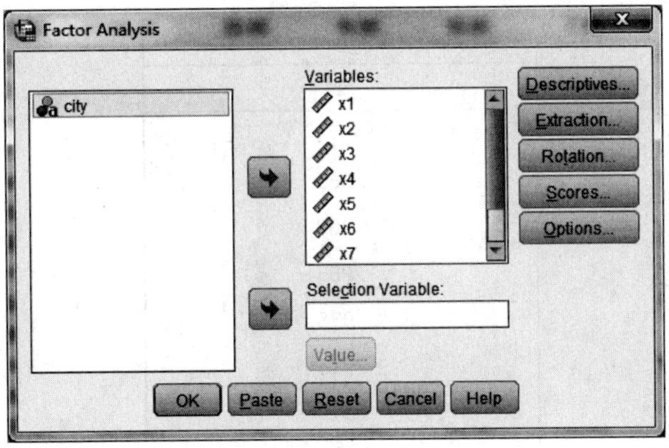

图 9—5

表 9—2

Communalities

	Initial	Extraction
x1	1.000	.943
x2	1.000	.971
x3	1.000	.959
x4	1.000	.967
x5	1.000	.950
x6	1.000	.837
x7	1.000	.958
x8	1.000	.819
x9	1.000	.940

Extraction Method：Principal Component Analysis.

Total Variance Explained

Component	Initial Eigenvalues			Extraction Sums of Squared Loadings		
	Total	% of Variance	Cumulative %	Total	% of Variance	Cumulative %
1	8.344	92.712	92.712	8.344	92.712	92.712
2	.363	4.035	96.747			
3	.192	2.132	98.879			
4	.057	.632	99.511			
5	.027	.302	99.813			
6	.016	.179	99.992			
7	.001	.007	99.999			
8	6.344E-5	.001	100.000			
9	5.378E-8	5.975E-7	100.000			

Extraction Method: Principal Component Analysis.

Component Matrix[a]

	Component
	1
x1	.971
x2	.985
x3	.980
x4	.983
x5	.975
x6	.915
x7	.979
x8	.905
x9	.970

Extraction Method: Principal Component Analysis.
a. 1 components extracted.

Communalities 表中给出了该次分析从每个原始变量中提取的信息，且表格下方的注释表明，该次分析是用 Factor Analysis 模块默认的信息提取方法即主成分分析法完成的。由表可看出，除 x_6，x_8 损失较大外，主成分计划包含了各原始变量至少 94%的信息。Total Variance Explained 表则显示了各主成分解释原始变量总方差的情况，SPSS 默认保留特征根大于 1 的主成分，在本例中看到保留 1 个主成分为宜，该主成分集中了原始 9 个变量信息的 92.712%，可见效果非常好。实际上，主成分解释总方差的百分比也可由 Communalities 表中的结果计算得出，即 $(0.943+0.971+0.959+0.967+0.950+0.837+0.958+0.819+0.940)/9=92.712\%$。Component Matrix 表中给出了标准化原始变量用求得的主成分线性表示的近似表达式，我们以表中 x_2 为例，不妨用 $prin1$ 来表示第一主成分，则由 Component Matrix 表可以得到：

标准化的 $x_2 \approx 0.985 \times prin1$

在上面的主成分分析中，SPSS 默认是从相关矩阵出发求解主成分，且默认保留特征根大于 1 的主成分。实际上，对主成分的个数我们可以自己确定，方法为：进入 Factor Analysis 对话框并选择好变量之后，点击 Extraction 选项，在弹出的对话框中有一个 Extract 选择框，默认是选择 Eigenvalues greater than 1，也就是保留特征根大于 1 的主成分，我们可以输入别的数值来改变 SPSS 软件保留特征根的大小。另外，还可以选择 Fixed number of factors 选项直接确定主成分的个数。在实际进行主成分分析时可以先按照默认设置做一次主成分，然后根据输出结果确认应保留主成分的个数，用该方法进行设定后重新分析。

以上结果是默认从相关矩阵出发得到的，而由相关矩阵出发求得的主成分其性质有简单的表达形式，我们可加以验证。

由 Component Matrix 表中的结果可以看到：

$$0.971^2+0.985^2+0.980^2+0.983^2+0.975^2+0.915^2+0.979^2+0.905^2+0.970^2$$
$$=8.344=\text{第一主成分的方差}$$

这就验证了性质 9.4。又有 $0.971^2=0.942$，这恰好与 Communalities 表中主成分提取变量 x_1 的信息相等。我们重做一遍主成分分析，此次将 9 个主成分全部保留，得到 Component Matrix 表如表 9—3 所示。

表 9—3

Component Matrix[a]

	Component								
	1	2	3	4	5	6	7	8	9
x1	.971	.178	-.049	.071	-.131	.032	.002	.000	.000
x2	.985	-.120	.006	-.028	-.042	-.111	.001	.000	.000
x3	.980	-.181	.056	.063	.020	.015	-.010	-.006	.000
x4	.983	.042	-.156	-.082	.021	.015	-.001	.000	.000
x5	.975	-.068	-.162	-.137	.001	.029	-.001	.000	.000
x6	.915	.364	-.124	.090	.079	-.026	.001	.000	.000
x7	.979	-.184	.055	.064	.017	.015	-.012	.005	.000
x8	.905	.242	.339	-.087	.010	.009	.000	.000	.000
x9	.970	-.230	.051	.046	.030	.022	.020	.001	.000

Extraction Method: Principal Component Analysis.
a. 9 components extracted.

可以看出，第一个主成分的相应结果与表 9—2 中的对应部分结果是一致的。对表 9—3 中结果有如下关系式：

$$0.985^2+(-0.120)^2+0.006^2+(-0.028)^2+(-0.042)^2+(-0.111)^2$$
$$+0.001^2+0^2+0^2=1$$

这就验证了性质 9.5。由此表还可以得到标准化原始变量用各主成分线性表示的精确的表达式，仍以 x_2为例，有

$$\text{标准化的 } x_2 = 0.985 \times prin1 - 0.12 \times prin2 + 0.006 \times prin3 - 0.028 \times prin4 - 0.042 \times prin5 - 0.111 \times prin6 + 0.001 \times prin7 + 0 \times prin8 + 0 \times prin9$$

由 SPSS 软件默认选项输出的结果，我们还不能得到用原始变量表示主成分的表达式，这是因为 Component Matrix 表中表示的是因子载荷矩阵而不是主成分系数矩阵，因此要对 SPSS 的因子分析模块运行结果进行调整，将 Component Matrix 表中的第 i 列的每个元素分别除以第 i 个特征根的平方根$\sqrt{\lambda_i}$，就得到主成分分析的第 i 个主成分的系数，主成分系数矩阵如表 9—4 所示。

表 9—4

	Component
	1
x1	0.3361
x2	0.3410
x3	0.3393
x4	0.3403
x5	0.3375
x6	0.3168
x7	0.3389
x8	0.3133
x9	0.3358

由表 9—4 可以写出第一个主成分用标准化后的原始变量表示的表达式。

$$prin1 = 0.3316 \times \text{标准化的 } x_1 + 0.3410 \times \text{标准化的 } x_2 + 0.3393 \times \text{标准化的 } x_3 + 0.3403 \times \text{标准化的 } x_4 + 0.3375 \times \text{标准化的 } x_5 + 0.3168 \times \text{标准化的 } x_6 + 0.3389 \times \text{标准化的 } x_7 + 0.3133 \times \text{标准化的 } x_8 + 0.3358 \times \text{标准化的 } x_9$$

在 MINITAB，SAS 等统计软件中都有独立的主成分分析。MINITAB 中主成分分析的操作步骤为：依次选择统计→多变量→主成分（P），进入主成分分析对话框，将左侧要进行分析的变量选入右面的方框中，设定主成分个数以及矩阵类型后按“确定”按钮就可以得到主成分分析结果。使用 SAS 软件做主成分分析的语句为：

```
proc princomp DATA = 输入数据集 OUT = 输出数据集 STD;
var   ;
run;
```

STD 是将输出标准化的主分量得分，var 语句指明分析的数值变量。

【例 9.2】 在企业经济效益评价中，设计的指标往往较多。为了简化系统结构，抓住经济效益评价中的主要问题，我们可以由原始数据矩阵出发求主成分。在 2014 年对我国

31个省、市、自治区规模以上工业企业的经济效益评价中，其中8项主要指标分别为资产总计、流动资产合计、负债总额、利润总额、所有者权益合计、总资产贡献率、资产负债率、流动资产周转次数（见表9—5）。

表9—5　　2014年31个省、市、自治区规模以上工业企业主要经济指标

x_1资产总计（亿元）　　x_2流动资产合计（亿元）

x_3负债总额（亿元）　　x_4利润总额（亿元）

x_5所有者权益合计（亿元）　　x_6总资产贡献率（%）

x_7资产负债率（%）　　x_8流动资产周转次数（次/年）

地区	x_1	x_2	x_3	x_4	x_5	x_6	x_7	x_8
北京（1）	33 557.05	14 042.47	17 137.57	1 515.75	16 389.10	7.70	51.07	1.44
天津（2）	23 988.63	12 762.46	14 804.62	2 261.83	9 328.10	15.73	61.72	2.31
河北（3）	42 555.67	16 379.21	24 172.80	2 610.90	18 196.23	11.33	56.80	2.98
山西（4）	30 574.37	12 097.77	22 514.07	256.31	7 975.81	5.19	73.64	1.51
内蒙古（5）	27 788.21	9 743.63	17 698.22	1 299.32	10 133.80	9.94	63.69	2.03
辽宁（6）	39 246.62	17 387.88	22 789.62	2 107.63	16 266.41	11.89	58.02	2.85
吉林（7）	16 686.60	7 286.11	9 133.40	1 445.89	7 494.47	17.04	54.73	3.28
黑龙江（8）	14 995.19	6 229.46	8 540.95	1 007.08	6 413.56	15.41	56.96	2.20
上海（9）	35 512.24	20 583.25	17 858.30	2 550.00	17 558.51	12.99	50.29	1.77
江苏（10）	101 259.53	53 669.50	55 612.13	9 057.17	45 596.53	15.87	54.92	2.71
浙江（11）	64 078.22	36 136.44	37 663.38	3 729.13	26 199.51	11.33	58.78	1.83
安徽（12）	28 831.52	13 006.91	16 718.69	1 943.62	11 947.41	13.15	57.99	2.87
福建（13）	27 978.35	14 189.64	15 213.14	2 344.27	12 525.08	15.02	54.37	2.64
江西（14）	16 061.44	7 143.02	8 403.60	2 130.41	7 494.87	22.69	52.32	4.37
山东（15）	93 330.87	43 063.63	50 842.84	8 843.91	41 562.21	16.85	54.48	3.37
河南（16）	50 540.15	22 668.15	23 717.27	4 946.19	26 438.56	15.78	46.93	3.03
湖北（17）	32 940.84	14 798.24	18 193.00	2 402.63	14 624.35	14.93	55.23	2.85
湖南（18）	22 025.57	9 379.15	11 688.15	1 688.30	10 255.09	19.05	53.07	3.62
广东（19）	87 590.27	50 805.77	51 173.28	7 014.99	36 149.22	13.97	58.42	2.31
广西（20）	14 225.92	6 625.88	8 871.08	1 085.71	5 285.64	16.51	62.36	2.91
海南（21）	2 444.80	984.00	1 318.16	113.36	1 128.08	11.07	53.92	1.84
重庆（22）	15 652.47	7 174.73	9 761.43	1 229.65	5 789.71	15.37	62.36	2.65
四川（23）	38 359.92	15 900.10	23 413.64	2 237.00	14 703.51	12.49	61.04	2.43
贵州（24）	11 747.39	4 721.66	7 480.21	628.68	4 177.65	13.00	63.68	1.86
云南（25）	17 458.16	5 971.49	10 991.96	516.08	6 459.49	12.32	62.96	1.84
西藏（26）	668.52	177.18	267.16	12.56	401.01	3.56	39.96	0.68
陕西（27）	26 169.19	9 533.76	14 936.32	1 877.44	11 218.30	14.75	57.08	2.08
甘肃（28）	11 348.25	4 239.79	7 205.54	243.17	4 079.08	8.75	63.49	2.22
青海（29）	5 414.09	1 488.57	3 690.85	106.19	1 701.96	6.48	68.17	1.57
宁夏（30）	6 976.46	2 624.33	4 677.35	118.06	2 287.17	5.89	67.04	1.38
新疆（31）	16 770.69	4 928.21	10 562.69	731.65	6 201.28	10.95	62.98	1.95

首先，标准化原数据，将标准化后的数据导入 SPSS 软件，依次点选“Analyze”→“Dimension Reduction”→“Factor”进入 Factor Analysis 对话框。在 SPSS 软件中，主成分分析与因子分析均在 Factor Analysis 模块中完成，如图 9—6 所示。

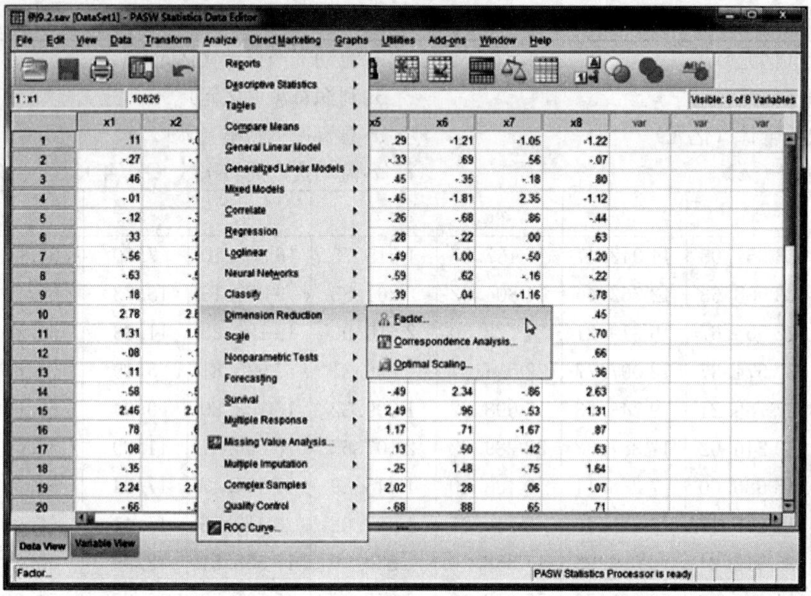

图 9—6

此时，数据集中的变量名均已显示在左边窗口中，选择变量 x_1，x_2，x_3，x_4，x_5，x_6，x_7，x_8进入 variables 窗口中，操作如图 9—7 和图 9—8 所示。

点击“Descriptives”按钮，在弹出的对话框中，在 Correlation Matrix 中选择“Coefficients”。回到原对话框点击右侧的“OK”，即可得到输出结果如表 9—6 所示。

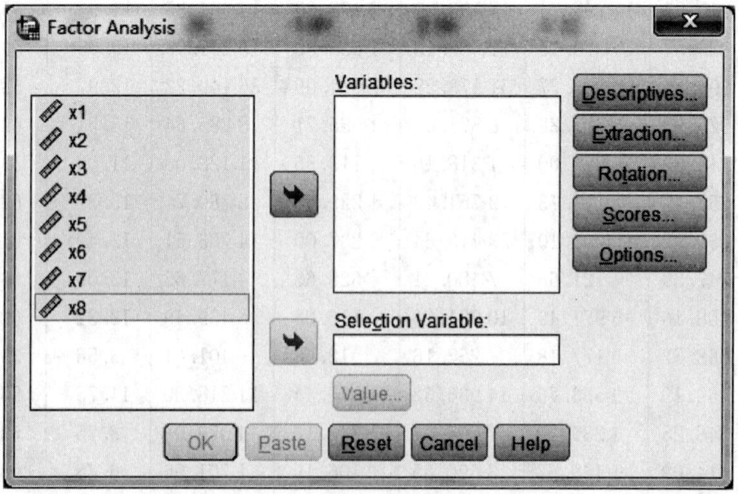

图 9—7

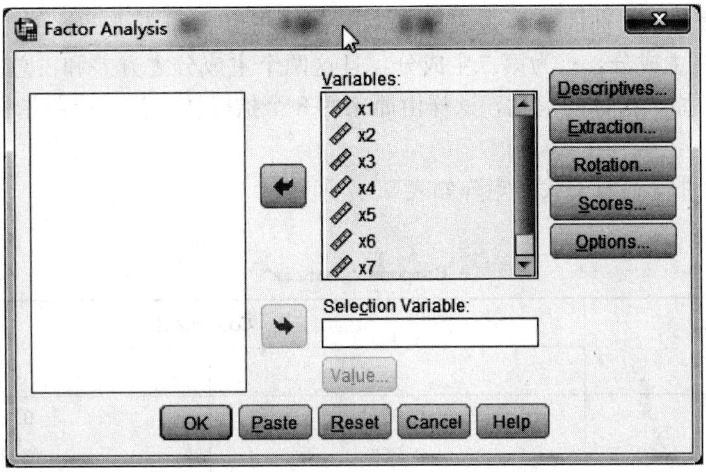

图 9—8

表 9—6

Total Variance Explained

Component	Initial Eigenvalues			Extraction Sums of Squared Loadings		
	Total	% of Variance	Cumulative %	Total	% of Variance	Cumulative %
1	5.197	64.967	64.967	5.197	64.967	64.967
2	1.689	21.114	86.081	1.689	21.114	86.081
3	0.908	11.346	97.427			
4	0.139	1.738	99.165			
5	0.041	0.513	99.678			
6	0.017	0.209	99.887			
7	0.009	0.113	100.000			
8	0.000	0.000	100.000			

Extraction Method: Principal Component Analysis.

Correlation Matrix

		x1	x2	x3	x4	x5	x6	x7	x8
Correlation	x1	1.000	0.985	0.993	0.954	0.990	0.263	−0.159	0.273
	x2	0.985	1.000	0.979	0.946	0.975	0.265	−0.176	0.233
	x3	0.993	0.979	1.000	0.925	0.967	0.221	−0.071	0.238
	x4	0.954	0.946	0.925	1.000	0.971	0.426	−0.293	0.400
	x5	0.990	0.975	0.967	0.971	1.000	0.307	−0.262	0.306
	x6	0.263	0.265	0.221	0.426	0.307	1.000	−0.268	0.863
	x7	−0.159	−0.176	−0.071	−0.293	−0.262	−0.268	1.000	−0.191
	x8	0.273	0.233	0.238	0.400	0.306	0.863	−0.191	1.000

由第一个表看到，前面 2 个主成分 y_1，y_2 的方差和占总方差的比例为 86.1%。我们就选取 y_1 为第一主成分，y_2 为第二主成分，且这两个主成分之方差和占总方差的 86.1%，即基本上保留了原来指标的信息，这样由原来的 8 个指标转化为 2 个新指标，实现了指标的降维。

由 SPSS 软件得到因子载荷矩阵如表 9—7 所示。

表 9—7

Component Matrix[a]

	Component	
	1	2
x1	0.975	−0.212
x2	0.965	−0.224
x3	0.952	−0.266
x4	0.984	−0.018
x5	0.983	−0.147
x6	0.452	0.838
x7	−0.273	−0.356
x8	0.442	0.821

Extraction Method: Principal Component Analysis.
a. 3 components extracted.

对 SPSS 的因子分析模块运行结果输出的 Component Matrix 的第 i 列的每个元素分别除以第 i 个特征根的平方根$\sqrt{\lambda_i}$，就得到主成分分析的第 i 个主成分的系数。结果如表 9—8 所示。

表 9—8

	主成分 1	主成分 2
x_1	0.428	−0.163
x_2	0.423	−0.172
x_3	0.418	−0.205
x_4	0.432	−0.014
x_5	0.431	−0.113
x_6	0.198	0.645
x_7	−0.120	−0.274
x_8	0.194	0.632

由表 9—8 得到前 2 个主成分 y_1，y_2 分别为：

$$\begin{aligned} y_1 &= 0.428x_1^* + 0.423x_2^* + 0.418x_3^* + 0.432x_4^* + 0.431x_5^* \\ &\quad + 0.198x_6^* - 0.120x_7^* + 0.194x_8^* \\ y_2 &= -0.163x_1^* - 0.172x_2^* - 0.205x_3^* - 0.014x_4^* - 0.113x_{51}^* \\ &\quad + 0.645x_6^* - 0.274x_7^* + 0.632x_8^* \end{aligned} \tag{9.12}$$

式中，x_1^*，x_2^*，x_3^*，x_4^*，x_5^*，x_6^*，x_7^*，x_8^* 分别表示对原始变量标准化后的变量。

对所选主成分作经济解释。主成分分析的关键在于能否给主成分赋予新的意义，给出合理的解释，这个解释应根据主成分的计算结果结合定性分析来进行。主成分是原来变量的线性组合，在这个线性组合中，各变量的系数有大有小，有正有负，有的大小相当，因而不能简单地认为这个主成分是某个原变量的属性的作用。线性组合中变量的系数的绝对值大者表明该主成分主要综合了绝对值大的变量，有几个变量系数大小相当时，应认为这一主成分是这几个变量的总和，这几个变量综合在一起应赋予怎样的经济意义，要结合经济专业知识，给出恰如其分的解释，只有这样才能达到深刻分析经济成因的目的。

我们所取的例子中有 8 个指标，这 8 个指标有很强的依赖性，通过主成分计算后，我们选择了 2 个主成分，它们有明显的不同意义。第一主成分的线性组合中，变量 x_1，x_2，x_3，x_4 和 x_5 的系数相对较大，且 5 个变量的系数大小相当。所以，第一主成分可以看成是 x_1，x_2，x_3，x_4，x_5 的综合变量，其主要反映了企业的各种资产状况，第一主成分所占信息总量为 64.967%。第二主成分的线性组合中，变量 x_6，x_7，x_8 的系数相对较大，所以可以解释为第二主成分反映了各资产的利用率。这样，在企业的经济增长中，不仅需要关注企业各资产合计，亦需要关注各资产的利用率。

通常，为了分析各样品在主成分所反映的经济意义方面的情况，还将标准化后的原始数据代入主成分表达式计算出各样品的主成分得分，由各样品的主成分得分（当主成分个数为 2 时）就可在二维空间中描绘出各样品的分布情况。

将由表 9—5 中数据进行标准化后得到的数据带入式（9.12），得到 31 个省、市、自治区的主成分得分，见表 9—9。将这 31 个样品在平面直角坐标系上描出来，进而可进行样品分类。主成分得分图见图 9—9。

表 9—9

样品号	主成分得分	
	第一主成分得分	第二主成分得分
1	−0.331 67	−1.296 05
2	−0.324 25	0.389 65
3	0.830 80	0.083 48
4	−1.340 05	−2.497 46
5	−0.793 28	−0.839 90
6	0.570 08	0.062 05
7	−0.570 47	1.902 94
8	−1.162 45	0.713 43
9	0.505 87	−0.304 48
10	6.309 12	−0.981 18
11	2.383 79	−1.618 99
12	−0.049 61	0.526 67
13	0.118 24	0.776 08
14	0.105 61	3.781 22

续前表

样品号	主成分得分	
	第一主成分得分	第二主成分得分
15	5.737 35	0.027 89
16	2.288 57	0.993 64
17	0.433 09	0.796 55
18	0.019 96	2.433 69
19	4.869 59	−1.453 06
20	−1.046 79	1.252 53
21	−2.356 02	0.186 71
22	−1.053 36	0.828 06
23	0.359 82	−0.288 71
24	−1.770 59	−0.134 30
25	−1.489 98	−0.350 67
26	−2.884 14	−1.301 16
27	−0.403 23	0.248 88
28	−1.980 21	−0.462 26
29	−2.740 99	−1.392 48
30	−2.681 69	−1.637 90
31	−1.553 12	−0.444 84

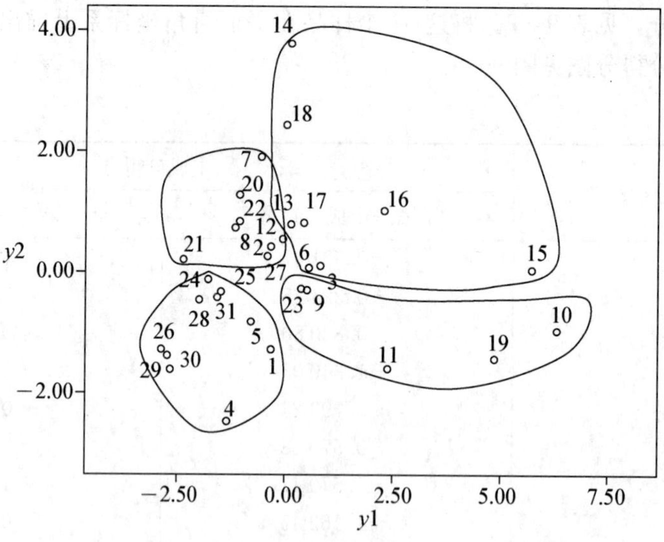

图 9—9

由图 9—9 可看出，分布在第一象限的是河北、辽宁、福建、江西、山东、河南、湖北、湖南 8 个地区，分布在第二象限的是天津、吉林、黑龙江、安徽、广西、海南、重庆、陕西 8 个地区，分布在第三象限的是北京、山西、内蒙古、贵州、云南、西宁、甘肃等 10 个地区，分布在第四象限的是上海、江苏、浙江、广东、四川 5 个地区。其中，第四象限的5个地区工业企业的经济效益较好。

【例9.3】 全国重点水泥企业经济效益综合评价。

利用主成分综合评价全国重点水泥企业的经济效益。原始数据见本书网上配套数据表9.3。

将指标“流动资金周转天数”和“万元产值能耗”取倒数，经标准化后的数据取名为“重点水泥厂”，见本书网上配套数据表9.4。

导入SPSS中计算出其相关矩阵如表9—10所示。

表9—10

Correlation Matrix

		x1	x2	x3	x4	x5	x6	x7	x8
Correlation	x1	1.000	.849	.923	.902	.651	.312	.489	.598
	x2	.849	1.000	.690	.988	.723	.107	.595	.265
	x3	.923	.690	1.000	.774	.544	.366	.342	.531
	x4	.902	.988	.774	1.000	.688	.121	.596	.329
	x5	.651	.723	.544	.688	1.000	.399	.442	.359
	x6	.312	.107	.366	.121	.399	1.000	.343	.480
	x7	.489	.595	.342	.596	.442	.343	1.000	.226
	x8	.598	.265	.531	.329	.359	.480	.226	1.000

在确定主成分个数之前，用与例9.2相同的SPSS操作，得出软件输出结果如表9—11和图9—10所示。

表9—11

Total Variance Explained

Component	Initial Eigenvalues			Extraction Sums of Squared Loadings		
	Total	% of Variance	Cumulative %	Total	% of Variance	Cumulative %
1	4.861	60.758	60.758	4.861	60.758	60.758
2	1.269	15.865	76.623	1.269	15.865	76.623
3	.837	10.463	87.085	0.837	10.463	87.085
4	.517	6.464	93.549			
5	.378	4.727	98.276			
6	.115	1.443	99.719			
7	.021	.264	99.984			
8	.001	.016	100.000			

Extraction Method: Principal Component Analysis.

从表9—11及图9—10可看出，前三个主成分解释了全部方差的87.085%，即包含的原始数据的信息总量达到了87.085%，这说明用前三个主成分代表原来的8个指标评价企业的经济效益已经有足够的把握。设这三个主成分分别用y_1，y_2，y_3来表示，按照例9.2操作，只不过在点击“Extraction”按钮时，在Number of factors中填写3，即可得到相关矩阵的前三个特征根的特征向量，输出结果见表9—12。

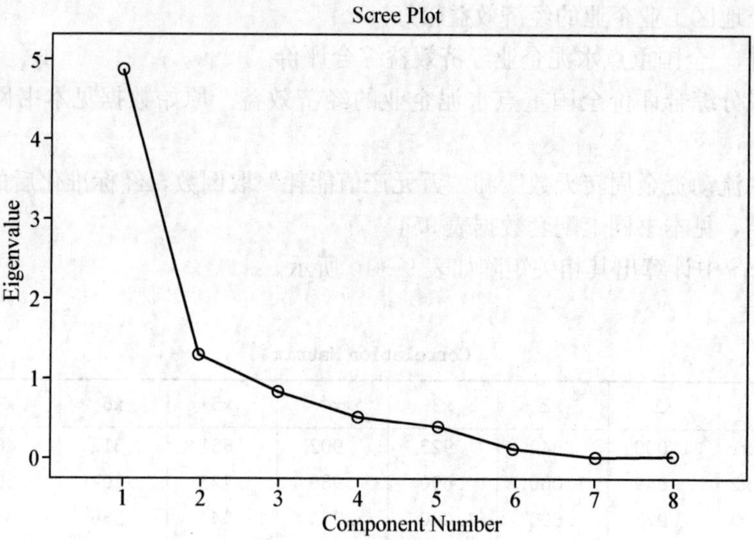

图 9—10

表 9—12

Component Matrix (a)

	Component		
	1	2	3
x1	.957	-.019	-.239
x2	.899	-.396	.037
x3	.862	.081	-.338
x4	.928	-.350	-.038
x5	.787	.000	.182
x6	.422	.773	.345
x7	.640	-.078	.642
x8	.571	.615	-.313

Extraction Method：Principal Component Analysis.
a. 3 components extracted.

对表 9—11 中的输出结果的第 i 列的每个元素分别除以第 i 个特征根的平方根$\sqrt{\lambda_i}$就得到主成分分析的第 i 个主成分的系数。结果如表 9—13 所示。

表 9—13

	主成分 1	主成分 2	主成分 3
x_1	0.434 067	−0.016 487	−0.261 57
x_2	0.407 766	−0.351 123	0.040 662
x_3	0.390 911	0.072 240 8	−0.369 59
x_4	0.420 727	−0.311 078	−0.041 12
x_5	0.356 854	0.000 221 4	0.198 903

续前表

	主成分 1	主成分 2	主成分 3
x_6	0.191 631	0.686 453	0.377 485
x_7	0.290 517	−0.069 141	0.701 934
x_8	0.258 889	0.546 309 6	−0.341 87

由表 9—13，可得三个主成分的线性组合如下：

$$
\begin{aligned}
y_1 &= 0.434\,067x_1^* + 0.407\,766x_2^* + 0.390\,911x_3^* + 0.420\,727x_4^* \\
&\quad + 0.356\,854x_5^* + 0.191\,631x_6^* + 0.290\,517x_7^* + 0.258\,889x_8^* \\
y_2 &= -0.016\,487x_1^* - 0.351\,123x_2^* + 0.072\,240\,8x_3^* \\
&\quad - 0.311\,078x_4^* + 0.000\,221\,4x_5^* + 0.686\,453x_6^* - 0.069\,141x_7^* \\
&\quad + 0.546\,309\,6x_8^* \\
y_3 &= -0.261\,57x_1^* + 0.040\,662x_2^* - 0.369\,59x_3^* - 0.041\,12x_4^* \\
&\quad + 0.198\,903x_5^* + 0.377\,485x_6^* + 0.701\,934x_7^* - 0.341\,87x_8^*
\end{aligned}
\tag{9.13}
$$

式中，x_1^*，x_2^*，x_3^*，x_4^*，x_5^*，x_6^*，x_7^*，x_8^* 分别表示对原始变量标准化后的变量。

主成分的经济意义由各线性组合中权数较大的几个指标的综合意义来确定。综合因子 y_1 中 x_1^*，x_2^*，x_3^*，x_4^* 的系数远大于其他变量的系数，所以，y_1 主要是固定资产利税率、资金利税率、销售收入利税率、资金利润率这四个指标的综合反映，它代表着经济效益的盈利方面，刻画了企业的盈利能力。因为由 y_1 来评价企业的经济效益已有 60.76％的把握，所以这四项指标是反映企业经济效益的主要指标。同时，从 y_1 的线性组合中可以看到前四个单项指标在综合因子 y_1 中所占的比重相当，进而说明这四项指标用于考核评价企业经济效益每一项都是必不可少的。y_2 主要是流动资金周转天数和全员劳动生产率的综合反映，它标志着企业的资金和人力的利用水平，以资金和个人的利用率作用于企业的经济效益。资金和人力利用得好，劳动生产率就提高，资金周转就加快，从而提高企业经济效益。y_3 主要反映万元产值能耗，从改进生产工艺、勤俭节约方面作用于企业经济效益。这三个综合因子从三个影响企业经济效益的主要方面刻画企业经济效益，用它们来考核企业经济效益具有 87.085％的可靠性。

关于用样本主成分得分进行排序的问题，目前常用的方法是利用主成分 y_1，y_2，…，y_m 做线性组合，并以每个主成分 y_k 的方差贡献率 α_k 作为权数构造一个综合评价函数：$F=\alpha_1 y_1+\alpha_2 y_2+\cdots+\alpha_m y_m$，依据计算出的 F 值大小进行排序或分类划级。这一方法在专业文献中都有介绍，但一直存在一些争议，主要是产生主成分的特征向量的各级分量符号不一致，很难进行排序评价（见书末的参考文献［24］）。因此我们有下面的改进：当第一主成分解释了全部方差的 60％以上时，可只用第一主成分作评价指数，理由是：第一主成分与原变量综合相关度最强，另一方面由于第一主成分 y_1 对应于数据变异最大的方向也就是使数据信息损失最小，精度最高的一维综合变量。但值得指出的是使用这种方法是有前提条件的，即当主成分系数全为正的时候，也就是要求所有评价指标变量都是正相关的时候，第一主成分才可以用来进行排序。如果系数中有正有负或近似为零，说明第一主成分是无序指数，不能用来作为排序评价指数。而如果第一主成分系数全为正，则第二主成分、第三主成分……由于与第一主成分正交，系数肯定有正有负，因而一般来说均为无序指数，不能用来作为排序评价指数。

依据第一主成分得分对各个水泥企业经济效益做综合评价，将标准化后的原始数据代入式（9.13）的第一个表达式中，计算出各样品的第一主成分得分并排名，见表9—14。

表9—14

	$\hat{y}_1$	名次
琉璃河	0.049 451	7
邯郸	0.840 470	5
大同	−1.569 430	12
哈尔滨	−3.739 370	15
华新	3.957 057	1
湘乡	3.889 461	2
柳州	1.611 051	4
峨嵋	−2.804 580	14
耀县	−0.474 250	9
永登	0.663 081	6
工源	−0.269 520	8
抚顺	−0.752 110	10
大连	−1.066 540	11
江南	1.723 424	3
江油	−2.058 210	13

在表9—14的经济效益得分中，有许多企业的得分是负数，但并不表明企业的经济效益就为负，这里的正负仅表示该企业与平均水平的位置关系，企业的经济效益的平均水平算作零点，这是我们在整个过程中将数据标准化的结果。

从表9—14可看到，华新水泥厂的综合经济效益最好，是第一名；湘乡水泥厂的综合经济效益为第二名……哈尔滨水泥厂的综合经济效益最差。

虽然此处可以根据各上市公司的主成分得分对各公司运营情况进行一些比较分析或分类研究，但因此处主成分的意义不十分明朗，我们把更深入的分析放到下一章，以期得到更合理、更容易解释的结果。

思考与练习

1. 主成分的基本思想是什么？

2. 主成分在应用中的主要作用是什么？

3. 由协方差矩阵出发和由相关矩阵出发求主成分有什么不同？

4. 对2007年全国31个省、市、自治区经济发展基本情况的9项指标做主成分分析，数据见本书网上配套数据表9.5。

第 10 章

因子分析

因子分析（factor analysis）模型是主成分分析的推广。它也是利用降维的思想，由研究原始变量相关矩阵内部的依赖关系出发，把一些具有错综复杂关系的变量归结为少数几个综合因子的一种多变量统计分析方法。相对于主成分分析，因子分析更倾向于描述原始变量之间的相关关系；因此，因子分析的出发点是原始变量的相关矩阵。因子分析的思想始于 1904 年查尔斯·斯皮尔曼（Charles Spearman）对学生考试成绩的研究。近年来，随着电子计算机的高速发展，人们将因子分析的理论成功地应用于心理学、医学、气象学、地质学、经济学等各个领域，也使得因子分析的理论和方法更加丰富。本章主要介绍因子分析的基本理论及方法，以及运用因子分析方法分析实际问题的主要步骤及因子分析的上机实现等内容。

§10.1　因子分析的基本思想

一、因子分析的基本思想

因子分析的基本思想是根据相关性大小把原始变量分组，使得同组内的变量之间相关性较高，而不同组的变量间的相关性则较低。每组变量代表一个基本结构，并用一个不可观测的综合变量表示，这个基本结构就称为公共因子。对于所研究的某一具体问题，原始变量就可以分解成两部分之和的形式，一部分是少数几个不可测的所谓公共因子的线性函数，另一部分是与公共因子无关的特殊因子。在经济统计中，描述一种经济现象的指标可以有很多，比如要反映物价的变动情况，对各种商品的价格做全面调查固然可以达到目的，但这样做显然耗时费力，为实际工作者所不取。实际上，某一类商品中很多商品的价格之间存在明显的相关性或相互依赖性，只要选择几种主要商品的价格或进而对这几种主要商品的价格进行综合，得到某一种假想的“综合商品”的价格，就足以反映某一类商品物价的变动情况，这里，“综合商品”的价格就是提取出来的因子。这样，对各类商品物价或仅对主要类别商品的物价进行类似分析然后加以综合，就可以反映出物价的整体变动情况。这一过程也就是从一些有错综复杂关系的经济现象中找出少数几个主要因子，每一个主要因子代表经济变量间相互依赖的一种经济作用。抓住这些主要因子就可以帮助我们对复杂的经济问题进行分析和解释。

因子分析还可用于对变量或样品的分类处理，我们在得出因子的表达式之后，就可以把原始变量的数据代入表达式得出因子得分值，根据因子得分在因子所构成的空间中把变量或样品点画出来，形象直观地达到分类的目的。

因子分析不仅可以用来研究变量之间的相关关系，还可以用来研究样品之间的相关关系，通常将前者称为 R 型因子分析，后者称为 Q 型因子分析。下面着重介绍 R 型因子分析。

二、因子分析的基本理论及模型

（一）斯皮尔曼提出因子分析时用到的例子

为了对因子分析的基本理论有一个完整的认识，我们先给出斯皮尔曼 1904 年用到的例子。在该例中斯皮尔曼研究了 33 名学生在古典语（C）、法语（F）、英语（E）、数学（M）、判别（D）和音乐（Mu）六门科目考试成绩之间的相关性并得到如下相关矩阵：

	C	F	E	M	D	Mu
C	1.00	0.83	0.78	0.70	0.66	0.63
F	0.83	1.00	0.67	0.67	0.65	0.57
E	0.78	0.67	1.00	0.64	0.54	0.51
M	0.70	0.67	0.64	1.00	0.45	0.51
D	0.66	0.65	0.54	0.45	1.00	0.40
Mu	0.63	0.57	0.51	0.51	0.40	1.00

斯皮尔曼注意到上面相关矩阵中一个有趣的规律，这就是如果不考虑对角元素的话，任意两列的元素大致成比例，对 C 列和 E 列，有

$$\frac{0.83}{0.67} \approx \frac{0.70}{0.64} \approx \frac{0.66}{0.54} \approx \frac{0.63}{0.51} \approx 1.2$$

于是，斯皮尔曼指出每一门科目的考试成绩都遵从以下形式：

$$X_i = a_i F + e_i \tag{10.1}$$

式中，X_i 是第 i 门科目标准化后的考试成绩，均值为 0，方差为 1。F 是公共因子，对各科考试成绩均有影响，也是均值为 0，方差为 1。e_i 是仅对第 i 门科目考试成绩有影响的特殊因子，F 与 e_i 相互独立。也就是说，每一门科目的考试成绩都可以看作由一个公共因子（可以认为是一般智力）与一个特殊因子构成的和。在满足以上假定的条件下，就有

$$\mathrm{cov}(X_i, X_j) = E(a_i F + e_i)(a_j F + e_j) = a_i a_j \mathrm{var}(F) = a_i a_j$$

于是，有

$$\frac{\text{cov}(X_i, X_j)}{\text{cov}(X_i, X_k)} = \frac{a_j}{a_k} \tag{10.2}$$

式（10.2）与 i 无关，与在相关矩阵中所观察到的比例关系相一致。

除此之外，还可以得到如下有关 X_i 方差的关系式：

$$\begin{aligned}\text{var}(X_i) &= \text{var}(a_iF + e_i) = \text{var}(a_iF) + \text{var}(e_i) \\ &= a_i^2\text{var}(F) + \text{var}(e_i) \\ &= a_i^2 + \text{var}(e_i)\end{aligned}$$

因为 a_i 是一个常数，F 与 e_i 相互独立且 F 与 X_i 的方差均被假定为 1。于是有

$$1 = a_i^2 + \text{var}(e_i) \tag{10.3}$$

因此，常数 a_i 的意义就在于其平方表示了公共因子 F 解释 X_i 的方差的比例，因此称之为因子载荷，a_i^2 称作共同度。

对斯皮尔曼的例子进行推广，假定每一门科目的考试成绩都受到 m 个公共因子的影响及一个特殊因子的影响，于是式（10.1）就变成了如下因子分析模型的一般形式：

$$X_i = a_{i1}F_1 + a_{i2}F_2 + \cdots + a_{im}F_m + e_i \tag{10.4}$$

式中，X_i 是标准化后的第 i 门科目的考试成绩，均值为 0，方差为 1。F_1，F_2，…，F_m 是彼此独立的公共因子，都满足均值为 0，方差为 1。e_i 为特殊因子，与每一个公共因子均不相关且均值为 0。a_{i1}，a_{i2}，…，a_{im} 为对第 i 门科目考试成绩的因子载荷。对该模型，有

$$\text{var}(X_i) = a_{i1}^2 + a_{i2}^2 + \cdots + a_{im}^2 + \text{var}(e_i) = 1 \tag{10.5}$$

式中，$a_{i1}^2 + a_{i2}^2 + \cdots + a_{im}^2$ 表示公共因子解释 X_i 方差的比例，称为 X_i 的共同度，相对地，$\text{var}(e_i)$ 可称为 X_i 的特殊度或剩余方差，表示 X_i 的方差中与公共因子无关的部分。因为共同度不会大于 1，因此，$-1 \leqslant a_{ij} \leqslant 1$。由模型（10.4）还可以很容易地得到如下 X_i 与 X_j 相关系数的关系式：

$$r_{ij} = a_{i1}a_{j1} + a_{i2}a_{j2} + \cdots + a_{im}a_{jm} \tag{10.6}$$

所以当 X_i 与 X_j 在某一公共因子上的载荷均较大时，也就表明了 X_i 与 X_j 的相关性较强。

（二）一般因子分析模型

下面我们给出更为一般的因子分析模型：设有 n 个样品，每个样品观测 p 个指标，这 p 个指标之间有较强的相关性（要求 p 个指标相关性较强的理由是很明确的，只有相关性较强才能从原始变量中提取出“公共”因子）。为了便于研究，并消除由于观测量纲的差异及数量级不同所造成的影响，将样本观测数据进行标准化处理，使标准化后的变量均值为 0，方差为 1。为方便，把原始变量及标准化后的变量向量均用 $\boldsymbol{X}$ 表示，用 F_1，F_2，…，$F_m(m<p)$ 表示标准化的公共因子。如果：

（1）$\boldsymbol{X} = (X_1, X_2, \cdots, X_p)'$ 是可观测随机向量，且均值向量 $E(\boldsymbol{X}) = \boldsymbol{0}$，协方差矩阵 $\text{cov}(\boldsymbol{X}) = \boldsymbol{\Sigma}$，且协方差矩阵 $\boldsymbol{\Sigma}$ 与相关矩阵 $\boldsymbol{R}$ 相等。

（2）$\boldsymbol{F} = (F_1, F_2, \cdots, F_m)'$（$m<p$）是不可观测的变量，其均值向量 $E(\boldsymbol{F}) = \boldsymbol{0}$，协方

差矩阵 $\mathrm{cov}(\boldsymbol{F})=\boldsymbol{I}$，即向量 $\boldsymbol{F}$ 的各分量是相互独立的。

(3) $\boldsymbol{\varepsilon}=(\varepsilon_1,\varepsilon_2,\cdots,\varepsilon_p)'$ 与 $\boldsymbol{F}$ 相互独立，且 $E(\boldsymbol{\varepsilon})=\boldsymbol{0}$，$\boldsymbol{\varepsilon}$ 的协方差矩阵 $\boldsymbol{\Sigma}_\varepsilon$ 是对角方阵：

$$\mathrm{cov}(\boldsymbol{\varepsilon})=\boldsymbol{\Sigma}_\varepsilon=\begin{bmatrix}\sigma_{11}^2 & & & 0\\ & \sigma_{22}^2 & & \\ & & \ddots & \\ 0 & & & \sigma_{pp}^2\end{bmatrix}$$

即 $\boldsymbol{\varepsilon}$ 的各分量之间也是相互独立的。则模型

$$\begin{cases}X_1=a_{11}F_1+a_{12}F_2+\cdots+a_{1m}F_m+\varepsilon_1\\ X_2=a_{21}F_1+a_{22}F_2+\cdots+a_{2m}F_m+\varepsilon_2\\ \vdots\\ X_p=a_{p1}F_1+a_{p2}F_2+\cdots+a_{pm}F_m+\varepsilon_p\end{cases}\tag{10.7}$$

称为因子模型，模型（10.7）的矩阵形式为：

$$\boldsymbol{X}=\boldsymbol{A}\boldsymbol{F}+\boldsymbol{\varepsilon}\tag{10.8}$$

式中：
$$\boldsymbol{A}=\begin{bmatrix}a_{11} & a_{12} & \cdots & a_{1m}\\ a_{21} & a_{22} & \cdots & a_{2m}\\ \vdots & \vdots & & \vdots\\ a_{p1} & a_{p2} & \cdots & a_{pm}\end{bmatrix}$$

由模型（10.7）及其假设前提知，公共因子 F_1，F_2，…，F_m 相互独立且不可测，是在原始变量的表达式中都出现的因子。公共因子的含义，必须结合实际问题的具体意义确定。ε_1，ε_2，…，ε_p 叫做特殊因子，是向量 $\boldsymbol{X}$ 的分量 $X_i(i=1,2,\cdots,p)$ 所特有的因子。各特殊因子之间以及特殊因子与所有公共因子之间也都是相互独立的。矩阵 $\boldsymbol{A}$ 中的元素 a_{ij} 称为因子载荷，a_{ij} 的绝对值越大（$|a_{ij}|\leqslant 1$），表明 X_i 与 F_j 的相依程度越大，或称公共因子 F_j 对于 X_i 的载荷量越大，进行因子分析的目的之一，就是要求出各个因子载荷的值。经过后面的分析会看到，因子载荷的概念与上一章主成分分析中的因子负荷量相对等，实际上，由于因子分析与主成分分析非常类似，在模型（10.7）中，若把 ε_i 看作 $a_{i,m+1}F_{m+1}+a_{i,m+2}F_{m+2}+\cdots+a_{ip}F_p$ 的综合作用，则除了此处的因子为不可测变量这一区别，因子载荷与主成分分析中的因子负荷量是一致的；很多人对这两个概念并不加以区分而都称作因子载荷。矩阵 $\boldsymbol{A}$ 称为因子载荷矩阵。

为了更好地理解因子分析方法，有必要讨论一下因子载荷矩阵 $\boldsymbol{A}$ 的统计意义与公共因子与原始变量之间的关系。

1. 因子载荷 a_{ij} 的统计意义

由模型（10.7），有

$$\begin{aligned}\mathrm{cov}(X_i,F_j)&=\mathrm{cov}\Big(\sum_{j=1}^{m}a_{ij}F_j+\varepsilon_i,F_j\Big)\\ &=\mathrm{cov}\Big(\sum_{j=1}^{m}a_{ij}F_j,F_j\Big)+\mathrm{cov}(\varepsilon_i,F_j)\\ &=a_{ij}\end{aligned}\tag{10.9}$$

即 a_{ij} 是 X_i 与 F_j 的协方差，注意，X_i 与 $F_j(i=1,2,\cdots,p;j=1,2,\cdots,m)$ 都是均值为 0、方差为 1 的变量，因此，a_{ij} 同时也是 X_i 与 F_j 的相关系数。请读者对比主成分分析一章有关因子载荷量的论述并对两者进行比较。

2. 变量共同度与剩余方差

在斯皮尔曼的例子中我们提到了共同度与剩余方差的概念，对一般因子模型（10.7）的情况，我们重新总结这两个概念如下：

称 $a_{i1}^2+a_{i2}^2+\cdots+a_{im}^2$ 为变量 x_i 的共同度，记为 $h_i^2(i=1,2,\cdots,p)$。由因子分析模型的假设前提，易得

$$\mathrm{var}(X_i)=1=h_i^2+\mathrm{var}(\varepsilon_i)$$

记 $\mathrm{var}(\varepsilon_i)=\sigma_i^2$，则

$$\mathrm{var}(X_i)=1=h_i^2+\sigma_i^2 \tag{10.10}$$

式（10.10）表明共同度 h_i^2 与剩余方差 σ_i^2 有互补的关系，h_i^2 越大表明 X_i 对公共因子的依赖程度越大，公共因子能解释 X_i 方差的比例越大，因子分析的效果也就越好。

3. 公共因子 F_j 的方差贡献

共同度考虑的是所有公共因子 F_1，F_2，…，F_m 与某个原始变量的关系，与此类似，考虑某个公共因子 F_j 与所有原始变量 X_1，X_2，…，X_p 的关系。

记 $g_j^2=a_{1j}^2+a_{2j}^2+\cdots+a_{pj}^2(j=1,2,\cdots,m)$，则 g_j^2 表示的是公共因子 F_j 对于 $\boldsymbol{X}$ 的每一分量 $X_i(i=1,2,\cdots,p)$ 所提供的方差的总和，称为公共因子 F_j 对原始变量向量 $\boldsymbol{X}$ 的方差贡献，它是衡量公共因子相对重要性的指标。g_j^2 越大，则表明公共因子 F_j 对 $\boldsymbol{X}$ 的贡献越大，或者说对 $\boldsymbol{X}$ 的影响和作用就越大。如果将因子载荷矩阵 $\boldsymbol{A}$ 的所有 $g_j^2(j=1,2,\cdots,m)$ 都计算出来，并按其大小排序，就可以依此提炼出最有影响力的公共因子。

§10.2　因子载荷的求解

因子分析可以分为确定因子载荷、因子旋转及计算因子得分三个步骤。首要的步骤即为确定因子载荷或是根据样本数据确定出因子载荷矩阵 $\boldsymbol{A}$。有很多方法可以完成这项工作，如主成分法、主轴因子法、最小二乘法、极大似然法、α 因子提取法等。这些方法求解因子载荷的出发点不同，所得的结果也不完全相同。下面着重介绍比较常用的主成分法、主轴因子法与极大似然法。

一、主成分法

用主成分法确定因子载荷是在进行因子分析之前先对数据进行一次主成分分析，然后把前面几个主成分作为未旋转的公共因子。相对于其他确定因子载荷的方法而言，主成分法比较简单。但是由于用这种方法所得的特殊因子 ε_1，ε_2，…，ε_p 之间并不相互独立，因

此，用主成分法确定因子载荷不完全符合因子模型的假设前提，也就是说所得的因子载荷并不完全正确。但是当共同度较大时，特殊因子所起的作用较小，因而特殊因子之间的相关性所带来的影响就几乎可以忽略。事实上，很多有经验的分析人员在进行因子分析时，总是先用主成分法进行分析，然后再尝试其他的方法。

用主成分法寻找公共因子的方法如下：假定从相关矩阵出发求解主成分，设有 p 个变量，则我们可以找出 p 个主成分。将所得的 p 个主成分按由大到小的顺序排列，记为 Y_1，Y_2，…，Y_p，则主成分与原始变量之间存在如下关系式：

$$\begin{cases} Y_1=\gamma_{11}X_1+\gamma_{12}X_2+\cdots+\gamma_{1p}X_p \\ Y_2=\gamma_{21}X_1+\gamma_{22}X_2+\cdots+\gamma_{2p}X_p \\ \vdots \\ Y_p=\gamma_{p1}X_1+\gamma_{p2}X_2+\cdots+\gamma_{pp}X_p \end{cases} \tag{10.11}$$

式中，γ_{ij} 是随机向量 $\boldsymbol{X}$ 的相关矩阵的特征根所对应的特征向量的分量，因为特征向量之间彼此正交，从 $\boldsymbol{X}$ 到 $\boldsymbol{Y}$ 的转换关系是可逆的，很容易得出由 $\boldsymbol{Y}$ 到 $\boldsymbol{X}$ 的转换关系为：

$$\begin{cases} X_1=\gamma_{11}Y_1+\gamma_{21}Y_2+\cdots+\gamma_{p1}Y_p \\ X_2=\gamma_{12}Y_1+\gamma_{22}Y_2+\cdots+\gamma_{p2}Y_p \\ \vdots \\ X_p=\gamma_{1p}Y_1+\gamma_{2p}Y_2+\cdots+\gamma_{pp}Y_p \end{cases} \tag{10.12}$$

我们对上面每一等式只保留前 m 个主成分而把后面的部分用 ε_i 代替，则式（10.12）变为：

$$\begin{cases} X_1=\gamma_{11}Y_1+\gamma_{21}Y_2+\cdots+\gamma_{m1}Y_m+\varepsilon_1 \\ X_2=\gamma_{12}Y_1+\gamma_{22}Y_2+\cdots+\gamma_{m2}Y_m+\varepsilon_2 \\ \vdots \\ X_p=\gamma_{1p}Y_1+\gamma_{2p}Y_2+\cdots+\gamma_{mp}Y_m+\varepsilon_p \end{cases} \tag{10.13}$$

式（10.13）在形式上已经与因子模型（10.7）相一致，且 $Y_i(i=1,2,\cdots,m)$ 之间相互独立，为了把 Y_i 转化成合适的公共因子，现在要做的工作只是把主成分 Y_i 变为方差为 1 的变量。为完成此变换，必须将 Y_i 除以其标准差，由上一章主成分分析的知识知其标准差即为特征根的平方根 $\sqrt{\lambda_i}$。于是，令 $F_i=Y_i/\sqrt{\lambda_i}$，$a_{ij}=\sqrt{\lambda_j}\gamma_{ji}$，则式（10.13）变为：

$$\begin{cases} X_1=a_{11}F_1+a_{12}F_2+\cdots+a_{1m}F_m+\varepsilon_1 \\ X_2=a_{21}F_1+a_{22}F_2+\cdots+a_{2m}F_m+\varepsilon_2 \\ \vdots \\ X_p=a_{p1}F_1+a_{p2}F_2+\cdots+a_{pm}F_m+\varepsilon_p \end{cases}$$

这与因子模型（10.7）完全一致，这样，就得到了因子载荷矩阵 $\boldsymbol{A}$ 和一组初始公共因子（未旋转）。

一般设 $\lambda_1\geqslant\lambda_2\geqslant\cdots\geqslant\lambda_p$ 为样本相关矩阵 $\boldsymbol{R}$ 的特征根，$\boldsymbol{\gamma}_1$，$\boldsymbol{\gamma}_2$，…，$\boldsymbol{\gamma}_p$ 为对应的标准正交化特征向量。设 $m<p$，则因子载荷矩阵 $\boldsymbol{A}$ 的一个解为：

$$\hat{A}=(\sqrt{\lambda_1}\boldsymbol{\gamma}_1,\sqrt{\lambda_2}\boldsymbol{\gamma}_2,\cdots,\sqrt{\lambda_m}\boldsymbol{\gamma}_m) \tag{10.14}$$

共同度的估计为：

$$\hat{h}_i^2=\hat{a}_{i1}^2+\hat{a}_{i2}^2+\cdots+\hat{a}_{im}^2 \tag{10.15}$$

那么如何确定公共因子的数目 m 呢？一般而言，这取决于研究者本人，对于同一问题进行因子分析时，不同的研究者可能会给出不同的公共因子数；当然，有时候由数据本身的特征可以很明确地确定出因子数目。当用主成分法进行因子分析时，也可以借鉴确定主成分个数的准则，如所选取的公共因子的信息量的和达到总体信息量的一个合适比例为止。但对这些准则不应生搬硬套，应具体问题具体分析，总之要使所选取的公共因子能够合理地描述原始变量相关矩阵的结构，同时要有利于因子模型的解释。

二、主轴因子法

主轴因子法比较简单，且在实际中应用也比较普遍。用主轴因子法求解因子载荷矩阵的方法其思路与主成分法有类似的地方，两者均是从分析矩阵的结构入手；两者不同的地方在于，主成分法是在所有的 p 个主成分能解释标准化原始变量所有方差的基础之上进行分析的，而主轴因子法中，假定 m 个公共因子只能解释原始变量的部分方差，利用公共因子方差（或共同度）来代替相关矩阵主对角线上的元素 1，并以新得到的这个矩阵（称为调整相关矩阵）为出发点，对其分别求解特征根与特征向量并得到因子解。

在因子模型（10.7）中，不难得到如下关于 $\boldsymbol{X}$ 的相关矩阵 $\boldsymbol{R}$ 的关系式：

$$\boldsymbol{R}=\boldsymbol{A}\boldsymbol{A}'+\boldsymbol{\Sigma}_{\boldsymbol{\varepsilon}}$$

式中，$\boldsymbol{A}$ 为因子载荷矩阵；$\boldsymbol{\Sigma}_{\boldsymbol{\varepsilon}}$ 为一对角阵，其对角元素为相应特殊因子的方差。则称 $\boldsymbol{R}^*=\boldsymbol{R}-\boldsymbol{\Sigma}_{\boldsymbol{\varepsilon}}=\boldsymbol{A}\boldsymbol{A}'$ 为调整相关矩阵，显然 $\boldsymbol{R}^*$ 的主对角元素不再是 1，而是共同度 h_i^2。分别求解 $\boldsymbol{R}^*$ 的特征根与标准正交特征向量，进而求出因子载荷矩阵 $\boldsymbol{A}$。此时，$\boldsymbol{R}^*$ 有 m 个正的特征根。设 $\lambda_1^*\geqslant\lambda_2^*\geqslant\cdots\geqslant\lambda_m^*$ 为 $\boldsymbol{R}^*$ 的特征根，$\boldsymbol{\gamma}_1^*$，$\boldsymbol{\gamma}_2^*$，…，$\boldsymbol{\gamma}_m^*$ 为对应的标准正交化特征向量。$m<p$，则因子载荷矩阵 $\boldsymbol{A}$ 的一个主轴因子解为：

$$\hat{\boldsymbol{A}}=(\sqrt{\lambda_1^*}\boldsymbol{\gamma}_1^*,\sqrt{\lambda_2^*}\boldsymbol{\gamma}_2^*,\cdots,\sqrt{\lambda_m^*}\boldsymbol{\gamma}_m^*) \tag{10.16}$$

注意，上面的分析是以首先得到调整相关矩阵 $\boldsymbol{R}^*$ 为基础的，而实际上，$\boldsymbol{R}^*$ 与共同度（或相对地，剩余方差）都是未知的，需要我们先进行估计。一般先给出一个初始估计，估计出因子载荷矩阵 $\boldsymbol{A}$ 后再给出较好的共同度或剩余方差的估计。初始估计的方法有很多，可尝试对原始变量先进行一次主成分分析，给出初始估计值。

三、极大似然法

如果假定公共因子 $\boldsymbol{F}$ 和特殊因子 $\boldsymbol{\varepsilon}$ 遵从正态分布，则我们能够得到因子载荷和特殊因子方差的极大似然估计。设 X_1，X_2，…，X_p 为来自正态总体 $N(\boldsymbol{\mu}, \boldsymbol{\Sigma})$ 的随机样本，其中 $\boldsymbol{\Sigma}=\boldsymbol{A}\boldsymbol{A}'+\boldsymbol{\Sigma}_{\boldsymbol{\varepsilon}}$。从似然函数的理论知：

$$L(\boldsymbol{\mu},\boldsymbol{\Sigma})=\frac{1}{(2\pi)^{np/2}\mid\boldsymbol{\Sigma}\mid^{n/2}}\mathrm{e}^{-1/2tr\left[\boldsymbol{\Sigma}^{-1}\left(\sum_{j=1}^{n}(\boldsymbol{x}_j-\bar{\boldsymbol{x}})(\boldsymbol{x}_j-\bar{\boldsymbol{x}})'+n(\bar{\boldsymbol{x}}-\boldsymbol{\mu})(\bar{\boldsymbol{x}}-\boldsymbol{\mu})'\right)\right]} \tag{10.17}$$

它通过 $\boldsymbol{\Sigma}$ 依赖于 $\boldsymbol{A}$ 和 $\boldsymbol{\Sigma}_{\varepsilon}$。但式（10.17）并不能唯一确定 $\boldsymbol{A}$，为此，添加如下条件：

$$\boldsymbol{A}'\boldsymbol{\Sigma}_{\varepsilon}^{-1}\boldsymbol{A}=\boldsymbol{\Lambda} \tag{10.18}$$

式中，$\boldsymbol{\Lambda}$ 是一个对角阵，用数值极大化的方法可以得到极大似然估计 $\hat{\boldsymbol{A}}$ 和 $\hat{\boldsymbol{\Sigma}}_{\varepsilon}$。极大似然估计 $\hat{\boldsymbol{A}}$，$\hat{\boldsymbol{\Sigma}}_{\varepsilon}$ 和 $\hat{\boldsymbol{\mu}}=\bar{\boldsymbol{x}}$，将使 $\hat{\boldsymbol{A}}'\hat{\boldsymbol{\Sigma}}_{\varepsilon}^{-1}\hat{\boldsymbol{A}}$ 为对角阵，且使式（10.17）达到最大。

四、因子旋转

不管用何种方法确定初始因子载荷矩阵 $\boldsymbol{A}$，它们都不是唯一的。设 F_1，F_2，…，F_m 是初始公共因子，则可以建立如下的线性组合得到新的一组公共因子 F_1'，F_2'，…，F_m'，使得 F_1'，F_2'，…，F_m' 彼此相互独立同时也能很好地解释原始变量之间的相关关系。

$$\begin{aligned}
F_1'&=d_{11}F_1+d_{12}F_2+\cdots+d_{1m}F_m\\
F_2'&=d_{21}F_1+d_{22}F_2+\cdots+d_{2m}F_m\\
&\vdots\\
F_m'&=d_{m1}F_1+d_{m2}F_2+\cdots+d_{mm}F_m
\end{aligned} \tag{10.19}$$

这样的线性组合可以找到无数组，由此便引出了因子分析的第二个步骤——因子旋转。建立因子分它们析模型的目的不仅在于要找公共因子，更重要的是知道每一个公共因子的意义，以便对实际问题进行分析。然而我们得到的初始因子解中各主因子的典型代表变量不是很突出，容易使因子的意义含糊不清，不便于对实际问题进行分析。出于该种考虑，可以对初始公共因子进行线性组合，即进行因子旋转，以期找到意义更为明确，实际意义更明显的公共因子。经过旋转后，公共因子对 X_i 的贡献 h_i^2 并不改变，但由于因子载荷矩阵发生变化，公共因子本身就可能发生很大的变化，每一个公共因子对原始变量的贡献 g_i^2 不再与原来相同，从而经过适当的旋转我们就可以得到比较令人满意的公共因子。

因子旋转分为正交旋转与斜交旋转，正交旋转由初始因子载荷矩阵 $\boldsymbol{A}$ 右乘一正交阵得到。经过正交旋转得到的新的公共因子仍然保持彼此独立的性质。而斜交旋转则放弃了因子之间彼此独立这个限制，因而可能达到更为简洁的形式，其实际意义也更容易解释。但不论是正交旋转还是斜交旋转，都应当使新的因子载荷系数要么尽可能地接近 0，要么尽可能地远离 0。因为一个接近 0 的载荷 a_{ij} 表明 X_i 与 F_j 的相关性很弱；而一个绝对值比较大的载荷 a_{ij} 则表明公共因子 F_j 在很大程度上解释了 X_i 的变化。这样，如果任一原始变量都与某些公共因子存在较强的相关关系，而与另外的公共因子之间几乎不相关，公共因子的实际意义就会比较容易确定。有关因子旋转的理论请参考书末的参考文献［11］。

五、因子得分

当因子模型建立起来之后，我们往往需要反过来考察每一个样品的性质及样品之间的相互关系。比如当关于企业经济效益的因子模型建立起来之后，我们希望知道每一个企业经济效益的优劣，或者把诸企业划分归类，如哪些企业经济效益较好，哪些企业经济效益一般，哪些企业经济效益较差等。这就需要进行因子分析的第三步骤的分析，即因子得分。顾名思义，因子得分就是公共因子 F_1，F_2，…，F_m 在每一个样品点上的得分。这需要我们给出公共因子用原始变量表示的线性表达式，这样的表达式一旦能够得到，就可以很方便地把原始变量的取值代入表达式中求出各因子的得分值。

在上一章我们曾给出了主成分得分的概念，其意义和作用与因子得分相似。但是在此处公共因子用原始变量线性表示的关系式并不易得到。在主成分分析中，主成分是原始变量的线性组合，当取 p 个主成分时，主成分与原始变量之间的变换关系是可逆的，只要知道了原始变量用主成分线性表示的表达式，就可以方便地得到用原始变量表示主成分的表达式；而在因子模型中，公共因子的个数少于原始变量的个数，且公共因子是不可观测的隐变量，因子载荷矩阵 $\boldsymbol{A}$ 不可逆，因而不能直接求得公共因子用原始变量表示的精确线性组合。一个解决该问题的方法是用回归的思想求出线性组合系数的估计值，即建立如下以公共因子为因变量，原始变量为自变量的回归方程：

$$F_j=\beta_{j1}X_1+\beta_{j2}X_2+\cdots+\beta_{jp}X_p,\quad j=1,2,\cdots,m \tag{10.20}$$

此处因为原始变量与公共因子变量均为标准化变量，因此回归模型中不存在常数项。在最小二乘意义下，可以得到 $\boldsymbol{F}$ 的估计值

$$\hat{\boldsymbol{F}}=\boldsymbol{A}'\boldsymbol{R}^{-1}\boldsymbol{X} \tag{10.21}$$

式中，$\boldsymbol{A}$ 为因子载荷矩阵；$\boldsymbol{R}$ 为原始变量的相关矩阵；$\boldsymbol{X}$ 为原始变量向量。这样，在得到一组样本值后，就可以将其代入上面的关系式求出公共因子的估计得分，从而用少数公共因子去描述原始变量的数据结构，用公共因子得分去描述原始变量的取值。在估计出公共因子得分后，可以利用因子得分进行进一步的分析，如样本点之间的比较分析，对样本点的聚类分析等，当因子数 m 较少时，还可以方便地把各样本点在图上表示出来，直观地描述样本的分布情况，从而便于把研究工作引向深入。

六、主成分分析与因子分析的区别

（1）因子分析把展示在我们面前的诸多变量视为由对每一个变量都有作用的一些公共因子和一些仅对某个变量有作用的特殊因子线性组合而成。因此，我们的目的就是要从数据中探查能对变量起解释作用的公共因子和特殊因子，以及公共因子和特殊因子组合系数。主成分分析则简单一些，它只是从空间生成的角度寻找能解释诸多变量变异绝大部分的几组彼此不相关的新变量（主成分）。

（2）因子分析把变量表示成各因子的线性组合，而主成分分析则把主成分表示成各变量的线性组合。

（3）主成分分析中不需要有假设，因子分析则需要一些假设。因子分析的假设包括：各个公共因子之间不相关，特殊因子之间也不相关，公共因子和特殊因子之间也不相关。

（4）抽取主因子的方法不仅有主成分法，还有极大似然法等，基于这些不同算法得到的结果一般也不同。而主成分只能用主成分法抽取。

（5）主成分分析中，当给定的协方差矩阵或者相关矩阵的特征根唯一的时候，主成分一般是固定的；而因子分析中因子不是固定的，可以旋转得到不同的因子。

（6）在因子分析中，因子个数需要分析者指定（SPSS 根据一定的条件自动设定，只

要是特征根大于 1 的因子就可进入分析），指定的因子数量不同则结果不同。在主成分分析中，主成分的数量是一定的，一般有几个变量就有几个主成分。

（7）与主成分分析相比，由于因子分析可以使用旋转技术帮助解释因子，在解释方面更加有优势。

§10.3 因子分析的上机实现

一、因子分析的步骤

进行因子分析应包括如下几步：

（1）根据研究问题选取原始变量。

（2）对原始变量进行标准化并求其相关矩阵，分析变量之间的相关性。

（3）求解初始公共因子及因子载荷矩阵。

（4）因子旋转。

（5）因子得分。

（6）根据因子得分值进行进一步分析。

二、因子分析的逻辑框图

因子分析的逻辑框图如图 10—1 所示。

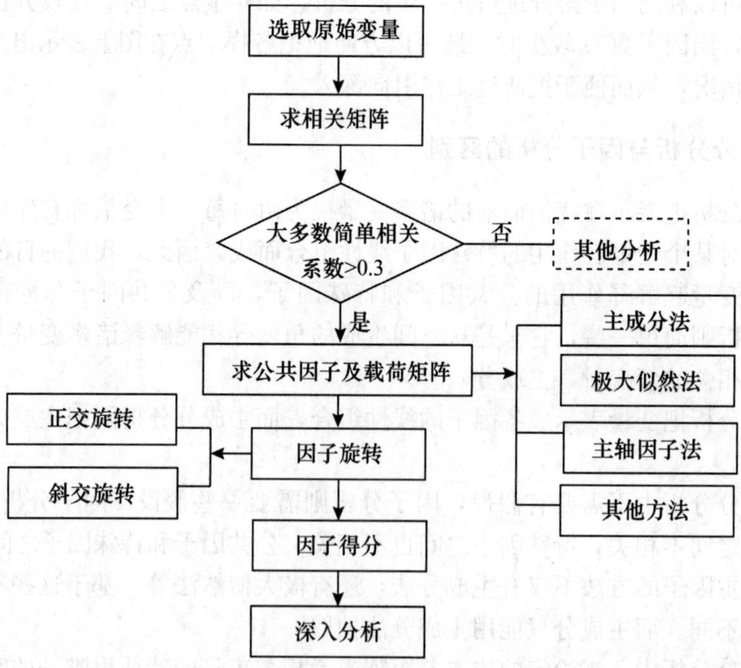

图 10—1

三、因子分析的上机实现

在上一章中，我们用 SPSS 的 Factor Analysis 模块实现了主成分分析。实际上，Factor Analysis 主要是 SPSS 软件进行因子分析的模块，由于主成分分析与因子分析（特别是因子分析中的主成分法）之间有密切的关系，SPSS 软件将这两种分析方法放到同一模块中。

下面我们先用 SPSS 软件自带的数据说明 Factor Analysis 模块进行因子分析的方法，然后给出一个具体案例。

【例 10.1】　为了与主成分分析进行比较，此处沿用例 9.1 中的数据集（见表 9—1），用 Factor Analysis 模块进行因子分析。

将表 9—1 中的数据录入 SPSS 软件，依次点选“Analyze”→“Dimension Reduction”→“Factor”进入 Factor Analysis 对话框，选取 x_1，x_2，x_3，x_4，x_5，x_6，x_7，x_8，x_9 变量进入 variables 窗口，操作界面如图 10—2 和图 10—3 所示。

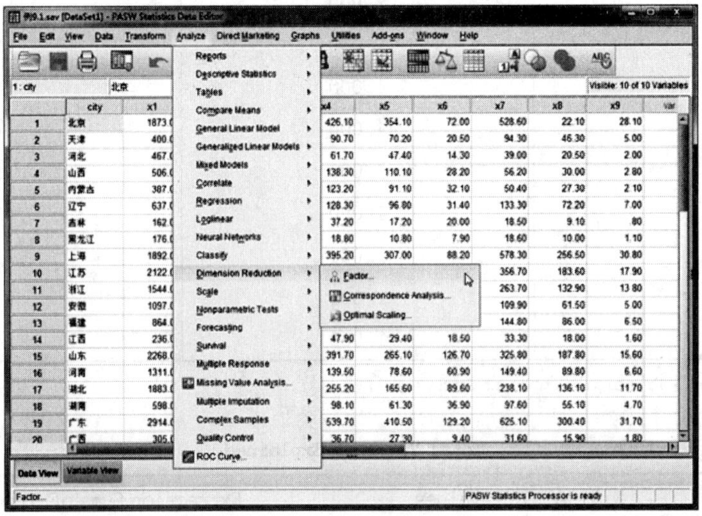

图 10—2

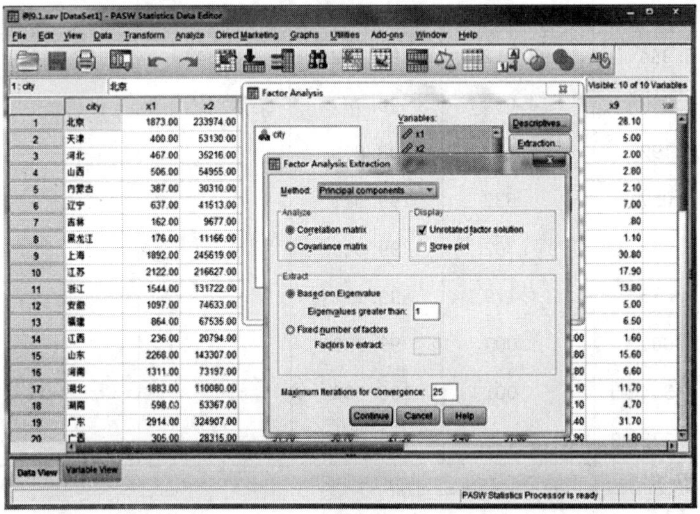

图 10—3

点击对话框下侧的“Extraction”进入 Extration 对话框，在 Method 选项框我们看到 SPSS 默认是用主成分法提取因子，在 Analyze 框架中看到是从分析相关矩阵的结构出发求解公共因子。点“Continue”按钮继续。如果这样交由程序运行的话，将得到与上一章输出相同的结果，其中包括公共因子解释方差的比例，因子载荷矩阵（即 Component Matrix）等。选中 Display factor score coefficient matrix 复选框，我们在主成分分析中也选了该选项，它要求 SPSS 输出因子得分矩阵，即标准化主成分（因子）用原始变量线性表示的系数矩阵。点“Continue”继续，点“OK”按钮运行，可以得到如表 10—1 所示的输出结果。

表 10—1

Communalities

	Initial	Extraction
x1	1.000	.943
x2	1.000	.971
x3	1.000	.959
x4	1.000	.967
x5	1.000	.950
x6	1.000	.837
x7	1.000	.958
x8	1.000	.819
x9	1.000	.940

Extraction Method: Principal Component Analysis.

Total Variance Explained

Component	Initial Eigenvalues			Extraction Sums of Squared Loadings		
	Total	% of Variance	Cumulative %	Total	% of Variance	Cumulative %
1	8.344	92.712	92.712	8.344	92.712	92.712
2	.363	4.035	96.747			
3	.192	2.132	98.879			
4	.057	.632	99.511			
5	.027	.302	99.813			
6	.016	.179	99.992			
7	.001	.007	99.999			
8	6.344E-5	.001	100.000			
9	5.378E-8	5.975E-7	100.000			

Extraction Method: Principal Component Analysis.

Component Matrix[a]

	Component
	1
x1	.97089
x2	.98523
x3	.97954
x4	.98321
x5	.97456
x6	.91511
x7	.97890
x8	.90549
x9	.96972

Extraction Method: Principal Component Analysis.
a. 1 components extracted.

Component Score Coefficient Matrix

	Component
	1
x1	.11636
x2	.11808
x3	.11739
x4	.11783
x5	.11680
x6	.10967
x7	.11732
x8	.10844
x9	.11622

Extraction Method: Principal Component Analysis.

表 10—1 中的前三张表在主成分分析中也得到过，实际上，用主成分法求解公共因子与因子载荷矩阵，是求主成分的逆运算，在前面已对此有所表示。其中。Component Matrix 是因子载荷矩阵，是用标准化后的主成分（公共因子）近似表示标准化原始变量的系数矩阵，用 $fac1$ 来表示第一公共因子，以表中 x_2 为例，即有

$$\text{标准化的 } x_2 \approx 0.985 \times fac1$$

由上一章知，当保留 9 个主成分时，标准化原始变量与公共因子之间有如下精确的关系式：

$$\text{标准化的 } x_2 = 0.985 \times fac1 - 0.12 \times fac2 + 0.006 \times fac3 - 0.028 \times fac4 - 0.042 \times fac5 - 0.111 \times fac6 + 0.001 \times fac7 + 0 \times fac8 + 0 \times fac9$$

可见，主成分法求解公共因子就是把后面不重要的部分 $-0.12 \times fac2 + 0.006 \times fac3 - 0.028 \times fac4 - 0.042 \times fac5 - 0.111 \times fac6 + 0.001 \times fac7 + 0 \times fac8 + 0 \times fac9$ 忽略掉而

作为特殊因子反映在因子模型中，由 Communalities 表可知特殊因子的方差（特殊度）为 1－0.927＝0.073。

Component Score Coefficient Matrix（因子得分系数矩阵）是用原始变量表示标准化主成分（公共因子）的系数矩阵，其关系式已在上一章中给出，此处不再赘述。这里想说明的是用主成分求解公共因子时因子得分系数与因子载荷之间的关系。如表 10—1 中因子得分系数中的第一个元素为 0.116 36，它与第一主成分的方差为 8.344，和因子载荷矩阵中第一元素 0.970 89 之间有如下关系：

$$0.97\,089 = 0.116\,36 \times 8.344$$

此处之所以是乘以 8.344 而不是它的平方根是因为此处主成分经过标准化了。由此可知，主成分法进行因子分析与主成分分析是完全可逆的，因此有些研究者也用主成分求解因子分析的结果来进行主成分分析。

实际上，在进行因子分析之前，我们往往先要了解变量之间的相关性来判断进行因子分析是否合适；对此，进入 Factor Analysis 对话框后，点击下方的“Descriptives”按钮，进入 Descriptives 对话框，在 Statistics 框架中选择 Univariate Descriptives 会给出每个变量的均值、方差等统计量的值，在下部 Correlation Matrix 框架中，选中 Coefficients 选项以输出原始变量的相关矩阵，选中 Significance levels 以输出原始变量各相关系数的显著性水平。Correlation Matrix 框架还有其他一些选项来帮助我们进行判断，此处不再详细说明，点击“Continue”按钮继续，点击“OK”按钮运行，可以得到如表 10—2 所示结果。

表 10—2

Correlation Matrix

		x1	x2	x3	x4	x5	x6	x7	x8	x9
Correlation	x1	1.000	.935	.918	.962	.933	.955	.918	.898	.898
	x2	.935	1.000	.983	.962	.968	.854	.983	.865	.978
	x3	.918	.983	1.000	.942	.950	.831	1.000	.857	.998
	x4	.962	.962	.942	1.000	.992	.928	.942	.854	.933
	x5	.933	.968	.950	.992	1.000	.874	.949	.823	.947
	x6	.955	.854	.831	.928	.874	1.000	.829	.867	.803
	x7	.918	.983	1.000	.942	.949	.829	1.000	.855	.998
	x8	.898	.865	.857	.854	.823	.867	.855	1.000	.836
	x9	.898	.978	.998	.933	.947	.803	.998	.836	1.000
Sig. (1-tailed)	x1		.000	.000	.000	.000	.000	.000	.000	.000
	x2	.000		.000	.000	.000	.000	.000	.000	.000
	x3	.000	.000		.000	.000	.000	.000	.000	.000
	x4	.000	.000	.000		.000	.000	.000	.000	.000
	x5	.000	.000	.000	.000		.000	.000	.000	.000
	x6	.000	.000	.000	.000	.000		.000	.000	.000
	x7	.000	.000	.000	.000	.000	.000		.000	.000
	x8	.000	.000	.000	.000	.000	.000	.000		.000
	x9	.000	.000	.000	.000	.000	.000	.000	.000	

由上述结果知原始变量之间有较强的相关性，进行因子分析是合适的。

得到初始因子载荷矩阵与公共因子后，为了解释方便往往需要对因子进行旋转，设置好其他选项后点击 Factor Analysis 对话框下部的“Rotation”按钮，进入 Rotation 对话框，在 Method 框架中可以看到 SPSS 给出了多种进行旋转的方法，系统默认为不旋转。可以选择的旋转方法有 Varimax（方差最大化正交旋转）、Direct Oblimin（直接斜交旋转）、Quartmax（四次方最大正交旋转）、Equamax（平均正交旋转）及 Promax（斜交旋转），选中 Varimax 选项，此时，Display 框架中 Rotated solution 选项处于活动状态，选中该选项以输出旋转结果。为了更好地说明旋转方法对结果的影响，将公共因子的个数设定为 2，即输出两个公共因子。点击“Continue”以及“OK”按钮运行，得到输出结果如表 10—3 所示。

表 10—3

Component Matrix[a]

	Component	
	1	2
x1	.971	.178
x2	.985	-.120
x3	.980	-.181
x4	.983	.042
x5	.975	-.068
x6	.915	.364
x7	.979	-.184
x8	.905	.242
x9	.970	-.230

Extraction Method: Principal Component Analysis.
a. 2 components extracted.

Rotated Component Matrix[a]

	Component	
	1	2
x1	.609	.777
x2	.817	.563
x3	.853	.514
x4	.709	.683
x5	.775	.595
x6	.444	.879
x7	.855	.511
x8	.517	.781
x9	.879	.470

Extraction Method: Principal Component Analysis.
Rotation Method: Varimax with Kaiser Normalization.
a. Rotation converged in 3 iterations.

Component Transformation Matrix

Component	1	2
1	.749	.663
2	-.663	.749

Extraction Method: Principal Component Analysis.
Rotation Method: Varimax with Kaiser Normalization.

Component Score Coefficient Matrix

	Component	
	1	2
x1	-.238	.445
x2	.308	-.170
x3	.418	-.295
x4	.012	.164
x5	.211	-.063
x6	-.582	.823
x7	.425	-.303
x8	-.360	.570
x9	.507	-.398

Extraction Method: Principal Component Analysis.
Rotation Method: Varimax with Kaiser Normalization.

由输出结果可以看到，旋转后公共因子解释原始数据的能力没有提高，但因子载荷矩阵及因子得分系数矩阵都发生了变化，因子载荷矩阵中的各元素间的差异较原来变大。

有时为了使公共因子的实际意义更容易解释，往往需要放弃公共因子之间互不相关的约束而进行斜交旋转，最常用的斜交旋转方法为 Promax 方法，对此例进行斜交旋转，可得到如表 10—4 所示的输出结果。

表 10—4

Pattern Matrix[a]

	Component	
	1	2
x1	.316	.710
x2	.819	.203
x3	.915	.097
x4	.549	.481
x5	.725	.289
x6	-.026	1.006
x7	.921	.090

续前表

	Component	
	1	2
x8	.170	.792
x9	.991	.007

Extraction Method: Principal Component Analysis.
Rotation Method: Promax with Kaiser Normalization.
a. Rotation converged in 3 iterations.

Structure Matrix

	Component	
	1	2
x1	.902	.971
x2	.986	.878
x3	.995	.851
x4	.946	.934
x5	.963	.887
x6	.804	.985
x7	.995	.849
x8	.823	.932
x9	.997	.824

Extraction Method: Principal Component Analysis.
Rotation Method: Promax with Kaiser Normalization.

Component Correlation Matrix

Component	1	2
1	1.000	.825
2	.825	1.000

Extraction Method: Principal Component Analysis.
Rotation Method: Promax with Kaiser Normalization.

可以看到，与正交旋转不同，斜交旋转的输出结果中没有 Rotated Component Matrix，而代之以 Pattern Matrix 和 Structure Matrix，这里，Pattern Matrix 即是因子载荷矩阵，而 Structure Matrix 为公共因子与原始变量的相关矩阵，也就是说，在斜交旋转中，因子载荷系数不再等于公共因子与原始变量的相关系数。上面三个表格存在如下关系：

Structure Matrix = Pattern Matrix × Component Correlation Matrix

为了得到因子得分值，进行如下操作：在 Factor Analysis 对话框，点击下方的“Scores”按钮，进入 Factor Scores（因子得分）对话框，选中 Save as variables 复选框，即把原始数据各样本点的因子得分值存为变量，可以看到系统默认用回归方法求因子得分系数（Method 框架中 Regression 选项被自动选中），保留此设置。在此例中，我们还选中了 Save as variables 复选框，这一选项要求输出估计的因子得分值，该结果出现在数据窗口。在数据窗口，可以看到在原始变量后面出现了两个新变量。变量名分别为 FAC1 _ 1，FAC2 _ 1。这两个变量即为各个样品的第一公共因子、第二公共因子的得分。我们在前面的分析中曾提过这些得分是经过标准化的，这一点可以用下面的方法简单地验证：依次点选“Analyze”→“Descriptive Statistics”→“Descriptives”进入 Descriptives 对话框，选中 FAC1 _ 1，FAC2 _ 1 两个变量，点击“OK”按钮运行，可得到如表 10—5 所示的输出结果。

表 10—5

Descriptive Statistics

	N	Minimum	Maximum	Mean	Std. Deviation
REGR factor score 1 for analysis 1	31	−.83230	2.76184	.0000000	1.00000000
REGR factor score 2 for analysis 1	31	−1.20868	2.51859	.0000000	1.00000000
Valid N (listwise)	31				

可以看到，两个变量的标准差均为 1（此处由于舍入原因，变量的均值不绝对等于 0 而是有细微差别）。

得到各个样品的因子得分后，我们就可以对样本点进行分析，如用因子得分值代替原始数据进行归类分析或是回归分析等。同时，还可以在一张二维图上画出各数据点，描述各样本点之间的相关关系。

依次点选“Graphs”→“Legacy Dialogs”→“Scatter/Dot”进入 Scatterplot 对话框，选择 Simple 按“Define”按钮，在弹出的 Simple Scatterplot 对话框中，分别选择 FAC1 _ 1，FAC2 _ 1 作为 X 轴与 Y 轴，点击“OK”按钮交由程序运行，可得散点图 10—4，由此可以直观地描述原始数据的散布情况。

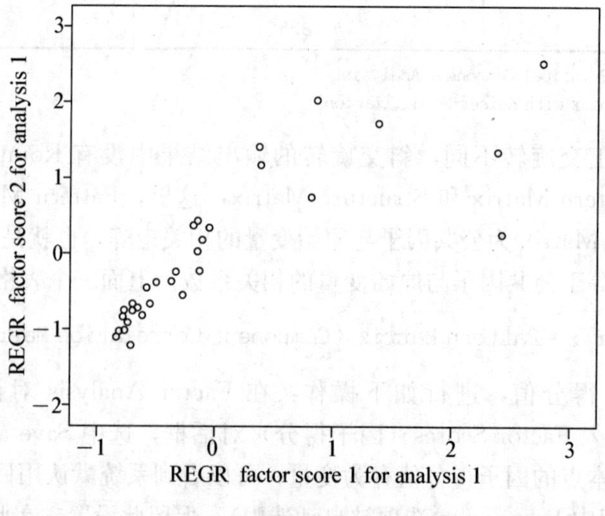

图 10—4

由此可以直观地描述原始数据的散布情况，为了研究需要，还可以很方便地输出第一因子与第三因子、第二因子与第三因子的散点图或同时生成三个因子的散点图，只需选择不同的变量或图形类型即可，在此不再详述。

【例 10.2】 对企业经济效益指标体系的八项指标建立因子分析模型，数据见本书网上配套数据表 9.3。

由 SPSS 输出方差解释表及碎石图（表 9—11 和图 9—10 的输出结果）可看出，前三个特征根较大，其余五个特征根均较小，前三个公共因子对样本方差的贡献和为 87.085%，于是我们选取前三个公共因子建立因子载荷阵。注意因子提取方法有很多种，这里采用的是主成分法。对因子载荷阵进行方差最大化正交旋转，得到如表 10—6 所示的输出结果。

表 10—6

Rotated Component Matrix[a]

	Component		
	1	2	3
x1	.914	.332	.167
x2	.881	−.056	.431
x3	.839	.398	.029
x4	.921	.000	.370
x5	.592	.266	.481
x6	−.048	.851	.411
x7	.307	.115	.849
x8	.399	.794	−.115

Extraction Method: Principal Component Analysis.
Rotation Method: Varimax with Kaiser Normalization.
a. Rotation converged in 7 iterations.

由表 10—6 可得出企业经济效益指标体系的因子分析模型（特殊因子忽略不计）。

$$x_1=0.914F_1+0.332F_2+0.167F_3$$
$$x_2=0.881F_1-0.056F_2+0.431F_3$$
$$x_3=0.839F_1+0.398F_2+0.029F_3$$
$$x_4=0.921F_1+0.370F_3$$
$$x_5=0.592F_1+0.266F_2+0.481F_3$$
$$x_6=-0.048F_1+0.851F_2+0.411F_3$$
$$x_7=0.307F_1+0.115F_2+0.849F_3$$
$$x_8=0.399F_1+0.794F_2-0.115F_3$$

由因子分析模型可知，第一个主因子 F_1 主要由固定资产利税率 x_1、资金利税率 x_2、销售收入利税率 x_3、资金利润率 x_4 四个指标决定，这四个指标在主因子 F_1 上的载荷均在 0.8 以上，它代表着企业经济活动中的盈利能力，是企业经济效益指标体系中的主要方面。此外，固定资产产值率 x_5 对 F_1 的贡献相对较大，这也是反映企业经济活动盈利能力的重要指标。企业要提高经济效益，就要在这个主因子方面狠下功夫。

第二个主因子 F_2 主要由流动资金周转率 x_6 和全员劳动生产率 x_8 决定，是代表企业经营效率的指标。经营效率主要反映企业的运营能力，企业通过改进管理方法提高管理水平，也是提高经济效益的重要途径。

第三个主因子 F_3 主要反映了企业的产值和能耗。产值和能耗反映的是投入与产出的关系，企业要提高经济效益就不能忽视降低生产成本。

【例 10.3】 中心城市的综合发展是带动周边地区经济发展的重要动力。在我国经济发展进程中，各个中心城市一直是所在地区经济和社会发展的“引路者”。因而，分析评价全国 35 个中心城市的综合发展水平，无论是对城市自身的发展，还是对周边地区的进步，都具有十分重要的意义。下面应用因子分析模型，选取反映城市综合发展水平的 12 个指标作为原始变量，运用 SPSS 软件，对全国 35 个中心城市的综合发展水平作分析评价。

（1）原始数据及指标解释。我们选取了反映城市综合发展水平的 12 个指标，其中包括 8 个社会经济指标，分别为：x_1——全市总人口（万人）；x_2——工业总产值（万元）；x_3——货运总量（万吨）；x_4——批发零售住宿餐饮业从业人数（万人）；x_5——地方公共财政收入（万元）；x_6——居民人民币存款金额（万元）；x_7——在岗职工人数（万人）；x_8——在岗职工工资总额（万元）。

4 个城市公共设施水平的指标：x_9——人均居住面积（平方米）；x_{10}——每万人拥有公共汽车数（辆）；x_{11}——人均城市道路面积（平方米）；x_{12}——人均绿地面积（平方米）。

指标的选取参考了《中国城市统计年鉴》中指标的设置。数据来源于《中国城市统计年鉴（2014)》。原始数据见表 10—7。

表 10—7

城市	x_1	x_2	x_3	x_4	x_5	x_6
北京	1 316.3	173 708 872	25 865	99.81	36 611 097	229 043 566
天津	1 004	262 274 556	504 322	23.74	20 790 716	76 123 070
石家庄	1 003.2	76 246 940	35 893	7.08	3 151 233	41 575 970
太原	367.5	25 039 692	15 342	6.73	2 473 261	33 079 851
呼和浩特	234	14 953 762	17 971	3.92	1 820 177	14 146 189
沈阳	727.1	137 351 780	21 491	11.62	8 009 997	47 654 786
长春	752.7	92 280 427	9 574	7.58	3 818 178	31 071 578
哈尔滨	995.2	33 992 630	11 138	6.24	4 022 808	35 935 628
上海	1 432.3	320 888 779	91 352	42.71	41 095 087	211 856 900
南京	643.1	125 630 932	29 099	25.59	8 313 076	48 832 900
杭州	706.6	124 079 833	30 734	25.21	9 452 020	63 397 531
合肥	711.5	75 265 754	39 131	10.53	4 386 226	23 557 723
福州	655.5	67 863 287	19 540	10.09	4 539 690	32 966 518
南昌	510.1	44 375 203	10 534	7.93	2 919 097	20 511 635
济南	613.3	47 774 737	17 763	14.9	4 820 722	32 677 800
郑州	919.1	109 346 543	29 307	13.39	7 236 091	44 753 233
武汉	822.1	111 883 093	44 529	22.81	17 306 543	51 174 300

续前表

城市	x_1	x_2	x_3	x_4	x_5	x_6
长沙	662.8	77 776 403	27 862	12.87	5 366 331	34 829 700
广州	832.3	171 987 181	88 289	39.41	11 418 044	124 966 918
南宁	724.4	25 571 348	32 358	6.82	2 562 469	23 211 576
海口	163.2	4 995 512	12 168	12.6	867 324	10 620 955
重庆	1 358.4	157 854 080	97 404	172.71	16 932 438	96 223 099
成都	1 188	91 711 596	43 328	129.07	8 985 395	81 515 890
贵阳	379.1	20 143 140	21 281	8.85	2 772 077	18 271 371
昆明	546.8	32 247 578	28 173	18.22	4 507 534	33 552 805
西安	806.9	44 976 189	50 119	13.99	5 019 751	53 570 459
兰州	368.6	24 149 500	10 531	4.38	1 244 956	20 215 573
西宁	226.8	12 045 124	3 273	2.22	671 138	9 725 048
银川	172.6	19 280 304	15 277	2.25	1 345 999	10 152 220
乌鲁木齐	262.9	23 725 269	20 135	4.39	3 019 047	18 963 048
大连	591.5	115 215 700	40 557	7.96	8 501 646	44 837 717
宁波	580.2	130 100 892	36 145	8.23	7 928 080	45 623 634
厦门	196.8	47 162 101	15 739	9.95	4 905 996	19 501 009
青岛	773.7	161 041 109	31 318	10.09	7 889 313	41 405 946
深圳	310.5	230 952 085	29 617	34.9	17 312 618	92 893 700

城市	x_7	x_8	x_9	x_{10}	x_{11}	x_{12}
北京	691.73	65 020 386	30.68	18.95	7.72	51.51
天津	284.82	19 613 700	24.22	11.77	15.14	28.23
石家庄	89.12	3 890 359	35.66	18.04	18.07	36.63
太原	94.23	4 809 134	22.82	9.91	12.53	39.28
呼和浩特	42	2 049 486	66.61	29.25	17.41	68.59
沈阳	144.8	7 596 413	28.97	10.5	14.82	55.70
长春	122.69	6 423 080	33.81	12.98	18.58	29.49
哈尔滨	131.83	6 223 739	25.34	12.65	10.04	28.15
上海	584.86	53 500 158		12.25	7.28	91.12
南京	202.51	13 443 124	30.79	10.8	19.84	133.91
杭州	258.62	16 824 084	24.18	18.3	12.04	37.87
合肥	142.91	7 747 263	45.27	16.01	22.72	65.74
福州	131.21	6 997 971	49.79	22.13	13.3	50.05
南昌	104.33	4 876 812	31.36	15.39	15.28	44.21
济南	127.45	7 091 617	27.01	13.09	20.97	36.18
郑州	165.46	7 435 970	17.02	11.11	7.42	26.00
武汉	183.79	9 877 794	43.11	14.82	16.3	34.91
长沙	120.64	6 802 064	37.75	13.89	10.01	32.11
广州	257.75	19 008 976	28.98	18.95	14.91	191.44
南宁	67.34	333 703	30.03	9.69	12.61	144.27

续前表

城市	x_7	x_8	x_9	x_{10}	x_{11}	x_{12}
海口	48.62	2 207 863	30.64	9.95	8.91	28.63
重庆	366.62	18 702 874	16.51	6.76	7.1	26.93
成都	219.52	12 851 447	31.69	18.01	13.1	33.78
贵阳	88.71	4 508 238	24.13	10.03	7.15	56.09
昆明	123.14	6 287 632	76.47	17.76	14.26	52.32
西安	163.03	8 865 217	19.12	14	12.09	27.10
兰州	56.09	2 767 762	19.43	10.91	11.78	24.44
西宁	34.05	1 612 043	33.09	15.21	7.15	25.87
银川	29.54	1 696 940	44.49	18.79	17.77	71.69
乌鲁木齐	78.3	4 421 072	52.18	16.16	11.35	95.31
大连	125.75	7 427 139	43.16	16.72	14.48	60.76
宁波	144.48	9 124 123	33.39	19.57	12.61	47.91
厦门	105.81	6 137 515	33.54	19.72	18.14	89.39
青岛	141.92	7 857 389	14.74	16.86	21.45	76.44
深圳	361.87	28 135 080	69.89	98.53	37.03	311.42

从上表可看到上海市的人均居住面积数据缺失，我们选择用均值来补缺失值。

（2）计算运行结果。首先，对表10—7中的数据进行标准化，然后将标准化后的数据导入SPSS软件，依次点选“Analyze”→“Dimension Reduction”→“Factor”进入Factor Analysis对话框，选取12个指标变量进入variables中，点击“Extraction”按钮，在Method选项中选择Principal Components（这时，因子分析等同于主成分分析，如果是主成分分析，则只能选择此项），点击“Continue”按钮(见图10—5)，回到主对话框再点击“OK”按钮。

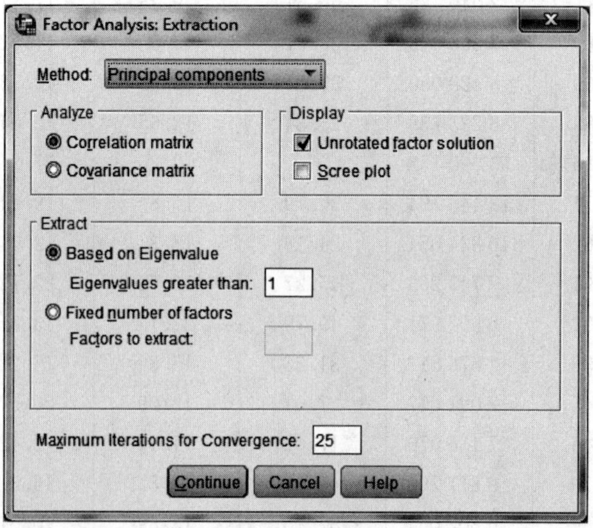

图10—5

由于按照特征根大于1的原则，选入2个公共因子，其累积方差贡献率为75.56%，见表 10—8。

表 10—8

Total Variance Explained

Component	Initial Eigenvalues			Extraction Sums of Squared Loadings		
	Total	% of Variance	Cumulative %	Total	% of Variance	Cumulative %
1	6.088	50.731	50.731	6.088	50.731	50.731
2	2.979	24.826	75.557	2.979	24.826	75.557
3	.815	6.790	82.347			
4	.685	5.711	88.057			
5	.510	4.246	92.303			
6	.430	3.583	95.886			
7	.191	1.594	97.481			
8	.157	1.309	98.790			
9	.090	.749	99.539			
10	.033	.276	99.814			
11	.020	.165	99.979			
12	.003	.021	100.000			

Extraction Method: Principal Component Analysis.

因此，为了使累积方差贡献率达到 85%以上，重新进行因子分析，在 Extract 选择框中选择 Fixed Number of factors，将保留公共因子的个数设为 4，得到特征根及累积贡献率、碎石图、因子载荷矩阵分别如表 10—9、图 10—6 和表 10—10 所示。

表 10—9

Total Variance Explained

Component	Initial Eigenvalues			Extraction Sums of Squared Loadings		
	Total	% of Variance	Cumulative %	Total	% of Variance	Cumulative %
1	6.088	50.731	50.731	6.088	50.731	50.731
2	2.979	24.826	75.557	2.979	24.826	75.557
3	.815	6.790	82.347	.815	6.790	82.347
4	.685	5.711	88.057	.685	5.711	88.057
5	.510	4.246	92.303			
6	.430	3.583	95.886			
7	.191	1.594	97.481			
8	.157	1.309	98.790			
9	.090	.749	99.539			
10	.033	.276	99.814			
11	.020	.165	99.979			
12	.003	.021	100.000			

Extraction Method: Principal Component Analysis.

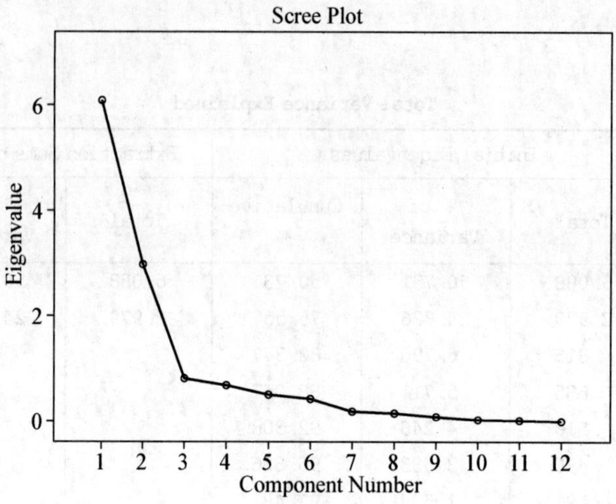

图 10—6

表 10—10

Component Matrix[a]

	Component			
	1	2	3	4
x1	.794	−.384	.188	.026
x2	.857	.207	.149	−.299
x3	.733	−.107	.509	.145
x4	.682	−.196	.236	.537
x5	.950	.047	−.214	−.092
x6	.964	.013	−.179	−.022
x7	.968	.061	−.191	−.013
x8	.924	.099	−.334	−.061
x9	−.138	.698	−.297	.485
x10	.136	.915	−.014	.071
x11	−.097	.835	.284	−.162
x12	.221	.837	.217	−.077

Extraction Method: Principal Component Analysis.
a. 4 components extracted.

此时得到的未旋转的公共因子的实际意义不好解释，因此，对公共因子进行方差最大化正交旋转。在 Factor Analysis 对话框中，点击“Rotation”按钮，进入“Rotation”对话框，选中 Varimax 进行方差最大化正交旋转（若是主成分分析就选择 None）（见图 10—7）。得输出结果如表 10—11 所示。

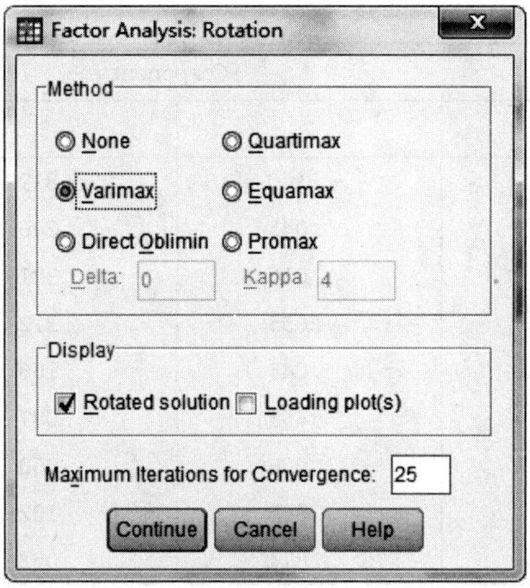

图 10—7

表 10—11

Total Variance Explained

Component	Initial Eigenvalues			Extraction Sums of Squared Loadings			Rotation Sums of Squared Loadings		
	Total	% of Variance	Cumulative %	Total	% of Variance	Cumulative %	Total	% of Variance	Cumulative %
1	6.088	50.731	50.731	6.088	50.731	50.731	4.860	40.501	40.501
2	2.979	24.827	75.557	2.979	24.827	75.557	2.670	22.251	62.752
3	.815	6.790	82.347	.815	6.790	82.347	1.984	16.532	79.284
4	.685	5.711	88.057	.685	5.711	88.057	1.053	8.773	88.057
5	.509	4.246	92.303						
6	.430	3.583	95.887						
7	.191	1.594	97.481						
8	.157	1.309	98.790						
9	.090	.749	99.539						
10	.033	.276	99.814						
11	.020	.165	99.979						
12	.003	.021	100.000						

Extraction Method: Principal Component Analysis.

Rotated Component Matrix[a]

	Component			
	1	2	3	4
x1	.584	−.240	.571	−.295
x2	.763	.346	.284	−.326
x3	.386	.104	.770	−.276

续前表

	Component			
	1	2	3	4
x4	.369	−.140	.819	.145
x5	.946	.045	.246	−.038
x6	.927	.016	.321	−.016
x7	.937	.055	.312	.013
x8	.972	.045	.166	.071
x9	−.052	.453	−.087	.784
x10	.168	.836	−.060	.362
x11	−.119	.888	−.102	.022
x12	.169	.874	.053	.089

Extraction Method：Principal Component Analysis.
Rotation Method：Varimax with Kaiser Normalization.
a. Rotation converged in 6 iterations.

由表 10—11 的结果，原变量 x_1 可由各因子表示为：

$$x_1=0.584F_1-0.240F_2+0.571F_3-0.295F_4$$

原变量 x_2 可由各因子表示为：

$$x_2=0.763F_1+0.346F_2+0.284F_3-0.326F_4$$

其余依此类推。

为便于得出结论，在 Factor Analysis 主对话框中点击“Options”按钮进入 Options 对话框，在 Coefficient Display Format 框中选中 Sorted by size 使输出的因子载荷矩阵中各列按载荷系数大小排列，使在同一公共因子上具有较高载荷的变量排在一起。然后点击“Continue”和“OK”按钮运行（见图 10—8）。

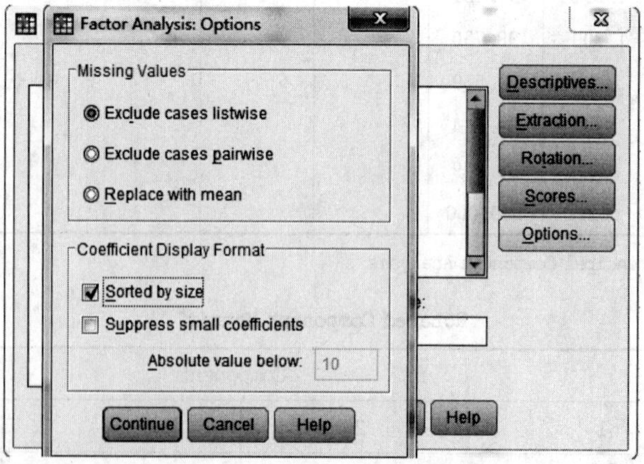

图 10—8

得输出结果如表 10—12 所示。

表 10—12

Rotated Component Matrix[a]

	Component			
	1	2	3	4
x8	.972	.045	.166	.071
x5	.946	.045	.246	−.038
x7	.937	.055	.312	.013
x6	.927	.016	.321	−.016
x2	.763	.346	.284	−.326
x1	.584	−.240	.571	−.295
x11	−.119	.888	−.102	.022
x12	.169	.874	.053	.089
x10	.168	.836	−.060	.362
x4	.369	−.140	.819	.145
x3	.386	.104	.770	−.276
x9	−.052	.453	−.087	.784

Extraction Method: Principal Component Analysis.
Rotation Method: Varimax with Kaiser Normalization.
a. Rotation converged in 6 iterations.

最后计算因子得分，以旋转后各因子的方差贡献率占四个因子总方差贡献率的比重作为权重进行加权汇总，得出各城市的综合得分 F，即

$$F=(50.731F_1+24.827F_2+6.79F_3+5.711F_4)/88.057$$

在 Factor Analysis 主对话框中点击“Scores”按钮进入 Factor Scores 对话框，选中 Save as variables，在 Method 中选择 Regression 计算因子得分，如图 10—9 所示。

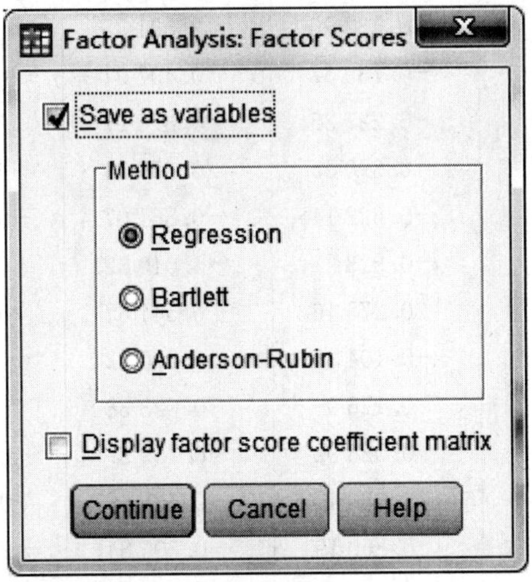

图 10—9

得到运行结果并计算综合得分，结果见表 10—13。

表 10—13

城市	F_1	F_2	F_3	F_4	F
北京	3.842 46	−1.438 24	−0.549 44	1.612 82	1.869 6
天津	1.038 79	0.120 83	−0.111 12	−1.623 19	0.518 5
石家庄	−0.552 06	0.194 44	0.347 79	−0.491 41	−0.268 2
太原	−0.408	−0.511 96	−0.746 03	−0.327 2	−0.458 1
呼和浩特	−0.768 63	0.358 12	−0.213 98	2.058	−0.224 7
沈阳	0.063 89	−0.021 6	−0.480 04	−0.796 97	−0.058
长春	−0.199 09	−0.039 26	−0.624 11	−0.367 3	−0.197 7
哈尔滨	−0.137 8	−0.820 15	−0.497 21	−0.256 25	−0.365 6
上海	3.364 21	−0.249 25	0.278 95	−0.637 19	1.847 4
南京	0.015 76	0.785 13	−0.071 59	−0.808 17	0.172 5
杭州	0.490 91	−0.309 82	−0.346 92	−0.432 75	0.140 6
合肥	−0.563 39	0.673 51	0.333 43	−0.057 18	−0.112 6
福州	−0.204 13	−0.148 33	−0.237 11	0.978 04	−0.114 2
南昌	−0.400 08	−0.194 97	−0.658 76	−0.038 15	−0.338 7
济南	−0.379 37	0.110 08	−0.400 59	−0.538 85	−0.253 3
郑州	0.062 95	−0.749	−0.239 31	−1.027 48	−0.26
武汉	0.162 36	−0.020 98	0.301 01	0.142 27	0.12
长沙	−0.215 9	−0.543 32	−0.134 34	0.280 27	−0.269 7
广州	0.217 27	1.299 38	1.540 81	−1.204 16	0.532 2
南宁	−0.845 91	0.296	0.278 98	−0.576 09	−0.419 6
海口	−0.678 69	−0.852 4	−0.654 93	0.499 08	−0.649 3
重庆	−0.178 64	−0.864 89	4.279 52	−0.022	−0.018 2
成都	−0.351	−0.532 96	2.531 38	0.913 53	−0.098
贵阳	−0.488 27	−0.739 57	−0.497 91	−0.084 29	−0.533 6
昆明	−0.445 83	−0.227 35	0.375 97	2.622 24	−0.121 8
西安	−0.321 57	−0.390 55	0.354 74	−0.836 22	−0.322 2
兰州	−0.542 85	−0.622 14	−0.861 07	−0.487 81	−0.586 1
西宁	−0.536 98	−0.923 21	−1.010 32	0.669 08	−0.604 1
银川	−0.817 49	0.275 46	−0.541 63	0.641 43	−0.393 3
乌鲁木齐	−0.538 91	−0.104 38	−0.370 12	1.275 19	−0.285 6
大连	−0.158 48	0.176 99	0.023 38	0.040 44	−0.036 9
宁波	0.012 57	0.023 92	−0.259 3	−0.360 79	−0.029 4
厦门	−0.436 16	0.430 47	−0.685 69	0.021 72	−0.181 3
青岛	−0.122 32	0.860 19	−0.305 84	−2.134 34	0.010 1
深圳	1.020 4	4.699 79	−0.148 6	1.353 7	1.989 1

以 F_1 因子得分为 x 轴，F_2 因子得分为 y 轴，画出各城市因子得分如图 10—10 所示。

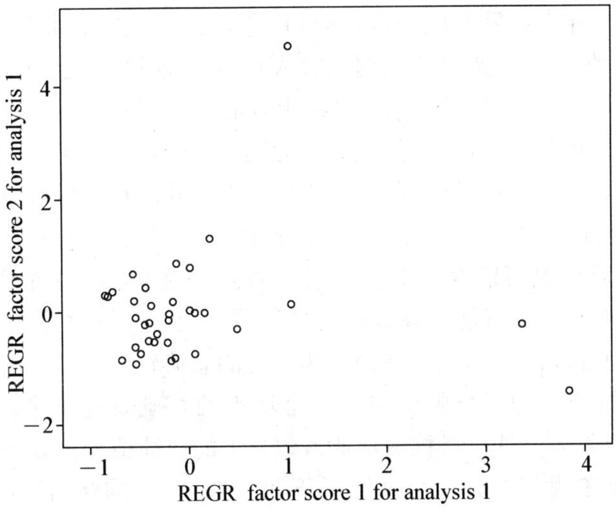

图 10—10

其操作步骤如下：在 SPSS 中点选 Graphs，在下拉菜单 Legacy Dialogs 中点击 Scatter/Dot，进入 Scatter/Dot 对话框，选择 Simple，点击“Define”按钮，如图 10—11 所示。

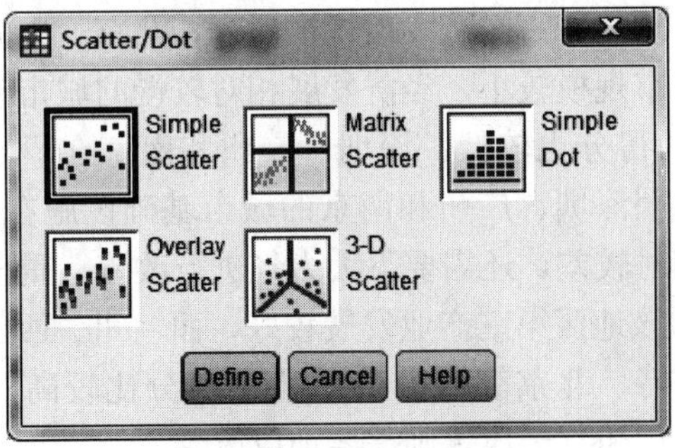

图 10—11

在弹出的 Simple Scatterplot 对话框中，分别选择 FAC _ 1，FAC _ 2 作为 X 轴与 Y 轴，点击“OK”按钮，即可得到因子得分图 10—10。操作图如图 10—12 所示。

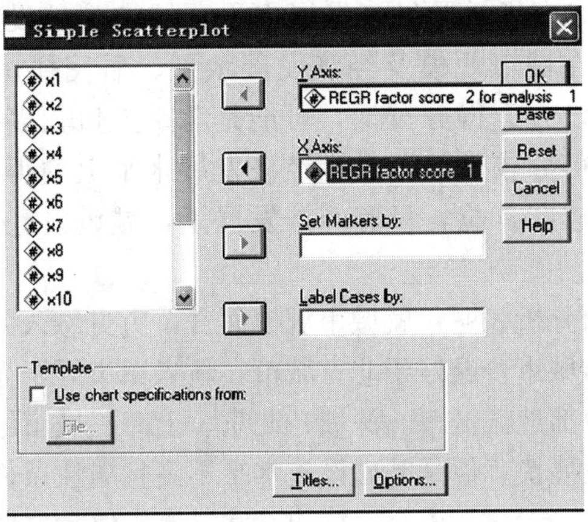

图 10—12

(3) 结果分析。由旋转后的因子载荷矩阵可以看出，公共因子 F_1 在 x_1（全市总人口）、x_2（工业总产值）、x_5（地方公共财政收入）、x_6（居民人民币存款金额）、x_7（在岗职工人数）、x_8（在岗职工工资总额）上的载荷值都很大。x_1，x_7，x_8 是反映城市规模的指标，x_2 反映城市工业发展规模，x_5 是政府作为国家的管理者和国有资产的所有者而获得的收入，x_6 在一定程度上反映了居民的收入水平，而在我国现今的收入分配格局下，政府和居民是再分配收入的获得大户，因而，x_5，x_6 在一定程度上反映了城市的国民收入水平，因而 F_1 为反映城市规模以及经济发展水平的公共因子，在这个因子上的得分越高，城市经济发展水平越高，城市规模越大。公共因子 F_2 在 x_{10}（每万人拥有公共汽车数）、x_{11}（人均城市道路面积）、x_{12}（人均绿地面积）上的载荷较大，是反映城市基础设施水平的公共因子，在此因子上的得分则反映了一个城市的基础设施水平。公共因子 F_3 在 x_3（货运总量）、x_4（批发零售住宿餐饮业从业人数）上的载荷值较大，x_3，x_4 分别反映了城市运输业和第三产业的发展规模。公共因子 F_4 仅在 x_9（人均住房面积）上有较大载荷，是反映城市居民住房条件的公共因子。

有了对各个公共因子合理的解释，结合各个城市在四个公共因子上的得分和综合得分，就可对各中心城市的综合发展水平进行评价了。在城市经济规模因子 F_1 上得分最高的前五个城市依次是北京、上海、天津、深圳和杭州，其中，北京的得分为 3.84，上海为 3.36，远高于其他城市，故就城市经济发展规模而言，北京、上海是我国最大的城市，且规模远大于其他城市。城市规模较小，经济发展相对较慢的城市有南宁和银川，而海口由于城市规模小，在 F_1 上的得分也较低。深圳、广州和南京在 F_2 上的得分较高，而北京、西宁、重庆得分较低，说明深圳、广州和南京的城市基础设施在全国是较好的，而北京、重庆等城市的基础设施相对较差，还需要下大力气进行改善。重庆、成都、广州等城市在 F_3 上的得分比较高，说明该地区第三产业发展较好，而兰州、西宁等地区需要加强第三产业的发展。昆明、呼和浩特、北京等城市在 F_4 上的得分比较高，说明居民在居住条件方面较别的城市好，青岛、广州、天津等则需要加以改善。

将各城市在四个因子上的得分进行加权综合，就得到了综合得分。根据综合得分就可综合评价城市的发展水平。综合得分前五名的城市依次是深圳、北京、上海、广州和天津；综合得分最低的五个城市依次是海口、西宁、兰州、贵阳和太原。再结合各因子得分进行分析，深圳在城市规模及经济发展水平、城市基础设施建设和居民住房面积方面均位于前列。北京在城市规模及经济发展水平、居民住房面积方面均位于前列，但是在城市基础设施建设方面得分较低，可能是北京人口较多所致，因此需在这方面加大改善力度。而综合得分较低的城市在经济发展水平上的得分都较低，在城市发展战略上应把经济的发展放在首位，只有经济发展了，城市设施水平及其他方面才能搞上去。

另外，由因子得分图分析表明，就城市规模而言，历史悠久的城市大于新兴城市；就城市设施水平而言，南方城市普遍好于北方城市，新兴城市好于老城市；综合来讲，东部地区城市发展水平高于西部地区城市。深圳、北京、上海三城市综合发展水平均较好，其中，上海规模大，经济发展快，但是基础设施水平不高且居住条件较差。此外，综合得分值大于零的城市还有广州、天津、南京、杭州、武汉等。但是这些城市与深圳、北京及上海有一定的差距。其他城市综合得分都小于零，在因子得分图中大概位于原点附近，城市综合发展水平都还较低，发展格局也较相近，其中有 15 个城市位于因子得分图的第三象限，而这些城市多位于中西部地区。因而，如何加快这些城市的发展以带动周边地区的进步，是影响我国整体经济发展的重要课题。

这种综合评价方法应用非常普遍，但有些文献提出不同看法，主要认为由于产生主因子的特征向量的各级分量符号不一致，很难进行排序评价，因此这种综合评价方法不严谨。笔者认为这与其他的统计方法一样，即使很多理论问题并没有解决，也似乎并不影响人们使用它的热情。统计学应用中许多问题的完善需要人们去实践、去探讨，这个问题当然也在其中。

思考与练习

1. 因子分析与主成分分析有什么本质不同？

2. 因子载荷 a_{ij} 的统计定义是什么？它在实际问题分析中的作用是什么？

3. 对 2009 年我国 88 个房地产上市公司做因子分析，数据见本书网上配套数据表 10.2。

第 11 章

对应分析

对应分析是 R 型因子分析与 Q 型因子分析的结合，它也是利用降维的思想以达到简化数据结构的目的，不过，与因子分析不同的是，它同时对数据表中的行与列进行处理，寻求以低维图形表示数据表中行与列之间的关系。对应分析的思想首先由理查森（Richardson）和库德（Kuder）在 1933 年提出，后来法国统计学家让-保罗·本泽克里（Jean-Paul Benzécri）和日本统计学家林知己夫（Chikio Hayashi）对该方法进行了详细的论述并使其得到了发展。对应分析方法广泛用于对由属性变量构成的列联表数据的研究，利用对应分析可以在一张二维图上同时画出属性变量不同取值的情况，列联表的每一行及每一列均以二维图上的一个点来表示，以直观、简洁的形式描述属性变量各种状态之间的相互关系及不同属性变量之间的相互关系。本章主要讲述对应分析的基本思想、对应分析的基本理论与方法及如何用 SPSS 软件进行对应分析。

§11.1 对应分析的基本理论

在第 3 章表 3—5 中，当 A 与 B 的取值较少时，把所得到的数据放到一张列联表中，就可以直观地对 A 与 B 之间及它们的各种取值之间的相关性作出判断，当 p_{ij} 比较大时，则说明属性变量 A 的第 i 状态与 B 的第 j 状态之间有较强的依赖关系。但是，当 A 或者 B 的取值比较多时，就很难正确作出判断，此时需要利用降维的思想以简化列联表的结构。由前面的讨论知道，因子分析（或是主成分分析）是用少数综合变量提取原始变量大部分信息的有效方法。但因子分析也有不足之处，当我们要研究属性变量 A 的各种状态时，需要做 Q 型因子分析，也就是说要分析一个 $n\times n$ 阶矩阵的结构，而当我们要研究属性变量 B 的各种状态时，就是进行 R 型因子分析，需要分析一个 $p\times p$ 阶矩阵的结构。由于因子分析的局限性，无法使 R 型因子分析与 Q 型因子分析同时进行，而当 n 或者 p 比较大时，单独进行因子分析就会加大计算量。对应分析可以弥补上述不足，同时对两个（或多个属性变量）进行分析。

对应分析利用降维思想，通过分析原始数据结构，旨在以简洁明了的方式揭示属性变量之间及属性变量各种状态之间的相关关系。对应分析的一大特点就是可以在一张二维图上同时表示出两类属性变量的各种状态，以直观地描述原始数据结构。

假定我们下面讨论的都是形如表 3—5 的规格化的列联表数据。为了论述方便，先对有关概念进行说明。

一、有关概念

（一）行剖面与列剖面

在第 3 章表 3—6 中，p_{ij} 表示变量 A 的第 i 状态与 B 的第 j 状态同时出现的概率，相应的 $p_{i\cdot}$ 与 $p_{\cdot j}$ 就有边际概率的含义。所谓行剖面是指当变量 A 的取值固定为 $i(i=1,2,\cdots,n)$ 时，变量 B 的各个状态相对出现的概率情况，也就是把矩阵 $\boldsymbol{P}$ 中第 i 行的每一个元素均除以 $p_{i\cdot}$，这样，就可以方便地把第 i 行表示成在 p 维欧氏空间中的一个点，其坐标为：

$$\boldsymbol{p}_i^{r\prime}=\left(\frac{p_{i1}}{p_{i\cdot}}\quad \frac{p_{i2}}{p_{i\cdot}}\quad \cdots\quad \frac{p_{ip}}{p_{i\cdot}}\right),\quad i=1,2,\cdots,n \tag{11.1}$$

式中，$\boldsymbol{p}_i^{r\prime}$ 中的分量 $\frac{p_{ij}}{p_{i\cdot}}$ 表示条件概率 $P(B=j\mid A=i)$，可知：

$$\boldsymbol{p}_i^{r\prime}1=1 \tag{11.2}$$

形象地，第 i 个行剖面 $\boldsymbol{p}_i^{r\prime}$ 就是把矩阵 $\boldsymbol{P}$ 中第 i 行剖裂开来，单独研究第 i 行的各个取值在 p 维超平面 $x_1+x_2+\cdots+x_p=1$ 上的分布情况。记 n 个行剖面的集合为 $n(r)$。

由于列联表的行与列的地位是对等的，由上面定义行剖面的方法可以很容易地定义列剖面。对矩阵 $\boldsymbol{P}$ 第 j 列的每一个元素 p_{ij} 均除以该列各元素的和 $p_{\cdot j}$，则第 j 个列剖面

$$\boldsymbol{p}_j^{c\prime}=\left(\frac{p_{1j}}{p_{\cdot j}}\quad \frac{p_{2j}}{p_{\cdot j}}\quad \cdots\quad \frac{p_{nj}}{p_{\cdot j}}\right),\quad j=1,2,\cdots,p \tag{11.3}$$

表示当属性变量 B 的取值为 j 时，属性变量 A 的不同取值的条件概率，它是 n 维超平面 $x_1+x_2+\cdots+x_n=1$ 上的一个点。有 $\boldsymbol{p}_j^{c\prime}1=1$，记 p 个列剖面的集合为 $p(c)$。

在定义了行剖面与列剖面之后，我们看到，属性变量 A 的各个取值的情况可以用 p 维空间上的 n 个点来表示，而 B 的不同取值情况可以用 n 维空间上的 p 个点来表示。而对应分析就是利用降维的思想，既把 A 的各个状态表现在一张二维图上，又把 B 的各个状态表现在一张二维图上，且通过后面的分析可以看到，这两张二维图的坐标轴有着相同的意义，即可以把 A 的各个取值与 B 的各个取值同时在一张二维图上表示出来。

（二）距离与总惯量

通过上面行剖面与列剖面的定义，A 的不同取值就可以用 p 维空间中的不同点来表示，各个点的坐标分别为 $\boldsymbol{p}_i^r(i=1,2,\cdots,n)$。$B$ 的不同取值可以用 n 维空间中的不同点来表示，各个点的坐标分别为 $\boldsymbol{p}_j^c(j=1,2,\cdots,p)$。对此，就可以引入距离概念来分别描述 A 的各个状态之间与 B 的各个状态之间的接近程度。因为对列联表行与列的研究是对等的，我们此处只对行做详细论述。

变量 A 的第 k 状态与第 l 状态的普通欧氏距离为：

$$d^2(k,l)=\boldsymbol{p}_k^{r\,\prime}\boldsymbol{p}_l^r=\sum_{j=1}^{p}\left(\frac{p_{kj}}{p_{k\cdot}}-\frac{p_{lj}}{p_{l\cdot}}\right)^2 \tag{11.4}$$

如此定义的距离有一个缺点，就是受到变量 B 的各个状态边际概率的影响，如变量 B 的第 j 个状态出现的概率特别大时，式（11.4）所定义距离的 $\left(\frac{p_{kj}}{p_{k\cdot}}-\frac{p_{lj}}{p_{l\cdot}}\right)^2$ 部分的作用就被抬高了，因此我们用 $\frac{1}{p_{\cdot j}}$ 作权重，得到如下加权的距离公式：

$$\begin{aligned}D^2(k,l)&=\sum_{j=1}^{p}\left(\frac{p_{kj}}{p_{k\cdot}}-\frac{p_{lj}}{p_{l\cdot}}\right)^2\Big/p_{\cdot j}\\&=\sum_{j=1}^{p}\left(\frac{p_{kj}}{\sqrt{p_{\cdot j}}\,p_{k\cdot}}-\frac{p_{lj}}{\sqrt{p_{\cdot j}}\,p_{l\cdot}}\right)^2\end{aligned} \tag{11.5}$$

因此，式（11.5）定义的距离也可以看作坐标为

$$\left(\frac{p_{i1}}{\sqrt{p_{\cdot 1}}\,p_{i\cdot}}\quad\frac{p_{i2}}{\sqrt{p_{\cdot 2}}\,p_{i\cdot}}\quad\cdots\quad\frac{p_{ip}}{\sqrt{p_{\cdot p}}\,p_{i\cdot}}\right),\quad i=1,2,\cdots,n \tag{11.6}$$

的任意两点之间的普通欧氏距离。

类似地，定义属性变量 B 的两个状态 s，t 之间的加权距离为：

$$D^2(s,t)=\sum_{i=1}^{n}\left(\frac{p_{is}}{\sqrt{p_{i\cdot}}\,p_{\cdot s}}-\frac{p_{it}}{\sqrt{p_{i\cdot}}\,p_{\cdot t}}\right)^2 \tag{11.7}$$

式（11.6）是行剖面消除了变量 B 的各个状态概率影响的相对坐标，下面给出式（11.6）定义的各点的平均坐标，即重心的表达式。由行剖面的定义，$\boldsymbol{p}_i^r$ 的各分量是当 A 取值 i 时变量 B 各个状态出现的条件概率，也就是说，式（11.6）的坐标也同时消除了变量 A 的各个状态出现的概率的影响。然而，当我们研究由式（11.6）定义的 n 个点的平均坐标时，这 n 个点的地位不是完全平等的，出现概率较大的状态应当占有较高的权重。因此，我们定义如下按 $p_{i\cdot}$ 加权的 n 个点的平均坐标，其第 j 个分量为：

$$\sum_{i=1}^{n}\frac{p_{ij}}{\sqrt{p_{\cdot j}}\,p_{i\cdot}}p_{i\cdot}=\frac{1}{\sqrt{p_{\cdot j}}}\sum_{i=1}^{n}p_{ij}=\sqrt{p_{\cdot j}},\quad j=1,2,\cdots,p \tag{11.8}$$

因此，由式（11.6）定义的 n 个点的重心为：

$$p_j^{1/2\,\prime}=(\sqrt{p_{\cdot 1}}\quad\sqrt{p_{\cdot 2}}\quad\cdots\quad\sqrt{p_{\cdot p}})$$

式中，每一分量恰恰是矩阵 $\boldsymbol{P}$ 每一列边际概率的平方根。根据上面的准备，可以给出如下行剖面集合 $n(r)$ 的总惯量的定义：由式（11.6）定义的 n 个点与其重心的欧氏距离之和称为行剖面集合 $n(r)$ 的总惯量，记为 I_I。有

$$I_I=\sum_{i=1}^{n}D^2(\boldsymbol{p}_i^r,\boldsymbol{p}_j^{1/2}) \tag{11.9}$$

令 $\boldsymbol{D}_p^{1/2}=diag(\boldsymbol{p}_J^{1/2})$ 表示由向量 $\boldsymbol{p}_J^{1/2}$ 的各个分量为对角线元素构成的对角阵，则总惯量公式（11.9）可写为：

$$I_I=\sum_{i=1}^{n}d^2[\boldsymbol{p}_i^{r}{}'(\boldsymbol{D}_p^{1/2})^{-1},\boldsymbol{p}_J^{1/2}{}']=\sum_{i=1}^{n}\sum_{j=1}^{p}p_{i\cdot}\left(\frac{p_{ij}}{p_{i\cdot}\sqrt{p_{\cdot j}}}-\sqrt{p_{\cdot j}}\right)^2$$
$$=\sum_{i=1}^{n}\sum_{j=1}^{p}\frac{(p_{ij}-p_{i\cdot}p_{\cdot j})^2}{p_{i\cdot}p_{\cdot j}}=\frac{1}{n}\chi^2 \tag{11.10}$$

由式（11.10）可以看到，总惯量不仅反映了行剖面集在式（11.6）意义上定义的各点与其重心加权距离的总和，同时与 χ^2 统计量仅相差一个常数，而由前面列联表的分析我们知道，χ^2 统计量反映了列联表横栏与纵栏的相关关系，因此，此处总惯量也反映了两个属性变量各状态之间的相关关系。对应分析就是在对总惯量信息损失最小的前提下，简化数据结构以反映两属性变量之间的相关关系。实际上，总惯量的概念类似于主成分分析或因子分析中方差总和的概念，在 SPSS 软件中进行对应分析时，系统会给出对总惯量信息的提取情况。

完全对应地，可以得到对列联表的列进行分析的相应结论，列剖面 p 个点经 $p_{\cdot j}$ 加权后的平均坐标，即重心为：

$$\boldsymbol{p}_I^{1/2}{}'=(\sqrt{p_{1\cdot}}\quad\sqrt{p_{2\cdot}}\quad\cdots\quad\sqrt{p_{n\cdot}}) \tag{11.11}$$

列剖面集合 $p(c)$ 的总惯量为：

$$I_J=I_I=\frac{1}{n}\chi^2 \tag{11.12}$$

二、R 型与 Q 型因子分析的对等关系

经过以上数据变换，在引入加权距离函数之后，或是对行剖面集的各点进行式（11.6）的变换，对列剖面的各点进行类似变换之后，就可以直接计算属性变量各状态之间的距离，通过距离的大小来反映各状态之间的接近程度，同类型的状态之间距离应当较短，而不同类型的状态之间的距离应当较长，据此可以对各种状态进行分类以简化数据结构。但是，这样做不能对两个属性变量同时进行分析，因此不计算距离，代之求协方差矩阵，进行因子分析，提取主因子，用主因子所定义的坐标轴作为参照系，对两个变量的各状态进行分析。

先对行剖面进行分析，即 Q 型因子分析。假定各个行剖面的坐标均经过了形如式（11.6）的变换，以消除变量 B 的各个状态发生的边际概率的影响。即变换后的行剖面为：

$$\boldsymbol{p}_i^{r}{}'(\boldsymbol{D}_p^{1/2})^{-1},\quad i=1,2,\cdots,n$$

则变换后的 n 个行剖面所构成的矩阵为：

$$\boldsymbol{P}_r=\begin{bmatrix}\boldsymbol{p}_1^{r}{}'(\boldsymbol{D}_p^{1/2})^{-1}\\ \boldsymbol{p}_2^{r}{}'(\boldsymbol{D}_p^{1/2})^{-1}\\ \vdots\\ \boldsymbol{p}_n^{r}{}'(\boldsymbol{D}_p^{1/2})^{-1}\end{bmatrix} \tag{11.13}$$

进行 Q 型因子分析就是从矩阵 $\boldsymbol{P}_r$ 出发，分析其协方差矩阵，提取公共因子（主成分）的分析。设 $\boldsymbol{P}_r$ 的协方差矩阵为 $\boldsymbol{\Sigma}_r$，则有

$$\boldsymbol{\Sigma}_r = \sum_{i=1}^{n} p_{i\cdot}[(\boldsymbol{D}_p^{1/2})^{-1}\boldsymbol{p}_i^r - \boldsymbol{p}_J^{1/2}][\boldsymbol{p}_i^{r\prime}(\boldsymbol{D}_p^{1/2})^{-1} - \boldsymbol{p}_J^{1/2\prime}] \tag{11.14}$$

因为对任意的 $i(i=1,2,\cdots,n)$ 有

$$\begin{aligned}&[\boldsymbol{p}_i^{r\prime}(\boldsymbol{D}_p^{1/2})^{-1}-\boldsymbol{p}_J^{1/2\prime}]\boldsymbol{p}_J^{1/2}\\ &=\left(\frac{p_{i1}-p_{i\cdot}p_{\cdot 1}}{\sqrt{p_{\cdot 1}}p_{i\cdot}}\quad \frac{p_{i2}-p_{i\cdot}p_{\cdot 2}}{\sqrt{p_{\cdot 2}}p_{i\cdot}}\quad \cdots \quad \frac{p_{ip}-p_{i\cdot}p_{\cdot p}}{\sqrt{p_{\cdot p}}p_{i\cdot}}\right)\begin{bmatrix}\sqrt{p_{\cdot 1}}\\ \sqrt{p_{\cdot 2}}\\ \vdots\\ \sqrt{p_{\cdot p}}\end{bmatrix}\\ &=0\end{aligned} \tag{11.15}$$

所以，$\boldsymbol{\Sigma}_r\boldsymbol{p}_J^{1/2}=0$。也就是说，变换后行剖面点集的重心 $\boldsymbol{p}_J^{1/2}$ 是 $\boldsymbol{\Sigma}_r$ 的一个特征向量，且其对应的特征根为 0。因此，该因子轴对公共因子的解释是无用的。所以，在对应分析中，总是不考虑该轴。实际上，在对列剖面进行分析时，也存在类似的情况，$\boldsymbol{p}_I^{1/2}$ 是变换后列剖面集所构成矩阵的协方差矩阵的一个特征向量，且其对应的特征根也为 0。因此，因子轴 $\boldsymbol{p}_I^{1/2}$ 也是无用的。

为了更清楚地了解对应分析的具体计算过程，我们看一下 $\boldsymbol{\Sigma}_r$ 中的元素。设

$$\boldsymbol{\Sigma}_r=(a_{ij})_{n\times n}$$

则有

$$\begin{aligned}a_{ij}&=\sum_{\alpha=1}^{n}\left(\frac{p_{\alpha i}}{\sqrt{p_{\cdot i}}p_{\alpha\cdot}}-\sqrt{p_{\cdot i}}\right)\left(\frac{p_{\alpha j}}{\sqrt{p_{\cdot j}}p_{\alpha\cdot}}-\sqrt{p_{\cdot j}}\right)p_{\alpha\cdot}\\ &=\sum_{\alpha=1}^{n}\left(\frac{p_{\alpha i}}{\sqrt{p_{\cdot i}}\sqrt{p_{\alpha\cdot}}}-\sqrt{p_{\cdot i}}\sqrt{p_{\alpha\cdot}}\right)\left(\frac{p_{\alpha j}}{\sqrt{p_{\cdot j}}\sqrt{p_{\alpha\cdot}}}-\sqrt{p_{\cdot j}}\sqrt{p_{\alpha\cdot}}\right)\\ &=\sum_{\alpha=1}^{n}\left(\frac{p_{\alpha i}-p_{\cdot i}p_{\alpha\cdot}}{\sqrt{p_{\cdot i}p_{\alpha\cdot}}}\right)\left(\frac{p_{\alpha j}-p_{\cdot j}p_{\alpha\cdot}}{\sqrt{p_{\cdot j}p_{\alpha\cdot}}}\right)\\ &=\sum_{\alpha=1}^{n}z_{\alpha i}z_{\alpha j}\end{aligned} \tag{11.16}$$

式中，$z_{ij}=\dfrac{p_{ij}-p_{i\cdot}p_{\cdot j}}{\sqrt{p_{i\cdot}p_{\cdot j}}}(i=1,2,\cdots,n;j=1,2,\cdots,p)$。

若令 $\boldsymbol{Z}=(z_{ij})$，则有

$$\boldsymbol{\Sigma}_r=\boldsymbol{Z}\boldsymbol{Z}' \tag{11.17}$$

依照上述方法，可以对列剖面进行分析，设变换后的列剖面集所构成矩阵的协方差矩阵为 $\boldsymbol{\Sigma}_c$，则可以得到

$$\boldsymbol{\Sigma}_c=\boldsymbol{Z}'\boldsymbol{Z} \tag{11.18}$$

式中，矩阵 $\boldsymbol{Z}$ 的定义与前面完全一致。这样，对应分析的过程就转化为基于矩阵 $\boldsymbol{Z}$ 的分析

过程，由式（11.17）和式（11.18）可以看出，矩阵 $\boldsymbol{\Sigma}_r$ 与 $\boldsymbol{\Sigma}_c$ 存在简单的对等关系，如果把原始列联表中的数据 n_{ij} 变换成 z_{ij} 以后，z_{ij} 对两个属性变量有对等性。

由矩阵的知识可知，$\boldsymbol{\Sigma}_r=\boldsymbol{ZZ}'$ 与 $\boldsymbol{\Sigma}_c=\boldsymbol{Z}'\boldsymbol{Z}$ 有完全相同的非零特征根，记作 $\lambda_1\geqslant\lambda_2\geqslant\cdots\geqslant\lambda_r$，而经过上文的分析可知，$\boldsymbol{\Sigma}_r$ 与 $\boldsymbol{\Sigma}_c$ 均有一个特征根为 0，且其所对应的特征向量分别为 $\boldsymbol{p}_J^{1/2}$，$\boldsymbol{p}_I^{1/2}$，由这两个特征向量构成的因子轴为无用轴。因此，在对应分析中，公共因子轴的最大维数为 $\min(n,p)-1$。所以有 $0<r<\min(n,p)-1$。设 $\boldsymbol{u}_1$，$\boldsymbol{u}_2$，…，$\boldsymbol{u}_r$ 为相对于特征根 λ_1，λ_2，…，λ_r 的 $\boldsymbol{\Sigma}_r$ 的特征向量，则有

$$\boldsymbol{\Sigma}_r\boldsymbol{u}_j=\boldsymbol{ZZ}'\boldsymbol{u}_j=\lambda_j\boldsymbol{u}_j \tag{11.19}$$

对上式两边左乘矩阵 $\boldsymbol{Z}'$，有

$$\boldsymbol{Z}'\boldsymbol{Z}(\boldsymbol{Z}'\boldsymbol{u}_j)=\lambda_j(\boldsymbol{Z}'\boldsymbol{u}_j)$$

即

$$\boldsymbol{\Sigma}_c(\boldsymbol{Z}'\boldsymbol{u}_j)=\lambda_j(\boldsymbol{Z}'\boldsymbol{u}_j) \tag{11.20}$$

表明 $\boldsymbol{Z}'\boldsymbol{u}_j$ 即为相对于特征根 λ_j 的 $\boldsymbol{\Sigma}_c$ 的特征向量，这就建立了对应分析中 R 型因子分析与 Q 型因子分析的关系，这样，就可以由 R 型因子分析的结果很方便地得到 Q 型因子分析的关系，从而大大减少了计算量，特别是克服了当某一属性变量的状态特别多时计算上的困难。又由于 $\boldsymbol{\Sigma}_r$ 与 $\boldsymbol{\Sigma}_c$ 具有相同的非零特征根，而这些特征根正是各个公共因子所解释的方差，或提取的总惯量的份额，即有 $\sum_{i=1}^{r}\lambda_i=I_I=I_J$。那么在变量 B 的 p 维空间 R^p 中的第一主因子、第二主因子直到第 r 主因子与变量 A 的 n 维空间 R^n 中相对应的各个主因子在总方差中所占的百分比就完全相同。这样就可用相同的因子轴去同时表示两个属性变量的各个状态，把两个变量的各个状态同时反映在具有相同坐标轴的因子平面上，以直观地反映两个属性变量及各个状态之间的相关关系，一般情况下，我们取 2 个公共因子，这样，就可以在一张二维图上同时画出两个变量的各个状态。

三、对应分析应用于定量变量的情况

上文对对应分析方法的描述都是以属性变量数据为例展开的，这是因为在实际中对应分析广泛地应用于对属性变量列联表数据的研究，实际上，对应分析方法也适用于定距尺度与定比尺度的数据。假设要分析的数据为 $n\times p$ 的表格形式（n 个观测，p 个变量），沿用上文的思想，同样可以对数据进行规格化处理，再进行 R 型因子分析与 Q 型因子分析，进而把观测与变量在同一张低维图形上表示出来，分析各观测与各变量之间的接近程度。

其实，对于定距尺度与定比尺度的情况，完全可以把每一个观测都分别看成是一类，这也是对原始数据进行的最细的分类；同时把每一个变量都看成是一类。这样，对定距尺度数据与定比尺度数据的处理问题就变成与上面分析属性变量相同的问题了，自然可以运用对应分析来研究行与列之间的相关关系。但是应当注意对应分析要求数据阵中每一个数据都是大于或等于零的，当用对应分析研究普通的 $n\times p$ 表格形式的数据时，若有小于零的数据，则应当先对数据进行加工，比如说将该变量的各个取值都加上一个常数。有的研

究人员将对应分析方法用于对经济问题截面数据的研究，得到了比较深刻的结论。有兴趣的读者请参阅书末的参考文献［7］。

四、需要注意的问题

需要注意的是，由对应分析生成的二维图上的各状态点实际上是两个多维空间上的点的二维投影，在某些特殊的情况下，在多维空间中相隔较远的点，在二维平面上的投影却很接近。此时，我们需要对二维图上的各点做更深入的了解，即哪些状态对公共因子的贡献较大，这与在因子分析中判断原始变量对公共因子贡献的方法类似，不同的是，因为对应分析中 $\boldsymbol{\Sigma}_r$ 与 $\boldsymbol{\Sigma}_c$ 存在简单的对等关系，我们可以任选一个变量，分析其各个状态对公共因子的贡献，不妨以变量 A 的各个状态为例进行说明。由于

$$\mathrm{var}(F_k) = \sum_{i=1}^{n} p_{i\cdot} a_{ik}^2 = \lambda_k$$

式中，a_{ik} 为因子载荷。

设状态 i 对公共因子的贡献为 $CTR(i)$，于是有 $CTR(i) = p_{i\cdot} a_{ik}^2/\lambda_k$，$CTR(i)$ 的值越大，说明状态 i 对第 k 个公共因子的贡献越大。同时，如有需要，我们可以仿照因子分析的方法分析每一个公共因子的贡献的大小，在此不再详述。

另外仍需注意的是，对应分析只能对图形的方式揭示变量之间的关系，但不能给出具体的统计量来度量这种相关程度，这容易使研究者运用对应分析时得出主观性较强的结论。

§11.2　对应分析的步骤及逻辑框图

一、对应分析的步骤

由前文的分析可知，对一个来源于实际问题的列联表数据，运用对应分析方法进行研究的过程可以最终转化为进行 R 型因子分析与 Q 型因子分析的过程。一般地，对应分析应包括如下几个步骤：

（1）由原始列联表数据计算规格化的概率意义上的列联表。

（2）计算 $\boldsymbol{Z}$ 矩阵。

（3）由 $\boldsymbol{\Sigma}_r$ 或 $\boldsymbol{\Sigma}_c$ 出发进行 R 型因子分析或 Q 型因子分析，并由 R（或 Q）型因子分析的结果推导出 Q（或 R）型因子分析的结果。

（4）在二维图上画出原始变量各个状态，并对原始变量相关性进行分析。

二、对应分析的逻辑框图

对应分析的逻辑框图如图 11—1 所示。

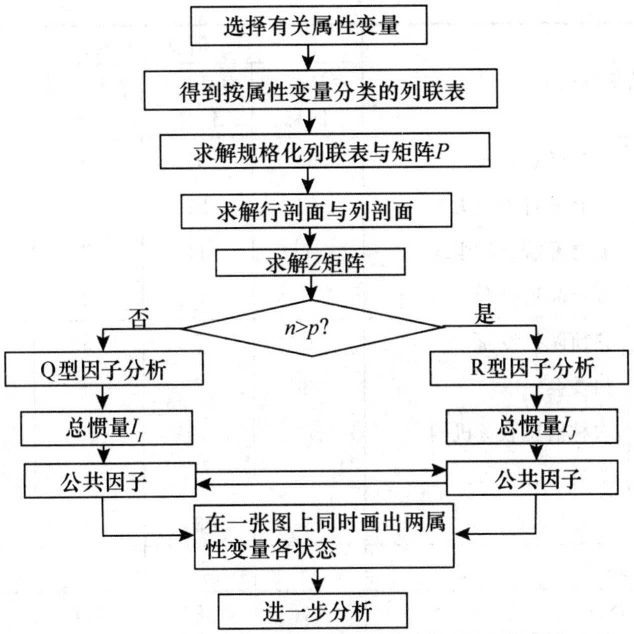

图 11—1

§11.3　对应分析的上机实现

SPSS 软件的 Correspondence Analysis 模块是专门进行对应分析的模块。下面举例说明用 Correspondence Analysis 模块进行对应分析的方法。

【例 11.1】　近年来，农村信息服务逐渐趋于成熟，已形成多元化的信息服务主体，并建成多层次多种类的信息渠道。为研究农户在信息内容和信息渠道选择的关系，结合福建省三明市的调研数据，采用对应分析方法对数据进行分析，原始数据见表 11—1。

表 11—1　　**农户获得信息内容及信息渠道的来源的调查数据**

信息获取渠道			信息需求内容				合计
			农林科技信息	农林市场信息	农林政策信息	生活信息	
大众传播渠道	传统媒体渠道	电视收音机	111	82	95	165	453
		书刊报纸及宣传册	17	11	14	17	59
	现代媒体渠道	网络	18	16	12	27	73
		电话	32	31	25	55	143

续前表

信息获取渠道			信息需求内容				合计
			农林科技信息	农林市场信息	农林政策信息	生活信息	
组织渠道	社会网络渠道	邻居亲戚朋友	69	91	59	38	257
		农林业种养销大户	24	21	8	4	57
		农林经济合作组织	7	11	7	3	28
		农产品展销会	5	10	2	1	18
	政府渠道	科研院校专家	6	2	5	0	13
		村委会	79	52	96	45	272
		农林信息服务机构	30	19	25	6	80
		交易中心	15	5	18	1	39
		信息员	4	3	6	0	13
其他			14	31	14	1	50
合计			431	386	377	366	1 560

资料来源：张辰姊、温继文、李道亮、陈英义：《基于对应分析与聚类分析的农户信息渠道选择研究》，载《情报科学》，2015，33（12），90～93页。

将数据按格式录入 SPSS 软件，如图 11—2 所示。然后，点击窗口下方“Variable View”按钮，切换至 Variable View 窗口，在 Label 所对应的方格中分别对应填写“信息来源”和“信息内容”。选中各变量后面 Values 所对应的方格，点击方格右侧的“”按钮，弹出 Value Labels 对话框，如图 11—3 所示。在 Value 框中填写变量的取值，如 7，并在 Label 框中填写该值所对应的标签名，如农林经济合作组织，点击左侧“Add”按钮，在下面的框中将出现 7=“农林经济合作组织”。如此，可将每个变量的取值所对应的标签名称依次添加进去。接下来，将可以执行对应分析的相关命令。

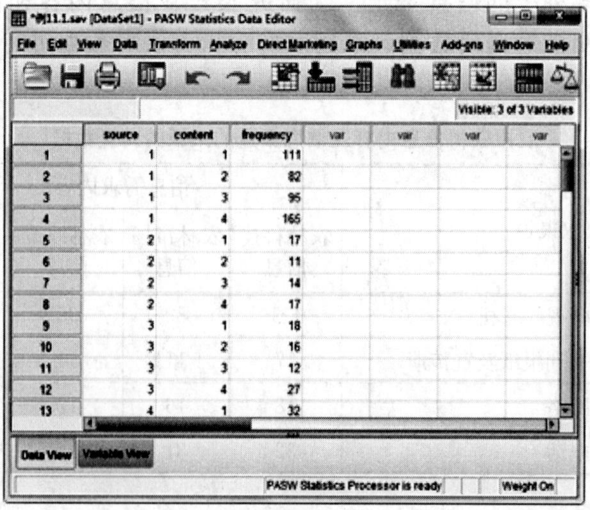

图 11—2

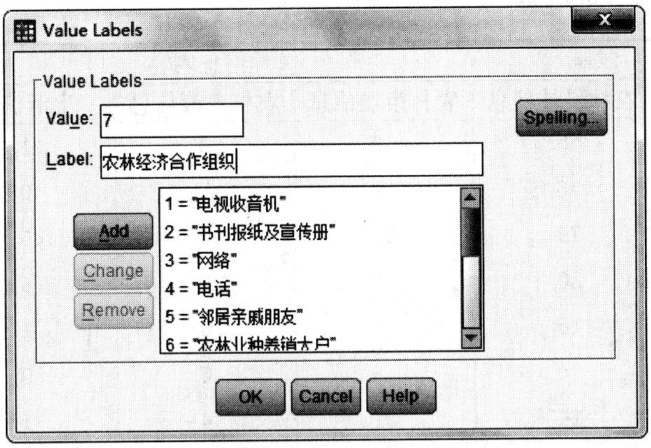

图 11—3

首先，依次点选“Data”→“Weight Cases”进入 Weight Cases 对话框，系统默认是对观测不使用权重，选中 Weight Cases by 选项，此时下面的 Frequency variable 被激活，选中 frequency 并点击向右的按钮，使变量 frequency 充当权数的作用，点击“OK”按钮。然后，依次点选“Analyze”→“Dimension Reduction”→“Correspondence Analysis”进入 Correspondence Analysis 对话框。数据集中所有的变量名（标签）均已出现在左边的窗口中，将 source 变量选入右侧的行变量（Row）的小窗口中，此时该窗口显示的 source 变量形如：source（??），此处？表示取值范围。同时，其下方的“Define Range”按钮被激活，点击该按钮，进入 Define Row Range 对话框，在该对话框中需要确定 source 变量的取值范围，此处我们不研究缺失值，最小值（minimum value）与最大值（maximum value）处分别填上 1 和 14，按右侧的“update”（更新）按钮，可以看到 source 的取值 1～14 已出现在 Category Constrains 框架左侧的窗口中，该框架的作用是对 source 的各状态加上限定条件的，保持默认值 none 不变，即对 source 的取值不加限定条件。点击“Continue”按钮继续，回到 Correspondence Analysis 对话框，可以看到，此时行变量 source 的显示变为 source（1 14），按同样的方法把 content 选为列变量并设定其取值范围为 1～4，点击“OK”按钮运行，则可以得到如表 11—2 和图 11—4 所示的输出结果。

表 11—2

Correspondence Table

信息来源	信息内容				
	农林科技信息	农林市场信息	农林政策信息	生活信息	Active Margin
电视收音机	111	82	95	165	453
书刊报纸及宣传册	17	11	14	17	59
网络	18	16	12	27	73
电话	32	32	26	58	148
邻居亲戚朋友	69	91	59	38	257
农林业种养销大户	24	21	8	4	57
农林经济合作组织	7	11	7	3	28

续前表

信息来源	信息内容				
	农林科技信息	农林市场信息	农林政策信息	生活信息	Active Margin
农产品展销会	5	10	2	1	18
科研院校专家	6	2	5	0	13
村委会	79	52	96	45	272
农林信息服务机构	30	19	25	6	80
交易中心	15	5	18	1	39
信息员	4	3	6	0	13
其他	14	31	4	1	50
Active Margin	431	386	377	366	1560

Summary

Dimension	Singular Value	Inertia	Chi Square	Sig.	Proportion of Inertia		Confidence Singular Value	
					Accounted for	Cumulative	Standard Deviation	Correlation
								2
1	.310	.096			.632	.632	.021	.133
2	.225	.051			.333	.965	.025	
3	.073	.005			.035	1.000		
Total		.152	236.961	.000[a]	1.000	1.000		

a. 39 degrees of freedom.

Overview Row Points[a]

信息来源	Mass	Score in Dimension		Inertia	Contribution				
					Of Point to Inertia of Dimension		Of Dimension to Inertia of Point		
		1	2		1	2	1	2	Total
电视收音机	.290	−.558	.053	.028	.291	.004	.992	.006	.998
书刊报纸及宣传册	.038	−.265	−.116	.001	.009	.002	.783	.110	.892
网络	.047	−.531	.299	.005	.043	.019	.802	.185	.986
电话	.095	−.622	.300	.013	.118	.038	.854	.144	.997
邻居亲戚朋友	.165	.442	.260	.013	.104	.049	.768	.192	.960
农林业种养销大户	.037	.778	.384	.011	.071	.024	.641	.113	.754
农林经济合作组织	.018	.632	.283	.003	.023	.006	.786	.114	.900
农产品展销会	.012	1.024	1.086	.007	.039	.061	.550	.448	.998
科研院校专家	.008	.780	−1.042	.004	.016	.040	.394	.509	.904
村委会	.174	.185	−.565	.015	.019	.248	.125	.843	.967
农林信息服务机构	.051	.590	−.459	.008	.058	.048	.653	.287	.941

续前表

信息来源	Mass	Score in Dimension		Inertia	Contribution				
					Of Point to Inertia of Dimension		Of Dimension to Inertia of Point		
		1	2		1	2	1	2	Total
交易中心	.025	.638	−1.264	.012	.033	.178	.259	.739	.998
信息员	.008	.837	−.945	.004	.019	.033	.494	.457	.951
其他	.032	1.232	1.325	.028	.157	.250	.543	.456	.999
Active Total	1.000			.152	1.000	1.000			

a. Symmetrical normalization.

Overview Column Points[a]

信息内容	Mass	Score in Dimension		Inertia	Contribution				
					Of Point to Inertia of Dimension		Of Dimension to Inertia of Point		
		1	2		1	2	1	2	Total
农林科技信息	.276	.225	−.160	.009	.045	.031	.462	.169	.631
农林市场信息	.247	.526	.632	.044	.221	.440	.484	.505	.989
农林政策信息	.242	.149	−.670	.027	.017	.482	.061	.889	.950
生活信息	.235	−.973	.212	.071	.717	.047	.967	.033	1.000
Active Total	1.000			.152	1.000	1.000			

a. Symmetrical normalization.

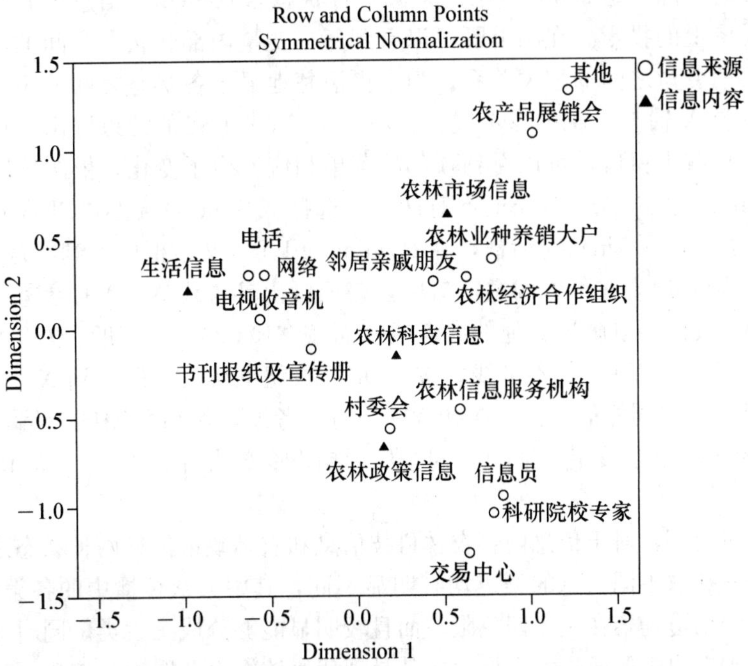

图 11—4

其中输出的 Correspondence Table 表示原始数据按 source 与 content 分类的列联表，可以看到观测总数 $n=1\,560$。

Summary 表给出了总惯量、卡方值及每一维度（公共因子）所解释的总惯量的百分比信息。可知总惯量为 0.152（若保留 6 位小数为 0.151 898），卡方值为 236.961，有关系式：236.961＝0.151 518 98×1 560，由此可以清楚地看到总惯量与卡方值的关系，同时总惯量描述了列联表行与列之间的总相关关系，其在取值上等于特征根的平方根。Sig. 是假设卡方值为 0 成立的概率，注释表明自由度为（14－1）×（4－1）＝39，Sig. 值很小说明列联表的行与列之间有较强的相关性。Proportion of Inertia 部分是各维度（公共因子）分别解释总惯量的比例及累积百分比，类似于因子分析中公共因子解释能力的说明。

Overview Row Points 表和 Overview Column Points 表是对列联表行与列各状态有关信息的概括，其中 Mass 部分分别指列联表中行与列的边际概率，也就是 p_{I} 与 p_{J}，Score in Dimension 是各维度的分值，也就是行与列各状态在二维图中的坐标值。Inertia 是惯量，是每一行（列）与其重心的加权距离的平方，可以看到 $I_{\mathrm{I}}=I_{\mathrm{J}}=0.152$，即行剖面的总惯量等于列剖面的总惯量。Contribution 部分是指行（列）的每一个状态对每一维度（公共因子）特征根的贡献及每一维度对行（列）各个状态的特征根的贡献。由此可以更好地理解维度的来源及意义，如第一维度中，电视收音机对应的数值最大为 0.291，说明电视收音机这一状态对第一维度的贡献最大。在表中最后部分各维度对各状态特征根的贡献部分，除了科研院校专家、村委会、交易中心外，其余各信息来源的特征根的分布大部分集中在第一维度上，说明第一维度反映了信息来源各状态大部分的差异，这实际上相当于因子分析中对共同度的分解。

输出的最后一部分是 source（信息来源）各状态与 content（信息内容）的各状态同时在一张二维图上的投影。在图上既可以看到每一变量内部各状态之间的相关关系，又可以同时考察两变量之间的相关关系。为了更清楚地显示各状态之间的距离，我们可以给图 11—4 画上 X 轴与 Y 轴的参考线，方法如下：在 SPSS 的结果输出窗口中，双击该图形，进入图形编辑窗口，可以看到顶部的菜单相应发生了变化，依次选取“Chart”→“Reference Line”，弹出 Axis Selection 对话框，选择 X Scale 并点击“OK”按钮继续，进入 Scale Axis Reference Lines 对话框，在 Position of Lines 文本框中看到默认值为 0，点击“Add”按钮，则 0 出现在下方的主窗口中，表面画出参考线 $X=0$ 的参考线，输入别的值再按“Add”按钮可以画出其他的参考线，而按“Remove”按钮可以移去相应的参考线。此处我们只画出 $X=0$ 的参考线，按“OK”按钮继续，可以看到 $X=0$ 的参考线已经出现在图形中。用同样的方法，画出 $Y=0$ 的参考线，然后关闭图形编辑窗口，则输出窗口的图形也发生了变化，图 11—4 的二维图形变为如图 11—5 所示的输出结果形式。

在同一变量内部，对于信息内容农林科技信息和农林政策信息两种状态之间的距离较近；而对于农户获取不同信息的渠道均有明显不同，其中大众传播中的各渠道均落在二、三象限，而组织渠道均落在一、四象限，而且较明显能够分成三大类。同时考察两变量各状态，可以看到农户主要通过大众渠道尤其是现代媒体渠道获取生活信息，通过组织渠道获取农林科技、政策信息。

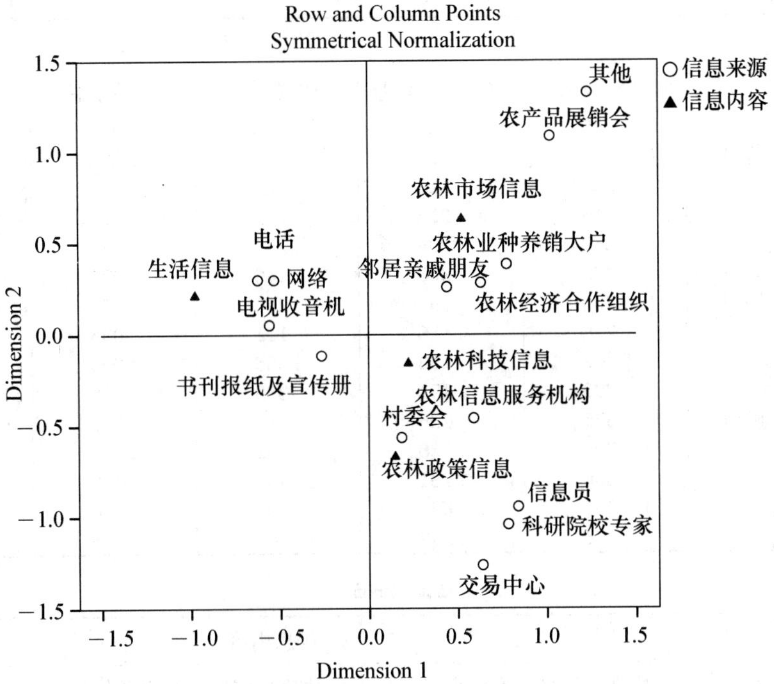

图 11—5

以上是 SPSS 默认设置得到的结果，实际研究时，可以根据不同的研究目的对有关设置进行修改。下面对 SPSS 提供的有关选项进行简要说明。在 Correspondence Analysis 对话框中点击下方的“Model”按钮进入 Model 对话框，在该对话框中，可以设定进行对应分析的有关方法：在上部 Dimensions in Solution 处可以规定对应分析的最大维数，默认维数是 2，最大维数应该是 $\min(n, p)-1$，此处保留默认值即可。Distance Measure 对话框中可以规定距离量度方法，默认为卡方距离，也就是加权的欧氏距离，还可以规定用欧氏距离（Euclidean），在 Standardization Method 对话框中可以规定标准化方法，若距离的量度使用卡方距离，则应使用默认的标准化方法，即对行与列均进行中心化处理，若选择欧氏距离，则有不同的标准化方法可以选择，此处不再详述。最下方 Normalization Method 框架中可以规定不同的正态化方法，默认为 Symmetrical 方法，当我们进行分析的目的是考察两变量各状态之间的差异性或相似性时，应选择此方法。当我们的目的是考察两个属性变量之间各状态及同一变量内部各状态之间的差异性时，则应当选择 principal 方法，当我们的目的是考察不同行（列）之间的差异性或相似性时，则应当选择 Row principal（Column principal），而选中 Custom 并自己设定一个－1～1 之间的值，则可能输出更容易解释的二维图。

在 Correspondence Analysis 对话框中点击“Statistics”按钮，进入 Statistics 对话框，选中 Row profiles 和 Column profiles 交由程序运行，则除上面的结果外还可以输出行剖面与列剖面，见如表 11—3 所示的输出结果。

表 11—3

Row Profiles

信息来源	信息内容				
	农林科技信息	农林市场信息	农林政策信息	生活信息	Active Margin
电视收音机	.245	.181	.210	.364	1.000
书刊报纸及宣传册	.288	.186	.237	.288	1.000
网络	.247	.219	.164	.370	1.000
电话	.216	.216	.176	.392	1.000
邻居亲戚朋友	.268	.354	.230	.148	1.000
农林业种养销大户	.421	.368	.140	.070	1.000
农林经济合作组织	.250	.393	.250	.107	1.000
农产品展销会	.278	.556	.111	.056	1.000
科研院校专家	.462	.154	.385	.000	1.000
村委会	.290	.191	.353	.165	1.000
农林信息服务机构	.375	.238	.313	.075	1.000
交易中心	.385	.128	.462	.026	1.000
信息员	.308	.231	.462	.000	1.000
其他	.280	.620	.080	.020	1.000
Mass	.276	.247	.242	.235	

Column Profiles

信息来源	信息内容				
	农林科技信息	农林市场信息	农林政策信息	生活信息	Mass
电视收音机	.258	.212	.252	.451	.290
书刊报纸及宣传册	.039	.028	.037	.046	.038
网络	.042	.041	.032	.074	.047
电话	.074	.083	.069	.158	.095
邻居亲戚朋友	.160	.236	.156	.104	.165
农林业种养销大户	.056	.054	.021	.011	.037
农林经济合作组织	.016	.028	.019	.008	.018
农产品展销会	.012	.026	.005	.003	.012
科研院校专家	.014	.005	.013	.000	.008
村委会	.183	.135	.255	.123	.174
农林信息服务机构	.070	.049	.066	.016	.051
交易中心	.035	.013	.048	.003	.025
信息员	.009	.008	.016	.000	.008
其他	.032	.080	.011	.003	.032
Active Margin	1.000	1.000	1.000	1.000	

在 Statistics 对话框中选择其他选项，可以输出一些有用的统计量，这些统计量有助于检验对应分析的效果，此处不再详述。在 Correspondence Analysis 对话框中，点击“Plots”按钮进入 Plots 对话框，看到在 Scatter plots 框架中，系统默认输出 Biplot，即在同一张二维图上同时输出两个属性变量的各个状态，为了考察列联表各行（列）之间的相关性，有时候有必要输出仅包括一个变量各种状态参数的二维图，选择 Row points 及

Column points 可以实现。同时选中 Row points 与 Column points 并交由程序运行，则可以得到如图 11—6 所示的输出结果。

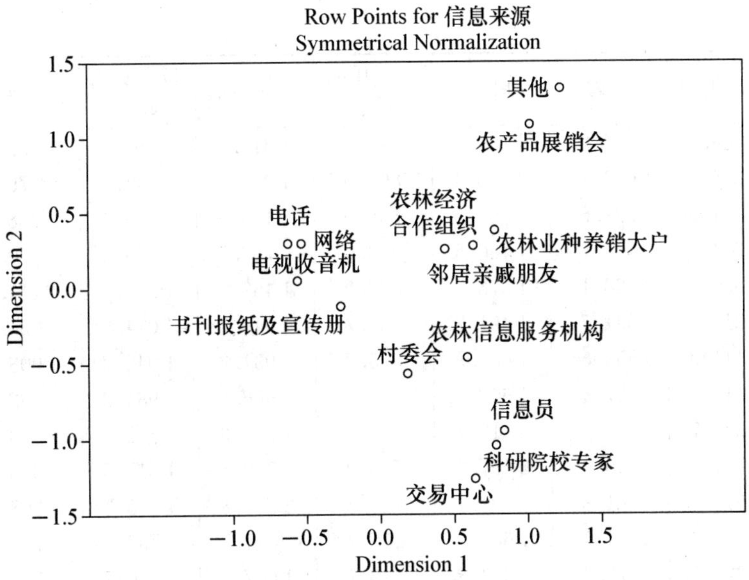

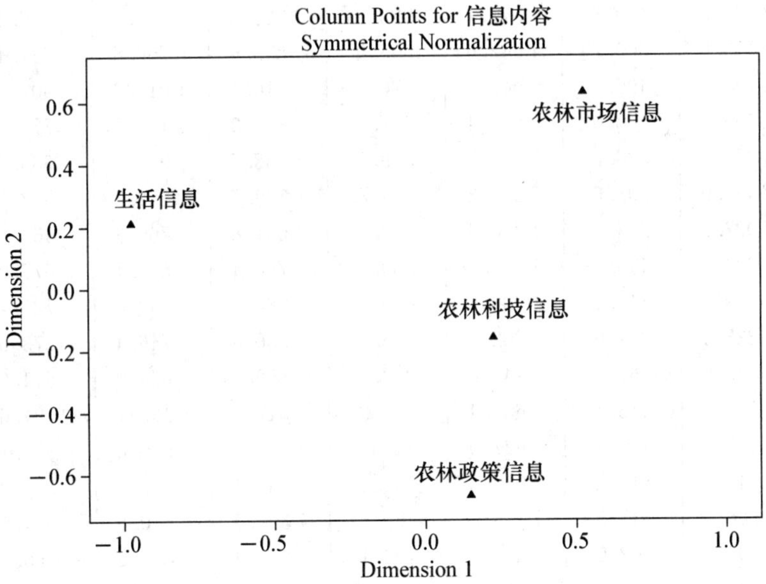

图 11—6

这样可以更清楚地考虑每一变量各状态之间的距离或接近程度。SPSS 软件还提供了其他许多有用的选项，可以针对不同的研究问题及研究目的选择这些选项以得到更多的结果，此处不再详细说明。

【例 11.2】　农村居民人均消费支出主要包括食品烟酒、衣着、居住、生活用品及服务、交通通信、教育文化娱乐、医疗保健和其他用品及服务支出。表 11—4 列出了 2014

年 31 个省、市、自治区农村居民人均消费支出的数据。试进行对应分析，揭示各地区农村人均消费支出的特征以及各省、市、自治区与各支出指标间的关系。

表 11—4

地区	食品烟酒	衣着	居住	生活用品及服务	交通通信	教育文化娱乐	医疗保健	其他用品及服务
北京	4 048.0	917.8	4 360.7	994.6	1 813.0	1 097.3	1 088.6	215.1
天津	4 314.4	1 013.1	3 200.4	891.0	1 979.4	1 041.4	979.7	319.2
河北	2 421.2	581.6	1 858.5	508.0	1 146.5	758.7	788.7	184.7
山西	2 054.3	539.7	1 480.5	343.9	706.5	928.5	770.2	168.2
内蒙古	3 039.0	728.1	1 675.7	427.9	1 467.5	1 318.0	1 114.4	201.5
辽宁	2 210.9	531.7	1 491.7	331.7	1 049.7	1 014.5	1 026.4	144.2
吉林	2 411.2	552.6	1 650.9	355.7	931.2	1 042.2	1 008.0	188.0
黑龙江	2 210.2	597.4	1 602.1	348.0	966.2	984.2	992.1	129.7
上海	5 332.7	860.4	3 615.7	689.5	1 830.3	782.7	1 330.3	378.3
江苏	3 711.9	758.9	2 467.0	719.0	1 788.5	1 215.5	845.3	314.3
浙江	4 618.5	881.8	3 302.1	746.6	2 256.8	1 355.3	1 068.3	268.4
安徽	2 842.3	474.0	1 686.0	498.7	811.7	735.1	778.8	154.1
福建	4 222.5	572.4	2 607.8	642.7	1 097.7	940.7	735.9	236.2
江西	2 755.1	380.6	1 877.3	406.8	759.4	711.9	525.2	132.0
山东	2 464.5	489.3	1 547.1	523.9	1 225.8	801.4	776.4	133.8
河南	2 153.8	600.7	1 542.6	505.9	859.6	757.8	731.4	125.4
湖北	2 724.1	495.7	1 944.6	574.3	816.4	1 010.2	907.3	208.3
湖南	3 095.2	468.0	1 982.4	541.9	871.9	1 112.1	771.4	181.9
广东	3 968.9	328.2	2 238.8	599.7	1 068.7	918.2	686.9	233.8
广西	2 462.9	208.6	1 550.8	394.8	709.7	682.5	553.5	112.4
海南	3 037.2	247.9	1 328.5	392.8	661.8	760.3	454.1	146.4
重庆	3 229.0	490.5	1 294.2	569.4	780.4	805.1	677.0	137.1
四川	3 299.3	548.1	1 486.5	629.8	884.9	599.8	723.7	129.1
贵州	2 223.5	341.6	1 202.1	355.1	636.5	746.4	373.0	92.1
云南	2 145.9	267.2	1 147.8	359.6	856.8	664.9	514.0	74.1
西藏	2 534.9	458.1	688.4	252.9	517.0	129.1	91.6	149.9
陕西	2 112.2	457.3	1 627.0	444.2	690.5	900.6	883.7	136.8
甘肃	2 145.7	411.2	1 079.8	383.4	730.4	753.4	546.2	97.7
青海	2 626.0	615.5	1 416.3	487.5	1 392.3	610.6	944.5	142.5
宁夏	2 296.0	602.0	1 388.1	496.1	961.4	866.6	856.9	209.2
新疆	2 540.2	650.7	1 412.8	340.8	1 010.4	600.7	717.2	92.4

（1）根据例 11.1 中所述，将数据按要求录入 SPSS 软件，并在 Value Labels 对话框中添加各变量值相应的标签，如图 11—7 和图 11—8 所示。在 SPSS 的数据窗口输入数据完成后，依次点选“Data”→“Weight Cases”进入 Weight Cases 对话框，系统默认是对观测不使用权重，选中 Weight Cases by 选项，此时下面的 Frequency variable 被激活，选中 money 并点击向右的按钮，使变量 money 充当权数的作用，点击“OK”（见图 11—9）。

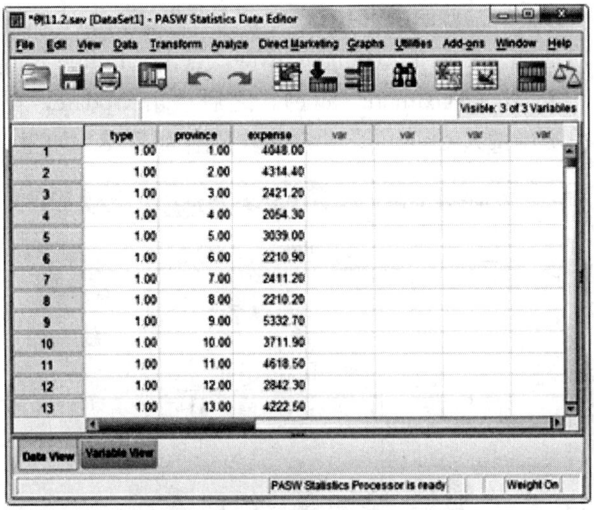

图 11—7

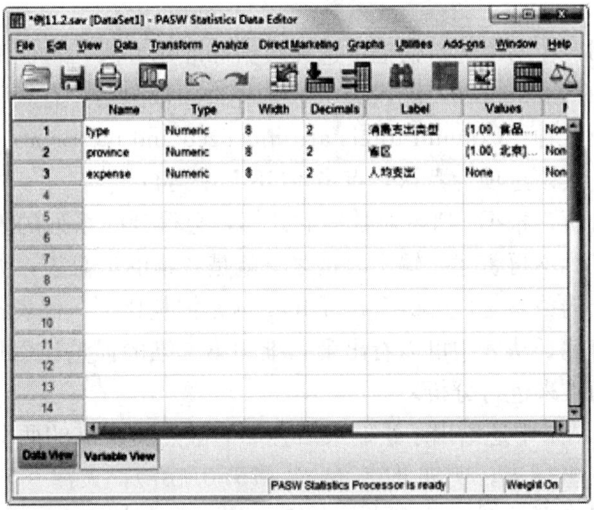

图 11—8

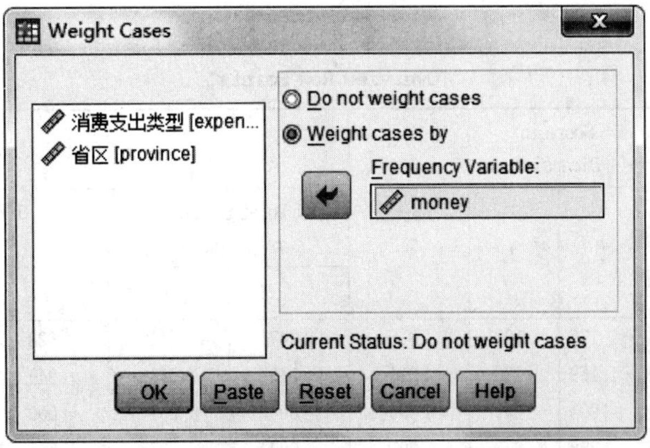

图 11—9

（2）选择“Analyze”→“Dimension Reduction”→“Correspondence Analysis”进入 Correspondence Analysis 对话框。然后把地区选入 Row，点击“Define Range”按钮来定义范围为 1（Minimum value）到 31（Maximum value），之后点击 Update，再点击“Continue”按钮。同样，把消费支出类型选入 Column，并定义其范围为 1～8。如图 11—10 所示。

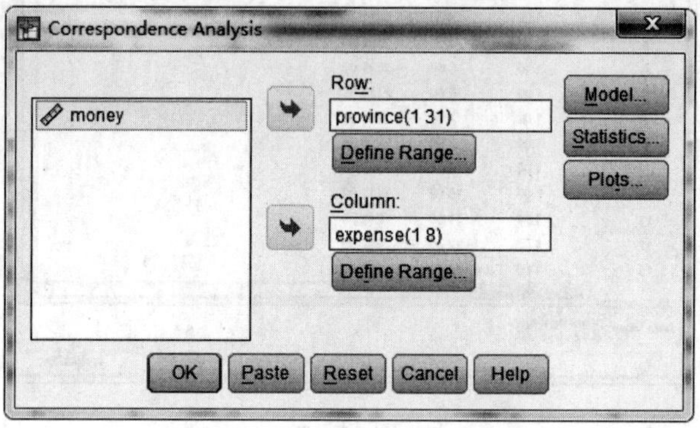

图 11—10

然后点选 Model，在出现的对话框中选择数据标准化方法，本例 Distance Measure 点选 Euclidean，下面的 Standardization Method 选择选项被激活，有五种可选择的数据标准化方法，本例选择第五种：Column totals are equalized and means are removed，读者也可尝试使用其他方法。其余选项为默认，点击“OK”来运行。

（3）输出结果分析。根据 SPSS 对数据的计算，会得到一系列的表格，大多数表格的解释与上例相同，在此不再赘述。输出表格之一就是各维的汇总表，如表 11—5 所示，表中给出了行和列记分的关系。Proportion of Inertia 是惯量比例，代表各维度分别解释总惯量的比例及累积百分比，从表中可以看出第一维和第二维的惯量比例占了总比例的 84%，因此我们可以选取两维来进行分析。

在 SPSS 的输出结果中还给出了绘制最后叠加的散点图所需的两套坐标。首先是关于行变量（地区）的点坐标表，例如北京（−1.175，0.187），天津（−1.169，0.186）等。同样，列变量（消费支出类型）的点坐标如下，例如食品烟酒（−0.438，0.376），衣着（−0.539，−0.236）等。

表 11—5

Overview Row Points[a]

地区	Mass	Score in Dimension		Inertia	Contribution				
					Of Point to Inertia of Dimension		Of Dimension to Inertia of Point		
		1	2		1	2	1	2	Total
北京	.032	-1.175	.187	.016	.147	.011	.828	.007	.836
天津	.032	-1.169	.186	.014	.145	.011	.949	.008	.958
河北	.032	.001	-.041	.000	.000	.001	.000	.025	.025
山西	.032	.288	-.273	.001	.009	.023	.555	.171	.726

续前表

地区	Mass	Score in Dimension		Inertia	Contribution				
					Of Point to Inertia of Dimension		Of Dimension to Inertia of Point		
		1	2		1	2	1	2	Total
内蒙古	.032	-.301	-.719	.003	.010	.160	.289	.567	.856
辽宁	.032	.160	-.594	.002	.003	.109	.162	.765	.927
吉林	.032	.069	-.463	.001	.001	.066	.041	.625	.666
黑龙江	.032	.165	-.563	.001	.003	.098	.185	.738	.923
上海	.032	-1.239	.314	.017	.163	.030	.864	.019	.883
江苏	.032	-.779	.044	.007	.064	.001	.850	.001	.851
浙江	.032	-1.154	-.141	.014	.141	.006	.935	.005	.939
安徽	.032	.189	.080	.001	.004	.002	.697	.043	.740
福建	.032	-.361	.439	.002	.014	.060	.573	.292	.864
江西	.032	.348	.283	.002	.013	.025	.697	.158	.855
山东	.032	.130	-.113	.001	.002	.004	.275	.072	.347
河南	.032	.238	-.124	.001	.006	.005	.553	.052	.604
湖北	.032	-.038	-.062	.001	.000	.001	.020	.018	.037
湖南	.032	-.002	.003	.001	.000	.000	.000	.000	.000
广东	.032	-.145	.502	.002	.002	.078	.105	.432	.536
广西	.032	.533	.250	.003	.030	.019	.801	.061	.861
海南	.032	.490	.373	.003	.026	.043	.729	.145	.874
重庆	.032	.237	.146	.001	.006	.007	.501	.065	.566
四川	.032	.159	.249	.001	.003	.019	.199	.167	.365
贵州	.032	.647	.166	.004	.044	.009	.921	.021	.942
云南	.032	.638	.064	.004	.043	.001	.887	.003	.891
西藏	.032	.808	.705	.010	.069	.153	.637	.167	.804
陕西	.032	.282	-.254	.001	.008	.020	.577	.160	.737
甘肃	.032	.558	-.033	.003	.033	.000	.970	.001	.971
青海	.032	.040	-.234	.001	.000	.017	.012	.136	.148
宁夏	.032	.060	-.203	.001	.000	.013	.049	.192	.241
新疆	.032	.322	-.175	.002	.011	.009	.462	.047	.509
Active Total	1.000			.123	1.000	1.000			

a. Symmetrical normalization.

Overview Column Points[a]

消费支出类型	Mass	Score in Dimension		Inertia	Contribution				
					Of Point to Inertia of Dimension		Of Dimension to Inertia of Point		
		1	2		1	2	1	2	Total
食品烟酒	.125	-.438	.376	.010	.079	.169	.709	.179	.889
衣着	.125	-.539	-.236	.015	.120	.067	.739	.049	.788
居住	.125	-.718	.215	.023	.212	.056	.869	.027	.896

续前表

消费支出类型	Mass	Score in Dimension		Inertia	Contribution				
					Of Point to Inertia of Dimension		Of Dimension to Inertia of Point		
		1	2		1	2	1	2	Total
生活用品及服务	.125	-.522	.269	.014	.112	.087	.755	.069	.824
交通通信	.125	-.683	-.132	.021	.192	.021	.863	.011	.874
教育文化娱乐	.125	-.319	-.421	.010	.042	.212	.404	.242	.646
医疗保健	.125	-.429	-.536	.012	.076	.344	.567	.304	.872
其他用品及服务	.125	-.639	.192	.020	.168	.044	.772	.024	.796
Active Total	1.000			.123	1.000	1.000			

a. Symmetrical normalization.

由表11—5，可以得出如图11—11所示的叠加散点图。从图中不难看出：我国经济发达的省区，像江苏、北京、天津、上海、福建等，农村居民的消费支出主要以食品烟酒、居住、生活用品及服务和其他用品及服务方面为主，而且北京与天津的消费支出分配情况几乎一致；而西藏、海南、贵州、云南、甘肃等地区各方面的消费支出分配较均衡。大部分地区农民的消费支出类型主要为食品烟酒、居住、衣着、生活用品及服务和教育文化娱乐方面的支出。由此可知，不同地区之间农村居民的消费支出类型有差异，尤其是经济发达地区和不发达地区间差异显著。

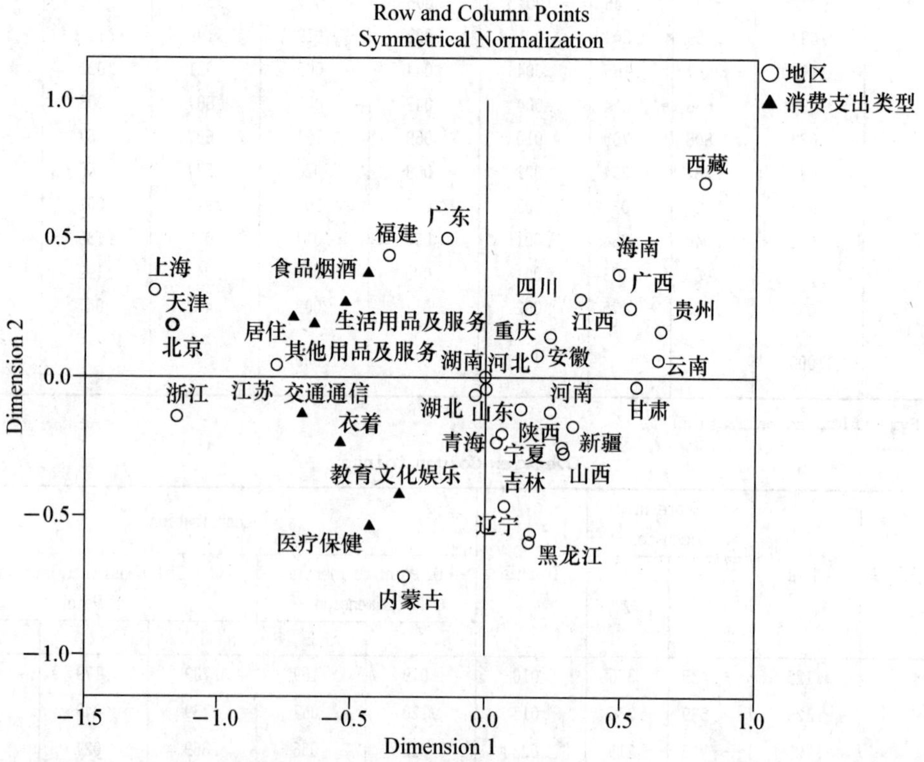

图11—11

综上所述，对应分析较好地揭示了指标与指标、样品与样品、指标与样品之间的内在联系。因此，对应分析方法能够以较小的代价从原始数据中提取较多的信息。

思考与练习

1. 试述对应分析的思想方法及特点。

2. 试述对应分析中总惯量的意义。

3. 本书网上配套数据表 11.2 是 2007 年国际三大检索机构收录的中国科技论文统计数据，试在对学科进行分类的基础上（如分为理、工、农、医等），对各学科论文数量进行对应分析，揭示论文收录数量的特征以及各学科与三大检索机构论文收录情况间的关系。

第 12 章

典型相关分析

典型相关分析（canonical correlation analysis）是研究两组变量之间相关关系的多元分析方法。它借用主成分分析降维的思想，分别对两组变量提取主成分，用从两组分别提取的主成分的相关性来描述两组变量整体的线性相关关系。典型相关分析的思想首先由霍太林于 1936 年提出，计算机的发展解决了典型相关分析在应用中计算方面的困难，目前成为普遍应用的进行两组变量之间相关性分析的技术。本章主要介绍典型相关分析的思想、基本理论及分析方法，并介绍利用 SAS 和 SPSS 软件进行典型相关分析的方法。

§12.1　典型相关分析的基本理论

一、典型相关分析的统计思想

典型相关分析研究两组变量之间整体的线性相关关系，它是将每一组变量作为一个整体来进行研究而不是分析每一组变量内部的各个变量。所研究的两组变量可以是一组变量是自变量而另一组变量是因变量的情况，也可以是两组变量处于同等的地位，但典型相关分析要求两组变量都至少是间隔尺度的情况。

典型相关分析是借助主成分分析的思想，对每一组变量分别寻找线性组合，使生成的新的综合变量能代表原始变量大部分的信息，同时，与由另一组变量生成的新的综合变量的相关程度最大，这样一组新的综合变量称为第一对典型相关变量，利用同样的方法可以找到第二对，第三对……使得各对典型相关变量之间互不相关，典型相关变量之间的简单相关系数称为典型相关系数，典型相关分析就是用典型相关系数衡量两组变量之间的相关性。

一般地，设 $\boldsymbol{x}=(X_1\quad X_2\quad \cdots\quad X_p)'$，$\boldsymbol{y}=(Y_1\quad Y_2\quad \cdots\quad Y_q)'$ 是两个相互关联的随机向量，利用主成分分析的思想，分别在两组变量中选取若干有代表性的综合变量 U_i，V_i，

使每一综合变量都是原变量的一个线性组合，即

$$U_i=a_{i1}X_1+a_{i2}X_2+\cdots+a_{ip}X_p\equiv\boldsymbol{a}'\boldsymbol{x}$$
$$V_i=b_{i1}Y_1+b_{i2}Y_2+\cdots+b_{iq}Y_q\equiv\boldsymbol{b}'\boldsymbol{y} \tag{12.1}$$

我们可以只考虑方差为 1 的 $\boldsymbol{x}$，$\boldsymbol{y}$ 的线性函数 $\boldsymbol{a}'\boldsymbol{x}$ 与 $\boldsymbol{b}'\boldsymbol{y}$，求使它们的相关系数达到最大的这一组，若存在常向量 $\boldsymbol{a}_1$，$\boldsymbol{b}_1$，使得

$$\rho(\boldsymbol{a}_1'\boldsymbol{x},\boldsymbol{b}_1'\boldsymbol{y})=\max\rho(\boldsymbol{a}'\boldsymbol{x},\boldsymbol{b}'\boldsymbol{y})$$
$$\mathrm{var}(\boldsymbol{a}'\boldsymbol{x})=\mathrm{var}(\boldsymbol{b}'\boldsymbol{y})=1 \tag{12.2}$$

则称 $\boldsymbol{a}_1'\boldsymbol{x}$，$\boldsymbol{b}_1'\boldsymbol{y}$ 是 $\boldsymbol{x}$，$\boldsymbol{y}$ 的第一对典型相关变量，求出第一对典型相关变量之后，可以类似地去求第二对，第三对……使得各对之间互不相关。这些典型相关变量就反映了 $\boldsymbol{x}$，$\boldsymbol{y}$ 之间的线性相关的情况。也可以按照相关系数绝对值的大小来排列各对典型相关变量之间的先后次序，使得第一对典型相关变量相关系数的绝对值最大，第二对次之……更重要的是我们可以检验各对典型相关变量相关系数的绝对值是否显著地大于 0，如果是，这一对综合变量就真的具有代表性，如果不是，这一对变量就不具有代表性，不具有代表性的变量就可以忽略。这样就可通过对少数典型相关变量的研究，代替原来两组变量之间的相关关系的研究，从而容易抓住问题的本质。在研究实际问题时，可以通过典型相关分析找出几对主要的典型相关变量，根据典型相关变量相关程度及各典型相关变量线性组合中原变量系数的大小，结合对所研究实际问题的定性分析，从而可能给出较为深刻的分析结果。

二、典型相关分析的基本理论及方法

（一）总体典型相关和典型变量

设随机向量 $\boldsymbol{x}=(X_1 \quad X_2 \quad \cdots \quad X_p)'$，$\boldsymbol{y}=(Y_1 \quad Y_2 \quad \cdots \quad Y_q)'$，$\boldsymbol{x}$，$\boldsymbol{y}$ 的协方差矩阵为：

$$\mathrm{cov}\begin{bmatrix}\boldsymbol{x}\\ \boldsymbol{y}\end{bmatrix}=\boldsymbol{\Sigma}=\begin{bmatrix}\boldsymbol{\Sigma}_{11} & \boldsymbol{\Sigma}_{12}\\ \boldsymbol{\Sigma}_{21} & \boldsymbol{\Sigma}_{22}\end{bmatrix} \tag{12.3}$$

不失一般性，设 $p<q$，$\boldsymbol{\Sigma}_{11}$ 是 $p\times p$ 阶矩阵，它是第一组变量的协方差矩阵，$\boldsymbol{\Sigma}_{22}$ 是 $q\times q$ 阶矩阵，它是第二组变量的协方差矩阵。而 $\boldsymbol{\Sigma}_{12}=\boldsymbol{\Sigma}_{21}'$ 是两组变量之间的协方差矩阵。且当 $\boldsymbol{\Sigma}$ 是正定阵时，$\boldsymbol{\Sigma}_{12}$ 与 $\boldsymbol{\Sigma}_{21}$ 也是正定的。

为了研究两组变量 $\boldsymbol{x}$，$\boldsymbol{y}$ 之间的相关关系，我们考虑它们的线性组合：

$$\begin{cases}U_1=\boldsymbol{a}'\boldsymbol{x}=a_{11}X_1+a_{12}X_2+\cdots+a_{1p}X_p\\ V_1=\boldsymbol{b}'\boldsymbol{y}=b_{11}Y_1+b_{12}Y_2+\cdots+b_{1q}Y_q\end{cases} \tag{12.4}$$

式中，$\boldsymbol{a}=(a_{11} \quad a_{12} \quad \cdots \quad a_{1p})'$，$\boldsymbol{b}=(b_{11} \quad b_{12} \quad \cdots \quad b_{1q})'$是任意非零常数向量，我们希望在 $\boldsymbol{x}$，$\boldsymbol{y}$ 及 $\boldsymbol{\Sigma}$ 给定的条件下，选取 $\boldsymbol{a}$，$\boldsymbol{b}$ 使 U_1 与 V_1 之间的相关系数

$$\rho=\frac{\mathrm{cov}(U_1,V_1)}{\sqrt{\mathrm{var}(U_1)\mathrm{var}(V_1)}}=\frac{\mathrm{cov}(\boldsymbol{a}'\boldsymbol{x},\boldsymbol{b}'\boldsymbol{y})}{\sqrt{\mathrm{var}(\boldsymbol{a}'\boldsymbol{x})\mathrm{var}(\boldsymbol{b}'\boldsymbol{y})}} \tag{12.5}$$

达到最大。

由于随机变量 U_1，V_1 乘以任意常数并不改变它们之间的相关关系，即不妨限定取标准化的随机变量 U_1 与 V_1，即规定 U_1 及 V_1 的方差为 1，即

$$\begin{cases}\operatorname{var}(U_1)=\operatorname{var}(\boldsymbol{a}'\boldsymbol{x})=\boldsymbol{a}'\boldsymbol{\Sigma}_{11}\boldsymbol{a}=1\\ \operatorname{var}(V_1)=\operatorname{var}(\boldsymbol{b}'\boldsymbol{y})=\boldsymbol{b}'\boldsymbol{\Sigma}_{22}\boldsymbol{b}=1\end{cases} \tag{12.6}$$

因此

$$\rho=\operatorname{cov}(\boldsymbol{a}'\boldsymbol{x},\boldsymbol{b}'\boldsymbol{y})=\boldsymbol{a}'\operatorname{cov}(\boldsymbol{x},\boldsymbol{y})\boldsymbol{b}=\boldsymbol{a}'\boldsymbol{\Sigma}_{12}\boldsymbol{b} \tag{12.7}$$

于是，我们的问题是，在式（12.6）的约束下，求 $\boldsymbol{a}\in R^p$，$\boldsymbol{b}\in R^q$，使得式（12.7）达到最大。由拉格朗日乘数法，这一问题等价于求 $\boldsymbol{a}$，$\boldsymbol{b}$，使

$$G=\boldsymbol{a}'\boldsymbol{\Sigma}_{12}\boldsymbol{b}-\frac{\lambda}{2}(\boldsymbol{a}'\boldsymbol{\Sigma}_{11}\boldsymbol{a}-1)-\frac{\mu}{2}(\boldsymbol{b}'\boldsymbol{\Sigma}_{22}\boldsymbol{b}-1) \tag{12.8}$$

达到最大。其中 λ，μ 为拉格朗日乘数因子。将 G 分别对 $\boldsymbol{a}$ 及 $\boldsymbol{b}$ 求偏导并令其为 0，得方程组

$$\begin{cases}\dfrac{\partial G}{\partial \boldsymbol{a}}=\boldsymbol{\Sigma}_{12}\boldsymbol{b}-\lambda\boldsymbol{\Sigma}_{11}\boldsymbol{a}=0\\ \dfrac{\partial G}{\partial \boldsymbol{b}}=\boldsymbol{\Sigma}_{21}\boldsymbol{a}-\mu\boldsymbol{\Sigma}_{22}\boldsymbol{b}=0\end{cases} \tag{12.9}$$

用 $\boldsymbol{a}'$，$\boldsymbol{b}'$分别左乘式（12.9）中的两式，有

$$\begin{cases}\boldsymbol{a}'\boldsymbol{\Sigma}_{12}\boldsymbol{b}=\lambda\boldsymbol{a}'\boldsymbol{\Sigma}_{11}\boldsymbol{a}=\lambda\\ \boldsymbol{b}'\boldsymbol{\Sigma}_{21}\boldsymbol{a}=\mu\boldsymbol{b}'\boldsymbol{\Sigma}_{22}\boldsymbol{b}=\mu\end{cases}$$

又$(\boldsymbol{a}'\boldsymbol{\Sigma}_{12}\boldsymbol{b})'=\boldsymbol{b}'\boldsymbol{\Sigma}_{21}\boldsymbol{a}$,所以有

$$\mu=\boldsymbol{b}'\boldsymbol{\Sigma}_{21}\boldsymbol{a}=(\boldsymbol{a}'\boldsymbol{\Sigma}_{12}\boldsymbol{b})'=\lambda \tag{12.10}$$

也就是说，λ 恰好等于线性组合 U 与 V 之间的相关系数，于是式（12.9）可写为：

$$\begin{cases}\boldsymbol{\Sigma}_{12}\boldsymbol{b}-\lambda\boldsymbol{\Sigma}_{11}\boldsymbol{a}=0\\ \boldsymbol{\Sigma}_{21}\boldsymbol{a}-\lambda\boldsymbol{\Sigma}_{22}\boldsymbol{b}=0\end{cases} \tag{12.11}$$

或者可以写为：

$$\begin{bmatrix}-\lambda\boldsymbol{\Sigma}_{11} & \boldsymbol{\Sigma}_{12}\\ \boldsymbol{\Sigma}_{21} & -\lambda\boldsymbol{\Sigma}_{22}\end{bmatrix}\begin{bmatrix}\boldsymbol{a}\\ \boldsymbol{b}\end{bmatrix}=0 \tag{12.12}$$

而式（12.12）有非零解的充要条件是：

$$\begin{vmatrix}-\lambda\boldsymbol{\Sigma}_{11} & \boldsymbol{\Sigma}_{12}\\ \boldsymbol{\Sigma}_{21} & -\lambda\boldsymbol{\Sigma}_{22}\end{vmatrix}=0 \tag{12.13}$$

式（12.13）左端为 λ 的 $p+q$ 次多项式，因此有 $p+q$ 个根，设 $\lambda_1\geqslant\lambda_2\geqslant\cdots\geqslant\lambda_{p+q}$，再以 $\boldsymbol{\Sigma}_{12}\boldsymbol{\Sigma}_{22}^{-1}$左乘式（12.11）中第二式，则有

$$\boldsymbol{\Sigma}_{12}\boldsymbol{\Sigma}_{22}^{-1}\boldsymbol{\Sigma}_{21}\boldsymbol{a}-\lambda\boldsymbol{\Sigma}_{12}\boldsymbol{\Sigma}_{22}^{-1}\boldsymbol{\Sigma}_{22}\boldsymbol{b}=0$$

即 $$\boldsymbol{\Sigma}_{12}\boldsymbol{\Sigma}_{22}^{-1}\boldsymbol{\Sigma}_{21}\boldsymbol{a}-\lambda\boldsymbol{\Sigma}_{12}\boldsymbol{b}=0 \tag{12.14}$$

又由式（12.11）中第一式得

$$\boldsymbol{\Sigma}_{12}\boldsymbol{b}=\lambda\boldsymbol{\Sigma}_{11}\boldsymbol{a}$$

代入式（12.14），得

$$\boldsymbol{\Sigma}_{12}\boldsymbol{\Sigma}_{22}^{-1}\boldsymbol{\Sigma}_{21}\boldsymbol{a}-\lambda^2\boldsymbol{\Sigma}_{11}\boldsymbol{a}=0$$

$$(\boldsymbol{\Sigma}_{12}\boldsymbol{\Sigma}_{22}^{-1}\boldsymbol{\Sigma}_{21}-\lambda^2\boldsymbol{\Sigma}_{11})\boldsymbol{a}=0 \tag{12.15}$$

再用 $\boldsymbol{\Sigma}_{11}^{-1}$ 左乘式（12.15），得

$$(\boldsymbol{\Sigma}_{11}^{-1}\boldsymbol{\Sigma}_{12}\boldsymbol{\Sigma}_{22}^{-1}\boldsymbol{\Sigma}_{21}-\lambda^2\boldsymbol{\Sigma}_{11}^{-1}\boldsymbol{\Sigma}_{11})\boldsymbol{a}=0$$

$$(\boldsymbol{\Sigma}_{11}^{-1}\boldsymbol{\Sigma}_{12}\boldsymbol{\Sigma}_{22}^{-1}\boldsymbol{\Sigma}_{21}-\lambda^2\boldsymbol{I}_p)\boldsymbol{a}=0 \tag{12.16}$$

因此，对 λ^2 有 p 个解，设 $\lambda_1^2\geqslant\lambda_2^2\geqslant\cdots\geqslant\lambda_p^2$，对 $\boldsymbol{a}$ 也有 p 个解。

类似地，用 $\boldsymbol{\Sigma}_{21}\boldsymbol{\Sigma}_{11}^{-1}$ 左乘式（12.11）中第一式，则有

$$\boldsymbol{\Sigma}_{21}\boldsymbol{\Sigma}_{11}^{-1}\boldsymbol{\Sigma}_{12}\boldsymbol{b}-\lambda\boldsymbol{\Sigma}_{21}\boldsymbol{\Sigma}_{11}^{-1}\boldsymbol{\Sigma}_{11}\boldsymbol{a}=0 \tag{12.17}$$

又由式（12.11）中第二式，得

$$\boldsymbol{\Sigma}_{21}\boldsymbol{a}=\lambda\boldsymbol{\Sigma}_{22}\boldsymbol{b}$$

代入式（12.17），得

$$(\boldsymbol{\Sigma}_{21}\boldsymbol{\Sigma}_{11}^{-1}\boldsymbol{\Sigma}_{12}-\lambda^2\boldsymbol{\Sigma}_{22})\boldsymbol{b}=0 \tag{12.18}$$

再以 $\boldsymbol{\Sigma}_{22}^{-1}$ 左乘式（12.18），得

$$(\boldsymbol{\Sigma}_{22}^{-1}\boldsymbol{\Sigma}_{21}\boldsymbol{\Sigma}_{11}^{-1}\boldsymbol{\Sigma}_{12}-\lambda^2\boldsymbol{I}_q)\boldsymbol{b}=0 \tag{12.19}$$

因此对 λ^2 有 q 个解，对 $\boldsymbol{b}$ 也有 q 个解，因此 λ^2 为 $\boldsymbol{\Sigma}_{11}^{-1}\boldsymbol{\Sigma}_{12}\boldsymbol{\Sigma}_{22}^{-1}\boldsymbol{\Sigma}_{21}$ 的特征根，$\boldsymbol{a}$ 是对应于 λ^2 的特征向量。同时 λ^2 也是 $\boldsymbol{\Sigma}_{22}^{-1}\boldsymbol{\Sigma}_{21}\boldsymbol{\Sigma}_{11}^{-1}\boldsymbol{\Sigma}_{12}$ 的特征根，$\boldsymbol{b}$ 为相应的特征向量。而式（12.16）和式（12.19）有非零解的充分必要条件为：

$$|\boldsymbol{\Sigma}_{11}^{-1}\boldsymbol{\Sigma}_{12}\boldsymbol{\Sigma}_{22}^{-1}\boldsymbol{\Sigma}_{21}-\lambda^2\boldsymbol{I}_p|=0 \tag{12.20}$$

$$|\boldsymbol{\Sigma}_{22}^{-1}\boldsymbol{\Sigma}_{21}\boldsymbol{\Sigma}_{11}^{-1}\boldsymbol{\Sigma}_{12}-\lambda^2\boldsymbol{I}_q|=0 \tag{12.21}$$

对式（12.20），由于 $\boldsymbol{\Sigma}_{11}>0$，$\boldsymbol{\Sigma}_{22}>0$，故 $\boldsymbol{\Sigma}_{11}^{-1}>0$，$\boldsymbol{\Sigma}_{22}^{-1}>0$，所以有

$$\boldsymbol{\Sigma}_{11}^{-1}\boldsymbol{\Sigma}_{12}\boldsymbol{\Sigma}_{22}^{-1}\boldsymbol{\Sigma}_{21}=\boldsymbol{\Sigma}_{11}^{-1/2}\boldsymbol{\Sigma}_{11}^{-1/2}\boldsymbol{\Sigma}_{12}\boldsymbol{\Sigma}_{22}^{-1/2}\boldsymbol{\Sigma}_{22}^{-1/2}\boldsymbol{\Sigma}_{21}$$

而 $\boldsymbol{\Sigma}_{11}^{-1/2}\boldsymbol{\Sigma}_{11}^{-1/2}\boldsymbol{\Sigma}_{12}\boldsymbol{\Sigma}_{22}^{-1/2}\boldsymbol{\Sigma}_{22}^{-1/2}\boldsymbol{\Sigma}_{21}$ 与 $\boldsymbol{\Sigma}_{11}^{-1/2}\boldsymbol{\Sigma}_{12}\boldsymbol{\Sigma}_{22}^{-1/2}\boldsymbol{\Sigma}_{22}^{-1/2}\boldsymbol{\Sigma}_{21}\boldsymbol{\Sigma}_{11}^{-1/2}$ 有相同的特征根。如果记

$$\boldsymbol{T}=\boldsymbol{\Sigma}_{11}^{-1/2}\boldsymbol{\Sigma}_{12}\boldsymbol{\Sigma}_{22}^{-1/2}$$

则 $$\boldsymbol{\Sigma}_{11}^{-1/2}\boldsymbol{\Sigma}_{12}\boldsymbol{\Sigma}_{22}^{-1/2}\boldsymbol{\Sigma}_{22}^{-1/2}\boldsymbol{\Sigma}_{21}\boldsymbol{\Sigma}_{11}^{-1/2}=\boldsymbol{T}\boldsymbol{T}'$$

类似地，对式（12.21），可得

$$\boldsymbol{\Sigma}_{22}^{-1/2}\boldsymbol{\Sigma}_{21}\boldsymbol{\Sigma}_{11}^{-1/2}\boldsymbol{\Sigma}_{11}^{-1/2}\boldsymbol{\Sigma}_{12}\boldsymbol{\Sigma}_{22}^{-1/2}=\boldsymbol{T}'\boldsymbol{T}$$

而 $\boldsymbol{TT'}$ 与 $\boldsymbol{T'T}$ 有相同的非零特征根，从而推知式（12.16）与式（12.19）的非零特征根是相同的。

设已求得 $\boldsymbol{TT'}$ 的 p 个特征根依次为：

$$\lambda_1^2 \geqslant \lambda_2^2 \geqslant \cdots \geqslant \lambda_p^2 > 0$$

则 $\boldsymbol{T'T}$ 的 q 个特征根中，除了上面的 p 个之外，其余的 $q-p$ 个都是零。故 p 个特征根排列是 $\lambda_1 \geqslant \lambda_2 \geqslant \cdots \geqslant \lambda_p > 0$，…，$0 > -\lambda_p \geqslant -\lambda_{p-1} \geqslant \cdots \geqslant -\lambda_2 \geqslant -\lambda_1$，因此，只要取最大的 λ_1，则 U_1 与 V_1 即具有最大的相关系数。令 $\boldsymbol{a}_1$，$\boldsymbol{b}_1$ 为式（12.12）的解，且按式（12.8）进行了正规化，这时 $U_1 = \boldsymbol{a}_1{}'\boldsymbol{x}$ 与 $V_1 = \boldsymbol{b}_1{}'\boldsymbol{y}$ 即分别为 $\boldsymbol{x}$ 与 $\boldsymbol{y}$ 的正规化的线性组合，且具有最大的相关系数 λ_1。

综上所述，有如下定义：

定义 12.1 在一切使方差为 1 的线性组合 $\boldsymbol{a}'\boldsymbol{x}$ 与 $\boldsymbol{b}'\boldsymbol{y}$ 中，其中两者相关系数最大的 $U_1 = \boldsymbol{a}_1{}'\boldsymbol{x}$ 与 $V_1 = \boldsymbol{b}_1{}'\boldsymbol{y}$ 称为第一对典型相关变量，它们的相关系数 λ_1 称为第一典型相关系数。

一般地，在定义了 $i-1$ 对典型相关变量后，在一切使方差为 1 且与前 $i-1$ 对典型相关变量都不相关的线性组合 $U_i = \boldsymbol{a}_i{}'\boldsymbol{x}$ 与 $V_i = \boldsymbol{b}_i{}'\boldsymbol{y}$ 中，两者相关系数最大者称为第 i 对典型相关变量，其相关系数称为第 i 对典型相关系数。

由上述推导，我们进一步有：求 $\boldsymbol{x}$ 与 $\boldsymbol{y}$ 的第 i 个典型相关系数即是求式（12.13）的第 i 个最大根 λ_i，而第 i 对典型变量即为 $U_i = \boldsymbol{a}_i{}'\boldsymbol{x}$ 与 $V_i = \boldsymbol{b}_i{}'\boldsymbol{y}$，其中 $\boldsymbol{a}_i$ 与 $\boldsymbol{b}_i$ 即为式（12.12）当 $\lambda = \lambda_i$ 时所求得的解。

我们不加证明地给出典型变量的两个性质：

（1）由 X_1，X_2，…，X_p 所组成的典型变量 U_1，U_2，…，U_p 互不相关，同样由 Y_1，Y_2，…，Y_q 所组成的典型变量 V_1，V_2，…，V_p 也互不相关，且它们的方差均等于 1。即

$$\mathrm{cov}(U_i, U_j) = \begin{cases} 1, & \text{当 } i=j \\ 0, & \text{当 } i \neq j \end{cases}$$

$$\mathrm{cov}(V_i, V_j) = \begin{cases} 1, & \text{当 } i=j \\ 0, & \text{当 } i \neq j \end{cases}$$

（2）同一对典型变量 U_i 及 V_i 之间的相关系数为 λ_i，不同对的典型变量 U_i 及 V_j $(i \neq j)$ 间互不相关。即

$$\mathrm{cov}(U_i, V_i) = \lambda_i \neq 0, \quad i = 1, 2, \cdots, p$$
$$\mathrm{cov}(U_i, V_j) = 0, \quad i \neq j$$

（二）样本典型相关和典型变量

上面的讨论都是基于总体情况已知的情形进行的，而实际研究中总体协方差矩阵 $\boldsymbol{\Sigma}$ 常常是未知的，我们只获得了样本数据，必须根据样本数据对 $\boldsymbol{\Sigma}$ 进行估计。

设 $\begin{bmatrix} \boldsymbol{x}_i \\ \boldsymbol{y}_i \end{bmatrix} (i=1,2,\cdots,n)$ 是来自正态总体 $N_{p+q}(\mu, \boldsymbol{\Sigma})$ 的容量为 n 的样本，则总体协方差矩阵

$$\boldsymbol{\Sigma}=\begin{bmatrix}\boldsymbol{\Sigma}_{11} & \boldsymbol{\Sigma}_{12}\\ \boldsymbol{\Sigma}_{21} & \boldsymbol{\Sigma}_{22}\end{bmatrix}$$

$\boldsymbol{\Sigma}_{(p+q)\times(p+q)}$的极大似然估计为（$\boldsymbol{\Sigma}>0$）：

$$\hat{\boldsymbol{\Sigma}}=\boldsymbol{A}=\frac{1}{n}\begin{bmatrix}\boldsymbol{A}_{11} & \boldsymbol{A}_{12}\\ \boldsymbol{A}_{21} & \boldsymbol{A}_{22}\end{bmatrix} \tag{12.22}$$

式中：
$$\boldsymbol{A}_{11}=\sum_{i=1}^{n}(\boldsymbol{x}_i-\bar{\boldsymbol{x}})(\boldsymbol{x}_i-\bar{\boldsymbol{x}})' \tag{12.23}$$

$$\boldsymbol{A}_{22}=\sum_{i=1}^{n}(\boldsymbol{y}_i-\bar{\boldsymbol{y}})(\boldsymbol{y}_i-\bar{\boldsymbol{y}})' \tag{12.24}$$

$$\boldsymbol{A}_{12}=\sum_{i=1}^{n}(\boldsymbol{x}_i-\bar{\boldsymbol{x}})(\boldsymbol{y}_i-\bar{\boldsymbol{y}})'\boldsymbol{A}_{21}' \tag{12.25}$$

当 $n>p+q$ 时，在正态情况下，$P(\hat{\boldsymbol{\Sigma}}>0)=1$，且由 $\boldsymbol{\Sigma}$ 所定义的 $\boldsymbol{\Sigma}_{11}^{-1}\boldsymbol{\Sigma}_{12}\boldsymbol{\Sigma}_{22}^{-1}\boldsymbol{\Sigma}_{21}$ 和 $\boldsymbol{\Sigma}_{22}^{-1}\boldsymbol{\Sigma}_{21}\boldsymbol{\Sigma}_{11}^{-1}\boldsymbol{\Sigma}_{12}$的非零特征根以概率为 1 互不相同，故由极大似然估计的性质得，$\hat{\boldsymbol{\Sigma}}$ 所产生的

$$\hat{\boldsymbol{\Sigma}}_{11}^{-1}\hat{\boldsymbol{\Sigma}}_{12}\hat{\boldsymbol{\Sigma}}_{22}^{-1}\hat{\boldsymbol{\Sigma}}_{21}=\boldsymbol{A}_{11}^{-1}\boldsymbol{A}_{12}\boldsymbol{A}_{22}^{-1}\boldsymbol{A}_{21} \tag{12.26}$$

是 $\boldsymbol{\Sigma}_{11}^{-1}\boldsymbol{\Sigma}_{12}\boldsymbol{\Sigma}_{22}^{-1}\boldsymbol{\Sigma}_{21}$ 的极大似然估计。$\boldsymbol{A}_{22}^{-1}\boldsymbol{A}_{21}\boldsymbol{A}_{11}^{-1}\boldsymbol{A}_{12}$ 是 $\boldsymbol{\Sigma}_{22}^{-1}\boldsymbol{\Sigma}_{21}\boldsymbol{\Sigma}_{11}^{-1}\boldsymbol{\Sigma}_{12}$ 的极大似然估计。$\boldsymbol{A}_{11}^{-1}\boldsymbol{A}_{12}\boldsymbol{A}_{22}^{-1}\boldsymbol{A}_{21}$ 和 $\boldsymbol{A}_{22}^{-1}\boldsymbol{A}_{21}\boldsymbol{A}_{11}^{-1}\boldsymbol{A}_{12}$ 的非零特征根 $\hat{\lambda}_1^2\geqslant\hat{\lambda}_2^2\geqslant\cdots\geqslant\hat{\lambda}_k^2(k=rank(\mathbf{A}))$ 是 λ_1^2，λ_2^2，…，λ_k^2的极大似然估计，相应的特征向量 $\hat{a}_1$，…，$\hat{a}_k$ 为 a_1，…，a_k 的极大似然估计，$\hat{b}_1$，…，$\hat{b}_k$ 是 b_1，…，b_k 的极大似然估计。所以平行于总体的讨论，$\hat{\lambda}_1$，…，$\hat{\lambda}_p$ 叫做样本的典型相关系数。（$\hat{\boldsymbol{a}}_1'\boldsymbol{x}$，$\hat{\boldsymbol{b}}_1'\boldsymbol{y}$），…，（$\hat{\boldsymbol{a}}_k'\boldsymbol{x}$，$\hat{\boldsymbol{b}}_k'\boldsymbol{y}$）叫做典型相关变量。

如果将样本（$\boldsymbol{x}_i$，$\boldsymbol{y}_i$）（$i=1, 2, \cdots, n$）代入典型变量 $\hat{U}_i$ 及 $\hat{V}_i$ 中，求得的值称为第 i 对典型变量的得分。利用典型变量的得分可以绘出样本的典型变量的散点图，类似因子分析可以对样品进行分类研究。

（三）典型相关系数的显著性检验

典型相关的显著性检验可以用巴特利特（Bartlett）提出的大样本的 χ^2 检验来完成。

如果随机向量 $\boldsymbol{x}$ 与 $\boldsymbol{y}$ 之间互不相关，则协方差矩阵 $\boldsymbol{\Sigma}_{12}$仅包含零，因而典型相关系数

$$\lambda_i=\boldsymbol{a}_i'\boldsymbol{\Sigma}_{12}\boldsymbol{b}_i$$

都变为零。

这样检验典型相关系数的显著性问题即变为进行如下检验：

$$H_0:\lambda_1=0$$
$$H_1:\lambda_1\neq0$$

求出 $\boldsymbol{\Sigma}_{11}^{-1}\boldsymbol{\Sigma}_{12}\boldsymbol{\Sigma}_{22}^{-1}\boldsymbol{\Sigma}_{21}$的 p 个特征根，并按大小顺序排列：

$$\lambda_1^2 \geqslant \lambda_2^2 \geqslant \cdots \geqslant \lambda_p^2$$

做乘积：

$$\Lambda_1 = (1-\lambda_1^2)(1-\lambda_2^2)\cdots(1-\lambda_p^2) = \prod_{i=1}^{p}(1-\lambda_i^2)$$

则对于大的 N，计算统计量

$$Q_1 = -\left[N-1-\frac{1}{2}(p+q+1)\right]\ln\Lambda_1$$

Q_1 近似遵从 $\chi^2(pq)$。因此在检验水平 α 下，若 $Q_1 > \chi^2_{1-\alpha}(pq)$，则拒绝原假设 H_0，说明至少有第一对典型变量为显著相关，或说相关系数 λ_1 在显著性水平 α 下是显著的。

然后在去掉第一典型相关系数后，继续检验余下的 $p-1$ 个典型相关系数的显著性，一般地，若前 $j-1$ 个典型相关系数在水平 α 下是显著的，则当检验第 j 个典型相关系数的显著性时，计算

$$\Lambda_j = (1-\lambda_j^2)(1-\lambda_{j+1}^2)\cdots(1-\lambda_p^2) = \prod_{i=j}^{p}(1-\lambda_i^2)$$

并计算统计量

$$Q_j = -\left[N-j-\frac{1}{2}(p+q+1)\right]\ln\Lambda_j$$

则 Q_j 遵从自由度为 $(p-j+1)(q-j+1)$ 的 χ^2 分布。在检验水平 α 下，若 $Q_j > \chi^2_{1-\alpha}[(p-j+1)(q-j+1)]$，则拒绝 H_0，接受 H_1，即认为第 j 典型相关系数在水平 α 下是显著的。

§12.2 典型相关分析的上机实现

典型相关分析可以通过 SPSS 和 SAS 实现。在 SPSS 中使用宏命令语句可以执行典型相关分析，但由宏命令得到的结果往往不能满足全部的分析需要，还需要调用其他的命令。这里我们使用功能强大的 SAS 软件来实现典型相关分析。

【例 12.1】 在影响经济增长的诸多因素中，固定资产投资是极其重要的因素。选取 2014 年我国各地区第三产业中重要行业的固定资产投资和经济增长数据，见表 12—1，分析固定资产投资与经济增长的关系。其中，固定资产投资的指标有：x_1——批发零售业固定资产投资，x_2——金融业固定资产投资，x_3——交通运输、仓储和邮政业固定资产投资，x_4——房地产业固定资产投资。经济增长的指标有：x_5——批发零售业生产总值，x_6——金融业生产总值，x_7——交通运输、仓储和邮政业生产总值，x_8——房地产业生产总值。这里采用 SAS 软件中的 CANCORR 模块对固定资产投资和经济增长数据进行典型相关分析。

表 12—1　　31 个省、市、自治区第三产业中重要行业的固定资产投资与经济增长数据　　单位：万元

地区	x_1	x_2	x_3	x_4	x_5	x_6	x_7	x_8
北京	33.90	54.31	767.99	4 068.80	2 411.14	3 357.71	948.10	1 329.20
天津	337.45	64.81	750.63	2 646.05	1 950.71	1 422.28	720.72	550.86
河北	879.76	25.94	2 046.49	5 538.74	2 255.13	1 347.58	2 396.40	1 119.78
山西	254.49	2.34	855.69	3 039.41	990.04	897.26	797.13	598.07
内蒙古	638.41	37.88	1 342.49	1 987.60	1 756.89	724.16	1 313.68	442.95
辽宁	1 059.98	105.96	1 808.53	5 789.74	2 653.65	1 482.17	1 488.93	1 145.70
吉林	501.93	56.68	779.92	1 297.25	1 059.66	464.96	518.05	432.85
黑龙江	501.71	28.97	732.99	1 687.36	1 585.00	707.47	683.12	581.28
上海	31.86	20.54	459.24	3 224.10	3 647.33	3 400.41	1 044.46	1 530.96
江苏	987.45	173.25	2 169.72	10 128.61	6 559.03	4 723.69	2 591.15	3 564.44
浙江	432.83	92.51	1 736.61	9 415.53	4 911.71	2 767.44	1 525.93	2 166.86
安徽	797.90	102.39	1 136.69	5 845.39	1 500.28	1 046.67	784.44	807.33
福建	395.97	46.59	1 783.70	5 606.33	1 961.18	1 449.82	1 320.35	1 090.22
江西	689.24	33.67	703.40	2 309.46	1 113.95	739.70	710.08	522.81
山东	2 050.83	83.76	2 196.14	8 638.09	7 826.46	2 709.65	2 326.25	2 526.16
河南	981.40	28.80	1 427.56	7 387.14	2 278.45	1 509.20	1 676.46	1 541.76
湖北	633.57	84.21	1 879.69	5 560.36	2 143.21	1 372.61	1 181.58	1 062.71
湖南	870.88	68.43	1 435.33	4 272.14	2 211.82	950.04	1 257.64	673.38
广东	848.28	96.23	2 589.86	9 527.95	7 778.82	4 447.43	2 740.76	4 486.92
广西	479.42	45.43	1 301.57	2 686.73	1 112.96	876.47	733.63	593.01
海南	54.40	1.59	351.24	1 663.09	418.09	210.63	185.15	295.56
重庆	210.18	3.73	1 202.72	4 382.42	1 229.88	1 225.27	705.83	817.04
四川	577.66	27.67	2 979.83	7 546.91	1 586.78	1 828.09	1 067.98	1 064.74
贵州	105.59	2.92	1 319.85	2 989.71	624.17	491.65	828.69	220.48
云南	265.83	6.96	1 538.93	4 117.86	1 246.53	860.98	288.47	275.97
西藏	9.17	12.63	209.53	136.85	64.11	55.58	30.80	28.80
陕西	652.70	31.87	987.60	5 168.45	1 413.16	948.93	675.66	579.44
甘肃	289.03	17.24	793.74	1 186.62	491.68	364.84	280.73	234.14
青海	22.98	0.77	446.77	462.30	150.64	175.21	81.70	48.96
宁夏	53.08	2.88	217.18	907.80	139.07	230.16	198.92	114.28
新疆	152.26	2.03	753.53	2 129.39	550.67	536.94	480.44	281.56

资料来源：《中国统计年鉴（2015）》。

进行典型相关分析的 SAS 程序如表 12—2 所示。

表 12—2

```
data economy;
  input x1 - x8;
  card;
33.90   54.31   767.99   4068.80   2411.14   3357.71   948.10   1329.20
 …       …       …        …         …         …         …        …
run;

proc cancorr data = economy all
  vprefix = inp vname = 'input'
  wprefix = outp wname = 'output';
  var x1 - x4;
  with x5 - x6;
run;
```

“data”步读取数据，这里有 8 个变量，4 个自变量，4 个因变量。一组变量表示各行业固定资产投资（input），包含变量 x_1，x_2，x_3 和 x_4；另一组变量表示各行业生产总值，包含变量 x_5，x_6，x_7 和 x_8。为了研究两组变量间的相关关系，我们使用典型相关系数分析。“proc cancorr”表示调用典型相关程序，选项 all 表示输出所有的结果。“vprefix=inp”表示这组变量的典型变量的前缀为 inp，它的第一典型变量为 inp1，第二典型变量为 inp2，…。“wprefix=outp”表示另一组变量的典型变量前缀为 outp，它的第一典型变量为 outp1，第二典型变量为 outp2，…。“var”后面接一组变量，“with”后面接另一组变量。

得到的部分输出结果如表 12—3 所示。

表 12—3

The CANCORR Procedure

Correlations Among the Original Variables ①

Correlations Among the input

	x1	x2	x3	x4
x1	1.0000	0.6149	0.6391	0.6502
x2	0.6149	1.0000	0.5357	0.6946
x3	0.6391	0.5357	1.0000	0.8383
x4	0.6502	0.6946	0.8383	1.0000

Correlations Among the output

	x5	x6	x7	x8
x5	1.0000	0.8760	0.8598	0.9431
x6	0.8760	1.0000	0.7644	0.9190
x7	0.8598	0.7644	1.0000	0.8642
x8	0.9431	0.9190	0.8642	1.0000

Correlations Between the input and the output

	x5	x6	x7	x8
x1	0.6674	0.3663	0.7289	0.5413
x2	0.7170	0.6692	0.6690	0.7062
x3	0.6309	0.5465	0.7753	0.6530
x4	0.8114	0.7715	0.8346	0.8425

The CANCORR Procedure

②

Canonical Correlation Analysis

	Canonical Correlation	Adjusted Canonical Correlation	Approximate Standard Error	Squared Canonical Correlation
1	0.896280	0.869559	0.035909	0.803318
2	0.819379	0.808994	0.059997	0.671381
3	0.411403	0.358983	0.151673	0.169252
4	0.072556		0.181613	0.005264

Eigenvalues of Inv(E)*H
= CanRsq/(1-CanRsq)

	Eigenvalue	Difference	Proportion	Cumulative
1	4.0844	2.0413	0.6446	0.6446
2	2.0430	1.8393	0.3224	0.9670
3	0.2037	0.1984	0.0322	0.9992
4	0.0053		0.0008	1.0000

Test of H0: The canonical correlations in the current row and all that follow are zero

	Likelihood Ratio	Approximate F Value	Num DF	Den DF	Pr > F
1	0.05341133	7.13	16	70.904	<.0001
2	0.27156200	4.61	9	58.56	0.0001
3	0.82637434	1.25	4	50	0.3018
4	0.99473557	0.14	1	26	0.7137

Multivariate Statistics and F Approximations

S=4　　M=-0.5　　N=10.5

Statistic	Value	F Value	Num DF	Den DF	Pr > F
Wilks' Lambda	0.05341133	7.13	16	70.904	<.0001
Pillai's Trace	1.64921614	4.56	16	104	<.0001
Hotelling-Lawley Trace	6.33641985	8.75	16	40.348	<.0001
Roy's Greatest Root	4.08435160	26.55	4	26	<.0001

NOTE: F Statistic for Roy's Greatest Root is an upper bound.

The CANCORR Procedure

③

Canonical Correlation Analysis

Standardized Canonical Coefficients for the input

	inp1	inp2	inp3	inp4
x1	0.5510	-1.1758	-0.5396	0.2881
x2	0.0690	0.4498	-0.3146	-1.3802
x3	0.1034	-0.2886	1.6776	-0.8873
x4	0.3997	1.1053	-0.7386	1.6715

Standardized Canonical Coefficients for the output

	outp1	outp2	outp3	outp4
x5	0.7251	-1.4710	-2.5774	-0.7364
x6	-0.4550	1.3401	0.0919	-2.1591
x7	0.7542	-0.6612	1.5796	-0.9438
x8	-0.0793	1.2446	0.8814	3.6347

The CANCORR Procedure

④

Canonical Structure

Correlations Between the input and Their Canonical Variables

	inp1	inp2	inp3	inp4
x1	0.9194	-0.3649	-0.1410	-0.0409
x2	0.7408	0.3401	-0.2607	-0.5173
x3	0.8275	0.1275	0.5452	-0.0413
x4	0.8925	0.4114	0.0984	0.1563

Correlations Between the output and Their Canonical Variables

	outp1	outp2	outp3	outp4
x5	0.9001	0.3084	-0.3075	-0.0114
x6	0.6838	0.6900	-0.1484	-0.1853
x7	0.9612	0.1742	0.1956	-0.0861
x8	0.8381	0.5176	-0.0997	0.1404

Correlations Between the input and the Canonical Variables of the output

	outp1	outp2	outp3	outp4
x1	0.8240	-0.2990	-0.0580	-0.0030
x2	0.6640	0.2787	-0.1073	-0.0375
x3	0.7417	0.1045	0.2243	-0.0030
x4	0.8000	0.3371	0.0405	0.0113

Correlations Between the output and the Canonical Variables of the input

	inp1	inp2	inp3	inp4
x5	0.8068	0.2527	-0.1265	-0.0008
x6	0.6129	0.5653	-0.0611	-0.0134
x7	0.8615	0.1428	0.0805	-0.0062
x8	0.7512	0.4241	-0.0410	0.0102

The CANCORR Procedure

⑤

Canonical Redundancy Analysis

Raw Variance of the input Explained by

Canonical Variable Number	Their Own Canonical Variables Proportion	Cumulative Proportion	Canonical R-Square	The Opposite Canonical Variables Proportion	Cumulative Proportion
1	0.7912	0.7912	0.8033	0.6356	0.6356
2	0.1597	0.9509	0.6714	0.1072	0.7428
3	0.0264	0.9773	0.1693	0.0045	0.7473
4	0.0227	1.0000	0.0053	0.0001	0.7474

Raw Variance of the output Explained by

Canonical Variable Number	Their Own Canonical Variables Proportion	Cumulative Proportion	Canonical R-Square	The Opposite Canonical Variables Proportion	Cumulative Proportion
1	0.7328	0.7328	0.8033	0.5887	0.5887
2	0.1932	0.9260	0.6714	0.1297	0.7184
3	0.0635	0.9895	0.1693	0.0108	0.7291
4	0.0105	1.0000	0.0053	0.0001	0.7292

The CANCORR Procedure

⑥

Canonical Redundancy Analysis

Standardized Variance of the input Explained by

Canonical Variable Number	Their Own Canonical Variables Proportion	Cumulative Proportion	Canonical R-Square	The Opposite Canonical Variables Proportion	Cumulative Proportion
1	0.7189	0.7189	0.8033	0.5775	0.5775
2	0.1086	0.8275	0.6714	0.0729	0.6504
3	0.0987	0.9262	0.1693	0.0167	0.6671
4	0.0738	1.0000	0.0053	0.0004	0.6675

Standardized Variance of the output Explained by

Canonical Variable Number	Their Own Canonical Variables Proportion	Cumulative Proportion	Canonical R-Square	The Opposite Canonical Variables Proportion	Cumulative Proportion
1	0.7261	0.7261	0.8033	0.5833	0.5833
2	0.2173	0.9434	0.6714	0.1459	0.7292
3	0.0412	0.9846	0.1693	0.0070	0.7362
4	0.0154	1.0000	0.0053	0.0001	0.7362

The CANCORR Procedure

⑦

Canonical Redundancy Analysis

Squared Multiple Correlations Between the input and the First M Canonical Variables of the output

M	1	2	3	4
x1	0.6790	0.7684	0.7718	0.7718
x2	0.4409	0.5185	0.5300	0.5314
x3	0.5501	0.5610	0.6113	0.6114
x4	0.6399	0.7536	0.7552	0.7554

Squared Multiple Correlations Between the output and the First M Canonical Variables of the input

M	1	2	3	4
x5	0.6509	0.7147	0.7307	0.7307
x6	0.3756	0.6952	0.6989	0.6991
x7	0.7422	0.7626	0.7691	0.7691
x8	0.5643	0.7442	0.7458	0.7460

输出结果表 12—3 中表①表示原始变量之间的相关关系。固定资产投资各指标变量中，x_3（交通运输、仓储和邮政业固定资产投资）与 x_4（房地产业固定资产投资）有较强的正相关。而经济增长的指标中，x_5（批发零售业生产总值）与 x_8（房地产业生产总值）有较强的正相关。另外，在固定资产投资和经济增长的相关关系中，我们可以看到两组变量间的相关系数均为正，符合实际情况，其中 x_4 与经济增长各指标变量的相关系数均较大，说明 x_4 对经济的增长有较大的影响。

表②表示对典型相关关系的检验。(1) 有四个典型相关系数。(2) 对这四个典型相关系数的检验。特征根和典型相关系数的关系是：特征根＝（典型相关系数^2）/（1－典型相关系数[2]）。由表可知第一个和第二个典型相关系数在 0.01 的水平上显著。（3）多元统计检验是用来检验典型根的显著性。结果显示在 0.01 的显著性水平上，对于各检验统计量典型根是显著的。

表③是各组的标准化典型相关系数（典型权重）。这里我们只提取第一典型变量。表④是对典型结构（典型载荷和交叉载荷）的分析。根据前面对这三种方法的介绍，我们可以结合表③和表④对变量间的关系进行分析。在原始变量与它的典型变量的相关关系（典型载荷）中，固定资产投资的第一个典型变量与 x_1（批发零售业固定资产投资）的相关系数最大，说明这个典型变量主要反映批发零售业固定资产的投入；衡量经济增长的第一个典型变量与 x_7（交通运输、仓储和邮政业生产总值）和 x_5（批发零售业生产总值）有较大的正相关性，表明这个典型变量主要反映批发零售业与交通运输、仓储和邮政行业的经济增长。在原始变量与另一组原始变量的典型变量的相关关系（典型交叉载荷）的分析结果中，x_1 与经济增长的第一典型变量相关性较强，这也说明批发零售业的固定资产投资对该行业的经济增长影响显著；x_7 和 x_5 与固定资产投资的第一典型变量有较强相关性，说明批发零售业的经济增长与这两个行业的固定资产投资有很大关系。

表⑤，⑥，⑦是典型冗余分析。表⑤是变量的原始方差通过它的典型变量和配对典型变量所解释的方差比例，表⑥是变量的标准化方差通过它的典型变量和配对典型变量所解释的方差比例，这里我们一般使用表⑥，消除了量纲和单位的影响。由表⑥，经济增长通过它的第一典型变量解释的共享方差比例是 72.61%，而通过配对的另一个典型变量解释的方差比例是 58.33%，这样冗余指数应为 72.61%×58.33%＝42.35%，说明固定资产投资的第一个典型变量可以解释经济增长变量（因变量组）的总方差的比例是 42.35%。表⑦是典型变量与原始变量的平方相关系数，类似于回归分析中的复相关系数 R^2，结果显示固定资产投资的第一典型变量对经济增长指标变量中 x_7 的解释能力最强，说明批发零售业的固定资产投资越多，该行业的生产总值越高，经济增长越多。

【例 12.2】 科研投入反映了一个国家、地区的科技实力以及政府和社会对科技事业的重视程度，科技的进步也会促进经济的发展。为分析规模以上工业企业的科研投入与其经济发展的关系，以制定更加完善的科研投入方案，采用典型相关分析方法对 2014 年各地区规模以上工业企业的统计数据进行分析，统计数据见表 12—4。其中，科研投入指标有：x_1——科研机构数（个），x_2——科研机构经费支出（万元），x_3——R&D 项目数（项），x_4——R&D（研发）项目经费支出（万元）。经济发展指标有：y_1——企业资产总计（万元），y_2——企业新产品业务收入（万元），y_3——企业利润总额（万元）。

表 12—4

地区	x_1	x_2	x_3	x_4	y_1	y_2	y_3
北京	632	1 455 255	10 037	1 647 824	308 007 299	36 727 656	12 828 840
天津	905	1 233 616	12 904	2 484 962	217 614 928	55 696 886	22 473 795
河北	929	1 301 963	7 618	2 050 210	375 971 159	29 160 256	27 347 038
山西	240	418 494	2 885	1 094 029	283 398 979	10 272 735	6 145 866

续前表

地区	x_1	x_2	x_3	x_4	y_1	y_2	y_3
内蒙古	240	347 143	2 133	844 594	243 763 957	6 285 040	19 852 726
辽宁	758	1 108 563	7 813	2 711 630	386 307 734	40 931 774	29 765 954
吉林	208	450 987	6 421	650 311	156 779 607	7 031 878	12 783 917
黑龙江	258	329 347	4 307	835 447	142 157 738	5 825 023	11 854 868
上海	890	3 236 662	13 441	3 672 035	328 743 065	76 883 835	23 844 144
江苏	17 996	13 098 299	48 530	11 009 479	940 728 799	197 142 112	83 725 491
浙江	8 278	6 505 642	42 158	6 421 123	604 514 867	148 820 993	35 640 667
安徽	2 737	2 233 003	14 394	2 161 182	258 092 954	43 790 809	21 118 120
福建	1 448	1 542 227	10 426	2 453 011	249 784 873	34 400 997	22 274 465
江西	710	642 525	4 288	986 917	140 578 737	16 829 309	18 022 359
山东	3 897	7 592 392	31 906	9 281 216	815 347 755	142 841 782	87 153 560
河南	1 577	1 911 740	11 257	2 710 856	429 993 831	47 914 474	45 283 284
湖北	1 096	1 688 661	9 522	2 388 780	306 350 359	46 544 784	24 800 247
湖南	1 445	1 070 587	8 425	2 352 569	200 505 344	57 246 324	20 477 613
广东	3 700	8 304 164	40 759	11 318 818	791 225 106	180 137 410	64 882 204
广西	447	520 693	2 890	741 096	132 957 970	15 866 038	10 136 040
海南	36	43 935	769	76 394	22 880 306	1 601 202	1 231 642
重庆	546	891 236	5 794	1 176 841	129 280 218	26 961 130	9 056 146
四川	999	1 443 317	10 298	1 373 596	362 984 989	24 758 761	23 489 033
贵州	165	357 118	1 717	318 579	102 023 001	3 683 200	6 373 862
云南	339	388 795	1 729	364 648	157 444 815	4 433 810	6 274 024
西藏	6	1 599	20	3 993	5 545 520	23 454	73 423
陕西	558	630 959	6 099	1 090 159	228 071 490	10 154 791	21 513 719
甘肃	243	291 521	1 731	302 944	101 794 859	6 185 275	2 954 405
青海	33	38 064	145	73 275	47 916 737	125 430	1 488 135
宁夏	159	115 558	1 073	135 860	56 545 981	2 796 416	1 799 690
新疆	150	221 123	1 078	212 524	143 312 542	3 533 318	8 551 303

同例 12.1，利用 SAS 软件中的 CANCORR 模块来实现典型相关分析，输出结果见表 12—5、表 12—6、表 12—7 和表 12—8。

（1）变量间的相关性输出结果见表 12—5。由表可知：科研投入各指标之间的相关性均较强，其中相关关系最强的为 x_3 与 x_4；经济发展各指标之间亦有很强的相关性，其中相关关系最强的是 y_1 与 y_3；而且科研投入指标与经济发展指标之间也有很强的相关性，尤其是 x_4 与 y_2。

表 12—5

The CANCORR Procedure

Correlations Among the Original Variables

Correlations Among the research

	x1	x2	x3	x4
x1	1.0000	0.9904	0.9831	0.9798
x2	0.9904	1.0000	0.9958	0.9966
x3	0.9831	0.9958	1.0000	0.9982
x4	0.9798	0.9966	0.9982	1.0000

Correlations Among the benefits

	y1	y2	y3
y1	1.0000	0.9815	0.9979
y2	0.9815	1.0000	0.9860
y3	0.9979	0.9860	1.0000

Correlations Between the research and the benefits

	y1	y2	y3
x1	0.9561	0.9827	0.9613
x2	0.9735	0.9968	0.9788
x3	0.9863	0.9986	0.9889
x4	0.9840	0.9990	0.9887

（2）典型相关系数、特征根及多变量检验输出结果见表 12—6。从表中可以看出，第一组典型方程的典型相关系数为 0. 999 674，第二组为 0. 646 599，这些典型相关系数是越来越小的。

表 12—6

The CANCORR Procedure

Canonical Correlation Analysis

	Canonical Correlation	Adjusted Canonical Correlation	Approximate Standard Error	Squared Canonical Correlation
1	0.999674	0.999637	0.000110	0.999349
2	0.646599	0.559172	0.098361	0.418090
3	0.572449		0.113640	0.327698

Eigenvalues of Inv(E)*H
= CanRsq/(1-CanRsq)

	Eigenvalue	Difference	Proportion	Cumulative
1	1535.2045	1534.4860	0.9992	0.9992
2	0.7185	0.2311	0.0005	0.9997
3	0.4874		0.0003	1.0000

Test of H0: The canonical correlations in the current row and all that follow are zero

	Likelihood Ratio	Approximate F Value	Num DF	Den DF	Pr > F
1	0.00025467	140.08	12	77.018	<.0001
2	0.39121938	5.99	6	60	<.0001
3	0.67230210	7.56	2	31	0.0021

Multivariate Statistics and F Approximations

S=3 M=0 N=13.5

Statistic	Value	F Value	Num DF	Den DF	Pr > F
Wilks' Lambda	0.0002547	140.08	12	77.018	<.0001
Pillai's Trace	1.7451369	10.78	12	93	<.0001
Hotelling-Lawley Trace	1536.4103690	3611.91	12	46.609	<.0001
Roy's Greatest Root	1535.2044639	11897.8	4	31	<.0001

NOTE: F Statistic for Roy's Greatest Root is an upper bound.

从三组典型方程的特征根可看出：第一组的特征根极其大，其贡献率为 99.92%，足以代表变量组间的相关。

从典型方程的显著性检验的 P 值可知：在 0.001 甚至更小的显著性水平上，第一组典型方程显著。表明可以用科研投入变量组来解释经济发展变量组。

(3) 科研投入和经济发展在三个典型方程上的标准化系数输出结果见表 12—7。

表 12—7

The CANCORR Procedure

Canonical Correlation Analysis

Standardized Canonical Coefficients for the research

	RES1	RES2	RES3
x1	0.0932	0.2653	5.7075
x2	-0.2962	9.2511	-17.4487
x3	0.4273	-13.3329	-13.5782
x4	0.7769	3.8540	25.3588

Standardized Canonical Coefficients for the benefits

	BEN1	BEN2	BEN3
y1	0.0924	-10.4716	-12.0316
y2	0.8246	3.5534	-4.9555
y3	0.0854	6.8473	16.9865

由表 12—7 可知，典型相关模型如下：

第一组典型模型为：

$$RES1=0.093\,2x_1-0.296\,2x_2+0.427\,8x_3+0.776\,9x_4$$

$$BEN1=0.092\,4y_1+0.824\,6y_2+0.085\,4y_3$$

第二组典型模型为：

$$RES1=0.265\,3x_1+9.251\,1x_2-13.332\,9x_3+3.854\,0x_4$$

$$BEN1=-10.471\,6y_1+3.553\,4y_2+6.847\,3y_3$$

特别说明：标准化的性质与回归分析系数类似，但由于受到变量间相关性的影响，并不能作为解释各个变量在典型方程上相对重要性的依据，但很多教材在这方面都存在失误。以标准化系数的大小来解释变量的相对重要性肯定是不妥的，除非各变量间不相关，而这又跟典型相关分析相悖。另外需要注意，SPSS 的输出结果与 SAS 的输出结果中相关系数的符号恰好相反。

(4) 各变量的典型负荷与跨典型负荷输出结果见表 12—8。

$x_1 \sim x_4$都与科研投入的第一典型变量 $RES1$ 高度相关，相关系数均在 0.9 以上，说明科研机构数、科研机构经费支出、R&D 项目数、R&D 项目经费支出在反映企业科研投入方面均占主要地位。同时，$x_1 \sim x_4$与企业经济发展变量组的第一典型变量 $BEN1$ 也高度相关，说明上述科研投入指标是反映企业经济发展的主要因素。

表 12—8

The CANCORR Procedure

Canonical Structure

Correlations Between the research and Their Canonical Variables

	RES1	RES2	RES3
x1	0.9811	0.0965	-0.0763
x2	0.9958	0.0771	-0.0458
x3	0.9994	-0.0125	-0.0308
x4	0.9995	0.0247	0.0086

Correlations Between the benefits and Their Canonical Variables

	BEN1	BEN2	BEN3
y1	0.9869	-0.1510	0.0559
y2	0.9995	0.0272	-0.0160
y3	0.9906	-0.0991	0.0938

Correlations Between the research and the Canonical Variables of the benefits

	BEN1	BEN2	BEN3
x1	0.9808	0.0624	-0.0437
x2	0.9955	0.0499	-0.0262
x3	0.9991	-0.0081	-0.0176
x4	0.9992	0.0160	0.0049

Correlations Between the benefits and the Canonical Variables of the research

	RES1	RES2	RES3
y1	0.9866	-0.0977	0.0320
y2	0.9992	0.0176	-0.0091
y3	0.9903	-0.0640	0.0537

$y_1 \sim y_3$与经济发展变量组的第一典型变量 $BEN1$ 呈高度相关，相关系数均在 0.9 以上，说明企业资产总计、企业新产品业务收入、企业利润总额在反映经济发展水平方面均占主导地位。同时，$y_1 \sim y_3$与科研投入变量组的第一典型变量 $RES1$ 也高度相关。体现了科研投入的主要因素对经济发展的本质影响，与指标间的实际经济联系相吻合。

如果出现变量的典型系数符号与典型相关系数符号相反的情况，则称此变量为抑制变量。由表 12—7 和表 12—8 的对比可知，对于 $RES1$ 来讲，x_2为抑制变量，变量 x_2的相关系数为正，而典型系数为负。

（5）典型冗余分析输出结果见表 12—9。

表中输出结果的上半部分为科研投入变量组的变异量被 3 个 research 典型方程解释的百分比以及与 3 个 benefits 典型方程的冗余系数。由表可知，对于 research 组，$RES1$ 解释了本组变量变异值的 99.6%；而 $BEN1$ 能够解释该组变量变异值的 99.53%。

注意：原始变量的冗余分析表只有在进行典型分析时以协方差矩阵取代相关矩阵进行案例分析才有意义，否则应看标准化的典型系数的相关表。

（6）标准化变量的冗余分析输出结果见表 12—10。

表 12—9

The CANCORR Procedure

Canonical Redundancy Analysis

Raw Variance of the research Explained by

Canonical Variable Number	Their Own Canonical Variables Proportion	Their Own Canonical Variables Cumulative Proportion	Canonical R-Square	The Opposite Canonical Variables Proportion	The Opposite Canonical Variables Cumulative Proportion
1	0.9960	0.9960	0.9993	0.9953	0.9953
2	0.0028	0.9988	0.4181	0.0012	0.9965
3	0.0009	0.9997	0.3277	0.0003	0.9968

Raw Variance of the benefits Explained by

Canonical Variable Number	Their Own Canonical Variables Proportion	Their Own Canonical Variables Cumulative Proportion	Canonical R-Square	The Opposite Canonical Variables Proportion	The Opposite Canonical Variables Cumulative Proportion
1	0.9747	0.9747	0.9993	0.9741	0.9741
2	0.0222	0.9969	0.4181	0.0093	0.9834
3	0.0031	1.0000	0.3277	0.0010	0.9844

表 12—10

The CANCORR Procedure

Canonical Redundancy Analysis

Standardized Variance of the research Explained by

Canonical Variable Number	Their Own Canonical Variables Proportion	Their Own Canonical Variables Cumulative Proportion	Canonical R-Square	The Opposite Canonical Variables Proportion	The Opposite Canonical Variables Cumulative Proportion
1	0.9880	0.9880	0.9993	0.9874	0.9874
2	0.0040	0.9920	0.4181	0.0017	0.9890
3	0.0022	0.9942	0.3277	0.0007	0.9898

Standardized Variance of the benefits Explained by

Canonical Variable Number	Their Own Canonical Variables Proportion	Their Own Canonical Variables Cumulative Proportion	Canonical R-Square	The Opposite Canonical Variables Proportion	The Opposite Canonical Variables Cumulative Proportion
1	0.9848	0.9848	0.9993	0.9842	0.9842
2	0.0111	0.9959	0.4181	0.0046	0.9888
3	0.0041	1.0000	0.3277	0.0013	0.9902

由输出结果可知，对于科研投入变量组，*RES*1 解释了本组变量变异值的 98.8%，而 *BEN*1 也能解释该组变量变异值的 98.74%。对于经济发展变量组，*BEN*1 和 *RES*1 对该组变量变异值的解释程度分别为 98.48%和 98.42%。说明企业科研投入变量组和经济发展变量组相互解释能力较强。其中的关系是：第二典型冗余＝第一典型冗余×典型相关系数的平方，更为详细的内容见书末参考文献［16］。

【例 12.3】 为分析全国居民人均收入与人均消费之间的关系，了解全国居民的生活质量，采用 2014 年全国 31 个省、市、自治区居民人均收入和人均消费的统计数据（见表

12—11)，对人均收入和消费之间的关系进行典型相关分析。

表 12—11　　　　31 个省、市、自治区居民人均收入和人均消费

x_1 工资性收入　　y_1 食品烟酒支出
x_2 经营性收入　　y_2 衣着支出
x_3 财产性收入　　y_3 居住支出
x_4 转移性收入　　y_4 生活用品及服务支出

地区	x_1	x_2	x_3	x_4	y_1	y_2	y_3	y_4
北京	27 554.9	1 452.2	7 000.9	8 480.6	7 467.8	2 359.8	9 497.7	2 041.4
天津	17 163.0	2 875.6	2 781.7	6 012.0	7 376.6	1 859.3	4 873.0	1 295.5
河北	9 829.3	2 681.4	1 138.5	2 998.2	3 263.7	971.8	2 727.7	773.6
山西	10 168.3	2 593.1	935.5	2 841.4	2 940.5	1 084.8	2 198.8	619.4
内蒙古	10 904.0	5 104.3	1 202.8	3 348.3	4 746.4	1 688.0	2 795.2	1 008.9
辽宁	12 082.5	4 062.6	1 478.2	5 196.8	4 554.8	1 477.8	3 400.5	918.7
吉林	8 289.3	4 835.1	754.2	3 641.8	3 531.6	1 228.9	2 561.3	689.5
黑龙江	8 794.9	4 208.9	973.1	3 427.5	3 537.9	1 292.8	2 689.6	670.9
上海	28 752.5	1 376.4	6 504.1	9 332.8	9 011.6	1 613.0	10 789.1	1 531.6
江苏	15 706.7	4 421.3	2 299.9	4 744.8	5 591.7	1 385.2	4 126.7	1 107.2
浙江	19 068.8	5 958.9	3 586.2	4 043.6	6 569.2	1 587.1	5 577.2	1 117.7
安徽	9 068.5	3 937.9	904.5	2 884.7	4 003.1	870.3	2 541.8	694.2
福建	13 658.5	4 593.2	2 238.6	2 840.5	6 081.9	1 097.5	4 278.5	1 032.3
江西	9 386.1	3 106.3	1 242.7	2 999.1	3 785.8	853.4	2 576.6	679.3
山东	12 044.4	4 708.3	1 314.9	2 796.7	3 932.3	1 168.9	2 825.8	993.6
河南	7 963.0	3 854.1	863.2	3 014.9	3 202.4	1 111.8	2 208.6	875.1
湖北	9 094.2	4 216.0	1 079.4	3 893.5	4 139.7	1 009.7	2 810.2	813.4
湖南	8 930.8	3 605.8	1 293.6	3 791.4	4 240.5	914.1	2 708.4	796.9
广东	18 439.3	3 458.1	2 376.2	1 411.3	6 589.8	1 014.6	4 300.2	1 116.5
广西	7 305.0	3 782.7	1 003.9	3 465.5	3 680.1	460.5	2 341.5	614.0
海南	9 854.2	3 929.9	1 253.9	2 438.5	4 915.0	549.9	2 558.2	686.0
重庆	9 888.7	2 981.0	1 256.2	4 225.9	4 971.9	1 275.9	2 554.4	978.8
四川	7 932.1	3 459.1	918.5	3 439.4	4 548.2	974.3	2 217.3	879.6
贵州	6 336.2	2 833.1	672.5	2 529.2	3 151.9	666.3	1 826.9	619.1
云南	6 309.0	3 743.4	1 450.0	2 269.8	3 211.5	567.0	2 018.5	568.4
西藏	5 212.8	3 503.8	453.6	1 560.0	3 370.2	733.7	1 311.5	399.7
陕西	8 848.9	2 404.4	1 033.4	3 550.1	3 405.1	944.6	2 585.8	796.2
甘肃	6 414.6	2 346.3	872.2	2 551.6	3 218.2	884.2	2 015.0	652.1
青海	8 291.7	2 397.4	699.3	2 985.6	3 854.4	1 153.0	2 374.5	733.5
宁夏	9 612.7	3 161.0	589.9	2 543.2	3 555.6	1 170.0	2 214.4	797.9
新疆	7 810.1	3 997.2	673.6	2 615.8	3 855.0	1 205.6	2 226.4	669.2

使用 SAS/STAT 软件中的 CANCORR 模块来完成典型相关分析。样本程序见表12—12。

表 12—12

```
data QOL;
input x1 - x4 y1 - y4;
cards;
27554.9  1452.2  7000.9  8480.6  7467.8  2359.8  9497.7  2041.4
…    …    …    …    …    …
run;
proc cancorr data = QOL all
  vprefix = inc vname = 'income'
  wprefix = exp wname = 'expense';
  var x1 - x4; with y1 - y4;
run;
```

"Data"步创建了居民人均收入和消费数据的数据集（名为 QOL），它有 31 个观测，8 个变量。

proc cancorr 表示调用典型相关程序，选项 all 表示输出所有的结果。

var 语句列出第一组变量的名字，with 列出第二组变量的名字。部分计算输出结果见表 12—13。

表 12—13

The CANCORR Procedure

Correlations Among the Original Variables

Correlations Among the income

	x1	x2	x3	x4
x1	1.0000	-0.2474	0.9550	0.7919
x2	-0.2474	1.0000	-0.3347	-0.3885
x3	0.9550	-0.3347	1.0000	0.8414
x4	0.7919	-0.3885	0.8414	1.0000

Correlations Among the expense

	y1	y2	y3	y4
y1	1.0000	0.6553	0.8890	0.8549
y2	0.6553	1.0000	0.6995	0.8324
y3	0.8890	0.6995	1.0000	0.8931
y4	0.8549	0.8324	0.8931	1.0000

Correlations Between the income and the expense

	y1	y2	y3	y4
x1	0.9184	0.7391	0.9680	0.9218
x2	-0.1410	-0.0881	-0.3273	-0.2567
x3	0.8686	0.6839	0.9828	0.9019
x4	0.7264	0.7328	0.8687	0.8087

输出结果表 12—13 列出了两组变量各指标之间的相关关系。由结果可以看出，x_1 与

x_3，x_3与 x_4有较大的相关系数，说明指标间包含的信息有一定的重叠部分。另外，y_3与 y_4之间的相关系数也较大，x_1与 y_3，x_3与 y_3之间也有较高的相关性。

输出结果表 12—14 和表 12—15 是典型系数和典型结构的分析，其中表 12—14 给出了典型相关系数以及相关系数的检验。由表 12—14 可知，第一对典型变量的典型相关系数为 0.995 406。另外，检验结果表明，在 0.01 的显著性水平上，第一对典型变量显著相关。因此，居民人均收入和人均消费两组变量的相关性研究可以转化为研究第一对典型变量的相关性。

表 12—14

The CANCORR Procedure

Canonical Correlation Analysis

	Canonical Correlation	Adjusted Canonical Correlation	Approximate Standard Error	Squared Canonical Correlation
1	0.995406	0.994635	0.001674	0.990833
2	0.632861	0.562376	0.109451	0.400513
3	0.408177	0.372232	0.152156	0.166608
4	0.087676		0.181171	0.007687

Eigenvalues of Inv(E)*H
= CanRsq/(1-CanRsq)

	Eigenvalue	Difference	Proportion	Cumulative
1	108.0900	107.4219	0.9920	0.9920
2	0.6681	0.4682	0.0061	0.9981
3	0.1999	0.1922	0.0018	0.9999
4	0.0077		0.0001	1.0000

Test of H0: The canonical correlations in the current row and all that follow are zero

	Likelihood Ratio	Approximate F Value	Num DF	Den DF	Pr > F
1	0.00454457	21.47	16	70.904	<.0001
2	0.49576722	2.17	9	58.56	0.0369
3	0.82698548	1.25	4	50	0.3038
4	0.99231290	0.20	1	26	0.6573

Multivariate Statistics and F Approximations

S=4   M=-0.5   N=10.5

Statistic	Value	F Value	Num DF	Den DF	Pr > F
Wilks' Lambda	0.00454457	21.47	16	70.904	<.0001
Pillai's Trace	1.56564130	4.18	16	104	<.0001
Hotelling-Lawley Trace	108.96579310	150.48	16	40.348	<.0001
Roy's Greatest Root	108.09003840	702.59	4	26	<.0001

NOTE: F Statistic for Roy's Greatest Root is an upper bound.

第一对典型变量的线性组合是：

$$inc1=0.462\,8x_1+0.002\,6x_2+0.396\,5x_3+0.177\,3x_4$$

$$exp1=0.026\,9y_1+0.025\,3y_2+0.797\,9y_3+0.174\,5y_4$$

表 12—15

The CANCORR Procedure

Canonical Correlation Analysis

Standardized Canonical Coefficients for the income

	inc1	inc2	inc3	inc4
x1	0.4628	2.3073	-1.1403	-2.3130
x2	0.0026	0.5654	0.0388	0.9669
x3	0.3965	-2.8064	-0.3763	2.6864
x4	0.1773	0.7788	1.7142	-0.0894

Standardized Canonical Coefficients for the expense

	exp1	exp2	exp3	exp4
y1	0.0269	1.5501	-1.4998	0.8074
y2	0.0253	1.3036	1.2345	0.4316
y3	0.7979	-1.4972	1.3841	1.4854
y4	0.1745	-0.9460	-1.0161	-2.7159

The CANCORR Procedure

Canonical Structure

Correlations Between the income and Their Canonical Variables

	inc1	inc2	inc3	inc4
x1	0.9813	0.1040	-0.1517	-0.0574
x2	-0.3134	0.6311	-0.2191	0.6749
x3	0.9868	-0.1368	-0.0358	0.0787
x4	0.8764	0.0249	0.4795	-0.0362

Correlations Between the expense and Their Canonical Variables

	exp1	exp2	exp3	exp4
y1	0.9021	0.2647	-0.3291	0.0889
y2	0.7464	0.4848	0.3740	-0.2608
y3	0.9954	-0.0521	0.0068	0.0796
y4	0.9312	0.1272	-0.0347	-0.3397

Correlations Between the income and the Canonical Variables of the expense

	exp1	exp2	exp3	exp4
x1	0.9767	0.0658	-0.0619	-0.0050
x2	-0.3120	0.3994	-0.0894	0.0592
x3	0.9823	-0.0866	-0.0146	0.0069
x4	0.8724	0.0158	0.1957	-0.0032

Correlations Between the expense and the Canonical Variables of the income

	inc1	inc2	inc3	inc4
y1	0.8979	0.1675	-0.1343	0.0078
y2	0.7429	0.3068	0.1527	-0.0229
y3	0.9909	-0.0330	0.0028	0.0070
y4	0.9270	0.0805	-0.0142	-0.0298

在该对典型变量 $inc1$ 和 $exp1$ 中，$inc1$ 是关于居民人均收入的各因素的线性组合，$exp1$ 是关于居民人均支出的各因素的线性组合。由人均收入各变量与典型变量 $inc1$ 的相关关系可知，工资性收入 x_1、财产性收入 x_3 和转移性收入 x_4 在反映居民人均收入方面占主导地位。由人均支出各变量与典型变量 $exp1$ 的相关关系可知，食品支出 y_1、居住支出 y_3、生活用品及服务支出 y_4 在反映居民人均支出方面占主导地位。另外，$exp1$ 与指标变量 x_1，x_3，x_4 也有较强的相关性，incl 与 y_1，y_3，y_4 有较强的相关性，表明两组变量之间可以互相解释，且有较密切的关系。

输出结果表 12—16 和表 12—17 是典型冗余分析，输出结果主要是典型函数可以解释的变量方差的比例。对于居民收入变量组，第一典型变量 $inc1$ 可以解释该组变量方差的 92.51%，典型变量 $exp1$ 可以解释变量方差的 91.67%；对于居民消费变量组，典型变量 $exp1$ 可以解释该组变量方差的 91.87%，典型变量 $inc1$ 可以解释变量方差的 91.03%。综上可知，第一对典型变量都能较全面地预测另一组变量。

输出结果表 12—17 是典型冗余分析的复相关系数分析，类似于回归分析中的 R^2，读者可以试着给出相应的解释。

利用 SPSS 也可以给出该例题的部分结果。有关 SPSS 典型相关分析输出，此处不再详细讨论，有兴趣的读者可自己参考相关指导书。

表 12—16

The CANCORR Procedure

Canonical Redundancy Analysis

Raw Variance of the income Explained by

Canonical Variable Number	Their Own Canonical Variables: Proportion	Their Own Canonical Variables: Cumulative Proportion	Canonical R-Square	The Opposite Canonical Variables: Proportion	The Opposite Canonical Variables: Cumulative Proportion
1	0.9251	0.9251	0.9908	0.9167	0.9167
2	0.0211	0.9462	0.4005	0.0085	0.9251
3	0.0381	0.9843	0.1666	0.0063	0.9315
4	0.0157	1.0000	0.0077	0.0001	0.9316

Raw Variance of the expense Explained by

Canonical Variable Number	Their Own Canonical Variables: Proportion	Their Own Canonical Variables: Cumulative Proportion	Canonical R-Square	The Opposite Canonical Variables: Proportion	The Opposite Canonical Variables: Cumulative Proportion
1	0.9187	0.9187	0.9908	0.9103	0.9103
2	0.0313	0.9500	0.4005	0.0125	0.9228
3	0.0401	0.9900	0.1666	0.0067	0.9295
4	0.0100	1.0000	0.0077	0.0001	0.9295

表 12—17

The CANCORR Procedure

Canonical Redundancy Analysis

Squared Multiple Correlations Between the income and the First M Canonical Variables of the expense

M	1	2	3	4
x1	0.9540	0.9584	0.9622	0.9622
x2	0.0973	0.2569	0.2649	0.2684
x3	0.9649	0.9724	0.9726	0.9726
x4	0.7611	0.7613	0.7996	0.7996

Squared Multiple Correlations Between the expense and the First M Canonical Variables of the income

M	1	2	3	4
y1	0.8063	0.8343	0.8524	0.8524
y2	0.5520	0.6461	0.6694	0.6699
y3	0.9818	0.9829	0.9829	0.9830
y4	0.8593	0.8657	0.8659	0.8668

思考与练习

1. 试述典型相关分析的统计思想及该方法在研究实际问题中的作用。

2. 典型相关分析中的冗余度有什么作用？

3. 典型变量的解释有什么具体方法，实际意义是什么？

4. 研究表明，城市信息化和城市化水平存在互动发展的关系，本书网上配套数据表 12.2 为 2005 年中国 15 个副省级城市信息化和城市化评价体系中的部分相关指标，试应用典型相关分析对中国副省级城市信息化和城市化发展关联性进行研究。

指标说明如下。

信息化指标：X_1——邮政业务总量；X_2——电信业务总量；X_3——国际互联网用户数量；X_4——年末移动电话用户数量；X_5——年末邮电局数。

城市化指标：Y_1——人均绿地面积；Y_2——人均地区生产总值；Y_3——人均生活用电量；Y_4——社会消费品零售总额；Y_5——实际利用外资金额。

5. 全国 31 个省、市、区财政收入和支出的资料如本书网上配套数据表 12.3 所示，试进行典型相关分析。

反映各地方财政收入的主要指标（单位：万元）有：X_1——国内增值税；X_2——营业税；X_3——企业所得税；X_4——个人所得税；X_5——专项收入；X_6——行政事业性收费收入。

反映各地财政支出的主要指标（单位：万元）有：Y_1——一般公共服务；Y_2——国防；Y_3——公共安全；Y_4——教育；Y_5——科学技术；Y_6——社会保障和就业；Y_7——医疗卫生；Y_8——环境保护。

参考文献

[1] 何晓群．关于中国统计学科建设的若干思考．统计研究，1996（2）

[2] He Xiaoqun. The Application of Stepwise Regression Analysis in the Research of Inflation in China，The Fifth Japan-China Symposium on Statistics，University Education Press，Japan，1994

[3] 刘勤，何晓群．中国储蓄波动实证研究——非线性动态神经网络方法、统计理论方法应用．北京：中国统计出版社，1997

[4] 张尧庭，方开泰．多元统计分析引论．北京：科学出版社，1999

[5] Wayne W. Daniel，James C. Terrell. Business Statistics，Basic Concepts and Methodology. Houghton Mifflin Company，Boston，1979

[6] 何晓群．关于公众调查数据的质量问题．中国统计，1997（6）

[7] 陈希孺．概率论与数理统计．合肥：中国科学技术大学出版社，1992

[8] 张尧庭等．定性资料的统计分析．桂林：广西师范大学出版社，1991

[9] 何晓群．回归分析与经济数据建模．北京：中国人民大学出版社，1997

[10] 方开泰等．实用回归分析．北京：科学出版社，1988

[11] 方开泰．实用多元统计分析．上海：华东师范大学出版社，1989

[12] 周纪芗．回归分析．上海：华东师范大学出版社，1993

[13] [美] 约翰·内特等著，张勇等译．应用线性回归模型．北京：中国统计出版社，1990

[14] 何晓群．多元统计分析在考试评价中的应用．中国考试，2000（6）

[15] 何晓群，刘文卿．应用回归分析（第四版）．北京：中国人民大学出版社，2015

[16] 何晓群．多元统计分析（第四版）．北京：中国人民大学出版社，2015

[17] 王国梁，何晓群．多变量经济数据统计分析．西安：陕西科学出版社，1993

[18] 何晓群，刘文卿．浅谈加权最小二乘法及其残差图．统计研究，2006（4）

[19] 方开泰，潘恩沛．聚类分析．北京：地质出版社，1982

[20] He Xiaoqun. Discriminant Model of Comparatively Well-off Level of Chinese City，Contemporary Multivariate Analysis and Its Applications. 1997

[21] 何晓群. 中国城市小康判别的界定. 数理统计与管理，1993（增刊）

[22] 何晓群. 多元分析在界定小康标准中的应用. 福建统计学刊，1993（1）

[23] 孟生旺. 用主成分分析法进行多指标综合评价应注意的问题. 统计研究，1992（4）

[24] 何晓群. 企业经济效益综合评判的多元分析方法. 当代经济科学，1989（3）

[25] 王学仁，王松桂. 实用多元统计分析. 上海：上海科学技术出版社，1990

[26] 何晓群. 肉猪生产波动的成因分析. 统计研究，1990（1）

[27] J. D. Jobson. Applied Multivariate Data Analysis，Volume Ⅱ：Categorical and Multivariate Methods，Springer-Verlag New York，Inc.，1992

[28]何晓群. 应用多元统计分析（第二版）. 北京：中国统计出版社，2015

附　录

表 1　　　　　　　　　　　　**泊松分布表**

$$P(X=x)=\frac{\lambda^x}{x!}e^{-\lambda}$$

x	λ							
	0.1	0.2	0.3	0.4	0.5	0.6	0.7	0.8
0	0.904 837	0.818 731	0.740 818	0.670 320	0.606 531	0.548 812	0.496 587	0.449 329
1	0.090 484	0.163 746	0.222 245	0.268 128	0.303 265	0.329 287	0.347 610	0.359 463
2	0.004 524	0.016 375	0.033 337	0.053 626	0.075 816	0.098 786	0.121 663	0.143 785
3	0.000 151	0.001 092	0.003 334	0.007 150	0.012 636	0.019 757	0.028 388	0.038 343
4	0.000 004	0.000 055	0.000 250	0.000 715	0.001 580	0.002 964	0.004 968	0.007 669
5		0.000 002	0.000 015	0.000 057	0.000 158	0.000 356	0.000 696	0.001 227
6			0.000 001	0.000 004	0.000 013	0.000 036	0.000 081	0.000 164
7					0.000 001	0.000 003	0.000 008	0.000 019
8							0.000 001	0.000 002

x	λ							
	0.9	1.0	1.5	2.0	2.5	3.0	3.5	4.0
0	0.406 570	0.367 879	0.223 130	0.135 335	0.082 085	0.049 787	0.030 197	0.018 316
1	0.365 91	0.367 879	0.334 695	0.270 671	0.205 212	0.149 361	0.105 691	0.073 263
2	0.164 661	0.183 940	0.251 021	0.270 671	0.256 516	0.224 042	0.184 959	0.146 525
3	0.049 398	0.061 313	0.125 510	0.180 447	0.213 763	0.224 042	0.215 785	0.195 367
4	0.011 115	0.015 328	0.047 067	0.090 224	0.133 602	0.168 031	0.188 812	0.195 367
5	0.002 001	0.003 066	0.014 120	0.036 089	0.066 801	0.100 819	0.132 169	0.156 293
6	0.000 300	0.000 511	0.003 530	0.012 030	0.027 834	0.050 409	0.077 098	0.104 196

续前表

x	λ							
	0.9	1.0	1.5	2.0	2.5	3.0	3.5	4.0
7	0.000 039	0.000 073	0.000 756	0.003 437	0.009 941	0.021 604	0.038 549	0.059 540
8	0.000 004	0.000 009	0.000 142	0.000 859	0.003 106	0.008 102	0.016 865	0.029 770
9		0.000 001	0.000 024	0.000 191	0.000 863	0.002 701	0.006 559	0.013 231
10			0.000 004	0.000 038	0.000 216	0.000 810	0.002 296	0.005 292
11				0.000 007	0.000 049	0.000 221	0.000 730	0.001 925
12				0.000 001	0.000 010	0.000 055	0.000 213	0.000 642
13					0.000 002	0.000 013	0.000 057	0.000 197
14						0.000 003	0.000 014	0.000 056
15						0.000 001	0.000 003	0.000 015
16							0.000 001	0.000 004
17								0.000 001

x	λ						
	4.5	5.0	6.0	7.0	8.0	9.0	10.0
0	0.011 109	0.006 738	0.002 479	0.000 912	0.000 335	0.000 123	0.000 045
1	0.049 990	0.033 690	0.014 873	0.006 383	0.002 684	0.001 111	0.000 454
2	0.112 479	0.084 224	0.044 618	0.022 341	0.010 735	0.004 998	0.002 270
3	0.168 718	0.140 374	0.089 235	0.052 129	0.028 626	0.014 994	0.007 567
4	0.189 808	0.175 467	0.133 853	0.091 226	0.057 252	0.033 737	0.018 917
5	0.170 827	0.175 467	0.160 623	0.127 717	0.091 604	0.060 727	0.037 833
6	0.128 120	0.146 223	0.160 623	0.149 003	0.122 138	0.091 090	0.063 055
7	0.082 363	0.104 445	0.137 677	0.149 003	0.139 587	0.117 116	0.090 079
8	0.046 329	0.065 278	0.103 258	0.130 377	0.139 587	0.131 756	0.112 599
9	0.023 165	0.036 266	0.068 838	0.101 405	0.124 077	0.131 756	0.125 110
10	0.010 424	0.018 133	0.041 303	0.070 983	0.099 262	0.118 580	0.125 110
11	0.004 264	0.008 242	0.022 529	0.045 171	0.072 190	0.097 020	0.113 736
12	0.001 599	0.003 434	0.011 264	0.026 350	0.048 127	0.072 765	0.094 780
13	0.000 554	0.001 321	0.005 099	0.014 188	0.029 616	0.050 376	0.072 908
14	0.000 178	0.000 472	0.002 228	0.007 094	0.016 924	0.032 384	0.052 077
15	0.000 053	0.000 157	0.000 891	0.003 311	0.009 026	0.019 431	0.034 718
16	0.000 015	0.000 049	0.000 334	0.001 448	0.004 513	0.010 930	0.021 699
17	0.000 004	0.000 014	0.000 118	0.000 596	0.002 124	0.005 786	0.012 764
18	0.000 001	0.000 004	0.000 039	0.000 232	0.000 944	0.002 893	0.007 091
19		0.000 001	0.000 012	0.000 085	0.000 397	0.001 370	0.003 732
20			0.000 004	0.000 010	0.000 159	0.000 617	0.001 866
21			0.000 001	0.000 010	0.000 061	0.000 264	0.000 889
22				0.000 003	0.000 022	0.000 108	0.000 404
23				0.000 001	0.000 008	0.000 042	0.000 376
24					0.000 003	0.000 016	0.000 073
25					0.000 001	0.000 006	0.000 029
26						0.000 002	0.000 011
27						0.000 001	0.000 004
28							0.000 001
29							0.000 001

表 2 　　　　　　　　**标准正态分布表**

$$\Phi(x)=\int_{-\infty}^{x}\frac{1}{\sqrt{2\pi}}\mathrm{e}^{-\frac{x^2}{2}}\mathrm{d}x$$

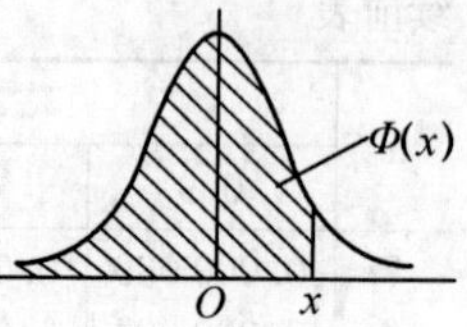

x	0.00	0.01	0.02	0.03	0.04
0.0	0.500 000	0.503 989	0.507 978	0.500 966	0.515 953
0.1	0.539 828	0.543 795	0.547 758	0.551 717	0.555 670
0.2	0.579 360	0.583 166	0.587 064	0.590 954	0.594 835
0.3	0.617 911	0.621 720	0.625 516	0.629 300	0.633 072
0.4	0.655 422	0.659 097	0.662 757	0.666 402	0.670 391
0.5	0.691 462	0.694 974	0.698 468	0.701 944	0.705 401
0.6	0.725 747	0.729 069	0.762 371	0.735 653	0.738 914
0.7	0.758 036	0.761 148	0.764 238	0.767 305	0.770 350
0.8	0.788 145	0.791 030	0.793 892	0.796 731	0.799 546
0.9	0.815 940	0.818 589	0.821 214	0.823 814	0.826 391
1.0	0.841 345	0.843 752	0.846 136	0.848 495	0.850 830
1.1	0.864 334	0.866 500	0.868 643	0.870 762	0.842 857
1.2	0.884 930	0.886 861	0.888 768	0.890 651	0.892 512
1.3	0.903 200	0.904 902	0.906 582	0.908 241	0.909 877
1.4	0.919 243	0.920 730	0.922 196	0.923 641	0.925 066
1.5	0.933 193	0.934 478	0.935 745	0.936 996	0.938 220
1.6	0.945 201	0.946 301	0.947 384	0.948 449	0.949 497
1.7	0.955 435	0.956 347	0.957 284	0.958 185	0.959 070
1.8	0.964 707	0.964 852	0.965 620	0.966 375	0.967 116
1.9	0.971 283	0.971 933	0.972 571	0.973 197	0.973 810
2.0	0.977 250	0.977 784	0.978 308	0.978822	0.979 325
2.1	0.982 136	0.982 571	0.982 997	0.983 414	0.983 823
2.2	0.986 097	0.986 447	0.986 791	0.987 126	0.987 455
2.3	0.989 276	0.989 556	0.989 830	0.990 358	0.990 097
2.4	0.991 502	0.992 024	0.992 240	0.992 656	0.992 451
2.5	0.993 790	0.993 963	0.994 132	0.994 297	0.994 457
2.6	0.995 339	0.995 473	0.995 304	0.995 731	0.995 855
2.7	0.996 533	0.996 636	0.996 736	0.996 833	0.996 928
2.8	0.997 445	0.997 523	0.997 599	0.997 673	0.997 744
2.9	0.998 134	0.998 193	0.998250	0.998 205	0.998 359
3.0	0.998 650	0.998 694	0.998 736	0.998 777	0.998 817
3.1	0.999 032	0.999 065	0.999 096	0.999 126	0.999 155
3.2	0.999 313	0.999 336	0.999 359	0.999 381	0.999 402
3.3	0.999 517	0.999 534	0.999 550	0.999 566	0.999 581
3.4	0.999 663	0.999 675	0.999 687	0.999 698	0.999 709

续前表

x	0.05	0.06	0.07	0.08	0.09
0.0	0.519 939	0.923 922	0.527 903	0.531 881	0.535 856
0.1	0.559 648	0.563 559	0.567 495	0.571 424	0.575 345
0.2	0.598 706	0.602 568	0.606 420	0.610 261	0.614 092
0.3	0.636 831	0.640 576	0.644 309	0.648 027	0.651 732
0.4	0.673 645	0.677 242	0.680 822	0.684 386	0.687 933
0.5	0.708 840	0.712 260	0.715 661	0.719 043	0.722 405
0.6	0.742 154	0.745 373	0.748 571	0.751 748	0.754 903
0.7	0.773 373	0.776 373	0.779 350	0.782 305	0.785 236
0.8	0.802 337	0.805 105	0.807 850	0.810 570	0.813 267
0.9	0.828 944	0.831 472	0.833 977	0.869 457	0.838 913
1.0	0.853 141	0.855 428	0.857 690	0.859 929	0.862 143
1.1	0.874 928	0.876 976	0.879 000	0.881 000	0.882 977
1.2	0.894 350	0.896 165	0.897 958	0.899 727	0.901 475
1.3	0.911 492	0.913 085	0.914 657	0.916 207	0.917 736
1.4	0.926 471	0.927 855	0.929 219	0.930 563	0.931 888
1.5	0.939 429	0.940 620	0.941 792	0.942 947	0.944 083
1.6	0.950 529	0.951 543	0.952 540	0.953 521	0.954 486
1.7	0.959 941	0.960 796	0.961 636	0.962 462	0.963 273
1.8	0.967 843	0.951 557	0.969 258	0.969 976	0.970 621
1.9	0.974 412	0.975 002	0.975 581	0.976 148	0.976 705
2.0	0.979 818	0.980 301	0.980 774	0.981 237	0.981 691
2.1	0.984 222	0.984 314	0.984 997	0.985 371	0.985 738
2.2	0.987 776	0.988 089	0.988 396	0.988 696	0.988 989
2.3	0.990 613	0.990 863	0.991 106	0.991 344	0.991 576
2.4	0.992 857	0.993 053	0.975 581	0.976 148	0.976 705
2.5	0.994 614	0.994 766	0.994 915	0.995 060	0.995 201
2.6	0.995 975	0.996 093	0.996 207	0.996 319	0.996 427
2.7	0.997 202	0.997 110	0.997 197	0.997 282	0.997 365
2.8	0.997 814	0.997 882	0.997 948	0.998 012	0.998 074
2.9	0.998 411	0.998 462	0.998 511	0.998 559	0.998 605
3.0	0.998 856	0.998 893	0.998 930	0.998 965	0.998 999
3.1	0.999 184	0.999 211	0.999 238	0.999 264	0.999 289
3.2	0.999 423	0.999 443	0.999 462	0.999 481	0.999 499
3.3	0.999 596	0.999 610	0.999 624	0.999 638	0.999 651
3.4	0.999 720	0.999 730	0.999 740	0.999 749	0.999 759

续前表

x	0.00	0.01	0.2	0.3	0.4
3.5	0.999 767	0.999 776	0.999 784	0.999 729	0.999 800
3.6	0.999 841	0.999 847	0.999 853	0.999 858	0.999 864
3.7	0.999 892	0.999 896	0.999 900	0.999 904	0.999 908
3.8	0.999 928	0.999 931	0.999 933	0.999 936	0.999 938
3.9	0.999 952	0.999 954	0.999 956	0.999 958	0.999 959
4.0	0.999 968	0.999 970	0.999 971	0.999 972	0.999 973
4.1	0.999 979	0.999 980	0.999 981	0.999 982	0.999 983
4.2	0.999 987	0.999 987	0.999 988	0.999 988	0.999 989
4.3	0.999 991	0.999 992	0.999 992	0.999 993	0.999 993
4.4	0.999 995	0.999 995	0.999 995	0.999 995	0.999 996
4.5	0.999 997	0.999 997	0.999 997	0.999 997	0.999 997
4.6	0.999 998	0.999 998	0.999 998	0.999 998	0.999 998
4.7	0.999 999	0.999 999	0.999 999	0.999 999	0.999 999
4.8	0.999 999	0.999 999	0.999 999	0.999 999	0.999 999
4.9	1.000 000	1.000 000	1.000 000	1.000 000	1.000 000

x	0.05	0.06	0.07	0.08	0.09
3.5	0.999 807	0.999 815	0.999 822	0.999 828	0.999 835
3.6	0.999 869	0.999 874	0.999 879	0.999 828	0.999 835
3.7	0.999 912	0.999 915	0.999 918	0.999 922	0.999 925
3.8	0.999 941	0.999 943	0.999 946	0.999 948	0.999 950
3.9	0.999 961	0.999 963	0.999 964	0.999 966	0.999 967
4.0	0.999 974	0.999 975	0.999 976	0.999 977	0.999 978
4.1	0.999 983	0.999 984	0.999 985	0.999 985	0.999 986
4.2	0.999 989	0.999 990	0.999 990	0.999 991	0.999 991
4.3	0.999 993	0.999 993	0.999 994	0.999 994	0.999 994
4.4	0.999 996	0.999 996	0.999 996	0.999 996	0.999 996
4.5	0.999 997	0.999 997	0.999 998	0.999 998	0.999 998
4.6	0.999 998	0.999 998	0.999 998	0.999 999	0.999 999
4.7	0.999 999	0.999 999	0.999 999	0.999 999	0.999 999
4.8	0.999 999	0.999 999	0.999 999	0.999 999	0.999 999
4.9	1.000 000	1.000 000	1.000 000	1.000 000	1.000 000

注：本表对于 x 给出正态分布函数 $\Phi(x)$ 的数值。

例如：对于 $x=1.33$，$\Phi(x)=0.908\ 241$。

表 3 正态分布分位数表

$$Z_p : \int_{-\infty}^{x} \frac{1}{\sqrt{2\pi}} e^{-\frac{x^2}{2}} dx = p$$

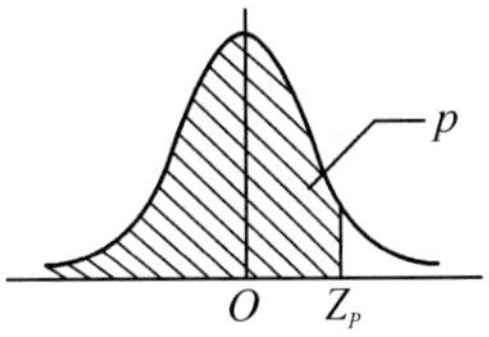

p	0.000	0.001	0.002	0.003	0.004
0.50	0.000 000	0.002 507	0.005 130	0.007 520	0.002 7
0.51	0.025 069	0.027 576	0.030 084	0.032 592	0.035 100
0.52	0.050 154	0.052 664	0.055 174	0.057 684	0.060 195
0.54	0.100 434	0.102 953	0.105 474	0.107 995	0.110 516
0.55	0.125 661	0.128 188	0.130 716	0.133 245	0.135 774
0.56	0.150 969	0.153 505	0.156 042	0.158 580	0.161 119
0.57	0.176 374	0.178 921	0.181 468	0.184 017	0.186 567
0.58	0.201 893	0.204 562	0.207 013	0.209 574	0.212 137
0.59	0.227 545	0.230 118	0.232 693	0.235 269	0.237 847
0.60	0.253 347	0.255 936	0.258 257	0.261 120	0.263 714
0.61	0.279 319	0.281 926	0.284 536	0.287 147	0.289 760
0.62	0.305 481	0.308 108	0.310 738	0.313 369	0.316 003
0.63	0.331 853	0.334 503	0.337 155	0.339 809	0.342 766
0.64	0.358 459	0.361 133	0.363 810	0.366 489	0.369 171
0.65	0.385 320	0.388 022	0.390 786	0.393 433	0.396 142
0.66	0.412 463	0.415 194	0.417 928	0.420 665	0.423 405
0.67	0.439 913	0.442 676	0.445 443	0.448 212	0.450 985
0.68	0.467 699	0.470 497	0.473 299	0.476 104	0.478 914
0.69	0.495 850	0.498 687	0.501 527	0.504 372	0.507 221
0.70	0.524 401	0.527 279	0.530 161	0.533 049	0.535 940
0.71	0.553 389	0.556 308	0.559 237	0.562 175	0.655 108
0.72	0.582 842	0.585 815	0.588 793	0.591 777	0.594 766
0.73	0.612 813	0.615 840	0.618 873	0.621 912	0.624 956
0.74	0.643 345	0.646 431	0.649 524	0.652 622	0.655 727
0.75	0.674 490	0.677 640	0.680 797	0.683 961	0.687 131
0.76	0.706 303	0.709 523	0.712 751	0.715 986	0.719 229
0.77	0.738 847	0.742 144	0.745 450	0.748 763	0.752 085
0.78	0.772 193	0.775 575	0.778 966	0.782 365	0.785 774
0.79	0.806 421	0.809 896	0.813 380	0.816 875	0.820 379
0.80	0.841 621	0.845 199	0.848 787	0.852 386	0.855 996
0.81	0.877 896	0.881 587	0.885 290	0.889 006	0.892 733
0.82	0.915 365	0.919 183	0.923 014	0.926 859	0.930 717
0.83	0.954 165	0.958 124	0.962 099	0.966 088	0.970 093
0.84	0.997 458	0.998 576	1.002 712	1.006 864	1.011 034

续前表

p	0.005	0.006	0.007	0.008	0.009
0.50	0.012 533	0.015 040	0.017 547	0.020 054	0.022 562
0.51	0.037 608	0.040 117	0.042 626	0.045 135	0.047 644
0.52	0.062 707	0.065 219	0.067 731	0.070 243	0.072 756
0.53	0.087 845	0.090 361	0.092 879	0.095 396	0.097 915
0.54	0.113 039	0.115 562	0.118 085	0.120 610	0.123 135
0.55	0.138 304	0.140 835	0.143 367	0.145 900	0.148 434
0.56	0.163 658	0.166 199	0.168 741	0.171 285	0.173 829
0.57	0.189 118	0.191 671	0.194 225	0.196 780	0.199 336
0.58	0.214 702	0.217 267	0.219 835	0.222 403	0.224 973
0.59	0.240 426	0.243 007	0.245 590	0.248 174	0.250 760
0.60	0.266 311	0.268 909	0.271 508	0.274 110	0.276 714
0.61	0.292 375	0.294 992	0.297 611	0.300 232	0.302 855
0.62	0.318 639	0.321 278	0.323 918	0.326 231	0.329 206
0.63	0.345 126	0.347 787	0.350 451	0.353 118	0.355 787
0.64	0.371 856	0.374 543	0.377 234	0.379 926	0.382 622
0.65	0.398 855	0.401 571	0.404 289	0.407 011	0.409 735
0.66	0.426 148	0.428 895	0.431 644	0.434 397	0.437 154
0.67	0.453 762	0.456 542	0.459 326	0.462 113	0.464 904
0.68	0.481 727	0.484 544	0.487 365	0.490189	0.493 018
0.69	0.510 073	0.512 930	0.515 792	0.518 657	0.521 527
0.70	0.538 836	0.541 737	0.544 642	0.547 551	0.550 466
0.71	0.568 051	0.570 999	0.573 952	0.576 910	0.579 873
0.72	0.597 760	0.600 760	0.603 765	0.606 775	0.609 792
0.73	0.628 006	0.631 062	0.634 124	0.637 192	0.640 266
0.74	0.658 838	0.661 955	0.665 079	0.668 209	0.671 346
0.75	0.690 309	0.693 493	0.696 352	0.699 884	0.703 089
0.76	0.722 479	0.725 737	0.729 003	0.732 276	0.735 558
0.77	0.755 415	0.758 754	0.762 101	0.765 456	0.768 820
0.78	0.789 192	0.792 619	0.796 055	0.799 501	0.802 956
0.79	0.823 894	0.827 418	0.830 953	0.834 499	0.838 055
0.80	0.859 617	0.863 250	0.866 894	0.870 550	0.874 217
0.81	0.896 473	0.900 226	0.903 991	0.907 770	0.911 561
0.82	0.934 589	0.938 476	0.942 376	0.946 291	0.950 221
0.83	0.974 114	0.978 150	0.982 203	0.986 271	0.990 356
0.84	1.015 222	1.019 428	1.023 651	1.027 893	1.032 154

续前表

p	0.000	0.001	0.002	0.003	0.004
0.85	1.036 433	1.040 732	1.045 050	1.049 387	1.053 744
0.86	1.080 319	1.084 823	0.089 349	1.097 897	1.098 468
0.87	1.126 391	1.131 131	1.135 896	1.140 687	1.145 505
0.88	1.174 987	1.180 001	1.185 044	1.190 118	1.195 223
0.89	1.226 528	1.231 864	1.237 235	1.242 641	1.248 085
0.90	1.281 552	1.287 271	1.293 032	1.298 837	1.304 685
0.91	1.340 755	1.346 939	1.353 174	1.356 463	1.365 806
0.92	1.405 072	1.411 830	1.418 654	1.425 544	1.432 503
0.93	1.475 791	1.483 280	1.490 853	1.498 513	1.506 262
0.94	1.554 774	1.563 224	1.571 787	1.570 467	1.589 268
0.95	1.644 854	1.654 628	1.664 563	1.674 665	1.687 941
0.96	1.750 686	1.732 410	1.774 382	1.786 613	1.799 118
0.97	1.880 794	1.895 698	1.911 036	1.926 837	1.943 134
0.98	2.053 749	2.074 855	2.096 927	2.120 072	2.144 411
0.99	2.326 348	2.365 618	2.408 916	2.457 263	2.512 144

p	0.005	0.006	0.007	0.008	0.009
0.85	1.058 122	1.062 519	1.066 938	1.071 377	1.075 837
0.86	1.103 063	1.107 680	1.112 321	1.116 987	1.121 677
0.87	1.150 349	1.155 221	1.160 120	1.165 047	1.170 002
0.88	1.200 359	1.205 527	1.210 727	1.215 960	1.221 227
0.89	1.253 565	1.259 084	1.264 641	1.270 238	1.275 874
0.90	1.310 579	1.316 519	1.322 505	1.328 639	1.334 622
0.91	1.372 204	1.378 659	1.385 172	1.391 744	1.398 377
0.92	1.439 531	1.446 632	1.453 806	1.461 023	1.468 384
0.93	1.514 102	1.522 036	1.530 068	1.538 199	1.546 433
0.94	1.598 193	1.607248	1.616 436	1.625 763	1.635 234
0.95	1.695 398	1.706 043	1.716 886	1.727 934	1.739 198
0.96	1.811 911	1.825 007	1.838 424	1.852 180	1.866 296
0.97	1.959 964	1.977 368	1.995 393	2.014 091	2.033 520
0.98	2.170 090	2.197 286	2.226 212	2.257 129	2.290 368
0.99	2.575 829	2.652 070	2.747 781	2.878 162	3.090 232

注：本表对于下侧概率给出正态分布的分位数 Z_p。

例：对于 $p=0.95$，$Z_p=1.644\,854$。

当 $p<0.5$ 时，$Z_p=-Z_{1-p}$，例如：$Z_{0.1}=-Z_{0.9}=-1.281\,552$。

与双侧概率 α 相应的分位数为 $Z_{1-\alpha/2}$，例如：对于 $\alpha=0.05$，$Z_{1-\alpha/2}=Z_{0.975}=1.959\,964$。

表 4 卡方（χ^2）分布表

n	$\alpha=0.995$	$\alpha=0.99$	$\alpha=0.975$	$\alpha=0.95$	$\alpha=0.05$	$\alpha=0.025$	$\alpha=0.01$	$\alpha=0.005$	n
1	0.000 039 3	0.000 157	0.000 982	0.003 93	3.841	5.024	6.635	7.879	1
2	0.010	0.020 1	0.050 6	0.103	5.991	7.378	9.210	10.579	2
3	0.072	0.115	0.216	0.352	7.815	9.348	11.345	12.838	3
4	0.207	0.297	0.484	0.711	9.488	11.143	13.277	14.860	4
5	0.412	0.554	0.831	1.145	11.070	12.832	15.086	16.750	5
6	0.676	0.872	1.237	1.635	12.592	14.449	16.812	18.548	6
7	0.989	1.239	1.690	2.167	14.067	16.013	18.475	20.278	7
8	1.344	1.646	2.180	2.733	15.507	17.535	20.090	21.955	8
9	1.735	2.088	2.700	3.325	16.919	19.023	21.666	23.589	9
10	2.156	2.558	3.247	3.940	18.307	20.483	23.209	25.188	10
11	2.603	3.053	3.186	4.575	19.675	21.920	24.725	26.757	11
12	3.074	3.571	4.404	5.226	21.026	23.337	26.217	28.300	12
13	3.565	4.107	5.009	5.892	22.362	24.736	27.688	29.819	13
14	4.075	4.660	5.629	6.571	23.685	26.119	29.141	31.319	14
15	4.601	5.229	6.262	7.261	24.996	27.488	30.578	32.801	15
16	5.142	5.812	6.908	7.962	26.296	28.845	32.000	34.267	16
17	5.697	6.408	7.564	8.672	27.587	30.191	33.409	35.718	17
18	6.265	7.015	8.23	19.390	28.869	31.526	34.805	37.156	18
19	6.844	7.633	8.907	10.117	30.144	32.852	36.191	38.582	19
20	7.434	8.260	9.591	10.851	31.410	34.170	37.566	39.997	20
21	8.034	8.897	10.283	11.591	32.671	35.479	38.932	41.401	21
22	8.643	9.542	10.982	12.338	33.924	36.781	40.289	42.796	22
23	9.260	10.196	11.689	13.091	35.172	38.076	41.638	44.181	23
24	9.886	10.856	12.401	13.848	36.415	39.364	42.980	45.558	24
25	10.520	11.524	13.120	14.611	37.652	40.646	44.314	46.928	25
26	11.160	12.198	13.844	15.379	38.885	41.923	45.642	48.290	26
47	11.808	12.879	14.573	16.151	40.113	43.194	46.963	49.645	27
28	12.461	13.565	15.308	16.928	41.337	44.461	48.278	50.993	28
29	13.121	14.256	16.047	17.708	42.557	45.722	49.588	52.336	29
30	13.787	14.953	16.791	18.493	43.773	46.979	50.892	52.672	30

表 5　　相关系数检验表

$n-2$	5%	1%	$n-2$	5%	1%	$n-2$	5%	1%
1	0.997	1.000	16	0.468	0.590	35	0.325	0.418
2	0.950	0.990	17	0.456	0.575	40	0.304	0.393
3	0.878	0.959	18	0.444	0.561	45	0.288	0.372
4	0.811	0.947	19	0.433	0.549	50	0.273	0.354
5	0.754	0.874	20	0.423	0.537	60	0.250	0.325
6	0.707	0.834	21	0.413	0.526	70	0.232	0.302
7	0.666	0.798	22	0.404	0.515	80	0.217	0.283
8	0.632	0.765	23	0.396	0.505	90	0.205	0.267
9	0.602	0.735	24	0.388	0.496	100	0.195	0.254
10	0.576	0.708	25	0.381	0.487	125	0.174	0.228
11	0.553	0.684	26	0.374	0.478	150	0.159	0.208
12	0.532	0.661	27	0.367	0.470	200	0.138	0.181
13	0.514	0.641	28	0.361	0.463	300	0.113	0.148
14	0.497	0.623	29	0.355	0.456	400	0.098	0.128
15	0.482	0.606	30	0.349	0.449	1 000	0.062	0.081

表 6 **t分布的临界点**

例如：自由度 $f=10, P(t>1.812)=0.05, P(t<-1.812)=0.05$。

f \ α	0.25	0.20	0.15	0.10	0.05	0.025	0.01	0.005	0.000 5
1	0.100	1.376	1.963	3.076	6.314	12.706	31.821	63.657	636.619
2	0.816	1.061	1.386	1.886	2.920	4.303	6.965	9.925	31.598
3	0.765	0.978	1.250	1.638	2.353	3.182	4.541	5.841	12.941
4	0.741	0.941	1.190	1.533	2.132	2.776	3.747	4.604	8.610
5	0.727	0.920	1.156	1.476	2.015	2.571	3.365	4.032	6.859
6	0.718	0.906	1.134	1.440	1.943	2.447	3.143	3.707	5.959
7	0.711	0.896	1.119	1.415	1.895	2.365	2.998	3.499	5.405
8	0.706	0.889	1.108	1.397	1.860	2.306	2.896	3.355	5.041
9	0.703	0.883	1.100	1.383	1.833	2.262	2.821	3.250	4.781
10	0.700	0.879	1.093	1.372	1.812	2.228	2.764	3.169	4.587
11	0.697	0.876	1.088	1.363	1.796	2.201	2.718	3.106	4.437
12	0.695	0.873	1.083	1.356	1.782	2.179	2.681	3.055	4.318
13	0.694	0.870	1.079	1.350	1.771	2.160	2.650	3.012	4.221
14	0.692	0.868	1.076	1.345	1.761	2.145	2.624	2.977	4.140
15	0.691	0.866	1.074	1.341	1.753	2.131	2.602	2.947	4.073
16	0.690	0.865	1.071	1.337	1.746	2.120	2.583	2.921	4.015
17	0.689	0.863	1.069	1.333	1.740	2.110	2.567	2.898	3.965
18	0.688	0.862	1.067	1.330	1.734	2.101	2.552	2.878	3.922
19	0.688	0.861	1.066	1.328	1.729	2.093	2.539	2.861	3.883
20	0.687	0.860	1.064	1.325	1.725	2.086	2.528	2.845	3.850
21	0.686	0.859	1.063	1.323	1.721	2.080	2.518	2.831	3.819
22	0.686	0.858	1.061	1.321	1.717	2.074	2.508	2.819	3.792
23	0.685	0.858	1.060	1.319	1.714	2.069	2.500	2.807	3.767
24	0.685	0.857	1.059	1.318	1.711	2.064	2.492	2.397	3.745
25	0.684	0.856	1.058	1.316	1.708	2.060	2.485	2.787	3.725
26	0.684	0.856	1.058	1.315	1.706	2.056	2.479	2.779	3.707
27	0.684	0.855	1.057	1.314	1.703	2.052	2.473	2.771	3.690
28	0.683	0.855	1.056	1.313	1.701	2.048	2.467	2.733	3.674
29	0.683	0.854	1.055	1.311	1.699	2.045	2.462	2.756	3.659
30	0.683	0.854	1.055	1.310	1.697	2.042	2.457	2.750	3.646
40	0.681	0.851	1.050	1.303	1.684	2.021	2.423	2.704	3.551
60	0.679	0.848	1.046	1.296	1.671	2.000	2.390	2.660	3.460
120	0.677	0.845	1.041	1.289	1.658	1.980	2.358	2.617	3.373
∞	0.674	0.842	1.036	1.282	1.645	1.960	2.362	2.576	3.291

表 7 **F 分布表**

例如：自由度 $n_1=5$，$n_2=10$

$P(F>3.33)=0.05$

$P(F>5.64)=0.01$

注：n_2 中下面的字是 1%的显著水平，上面的字为 5%的显著水平。

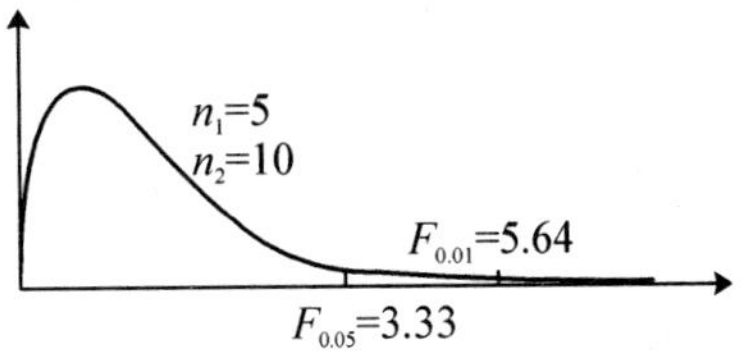

n_2 \ n_1	分子的自由度											
分母的自由度	1	2	3	4	5	6	7	8	9	10	11	12
1	161	200	216	225	230	234	237	239	241	242	243	244
	4 052	4 999	5 403	5 625	5 764	5 859	5 928	5 981	6 022	6 056	6 082	6 106
2	18.51	19.00	19.16	19.25	19.30	19.33	19.36	19.37	19.38	19.39	19.40	19.41
	98.49	99.00	99.17	99.25	99.30	99.33	99.34	99.36	99.38	99.40	99.41	99.42
3	10.13	9.55	9.28	9.12	9.01	8.94	8.88	8.84	8.81	8.78	8.76	8.74
	34.12	30.82	29.46	28.71	28.24	27.91	27.67	27.49	27.34	27.23	27.13	27.05
4	7.71	6.94	6.59	6.39	6.26	6.16	6.09	6.04	6.00	5.96	5.93	5.91
	21.20	18.01	16.69	15.98	15.52	15.21	14.98	14.80	14.66	14.54	14.45	14.37
5	6.61	5.79	5.41	5.19	5.05	4.95	4.88	4.82	4.78	4.74	4.70	4.68
	16.26	13.27	12.06	11.39	10.97	10.67	10.45	10.27	20.15	10.05	9.96	9.89
6	5.99	5.14	4.76	4.53	4.39	4.28	4.21	4.15	4.10	4.06	4.03	4.00
	13.74	10.92	9.78	9.15	8.75	8.47	8.26	8.10	7.98	7.87	7.79	7.72
7	5.59	4.74	4.35	4.12	3.97	3.87	3.79	3.73	3.68	3.63	3.60	3.57
	12.25	9.55	8.45	7.85	7.46	7.19	7.00	6.84	6.71	6.62	6.54	6.47
8	5.32	4.46	4.07	3.84	3.69	3.58	3.50	3.44	3.39	3.34	3.31	3.28
	11.26	8.65	7.59	7.01	6.63	6.37	6.19	6.03	5.91	5.82	5.74	5.67
9	5.12	4.26	3.86	3.63	3.48	3.37	3.29	3.23	3.18	3.13	3.10	3.07
	10.56	8.02	6.99	6.42	6.06	5.80	5.62	5.47	5.35	5.26	5.18	5.11
10	4.96	4.10	3.71	3.48	3.33	3.22	3.14	3.07	3.02	2.97	2.94	2.91
	10.04	7.56	6.55	5.99	5.64	5.39	5.21	5.06	4.95	4.85	4.78	4.71
11	4.84	3.98	3.59	3.36	3.20	3.09	3.01	2.95	2.90	2.86	2.82	2.79
	9.65	7.20	6.22	5.67	5.32	5.07	4.88	4.74	4.63	4.54	4.46	4.40
12	4.75	3.88	3.49	3.26	3.11	3.00	2.92	2.85	2.80	2.76	2.72	2.69
	9.33	6.93	5.95	5.41	5.06	4.82	4.65	4.50	4.39	4.30	4.22	4.16
13	4.67	3.80	3.41	3.18	3.02	2.92	2.84	2.77	2.72	2.67	2.63	2.60
	9.07	6.70	5.74	5.20	4.86	4.62	4.44	4.30	4.19	4.10	4.02	3.96
14	4.60	3.74	3.34	3.11	2.96	2.85	2.77	2.70	2.65	2.60	2.56	2.53
	8.86	6.51	5.56	5.03	4.69	4.46	4.28	4.14	4.03	3.94	3.86	3.80

续前表

n_2 \ n_1	分子的自由度											
分母的自由度	1	2	3	4	5	6	7	8	9	10	11	12
15	4.54	3.68	3.29	3.06	2.90	2.79	2.70	2.64	2.59	2.55	2.51	2.48
	8.68	6.36	5.42	4.89	4.56	4.32	4.14	4.00	3.89	3.80	3.73	3.67
16	4.49	3.63	3.24	3.01	2.85	2.74	2.66	2.59	2.54	2.49	2.45	2.42
	8.53	6.23	5.29	4.77	4.44	4.20	4.03	3.89	3.78	3.69	3.61	3.55
17	4.45	3.59	3.20	2.96	2.81	2.70	2.62	2.55	2.50	2.45	2.41	2.38
	8.40	6.11	5.18	4.67	4.34	4.10	3.93	3.79	3.68	3.59	3.52	3.45
18	4.41	3.55	3.16	2.93	2.77	2.66	2.58	2.51	2.46	2.41	2.37	2.34
	8.28	6.01	5.09	4.58	4.25	4.01	3.85	3.71	3.60	3.51	3.44	3.37
19	4.38	3.52	3.13	2.90	2.74	2.63	2.55	2.48	2.43	2.38	2.34	2.31
	8.18	5.93	5.01	4.50	4.17	3.94	3.77	3.63	3.52	3.43	3.36	3.30
20	4.35	3.49	3.10	2.87	2.71	2.60	2.52	2.45	2.40	2.35	2.31	2.28
	8.10	5.85	4.94	4.43	4.10	3.87	3.71	3.56	3.45	3.37	3.30	3.23
21	4.32	3.47	3.07	2.84	2.68	2.57	2.49	2.42	2.37	2.32	2.23	2.25
	8.02	5.78	4.87	4.37	4.04	3.81	3.65	3.51	3.40	3.31	3.24	3.17
22	4.30	3.44	3.05	2.82	2.66	2.55	2.47	2.40	2.35	2.30	2.26	2.23
	7.94	5.72	4.82	4.31	3.99	3.76	3.59	3.45	3.35	3.26	3.18	3.12
23	4.28	3.42	3.03	2.80	2.64	2.53	2.45	2.38	2.32	2.28	2.24	2.20
	7.88	5.66	4.76	4.26	3.94	3.71	3.54	3.41	3.30	3.21	3.14	3.07
24	4.26	3.40	3.01	2.78	2.62	2.51	2.43	2.36	2.30	2.26	2.22	2.18
	7.82	5.61	4.72	4.22	3.90	3.67	3.50	3.36	3.25	3.17	3.09	3.03
25	4.24	3.38	2.99	2.76	2.60	2.49	2.41	2.32	2.28	2.24	2.20	2.16
	7.77	5.57	4.68	4.18	3.86	3.63	3.46	3.34	3.21	3.13	3.05	2.99
26	4.22	3.37	2.98	2.74	2.59	2.47	2.39	2.32	2.27	2.22	2.18	2.15
	7.72	5.53	4.64	4.14	3.82	3.59	3.42	3.29	3.17	3.09	3.02	2.96
27	4.21	3.35	2.96	2.73	2.57	2.46	2.37	2.30	2.25	2.20	2.16	2.13
	7.68	5.49	4.60	4.11	3.79	3.56	3.39	3.26	3.14	3.06	2.98	2.93
28	4.20	3.34	2.95	2.71	2.56	2.44	2.36	2.29	2.24	2.19	2.15	2.12
	7.64	5.45	4.57	4.07	3.76	3.53	3.36	3.23	3.11	3.03	2.95	2.90
29	4.18	3.33	2.93	2.70	2.54	2.43	2.35	2.28	2.22	2.18	2.14	2.10
	7.60	5.42	4.54	4.04	3.73	3.50	3.33	3.20	3.08	3.00	2.92	2.87
30	4.17	3.32	2.92	2.69	2.53	2.42	2.34	2.27	2.21	2.16	2.12	2.09
	7.56	5.39	4.51	4.02	3.70	3.47	3.30	3.17	3.06	2.98	2.90	2.84
32	4.15	3.30	2.90	2.67	2.51	2.40	2.32	2.25	2.19	2.14	2.10	2.07
	7.50	5.34	4.46	3.97	3.66	3.42	3.25	3.12	3.01	2.94	2.86	2.80
34	4.13	3.28	2.88	2.65	2.49	2.38	3.30	2.23	2.17	2.12	2.08	2.50

续前表

分母的自由度 n_2 \ n_1	分子的自由度											
	1	2	3	4	5	6	7	8	9	10	11	12
	7.44	5.29	4.42	3.93	6.61	3.38	3.21	3.08	2.97	2.89	2.82	2.76
36	4.11	3.26	2.86	2.63	2.48	2.36	2.28	2.21	2.15	2.10	2.06	2.03
	7.39	5.25	4.38	3.80	3.58	3.35	3.18	3.04	2.94	2.86	2.78	2.72
38	4.10	3.25	2.85	2.62	2.46	2.35	2.26	2.19	2.14	2.09	2.05	2.02
	7.35	5.21	4.34	3.86	3.54	3.32	3.15	3.02	2.91	2.82	2.75	2.69
40	4.08	3.23	2.84	2.61	2.45	2.34	2.25	2.18	2.12	2.07	2.04	2.00
	7.31	5.18	4.31	3.83	3.51	3.29	3.12	2.99	2.88	2.80	2.73	2.66
42	4.07	3.22	2.83	2.59	2.44	2.32	2.24	2.17	2.11	2.06	2.02	1.99
	7.27	5.15	4.29	3.80	3.49	3.26	3.10	2.96	2.86	2.77	2.70	2.64
44	4.06	3.21	2.82	2.58	2.43	2.31	2.23	2.16	2.10	2.05	2.01	1.98
	7.24	5.12	4.26	3.78	3.46	3.24	3.07	2.94	2.84	2.75	2.68	2.62
46	4.05	3.20	2.81	2.57	2.42	2.30	2.22	2.14	2.09	2.04	2.00	1.97
	7.21	5.10	4.24	3.76	3.44	3.22	3.05	2.92	2.82	2.73	2.66	2.60
48	4.04	3.19	2.80	2.56	2.41	2.30	2.21	2.14	2.08	2.03	1.99	1.96
	7.19	5.08	4.22	3.74	3.42	3.20	3.04	2.90	2.80	2.71	2.64	2.58
50	4.03	3.18	2.79	2.56	2.40	2.29	2.20	2.13	2.07	2.02	1.98	1.95
	7.17	5.06	4.20	3.72	3.41	3.18	3.02	2.88	2.78	2.70	2.62	2.56
55	4.02	3.17	2.78	2.54	2.38	2.27	2.18	2.11	2.05	2.00	1.97	1.93
	7.12	5.01	4.16	3.68	3.37	3.15	2.98	2.85	2.75	2.66	2.59	2.53
60	4.00	3.15	2.76	2.52	2.37	2.25	2.17	2.10	2.04	1.99	1.95	1.92
	7.08	4.98	4.13	3.65	3.34	3.12	2.95	2.82	2.72	2.63	2.56	2.50
65	3.99	3.14	2.75	2.51	2.36	2.24	2.15	2.08	2.02	1.98	1.94	1.90
	7.04	4.95	4.10	3.62	3.31	3.09	2.93	2.79	2.70	2.61	2.54	2.47
70	3.98	3.13	2.74	2.50	2.35	2.23	2.14	2.07	2.01	1.97	1.93	1.89
	7.01	4.92	4.08	3.60	3.29	3.07	2.91	2.77	2.67	2.59	2.51	2.45
80	3.96	3.11	2.72	2.48	2.33	2.21	2.12	2.05	1.99	1.95	1.91	1.88
	6.96	4.88	4.04	3.56	3.25	3.04	2.87	2.74	2.64	2.55	2.48	2.41
100	3.94	3.09	2.70	2.46	2.30	2.19	2.10	2.03	1.97	1.92	1.88	1.85
	6.90	4.82	3.98	3.51	3.20	2.99	2.82	2.69	2.59	2.51	2.43	2.36
125	3.92	3.07	2.68	2.44	2.29	2.17	2.08	2.01	1.95	1.90	1.86	1.83
	6.84	4.78	3.94	3.47	3.17	2.95	2.79	2.65	2.56	2.47	2.40	2.33
150	3.91	3.06	2.67	2.43	2.27	2.16	2.07	2.00	1.94	1.89	1.85	1.82
	6.81	4.75	3.91	3.44	3.14	2.92	2.76	2.62	2.53	2.44	2.37	2.30
200	3.89	3.04	2.65	2.41	2.26	2.14	2.05	1.98	1.92	1.87	1.83	1.80
	6.76	4.71	3.88	3.41	3.11	2.90	2.73	2.60	2.50	2.41	2.34	2.28
400	3.86	3.02	2.62	2.39	2.23	2.12	2.03	1.96	1.90	1.85	1.81	1.78
	6.70	4.66	3.83	3.36	3.06	2.85	2.69	2.55	2.46	2.37	2.29	2.33
1 000	3.85	3.00	1.61	2.38	2.22	2.10	2.02	1.95	1.89	1.84	1.80	1.76
	6.66	4.62	3.80	3.34	3.04	2.82	2.66	2.53	2.43	2.34	2.26	2.20
∞	3.84	2.99	2.60	2.37	2.21	2.09	2.01	1.94	1.88	1.83	1.79	1.75
	6.64	4.60	3.78	3.32	3.02	2.80	2.64	2.51	2.41	2.32	2.24	2.18

续前表

n_2 \ n_1	分子的自由度											
分母的自由度	14	16	20	24	30	40	50	75	100	200	500	∞
1	245	246	248	249	250	251	252	253	253	254	254	254
	6 142	6 169	6 208	6 234	6 258	6 286	6 302	6 323	6 334	6 352	6 361	6 366
2	19.42	19.43	19.44	19.45	19.46	19.47	19.47	19.48	19.49	19.49	19.50	19.50
	99.43	99.44	99.45	99.46	99.47	99.48	99.48	99.49	99.49	99.49	99.50	99.50
3	8.71	8.69	8.66	8.64	8.62	8.60	8.58	8.57	8.56	8.54	8.54	8.53
	26.92	26.83	26.69	26.60	26.50	26.41	26.35	26.27	26.23	26.18	26.14	26.12
4	5.87	5.84	5.80	5.77	5.74	5.71	5.70	5.68	5.66	5.65	5.64	5.63
	14.24	14.15	14.02	13.93	13.83	13.74	13.69	13.61	13.57	13.52	13.48	13.46
5	4.64	4.60	4.56	4.53	4.50	4.46	4.44	4.42	4.40	4.38	4.37	4.36
	9.77	9.68	9.55	9.47	9.38	9.29	9.24	9.17	9.13	9.07	9.04	9.02
6	3.96	3.92	3.87	3.84	3.81	3.77	3.75	3.72	3.71	3.69	3.68	3.67
	7.60	7.52	7.39	7.31	7.23	7.14	7.09	7.02	6.99	6.94	6.90	6.88
7	3.52	3.49	3.44	3.41	3.38	3.34	3.32	3.29	3.28	3.25	3.24	3.23
	6.35	6.27	6.15	6.07	5.98	5.90	5.85	5.78	5.75	5.70	5.67	5.65
8	3.23	3.20	3.15	3.12	3.08	3.05	3.03	3.00	2.98	2.96	2.94	2.93
	5.56	5.48	5.36	5.28	5.20	5.11	5.06	5.00	4.96	4.91	4.88	4.86
9	3.02	2.98	2.93	2.90	2.86	2.82	2.80	2.77	2.76	2.73	2.72	2.71
	5.00	4.92	4.80	4.73	4.64	4.56	4.51	4.45	4.41	4.36	4.33	4.31
10	2.86	2.82	2.77	2.74	2.70	2.67	2.64	2.61	2.59	2.56	2.55	2.54
	4.60	4.52	4.41	4.33	4.25	4.17	4.12	4.05	4.01	3.96	3.93	3.94
11	2.74	2.70	2.65	2.61	2.57	2.53	2.50	2.47	2.45	2.42	2.41	2.40
	4.29	4.21	4.10	4.02	3.94	3.86	3.80	3.74	3.70	3.66	3.62	3.60
12	2.64	2.60	2.54	2.50	2.46	2.42	2.40	2.36	2.35	2.32	2.31	2.30
	4.05	3.98	3.86	3.78	3.70	3.61	3.56	3.49	3.46	3.41	3.38	3.36
13	2.55	2.51	2.46	2.42	2.38	2.34	2.32	2.28	2.26	1.24	2.22	2.21
	3.85	3.78	3.67	3.59	3.15	3.42	3.37	3.30	3.27	3.21	3.18	3.16
14	2.48	2.44	2.39	2.35	2.31	2.27	2.24	2.21	2.19	2.16	2.14	2.13
	3.70	3.62	3.51	3.43	3.34	3.26	3.21	3.14	3.11	3.06	3.02	3.00
15	2.43	2.39	2.33	2.29	2.25	2.21	2.18	2.15	2.12	2.10	2.08	2.07
	3.56	3.48	3.36	3.29	3.20	3.12	3.07	3.00	2.97	2.92	2.89	2.87
16	2.37	2.33	2.28	2.24	2.20	2.16	2.13	2.09	2.07	2.04	2.02	2.01
	3.45	3.37	3.25	3.18	3.10	3.01	2.96	2.89	2.86	2.80	2.77	2.75
17	2.33	2.29	2.23	2.19	2.15	2.11	2.08	2.04	2.02	1.99	1.97	1.96
	3.35	3.27	3.16	3.08	3.00	2.92	2.86	2.79	2.76	2.70	2.67	2.65

续前表

n_2 \ n_1	分子的自由度											
	14	16	20	24	30	40	50	75	100	200	500	∞
分母的自由度 18	2.29	2.25	2.19	2.15	2.11	2.07	2.04	2.00	1.98	1.95	1.93	1.92
	3.27	3.19	3.07	3.00	2.91	2.83	2.78	2.71	2.68	2.62	2.59	2.57
19	2.26	2.21	2.15	2.11	2.07	2.02	2.00	1.96	1.94	1.91	1.90	1.88
	3.19	3.12	3.00	2.92	2.84	2.76	2.70	2.63	2.60	2.54	2.51	2.49
20	2.23	2.18	2.12	2.08	2.04	1.99	1.96	1.92	1.90	1.87	1.85	1.84
	3.13	3.05	2.94	2.86	2.77	2.69	2.63	2.56	2.53	2.47	2.44	2.42
21	2.20	2.15	2.09	2.05	2.00	1.96	1.93	1.89	1.87	1.84	1.82	1.81
	3.07	2.99	2.88	2.80	2.72	2.63	2.58	2.51	2.47	2.42	2.38	2.36
22	2.18	2.13	2.07	2.03	1.98	1.93	1.91	1.87	1.84	1.81	1.80	1.78
	3.02	2.94	2.83	2.75	2.67	2.58	2.53	2.46	2.42	2.37	2.33	2.31
23	2.14	2.10	2.04	2.00	1.96	1.91	1.88	1.84	1.82	1.79	1.77	1.76
	2.97	2.89	2.78	2.79	2.62	2.53	2.48	2.41	2.37	2.32	2.28	2.26
24	2.13	2.09	2.02	1.98	1.94	1.89	1.86	1.82	1.80	1.76	1.74	1.73
	2.93	2.85	2.74	2.66	2.58	2.49	2.44	2.36	2.33	2.27	2.23	2.21
25	2.11	2.06	2.00	1.96	1.92	1.87	1.84	1.80	1.77	1.74	1.72	1.71
	2.89	2.81	2.70	2.62	2.54	2.45	2.40	2.32	2.29	2.23	2.19	2.17
26	2.10	2.05	1.99	1.95	1.90	1.85	1.82	1.78	1.76	1.72	1.70	1.69
	2.86	2.77	2.66	2.58	2.50	2.41	2.36	2.28	2.25	2.19	2.15	2.13
27	2.08	2.03	1.97	1.93	1.88	1.84	1.80	1.76	1.74	1.71	1.68	1.67
	2.83	2.74	2.63	2.55	2.47	2.38	2.33	2.25	2.21	2.16	2.12	2.10
28	2.06	2.02	1.96	1.91	1.87	1.81	1.78	1.75	1.72	1.69	1.67	1.65
	2.80	2.71	2.60	2.52	2.44	2.35	2.30	2.22	2.18	2.13	2.09	2.06
29	2.05	2.00	1.94	1.90	1.85	1.80	1.77	1.73	1.71	1.68	1.65	1.64
	2.77	2.68	2.57	2.49	2.41	2.32	2.27	2.19	2.15	2.10	2.06	2.03
30	2.04	1.99	1.93	1.89	1.84	1.79	1.76	1.72	1.69	1.66	1.64	1.62
	2.74	2.66	2.55	2.47	2.38	2.29	2.24	2.16	2.13	2.07	2.03	2.01
32	2.02	1.97	1.91	1.86	1.82	1.76	1.74	1.69	1.67	1.64	1.61	1.59
	2.70	2.62	2.51	2.42	2.34	2.25	2.20	2.12	2.08	2.02	1.98	1.96
34	2.00	1.95	1.89	1.84	1.80	1.74	1.71	1.67	1.64	1.61	1.59	1.57
	2.66	2.58	2.47	2.38	2.30	2.21	2.15	2.08	2.04	1.98	1.94	1.91
36	1.98	1.93	1.87	1.82	1.78	1.72	1.69	1.65	1.62	1.59	1.56	1.55
	2.62	3.54	2.43	2.35	2.26	2.17	2.12	2.04	2.00	1.94	1.90	1.87
38	1.96	1.92	1.85	1.80	1.76	1.71	1.67	1.63	1.60	1.57	1.54	1.53
	2.59	2.51	2.40	2.32	2.22	2.14	2.08	2.00	1.97	1.90	1.86	1.84

续前表

分母的自由度 n_2 \ 分子的自由度 n_1	14	16	20	24	30	40	50	75	100	200	500	∞
40	1.95	1.90	1.84	1.79	1.74	1.69	1.66	1.61	1.59	1.55	1.53	1.51
	2.56	2.49	2.37	2.29	2.20	2.11	2.05	1.97	1.94	1.88	1.84	1.81
42	1.94	1.89	1.82	1.78	1.73	1.68	1.64	1.60	1.57	1.54	1.51	1.49
	2.54	2.46	2.35	2.26	2.17	2.08	2.02	1.94	1.91	1.85	1.80	1.78
44	1.92	1.88	1.81	1.76	1.72	1.66	1.63	1.58	1.56	1.52	1.50	1.48
	2.52	2.44	2.32	2.24	2.15	2.06	2.00	1.92	1.88	1.82	1.78	1.75
46	1.91	1.87	1.80	1.75	1.71	1.65	1.62	1.57	1.54	1.51	1.48	1.46
	2.50	2.42	2.30	2.22	2.13	2.04	1.98	1.90	1.86	1.80	1.76	1.72
48	1.90	1.86	1.79	1.74	1.70	1.64	1.61	1.56	1.53	1.50	1.47	1.45
	2.48	2.40	2.28	2.20	2.11	2.02	1.96	1.88	1.84	1.78	1.73	1.70
50	1.90	1.85	1.78	1.74	1.69	1.63	1.60	1.55	1.52	1.48	1.46	1.44
	2.46	2.39	2.26	2.18	2.10	2.00	1.94	1.86	1.82	1.76	1.71	1.68
55	1.88	1.83	1.76	1.72	1.67	1.61	1.58	1.52	1.50	1.46	1.43	1.41
	2.43	2.35	2.23	2.15	2.06	1.96	1.90	1.82	1.78	1.71	1.66	1.64
60	1.86	1.81	1.75	1.70	1.65	1.59	1.56	1.50	1.48	1.44	1.41	1.39
	2.40	2.32	2.20	2.12	2.03	1.93	1.87	1.79	1.74	1.68	1.63	1.60
65	1.85	1.80	1.73	1.68	1.63	1.57	1.54	1.49	1.46	1.42	1.39	1.37
	2.37	2.30	2.18	2.09	2.00	1.90	1.84	1.76	1.71	1.64	1.60	1.56
70	1.84	1.79	1.72	1.67	1.62	1.56	1.53	1.47	1.45	1.40	1.37	1.35
	2.35	2.28	2.15	2.07	1.98	1.88	1.82	1.74	1.69	1.62	1.56	1.53
80	1.82	1.77	1.70	1.65	1.60	1.54	1.51	1.45	1.42	1.38	1.35	1.32
	2.32	2.24	2.11	2.03	1.94	1.84	1.78	1.70	1.65	1.57	1.52	1.49
100	1.79	1.75	1.68	1.63	1.57	1.51	1.48	1.42	1.39	1.34	1.30	1.28
	2.26	2.19	2.06	1.98	1.89	1.79	1.73	1.64	1.59	1.51	1.46	1.43
125	1.77	1.72	1.65	1.60	1.55	1.49	1.45	1.39	1.36	1.31	1.27	1.25
	2.23	2.15	2.03	1.94	1.85	1.75	1.68	1.59	1.54	1.46	1.40	1.37
150	1.76	1.71	1.64	1.59	1.54	1.47	1.44	1.37	1.34	1.29	1.25	1.22
	2.20	2.12	2.00	1.91	1.83	1.72	1.66	1.56	1.51	1.43	1.37	1.33
200	1.74	1.69	1.62	1.57	1.52	1.45	1.42	1.35	1.32	1.26	1.22	1.19
	2.17	2.09	1.97	1.88	1.79	1.69	1.62	1.53	1.48	1.39	1.33	1.28
400	1.72	1.67	1.60	1.54	1.49	1.42	1.38	1.32	1.28	1.22	1.16	1.13
	2.12	2.04	1.92	1.84	1.74	1.64	1.57	1.47	1.42	1.32	1.24	1.19
1 000	1.70	1.65	1.58	1.53	1.47	1.41	1.36	1.30	1.26	1.19	1.13	1.08
	2.09	2.01	1.89	1.81	1.71	1.61	1.54	1.44	1.38	1.28	1.19	1.11
∞	1.67	1.64	1.57	1.52	1.46	1.40	1.35	1.28	1.24	1.17	1.11	1.00
	2.07	1.99	1.87	1.79	1.69	1.59	1.52	1.41	1.36	1.25	1.15	1.00

图书在版编目（CIP）数据

现代统计分析方法与应用/何晓群编著. —4版. —北京：中国人民大学出版社，2016. 11
高等院校研究生用书
ISBN 978-7-300-23662-9

Ⅰ. ①现… Ⅱ. ①何… Ⅲ. ①统计分析-研究生-教材 Ⅳ. ①C812

中国版本图书馆CIP数据核字（2016）第279665号

高等院校研究生用书
现代统计分析方法与应用（第四版）
何晓群　编著
Xiandai Tongji Fenxi Fangfa yu Yingyong

出版发行	中国人民大学出版社		
社　　址	北京中关村大街31号	邮政编码	100080
电　　话	010－62511242（总编室）		010－62511770（质管部）
	010－82501766（邮购部）		010－62514148（门市部）
	010－62515195（发行公司）		010－62515275（盗版举报）
网　　址	http://www.crup.com.cn		
经　　销	新华书店		
印　　刷	唐山玺诚印务有限公司	版　　次	1998年5月第1版
规　　格	185 mm×260 mm　16开本		2016年11月第4版
印　　张	19.25 插页1	印　　次	2022年4月第3次印刷
字　　数	450 000	定　　价	39.00元

中国人民大学出版社　管理分社

教师教学服务说明

中国人民大学出版社管理分社以出版经典、高品质的工商管理、统计、市场营销、人力资源管理、运营管理、物流管理、旅游管理等领域的各层次教材为宗旨。

为了更好地为一线教师服务，近年来管理分社着力建设了一批数字化、立体化的网络教学资源。教师可以通过以下方式获得免费下载教学资源的权限：

★ 在中国人民大学出版社网站 www.crup.com.cn 进行注册，注册后进入“会员中心”，在左侧点击“我的教师认证”，填写相关信息，提交后等待审核。我们将在一个工作日内为您开通相关资源的下载权限。

★ 如您急需教学资源或需要其他帮助，请加入教师 QQ 群或在工作时间与我们联络。

中国人民大学出版社　管理分社

教师 QQ 群：64833426（仅限教师加入）

联系电话：010-82501048，62515782，62515735

电子邮箱：glcbfs@crup.com.cn

通讯地址：北京市海淀区中关村大街甲 59 号文化大厦 1501 室（100872）